अष्टावक्र महागीता भाग 4

सहजता में तृप्ति

अष्टावक्र महागीता भाग 4

सहजता में तृप्ति

ओशो द्वारा अष्टावक्र-संहिता के 298 सूत्रों में से 99 से 132 सूत्रों पर प्रश्नोत्तर सहित दिए गए दस प्रवचनों का संकलन

फ्यूजन बुक्स

प्रकाशक

फ्यूजन बुक्स

X-30, ओखला इंडस्ट्रियल एरिया, फेज-II
नई दिल्ली-110020
फोन : 011-40712200
ई-मेल : sales@dpb.in
वेबसाइट : www.diamondbook.in

Sahajta Mein Tripti
Originally published in Hindi "Ashtavakra Mahageeta, Vol. 1, Chapter 31-40

For more information: www.osho.com
A comprehensive multilingual web site featuring Osho's meditations, books and tapes and an online tour of the meditation resort at Osho Commune International.
"For sale in India, Sri Lanka, Nepal, Bangladesh, Bhutan and Maldives only"

Sahajta Mein Tripti

अनुक्रम

प्रवचन : 31

मनुष्य है एक अजनबी

अष्टावक्र उवाच।

भावाभावविकारश्च स्वभावादिति निश्चयी।
निर्विकारो गतक्लेशः सुखेनैवोपशाम्यति।।99।।
ईश्वरः सर्वनिर्माता नेहान्य इति निश्चयी।
अंतर्गलित सर्वाशः शांतः क्वापि न सज्जते।।100।।
आपदः संपदः काले दैवादेवेति निश्चयी।
तृप्तः स्वस्थेन्द्रियो नित्यं न वाग्छति न शोचति।।101।।
सुखदुःखे जन्ममृत्यु दैवादेवेति निश्चयी।
साध्यादर्शी निरायासः कुर्वन्नपि न लिप्यते।।102।।
चिंतया जायते दुःखं नान्यथैहेति निश्चयी।
तया हीनः सुखी शांतः सर्वत्र गलितस्पृहः।।103।।
नाहं देहो न मे देहो बोधोऽहमिति निश्चयी।
कैवल्यमिव संप्राप्तो न स्मरत्यकृतं कृतम्।।104।।
आब्रम्हस्तम्बपर्यन्तमहमेवेति निश्चयी।
निर्विकल्पः शुचिः शांतः प्राप्ताप्राप्तविनिर्वृतः।।105।।
नानाश्चर्यमिदं विश्वं च किंचिदिति निश्चयी।
निर्वासनः स्फूर्तिमात्रो न किंचिदिव शाम्यति।।106।।

मनुष्य है एक अजनबीह्नइस किनारे पर। यहां उसका घर नहीं। न अपने से परिचित है, न दूसरों से परिचित है। और अपने से ही परिचित नहीं तो दूसरों से परिचित होने का उपाय भी नहीं। लाख उपाय हम करते हैं कि बना लें थोड़ा परिचय, बन नहीं पाता। जैसे पानी पर कोई लकीरें खींचे, ऐसे ही हमारे परिचय बनते हैं और मिट जाते हैं; बन भी नहीं पाते और मिट जाते हैं।

जिसे कहते हम परिवार, जिसे कहते हम समाजह्नसब भ्रांतियां हैं; मन को भुलाने के उपाय हैं। और एक ही बात आदमी भुलाने की कोशिश करता है कि यहीं मेरा घर है, कहीं और नहीं। यही समझाने की कोशिश करता है : "यही मेरे प्रियजन हैं, यही मेरा सत्य है। यह देह, देह से जो दिखाई पड़ रहा है वह, यही संसार है; इसके पार और कुछ भी नहीं।" लेकिन टूट-टूट जाती है यह बात, खेल बनता नहीं। खिलौने खिलौने ही रह जाते हैं, सत्य कभी बन नहीं पाते। धोखा हम बहुत देते हैं, लेकिन धोखा कभी सफल नहीं हो पाता। और शुभ है कि धोखा सफल नहीं होता। काश, धोखा सफल हो जाता तो हम सदा को भटक जाते! फिर तो बुद्धत्व का कोई उपाय न रह जाता। फिर तो समाधि की कोई संभावना न रह जाती।

लाख उपाय करके भी टूट जाते हैं, इसलिए बड़ी चिंता पैदा होती है, बड़ा संताप होता है। मानते हो पत्नी मेरी हैह्नऔर जानते हो भीतर से कि मेरी हो कैसे सकेगी? मानते हो बेटा मेरा हैह्नलेकिन जानते हो किसी तल पर, गहराई में कि सब मेरा-तेरा सपना है। तो झुठला लेते हो, समझा लेते हो, सांत्वना कर लेते हो, लेकिन भीतर उबलती रहती है आग। और भीतर एक बात तीर की तरह चुभी ही रहती है कि न मुझे मेरा पता है, न मुझे औरों का पता है। इस अजनबी जगह घर बनाया कैसे जा सकता है?

जिस व्यक्ति को यह बोध आने लगा कि यह जगह ही अजनबी है, यहां परिचय हो नहीं सकता, हम किसी और देश के वासी हैं; जैसे ही यह बोध जगने लगा और तुमने हिम्मत की, और तुमने यहां के भूल-भुलावे में अपने को भटकाने के उपाय छोड़ दिए, और तुम जागने लगे पार के प्रति; वह जो दूसरा किनारा है, वह जो बहुत दूर कुहासे में छिपा किनारा है, उसकी पुकार तुम्हें सुनाई पड़ने लगीह्नतो तुम्हारे जीवन में रूपांतरण शुरू हो जाता है। धर्म ऐसी ही क्रांति का नाम है।

ये खाड़ियां, यह उदासी, यहां न बांधो नाव।
यह और देश है साथी, यहां न बांधो नाव।

दगा करेंगे मनाजिर किनारे दरिया के
सफर ही में है भलाई, यहां न बांधो नाव।

फलक गवाह कि जल-थल यहां है डांवाडोल
जमीं खिलाफ है भाई, यहां न बांधो नाव।

यहां की आबोहवा में है और ही बू-बास
यह सरजमीं है पराई, यहां न बांधो नाव।

डुबो न दें हमें ये गीत कुर्बे-साहिल के
जो दे रहे हैं सुनाई, यहां न बांधो नाव।

जो बेड़े आए थे इस घाट तक अभी उनकी
खबर कहीं से न आई, यहां न बांधो नाव।

रहे हैं जिनसे शनासा यह आसमां वह नहीं
यह वह जमीं नहीं भाई, यहां न बांधो नाव।

यहां की खाक से हम भी मुसाम रखते हैं
वफा की बू नहीं आई, यहां न बांधो नाव।

जो सरजमीन अजल से हमें बुलाती है
वह सामने नजर आई, यहां न बांधो नाव।

सवादे-साहिले-मकसूद आ रहा है नजर
ठहरने में है तबाही, यहां न बांधो नाव।

जहां-जहां भी हमें साहिलों ने ललचाया
सदा फिराक की आई, यहां न बांधो नाव।

किनारा मनमोहक तो है यह, सपनों जैसा सुंदर है। बड़े आकर्षण हैं यहां, अन्यथा इतने लोग भटकते न। अनंत लोग भटकते हैं, कुछ गहरी सम्मोहन की क्षमता है इस किनारे में। इतने-इतने लोग भटकते हैं, अकारण ही न भटकते होंगेह्लकुछ लुभाता होगा मन को, कुछ पकड़ लेता होगा।

कभी-कभार कोई एक अष्टावक्र होता है, कभी कोई जागता; अधिक लोग तो सोए-सोए सपना देखते रहते हैं। इन सपनों में जरूर कुछ नशा होगा, इतना तो तय है। और नशा गहरा होगा कि जगाने वाले आते हैं, जगाने की चेष्टा करते हैं, चले जाते हैंह्लऔर आदमी करवट बदल कर फिर अपनी नींद में खो जाता है। आदमी जगाने वालों को भी धोखा दे जाता है। आदमी जगाने वालों से भी नींद का नया इंतजाम कर लेता है; उनकी वाणी से भी शामक औषधियां बना लेता है।

बुद्ध जगाने आते हैं; तुम अपनी नींद में ही बुद्ध को सुन लेते हो। नींद में और-और सपनों में तुम बुद्ध की वाणी को विकृत कर लेते हो; तुम मनचाहे अर्थ निकाल लेते हो; तुम अपने भाव डाल देते हो। जो बुद्ध ने कहा था, वह तो सुन ही नहीं पाते; जो तुम सुनना चाहते थे, वही सुन लेते होह्नफिर करवट लेकर तुम सो जाते हो। तो बुद्धत्व भी तुम्हारी नींद में ही डूब जाता है, तुम उसे भी डुबा लेते हो।

लेकिन, कितने ही मनमोहक हों सपने, चिंता नहीं मिटती। कांटा चुभता जाता है, सालता है, पीड़ा घनी होती जाती है।

देखो लोगों के चेहरे, देखो लोगों के अंतरतम मेंह्नघाव ही घाव हैं! खूब मलहम-पट्टी की है, लेकिन घाव मिटे नहीं। घावों के ऊपर फूल भी सजा लिए हैं, तो भी घाव मिटे नहीं। फूल रख लेने से घावों पर, घाव मिटते भी नहीं।

अपने में ही देखो। सब उपाय कर के तुमने देखे हैं। जो तुम कर सकते थे, कर लिया है। हार-हार गए हो बार-बार। फिर भी एक जाग नहीं आती कि कहीं ऐसा तो नहीं है कि जो हम कर रहे हैं, वह हो ही नहीं सकता।

अपरिचित, अपरिचित ही रहेगा। अगर परिचय बनाना हो तो अपने से बना लो; और कोई परिचय संभव नहीं है, दूसरे से परिचय हो ही नहीं सकता। एक ही परिचय संभव हैह्नअपने से। क्योंकि दूसरे के भीतर तुम जाओगे कैसे? और अभी तो तुम अपने भीतर भी नहीं गए। अभी तो तुमने भीतर जाने की कला भी नहीं सीखी। अभी तो तुम अपने भी अंतरतम की सीढ़ियां नहीं उतरे। अभी तो तुमने अपने कुएं में ही नहीं झांका, अपने ही जलस्रोत में नहीं डूबे, तुमने अपने ही केंद्र को नहीं खोजाह्नतो दूसरे को तो तुम देखोगे कैसे? दूसरे को तुम उतना ही देख पाओगे जितना तुम अपने को देखते हो।

अगर तुमने माना कि तुम शरीर हो तो दूसरे तुम्हें शरीर से ज्यादा नहीं मालूम पड़ेंगे। अगर तुमने माना कि तुम मन हो, तो दूसरे तुम्हें मन से ज्यादा नहीं मालूम पड़ेंगे। यदि तुमने कभी जाना कि तुम आत्मा हो, तो ही तुम्हें दूसरे में भी आत्मा की किरण का आभास होगा।

हम दूसरे में उतना ही देख सकते हैं, उसी सीमा तक, जितना हमने स्वयं में देख लिया है। हम दूसरे की किताब तभी पढ़ सकते हैं जब हमने अपनी किताब पढ़ ली हो।

कम से कम भीतर की वर्णमाला तो पढ़ो, भीतर के शास्त्र से तो परिचित होओ तो ही तुम दूसरे से भी शायद परिचित हो जाओ।

और मजा ऐसा है कि जिसने अपने को जाना, उसने पाया कि दूसरा है ही नहीं। अपने को जानते ही पता चला कि बस एक है, वही बहुत रूपों में प्रगट हुआ है। जिसने अपने को पहचाना उसे पता चला: परिधि हमारी अलग-अलग, केंद्र हमारा एक है। जैसे ही हम भीतर जाते हैं, वैसे ही हम एक होने लगते हैं। जैसे ही हम बाहर की तरफ आते हैं, वैसे ही अनेक होने लगते हैं। अनेक का अर्थ है: बाहर की यात्रा। एक का अर्थ है: अंतर्यात्रा।

तो जो दूसरे को जानने की चेष्टा करेगा, दूसरे से परिचित होना चाहेगा...। पुरुष स्त्री से परिचित होना चाहता है, स्त्री पुरुष से परिचित होना चाहती है। हम मित्र बनाना चाहते हैं, हम परिवार बनाना चाहते हैं। हम चाहते हैं अकेले न हों। अकेले होने में कितना भय लगता है! कैसी कठिन हो जाती हैं वे घड़ियां जब हम अकेले होते हैं। कैसी कठिन और दूभरह्लझेलना मुश्किल! क्षण-क्षण ऐसे कटता है जैसे वर्ष कटते हों। समय बड़ा लंबा हो जाता है। संताप बहुत सघन हो जाता है, समय बहुत लंबा हो जाता है।

तो हम दूसरे से परिचय बनाना चाहते हैं ताकि यह अकेलापन मिटे। हम दूसरे से परिवार बनाना चाहते हैं ताकि यह अजनबीपन मिटे, किसी तरह टूटे यह अजनबीपनह्ललगे कि यह हमारा घर है!

सांसारिक व्यक्ति मैं उसी को कहता हूं जो इस संसार में अपना घर बना रहा है। हमारा शब्द बड़ा प्यारा है। हम सांसारिक को ङ्गगृहस्थङ्ख कहते हैं। लेकिन तुमने उसका ऊपरी अर्थ ही सुना है। तुमने इतना ही जाना है कि जो घर में रहता है, वह संसारी है। नहीं, घर में तो संन्यासी भी रहते हैं। छप्पर तो उन्हें भी चाहिए पड़ेगा। उस घर को चाहे आश्रम कहो, चाहे उस घर को मंदिर कहो, चाहे स्थानक कहो, मस्जिद कहोह्लइससे कुछ फर्क पड़ता नहीं। घर तो उन्हें भी चाहिए होगा। नहीं, घर का भेद नहीं है, भेद कहीं गहरे में होगा।

संसारी मैं उसको कहता हूं, जो इस संसार में घर बना रहा है; जो सोचता है, यहां घर बन जाएगा; जो सोचता है कि हम यहां के वासी हो जाएंगे, हम किसी तरह उपाय कर लेंगे। और संन्यासी वही है जिसे यह बात समझ में आ गई है: यहां घर बनता ही नहीं। जैसे दो और दो पांच नहीं होते ऐसे उसे बात समझ में आ गई कि यहां घर बनता ही नहीं। तुम बनाओ, गिर-गिर जाता है। यहां जितने घर बनाओ, सभी ताश के पत्तों के घर सिद्ध होते हैं। यहां तुम बनाओ कितने ही घर, सब जैसे रेत में बच्चे घर बनाते हैं, ऐसे सिद्ध होते हैं; हवा का झोंका आया नहीं कि गए। ऐसे मौत का झोंका आता है, सब विसर्जित हो जाता है। यहां घर कोई बना नहीं पाया।

जिस दिन तुम्हें यह दिखाई पड़ जाता है कि यहां कोई घर बना नहीं पाया, घर बनना इस जगत के नियम में ही नहीं हैह्नउसी दिन तुम्हारे जीवन में संन्यास का पदार्पण होता है। उसी दिन तुम्हारे जीवन में उस दूसरे किनारे की गहन अभीप्सा जागती है। एक पुकार उठती है, एक अहर्निश खिंचाव, एक चुनौतीह्नतुम चल पड़ते हो एक नई यात्रा पर!

जब तुम संसार से परिचित होने का खयाल छोड़ देते हो, तभी परमात्मा से परिचित होने का उपाय शुरू होता है। जब तुम यह भूल ही जाते हो कि दूसरा अपना हो सकता है, तब तुम अपने भीतर उतरने लगते हो, क्योंकि अब और कहीं जगह न रही कि जहां घर बनाएं।

बाहर कोई स्थान नहींह्नभीतर ही जाना होगा।

अष्टावक्र के ये सूत्र उस अंतर्यात्रा के बड़े गहरे पड़ाव-स्थल हैं। एक-एक सूत्र को खूब ध्यान से समझना। ये बातें ऐसी नहीं कि तुम बस सुन लो, कि बस ऐसे ही सुन लो। ये बातें ऐसी हैं कि गुनोगे तो ही सुना। ये बातें ऐसी हैं कि ध्यान में उतरेंगी, अकेले कान में नहीं, तो ही पहुंचेंगी तुम तक। तो बहुत मौन से, बहुत ध्यान से...। इन बातों में कुछ मनोरंजन नहीं है। ये बातें तो उन्हीं के लिए हैं जो जान गए कि मनोरंजन मूढ़ता है। ये बातें तो उनके लिए हैं जो प्रौढ़ हो गए हैं; जिनका बचपना गया; अब जो घर नहीं बनाते हैं; अब जो खेल-खिलौने नहीं सजाते; अब जो गुड्डा-गुड्डियों के विवाह नहीं रचाते; अब जिन्हें एक बात की जाग आ गई है कि कुछ करना है, कुछ ऐसा आत्यंतिक कि अपने से परिचय हो जाए। अपने से परिचय हो तो चिंता मिटे। अपने से परिचय हो तो दूसरा किनारा मिले। अपने से परिचय हो तो सबसे परिचय होने का द्वार खुल जाए।

जैसे ही कोई व्यक्ति अंतरतम की गहराई में डूबता है, एक दूसरे ही लोक का उदय होता हैह्नऐसे लोक का, जहां तुम अपनी नाव बांध सकते हो; एक ऐसा किनारा, जो तुम्हारा है।

पहला सूत्रह्नअष्टावक्र ने कहा: ङ्कभाव और अभाव का विकार स्वभाव से होता है। ऐसा जो निश्चयपूर्वक जानता है, वह निर्विकार और क्लेश-रहित पुरुष सहज ही शांति को प्राप्त होता है।ङ्क

सीधे-सादे शब्द, पर बड़े अर्थगर्भित!

भावाभावविकारश्च स्वभावादिति निश्चयी।
निर्विकारो गतक्लेशः सुखेनैवोपशाम्यति।।

भावाभावविकारः स्वभावात्...।

अष्टावक्र इस पहले सूत्र में कहते हैं कि जो भी पैदा होता है, जो भी बनता है, मिटता है; आता है, जाता है; भाव हो, अभाव हो; सुख हो, दुख हो; जन्म हो, मृत्यु हो; जहां भी आवागमन है, आना-जाना है, बनना-मिटना हैह्लसमझना वहां प्रकृति का खेल है। तुममें न तो कभी कुछ उठता, न कभी कुछ गिरता; न भाव न अभावह्लतुम सदा एकरस; तुम्हारे होने में कभी कोई परिवर्तन नहीं। सब परिवर्तन बाहर है; तुम शाश्वत, सनातन। सब तरंगें बाहर हैं, तुम तो हो मात्र गहराई, जहां कोई तरंग कभी प्रवेश नहीं पाती। तुम मात्र द्रष्टा हो परिवर्तन के।

भूख लगी : तुम्हें भूख कभी नहीं लगती; तुम तो मात्र जानते हो कि भूख लगी। भूख तो शरीर में ही लगती है। भूख तो शरीर का ही हिस्सा है। शरीर यानी प्रकृति। शरीर को जरूरत पड़ गई। शरीर तो दीन है। उसे तो प्रतिपल भीख की जरूरत है। उसके पास अपने जीवन को जीने का स्वसंभूत कोई उपाय नहीं है। वह तो उधार जीता है। उसे तो भोजन न दो तो मर जाएगा। उसे तो श्वास न मिले तो समाप्त हो जाएगा। उसे तो रोज-रोज भोजन डालते रहो, तो ही किसी तरह घिसटता है, तो ही किसी तरह चलता है। भूख लगी तो शरीर को भूख लगी। फिर भोजन तुमने किया तो भी शरीर को तृप्ति हुई। भूख का भाव, फिर भूख का अभाव हो जानाह्लदोनों ही शरीर में घटे। तुमने मात्र जाना, तुमने मात्र देखा, तुम केवल साक्षी रहे। तुममें न तो भूख लगी, तुममें न संतोष आया।

"भाव और अभाव का विचार स्वभाव से, प्रकृति से होता है। ऐसा जो निश्चयपूर्वक जानता है, वह निर्विकार और क्लेश-रहित पुरुष सहज ही शांति को प्राप्त होता है।"

इति निश्चयीह्लऐसा जिसने निश्चय से जाना! सुन कर तो तुमने भी जान लिया, लेकिन निश्चय नहीं बनेगा। शास्त्र में तो तुमने भी पढ़ा, लेकिन निश्चय नहीं बनेगा। निश्चय तो अनुभव से बनता है; दूसरे के कहे नहीं बनता।

मैं तुमसे कहता हूं, अष्टावक्र तुमसे कहते हैं कि भूख शरीर को लगती है, तुम्हें नहीं। तुम सुनते हो, शायद थोड़ा बुद्धि का प्रयोग करोगे तो साफ भी हो जाएगी कि बात ठीक है। कांटा तो शरीर में ही गड़ता है, पीड़ा शरीर में ही होती हैह्लपता हमें चलता है; बोध हमें होता है। घटनाएं घटती रहती हैं, हम साक्षी-मात्र हैं। ऐसा बुद्धि से समझ में भी आ जाएगा, लेकिन इससे तुम ञ्जइति निश्चयीञ्ज न बन जाओगे। यह तो बार-बार समझ में आ जाएगा और फिर-फिर तुम भूल जाओगे। जब फिर भूख लगेगी, तब अष्टावक्र भूल जाएंगे। तब फिर तुम कहोगे, मुझे भूख लगी। तुम भूल

जाओगे। भूख के क्षण में तादात्म्य फिर सघन हो जाएगा, फिर तुम कहोगे मैं भूखा। फिर तुम भोजन करके जब तृप्ति अनुभव करोगे, कहोगे: 'तृप्त हुआ, मैं तृप्त हुआ!' बौद्धिक रूप से इसे तुम समझ भी ले सकते हो, लेकिन इससे तुम 'इति निश्चयी' न हो जाओगे।

इसलिए बार-बार अष्टावक्र दोहराएंगे इन शब्दों के समूह कोह्न'इति निश्चयी', ऐसा जिसने निश्चयपूर्वक जाना। इससे तुम यह गलती मत समझ लेना कि अष्टावक्र तुमसे यह कह रहे हैं कि तुम इसे खूब दोहराओ तो निश्चय पक्का हो जाए। बार-बार दोहरा-दोहरा कर, बार-बार मन में यही भाव उठा-उठा कर निश्चय कर लो, दृढ़ता कर लो तो बस ज्ञान हो जाएगा।

नहीं, इस तरह निश्चय नहीं होता। तुम झूठ को कितना ही दोहराओ तुम्हें झूठ सच जैसा भी मालूम पड़ने लगे, तो भी सच इस तरह पैदा नहीं होता। बहुत बार दोहराने से भ्रम पैदा होता है; ऐसा लगने लगता है कि अनुभव होने लगा। अगर बैठे-बैठे तुम रोज दोहराते हो कि मैं देह नहीं, मैं देह नहीं, मैं देह नहींह्नऐसा दोहराते रहो वर्षों तक, आखिर मन पर लकीर तो पड़ेगी, बार-बार लकीर पड़ेगी। रसरी आवत जात है, सिल पर पड़त निशान! वह तो पत्थर पर भी निशान पड़ जाते हैं, कोमल सी रस्सी के आते-जाते। तो मन पर निशान पड़ जाएगा, उसको तुम निश्चय मत समझ लेना। वह तो बार-बार दोहराने से पड़ गई लीक-लकीर है। उससे तो भ्रांति पैदा होगी। तुम्हें ऐसा लगने लगेगा कि अब मैं जानता हूं कि मैं देह नहीं।

लेकिन तुमने अभी जाना नहीं, तो जानोगे कैसे? अभी जाना ही नहीं, तो निश्चय कैसे होगा?

तो जब अष्टावक्र कहते हैं, ऐसा जिसने निश्चयपूर्वक जाना, तो उनका यह अर्थ नहीं है कि तुम अपने को आत्म-सम्मोहित कर लो। ऐसा बहुत से लोग इस देश में कर रहे हैं। अगर तुम संन्यासियों के आश्रम में देखो तो बैठे दोहरा रहे हैं कि मैं देह नहीं, मैं ब्रह्म हूं! लेकिन क्या दोहरा रहे हो? अगर मालूम पड़ गया तो बंद करो दोहराना। दोहराना ही बताता है कि अभी पता नहीं चला। तो दो-चार दिन के लिए छोड़ो फिर देखो। दो-चार दिन छोड़ने को भी वे राजी नहीं होंगे। क्योंकि वे कहेंगे, इससे तो निश्चय में कमी आ जाएगी। यह भी कोई निश्चय हुआ कि दो-चार दिन न दोहराया तो बात खतम हो गई? यह तो निश्चय न हुआ, यह तो तुम किसी भ्रम को सम्हाल रहे हो दोहरा-दोहरा कर।

अडोल्फ हिटलर ने अपनी आत्मकथा में लिखा है: "सच और झूठ में ज्यादा

फर्क नहीं। बहुत बार दोहराए गए झूठ, सच मालूम होने लगते हैं।" और अडोल्फ हिटलर ठीक कहता है, क्योंकि यही उसने जीवन भर किया। झूठ दोहराए, इतनी बार दोहराए कि वे सच मालूम होने लगे। ऐसे झूठ जिन पर पहली बार सुन कर उसके मित्र भी हंसते थे, वे भी सच मालूम होने लगे। दोहराए चले जाओ, विज्ञापन करो; दूसरों के सामने दोहराओ, अपने सामने दोहराओ; एकांत में, भीड़ में दोहराए चले जाओह्लतो तुम अपने आस-पास एक धुआं पैदा कर लोगे। एक लकीर तुम्हारे आस-पास सघन हो जाएगी। उस लकीर में तुम निश्चय मत जान लेना।

जब अष्टावक्र कहते हैं, निश्चयपूर्वक, तो उनका अर्थ अडोल्फ हिटलर वाला अर्थ नहीं। उनका अर्थ है : सत्य को अनुभव से जान कर, दोहरा कर नहींह्लदोहराना तो भूल कर मत। मंत्र तो सभी धोखा देते हैं। मंत्र तो धोखा देने के उपाय हैं। उनसे आंखें धुंधली हो जाती हैं। बार-बार दोहराने से शब्द रट जाते हैं। रट जाने से शब्द तुम्हारे चित्त पर घूमने लगते हैं, लेकिन तुम्हारी अनुभूति इससे निर्मित नहीं होती।

'इति निश्चयी' का अर्थ है : जिसने सुना, जिसने गुना, और फिर जिसने जीवन में प्रयोग किया। अब जब भूख लगे तो देखना। मैं तुमसे नहीं कहता कि दोहराना मैं देह नहीं; मैं कहता हूं, जब भूख लगे तो देखना, जागना, थोड़ा होश सम्हालना। देखना, भूख कहां लगी? तत्क्षण तुम पाओगे, भूख शरीर में लगी। यह कोई अष्टावक्र के कहने से थोड़े ही, मेरे कहने से थोड़े ही, किसी के कहने से थोड़े हीह्लयह तो भूख लगती ही शरीर में है; इसको दोहराने की जरूरत नहीं है, सिर्फ जानने की जरूरत है। इसे देखने की जरूरत है, पहचानने की जरूरत है, प्रत्यभिज्ञा चाहिए। जब भूख लगे तो गौर से देखना कि कहां लग रही है? पाओगे, पेट में लग रही है। और गौर से देखना। और तब यह भी देखना कि यह जो देखने वाला है, यह जो देख रहा भूख को लगते, इसको कहीं भूख लग रही है? तुम अचानक पाओगे, वहां कोई भूख का पता नहीं। वहां भूख की छाया भी नहीं पड़ती।

जैसे दर्पण के सामने तुम खड़े हो जाते हो तो दर्पण में तुम्हारा प्रतिबिंब बनता है। दर्पण में कुछ बनता थोड़े ही है। दर्पण में कोई अंतर थोड़े ही पड़ता है तुम्हारे खड़े हो जाने से। प्रतिबिंब कुछ है थोड़े ही। तुम हटे कि प्रतिबिंब गया। दर्पण में तो कुछ भी नहीं बना, सिर्फ बनने का आभास हुआ। वह आभास भी तुम्हें हुआ; दर्पण को वह आभास भी नहीं हुआ।

चैतन्य तो दर्पण जैसा है। उसके सामने घटनाएं घटती हैं, प्रतिबिंब बनते हैंह्लबस। घटनाएं समाप्त हो जाती हैं, प्रतिबिंब खो जाते हैं; दर्पण फिर खाली का खाली, फिर अपने अनंत खालीपन में आ गया। वही तो दर्पण की शुद्धि हैह्लउसका अनंत खालीपन।

निर्विकार गतक्लेशः...।

और जिस व्यक्ति को यह निश्चय से प्रतीति हो गई कि सब खेल प्रकृति में चलता है, मैं द्रष्टा-मात्र हूं, उसके सब क्लेश समाप्त हो जाते हैं, सब विकार शून्य हो जाते हैं।

निर्विकार गतक्लेशः...।

वह विकार-शून्य हो जाता है और समस्त क्लेश के पार हो जाता हैह्नविगत हो जाता है। अब उसे कोई क्लेश नहीं हो सकता। भूख लगे तो भी वह जानता है कि शरीर को लगी। उपाय भी करता है, नहीं कि उपाय नहीं करता। शरीर को भोजन की जरूरत है, यह भी जानता है। लेकिन अब कोई क्लेश नहीं होता। अब दर्पण इस भ्रांति में नहीं पड़ता कि मुझ पर कोई चोट पड़ रही।

कांटा लगता है तो ज्ञानी भी कांटा निकालता है। जहां तक कांटा निकालने का संबंध है, ज्ञानी-अज्ञानी में कोई फर्क नहीं। धूप पड़ती है तो ज्ञानी भी छाया में बैठता है। जहां तक छाया में बैठने का संबंध है, ज्ञानी-अज्ञानी में कोई फर्क नहीं। अगर बाहर से तुम देखोगे तो ज्ञानी-अज्ञानी में कोई भी फर्क न पाओगे। क्या फर्क है? लेकिन भीतर अनंत फर्क है। बोध का भेद है। जब कांटा गड़ता है तो ज्ञानी निकालता है, लेकिन जानता है कि शरीर में घटना घटी; पीड़ा भी शरीर में है, प्रतिबिंब मुझमें है। फिर कांटा निकल जाता, तो पीड़ा से मुक्ति हुई; वह भी शरीर में है। पीड़ा से मुक्ति हुई, इसका प्रतिबिंब मुझमें है। बड़ी दूरी पैदा हो जाती है। जैसे शरीर अनंत दूरी पर हो जाता है।

ज्ञानी शरीर से बड़ी दूर हो जाता है। ज्ञानी शरीर में होता ही नहीं। जैसे-जैसे ज्ञान सघन होता है, ज्ञानी शरीर से दूर होता जाता है। और आश्चर्य की बात यह है कि जैसे-जैसे ज्ञानी दूर होने लगता है, वैसे-वैसे प्रतिबिंब सुस्पष्ट बनता है।

तो जब बुद्ध के पैर में कांटा गड़ेगा, तो शायद तुमने सोचा हो उन्हें पीड़ा नहीं होतीह्नमैं तुमसे कहना चाहता हूं, उनकी पीड़ा का बोध तुमसे ज्यादा स्पष्ट होगा; स्वभावतः उनका दर्पण ज्यादा निर्मल है। जिस दर्पण पर धूल जमी हो, उसमें कहीं प्रतिबिंब साफ बनते? जिस दर्पण पर कोई धूल नहीं रही, निर्विकार हुआ, उस पर प्रतिबिंब बड़े साफ बनते हैं।

बुद्ध की संवेदनशीलता निश्चित ही तुमसे कई गुना, अनंत गुना ज्यादा होगी। फिर भी क्लेश नहीं होगा। दर्पण शुद्ध है, प्रतिबिंब साफ बनते, लेकिन क्लेश बिलकुल नहीं होता। क्योंकि क्लेश का अर्थ तुम समझ लो। क्लेश का अर्थ है: शरीर का,

आत्मा का तादात्म्य। जैसे ही तुमने अपने को शरीर से जोड़ा और कहा, मुझे भूख लगीह्नक्लेश हुआ। क्लेश न तो शरीर में है न आत्मा में; शरीर और आत्मा के मिलन में है। जहां दोनों ने भ्रांति की कि हम एक हुए, वहीं क्लेश का जन्म होता है। शरीर और आत्मा की जो गांठ है, जो विवाह है, जो तुमने सात फेरे डाल लिए हैंह्नउसमें ही क्लेश है।

निर्विकार गतक्लेशः सुखेन एव उपशाम्यति।

और अष्टावक्र कहते हैं कि और अगर इतनी बात साफ हो जाए, इतना निश्चय हो जाए कि मैं भिन्न, कि मैं सदा भिन्न, कि मैं कभी पीड़ा, सुख-दुख, आने-जाने से मेरा कोई जोड़ नहीं, गांठ खुल जाए, ऐसा तलाक हो जाए शरीर से, ऐसा भेद और फासला हो जाएह्नतो सहज ही शांति उपलब्ध होती है।

सुखेन एव उपशाम्यति।

तो अष्टावक्र कहते हैं : फिर इस शांति के लिए कोई तपश्चर्या नहीं करनी पड़ती कि सिर के बल खड़े हों, कि हवन जलाएं और आग के पास धूनी रमाएं और शरीर को गलाएं और कष्ट देंह्नये सब बातें व्यर्थ हैं।

सुखेन एव...।

बड़े सुखपूर्वक, बड़ी शांतिपूर्वक, बिना किसी श्रम के, बड़े विराम और विश्रांति में जीवन की परम घटना घट जाती है।

जिसको झेन फकीर कहते हैंह्नप्रयास-रहित प्रयासह्नअष्टावक्र के सूत्र का वही अर्थ है।

मैं कई बार सोचता हूं कि झेन फकीरों का अष्टावक्र के सूत्रों की तरफ ध्यान क्यों नहीं गया? शायद सिर्फ इसलिए कि अष्टावक्र के सूत्र बुद्ध से संबंधित नहीं हैं। अन्यथा झेन के लिए अष्टावक्र के सूत्रों से ज्यादा और कोई परम भूमिका नहीं हो सकती। अष्टावक्र का सारा कहना यही है कि बिना श्रम के हो जाता है, बिना चेष्टा के हो जाता है। क्योंकि बात सिर्फ बोध की है, चेष्टा की है नहीं। कुछ करना नहीं है; जैसा है वैसा जानना है। करने की बात ही फिजूल है।

खोजियो! तुम नहीं मानोगे
लेकिन संतों का कहना सही है
जिस घर में हम घूम रहे हैं,
उससे निकलने का रास्ता नहीं है
शून्य और दीवार दोनों एक हैं

आकार और निराकार दोनों एक हैं
जिस दिन खोज शांत होगी
तुम आप से यह जानोगे
कि खोज पाने की नहीं,
खोने की थी।
यानी तुम सचमुच में जो हो
वही होने की थी।
खोजियो! तुम नहीं मानोगे।

लेकिन सत्य ऐसा ही है। खोजना नहीं है, तुम उसे लिए ही बैठे हो। कहीं जाना नहीं है, तुम उसके साथ ही पैदा हुए हो।

सत्य तुम्हारा स्वभाव-सिद्ध अधिकार है। तुम चाहो तो भी उसे छोड़ नहीं सकते। तुम चाहो भी कि उसे गंवा दें तो गंवा नहीं सकते; क्योंकि तुम ही वही हो, कैसे गंवाओगे? कहां तुम जाओगे? जहां तुम जाओगे, सत्य तुम्हारे साथ होगा। यह कहना ही ठीक नहीं कि सत्य तुम्हारे साथ होगा, क्योंकि इससे लगता है जैसे दो हैं। तुम सत्य हो। तत्वमसि...तुम वही हो! तुम छोड़ोगे कैसे? भागोगे कैसे? बचोगे कैसे? चले जाओ गहनतम नर्क में, अंधकार से अंधकार मेंह्नक्या फर्क पड़ेगा? तुम तुम ही रहोगे। भटको खूब, भूल जाओ बिलकुल अपने कोह्नतुम्हारे भूलने से कुछ भी अंतर न पड़ेगा; तुम तुम ही रहोगे। भूलो कि जागो, तुम तुम ही रहोगे।

जिस दिन खोज शांत होगी,
तुम आप से आप यह जानोगे
कि खोज पाने की नहीं,
खोने की थी।
यानी तुम सचमुच में जो हो
वही होने की थी।

इसलिए अष्टावक्र कह पाते हैं: "सुखेन एव उपशाम्यति।"

बड़े सुखपूर्वक घट जाती है क्रांति! पत्ता भी नहीं हिलता और घट जाती है क्रांति। श्वास भी नहीं बदलनी पड़ती, पैर भी नहीं उठाना पड़ता। कहीं गए बिना आ जाती है मंजिल। क्योंकि मंजिल तुम अपने भीतर लिए चल रहे हो। तुम्हारा घर तुम्हारे भीतर है।

वह दूसरा किनारा तुम्हारे भीतर है। एक है किनारा तुम्हारे बाहर और एक है किनारा तुम्हारे भीतर। तुम्हारे भीतर और बाहर इन दो किनारों के बीच प्रवाह है

परमात्मा का। जब तुम बाहर की तरफ देखने में बिलकुल बंध जाते हो, तो एक किनारा ही रह जाता है हाथ में। तब सब अन्य मालूम होते, सब भिन्न मालूम होते। जब तुम दूसरे किनारे से परिचित हो जाते हो तब सभी अनन्य मालूम होते हैं, तब कोई भिन्न मालूम नहीं होता, सभी अभिन्न मालूम होते हैं।

'सबको बनाने वाला ईश्वर है। यहां दूसरा कोई नहीं। ऐसा जो निश्चयपूर्वक जानता है, वह पुरुष शांत है। उसकी सब आशाएं जड़ से नष्ट हो गई हैं और वह कहीं भी आसक्त नहीं होता।'

ईश्वरः सर्व निर्माता नेहान्य इति निश्चयी।
अंतर्गलितसर्वाशः शांतः क्वापि न सज्जते।।

सबको जानने वाला ईश्वर है। इसलिए अगर तुम ईश्वर को जानने चले हो तो एक गलती कभी मत करनाह्नतुम ईश्वर को दृश्य की तरह मत सोचना। ईश्वर दृश्य नहीं बन सकता। वह सबको जानने वाला है। वह द्रष्टा है। तो तुम इस भ्रांति में मत पड़ना कि किसी दिन मैं ईश्वर को जान लूंगा। ईश्वर सबको जानने वाला है। इसलिए तुम उसे दृश्य न बना सकोगे।

फिर ईश्वर को खोजने का उपाय क्या है? क्योंकि साधारणतः लोग जब ईश्वर को खोजते हैं तो इसी तरह खोजते हैं कि ईश्वर कोई वस्तु, कोई दृश्य, कोई व्यक्ति है; हम जाएंगे और देख लेंगे और बड़े आह्लादित होंगे, और नाचेंगे और गाएंगे और बड़े प्रसन्न होंगे कि देख लिया ईश्वर को।

मेरे पास लोग आते हैं, वे कहते हैं कि ईश्वर की खोज कैसे करें? कहां मिलेगा ईश्वर? हिमालय जाएं? एकांत में जाएं? क्या है ईश्वर की प्रतिछवि? कुछ हमें समझा दें, ताकि हम पहचानें तो भूलें न; ताकि पहचान लें, पहचान हो सके; कुछ रूप-रेखा दे दें।

नास्तिक भी और आस्तिक भी, दोनों में बड़ा फर्क नहीं मालूम पड़ता। नास्तिक भी कहता है : दिखलाओ, कहां है ईश्वर, तो हम मान लेंगे। और आस्तिक भी यही कहता है कि हम मानते हैं, हम खोजने चले हैं, कहां है? उसका रूप क्या? उसका नाम, पता, ठिकाना क्या है? लेकिन दोनों की बुद्धि एक जैसी है। दोनों में कोई बड़ा फर्क नहीं।

नास्तिक के तर्क और आस्तिक के तर्क में तुम देखते हो, फर्क कहां है? दोनों यह कहते हैं कि परमात्मा कहीं बाहर है। नास्तिक कहता है : दिखला दो तो मान लेंगे। आस्तिक कहता है : मान तो हमने लिया है, अब दिखला दो। फर्क जरा भी नहीं है,

रत्ती भर का नहीं है। इसलिए तो दुनिया में इतने आस्तिक हैंह्नऔर आस्तिकता बिलकुल नहीं। क्योंकि इनमें और नास्तिक में कोई फर्क नहीं है। शायद एक फर्क होगा कि नास्तिक थोड़ा हिम्मतवर है, ये थोड़े कायर और कमजोर हैं।

नास्तिक कहता है, दिखला दो तो मान लेंगे। और यह बात ज्यादा युक्तियुक्त मालूम होती है कि मानें कैसे? आस्तिक कहता है कि चलो माने तो हम लेते हैं, कौन झंझट करे! मानने में सुविधा है, सुरक्षा है। सभी मानते हैं। समाज के विपरीत जाने में उपद्रव होता है। जगह-जगह झंझटें आती हैं। चलो माने लेते हैं, अब दिखला दो। लेकिन दोनों का खयाल है, आंख से देखा जा सकेगा। दोनों का खयाल है, परमात्मा दृश्य बन सकेगा।

यह सूत्र स्मरण रखना: 'सबको जानने वाला, सबको बनाने वाला ईश्वर है। यहां दूसरा कोई नहीं है। ऐसा जो निश्चयपूर्वक जानता है, वह पुरुष शांत है। उसकी सब आशाएं जड़ से नष्ट हो गई हैं और वह कहीं भी आसक्त नहीं होता है।'

तो फिर ईश्वर को जानने का ढंग क्या है? अगर ईश्वर को दृश्य की तरह नहीं जाना जा सकता तो फिर उपाय क्या है? उपाय है कि तुम द्रष्टा बनो। क्योंकि द्रष्टा ईश्वर का स्वभाव है। जैसे-जैसे तुम द्रष्टा बने कि तुम सरकने लगे ईश्वर के करीब।

दुनिया में दो ही ढंग हैं ईश्वर के साथ थोड़ा सा संबंध बनाने के। एक तो है कवि का ढंग और एक है ऋषि का ढंग। कवि का ढंग है कि वह कुछ सृजन करता है, कविता बनाता है, शून्य से लाता है शब्द को। चित्रकार, मूर्तिकार, संगीतकार, नर्तकह्ननिर्माण करते कुछ। अनगढ़ पत्थर को गढ़ता मूर्तिकार; जहां कोई रूप न था, वहां रूप का निर्माण करता। कल तक पत्थर था राह के किनारे पड़ा, आज अचानक मूर्ति हो गई। उस पत्थर के चरणों पर फूल चढ़ने लगे, कुछ निर्माण कर दिया!

कहते हैं, माइकल एंजिलो निकल रहा था एक रास्ते से और उसने किनारे पर पड़ा हुआ एक पत्थर देखा। पास ही पत्थर वाले की दूकान थी। उसने पूछा, यह पत्थर कई सालों से पड़ा देखता हूं। उसने कहा, इसका कोई खरीदार नहीं, बहुत अनगढ़ है। माइकल एंजिलो ने कहा, मैं इसे खरीद लेता हूं। उस पत्थर से माइकल एंजिलो ने ईसा की बड़ी सुंदर प्रतिमा निकाली। जब प्रतिमा बन गई तो वह पत्थर की दूकान वाला भी देखने आया। उसने कहा, चमत्कार है। क्योंकि यह पत्थर मैं भी नहीं मानता था कि बिकेगा। यह तुमने क्या किया, कैसा जादू!

माइकल एंजिलो ने कहा: मैंने कुछ किया नहीं। मैं जब निकल रहा था तो इस पत्थर में छिपे हुए जीसस ने मुझे पुकारा और कहा, ङ्गमुझे छुड़ाओ! मुझे मुक्त करो!

तुम ही कर सकोगे। बंधे-बंधे बहुत दिन हो गए इस पत्थर से।ङ्क तो जो व्यर्थ हिस्सा था, वह मैंने अलग कर दिया, मैंने कुछ किया नहीं।

लेकिन एक अनूठी कृति निर्मित हो गईह्नअनगढ़ पत्थर से!

जब माइकल एंजिलो जैसा मूर्तिकार एक अनगढ़ पत्थर को एक मूर्ति में बना डालता है, तो ईश्वर के करीब होने का थोड़ा सा अनुभव होता है, क्योंकि स्रष्टा हुआ। जब कोई नर्तक एक नृत्य को जन्म देता है और उस नृत्य में डूब जाता है, तो थोड़ी सी ईश्वर की झलक मिलती है। क्योंकि ऐसा ही ईश्वर अपनी सृष्टि में डूब गया है और नाच में लीन हो गया है। जब कोई कवि एक गीत को ले आता भीतर के शून्य से पकड़ कर...बड़ा कठिन है लाना, शब्द छूट-छूट जाते हैं, शून्य पकड़ में आता नहीं, लेकिन बांध लाता किसी तरह धागों में शब्दों के, भाषा केह्नऔर जब गीत का जन्म होता है, तो उसके चेहरे पर जो आनंद की आभा है, वैसी ही आनंद की आभा ईश्वर ने जब सृष्टि बनाई होगी तो उसके चेहरे पर रही होगी।

खयाल रखना, न तो कोई ईश्वर है, न कोई चेहरा है। यह तो मैं कवि की बात समझा रहा हूं तो कवि की भाषा का उपयोग कर रहा हूं। एक ढंग है स्रष्टा होकर ईश्वर के पास पहुंचने का, क्योंकि वह स्रष्टा है: तो तुम कुछ बनाओ।

जब कोई स्त्री मां बन जाती है तो उसके चेहरे पर जो आनंद की झलक है वह सृजन की झलक हैह्नएक बच्चे का जन्म हुआ!

देखा तुमने, स्त्रियां और कुछ निर्माण नहीं करतीं! कारण इतना ही है कि वे जीवन को निर्माण करने की क्षमता रखती हैं, और कुछ निर्माण करने की आकांक्षा नहीं रह जाती। जब एक जीवित बच्चा पैदा हो सकता है, तो कौन पत्थर की मूर्ति बनाएगा!

इसलिए कोई बड़ी मूर्तिकार स्त्री कभी हुई नहीं। कोई बड़ी संगीतज्ञ स्त्री कभी हुई नहीं। कोई बड़ी कवि स्त्री कभी हुई नहीं। मनोवैज्ञानिक तो कहते हैं कि पुरुष को सृजन की इतनी आकांक्षा पैदा होती है, वह स्त्री से ईर्ष्या के कारण। स्त्री तो बच्चों को जन्म दे देती है; पुरुष के पास जन्म देने को कुछ भी नहींह्नछूंछ के छूंछ, बांझ!

तो बड़ी बेचैनी है पुरुष के भीतर, वह भी कुछ निर्माण करे! इसलिए पुरुषों ने धर्म निर्माण किएह्नजैन धर्म, हिंदू धर्म, ईसाई धर्म, बौद्ध धर्म; बड़ी मूर्तियां बनाईंह्नअजंता, एलोरा, खजुराहो; बड़े चर्च, बड़े मंदिर बनाए, बड़े काव्य लिखे...कालीदास, शेक्सपीयर, मिलटन! स्त्री उस अनुभव को, उस पुलक को उपलब्ध हो जाती है, जब बच्चे का जन्म होता है। तब इस जन्मे बच्चे को, अपने ही भीतर के शून्य से आए हुए जीवन को देख कर पुलकित हो जाती है।

इसलिए जब तक स्त्री का बच्चा न पैदा हो, तब तक कुछ कमी रहती है, चेहरे पर कुछ भाव शून्य रहता है। स्त्री अपने परम सौंदर्य को उपलब्ध होती है मां बन कर, क्योंकि मां बन कर वह स्रष्टा हो जाती है। थोड़ा सा सृष्टि का रस उस पर भी बरस जाता है। थोड़ी बदली उस पर भी बरखा कर जाती है। पुरुष भी जब कुछ बना लेता है तो प्रमुदित होता, आह्लादित होता, आनंदित होता।

कहते हैं, आर्कमिडीज ने जब पहली दफा कोई गणित का सिद्धांत खोज लिया तो वह टब में लेटा हुआ था। लेटे-लेटे उसी आराम में उसे सिद्धांत समझ में आया, अनुभूति हुई, एक द्वार खुला! वह इतना मस्त हो गया, भागा निकल कर! क्योंकि सम्राट ने उससे कहा था यह सिद्धांत खोज लेने को। वह भूल ही गया कि नंगा है। राह में भीड़ इकट्ठी हो गई और वह चिल्ला रहा है : ङ्कयूरेका, यूरेका! पा लिया!ङ्ख लोगों ने पूछा : ङ्कपागल हो गए हो? नंगे हो!ङ्ख तब उसे होश आया, भागा घर में। उसने कहा, यह तो मुझे खयाल ही न रहा।

सृजन का आनंद : पा लिया! उस घड़ी आदमी वैसा ही है जैसा परमात्माह्नएक थोड़ी सी किरण उतरती है!

वैज्ञानिक हो, कवि हो, चित्रकार, मूर्तिकारह्नजब भी तुम कुछ सृजन कर लेते हो तो एक किरण उतरती है। यह तो एक रास्ता है। इसको मैं काव्य का रास्ता कहता, कला का रास्ता कहता। परमात्मा के पास जाने का सबसे सुगम रास्ता है कला। मगर पूरा नहीं है यह रास्ता। इससे सिर्फ किरणें हाथ में आती हैं, सूरज कभी हाथ में नहीं आता।

फिर दूसरा रास्ता है ऋषि का। ऋषि परमात्मा को जानता है साक्षी हो कर, कवि जानता है स्रष्टा हो कर। स्रष्टा हम कितने ही बड़े हो जाएं, हमारी सृष्टि छोटी ही रहेगी। क्योंकि सृष्टि के लिए हमें शरीर का उपयोग करना पड़ेगा। इन्हीं हाथों से तो बनाओगे न मूर्ति! ये हाथ ही छोटे हैं। इन हाथों से बनी मूर्ति कितनी सुंदर हो तो भी छोटी रहेगी। इसी मन से तो रचोगे न काव्य! यह मन ही बहुत क्षुद्र है। इस मन से कितना ही सुंदर काव्य रचो, आखिर मन की ही रचना रहेगी। तो थोड़ी सी किरण तो उतरेगी, लेकिन पूरा परमात्मा नहीं खयाल में आएगा।

साक्षी! साक्षी में न तो शरीर की जरूरत है, न मन की जरूरत है। तो सब सीमाएं छूट गईंह्नशुद्ध ब्रह्म, जो तुम्हारे भीतर छिपा है, उसका सीधा साक्षात्कार हुआ। उस साक्षात्कार में तुम ईश्वर हो।

ईश्वर को पाने का उपाय है : दृश्य की तरह ईश्वर को कभी मत खोजना, अन्यथा भटकते रहोगे। क्योंकि दृश्य ईश्वर बनता ही नहीं। ईश्वर द्रष्टा है।

ञ्जसबको बनाने वाला, सबको जानने वाला ईश्वर है। यहां दूसरा कोई नहीं है। ऐसा जो निश्चयपूर्वक जानता है, वह पुरुष शांत है।ङ्क

फिर कैसी अशांति? जब एक ही है, फिर कैसी अशांति? द्वंद्व न रहा, द्वैत न रहा, दुविधा न रही, दुई न रहीह्लफिर कैसी अशांति? कलह करने का उपाय न रहा। तुम ही तुम हो, मैं ही मैं हूंह्लएक ही है! एकरस सब हुआ, तो शांति अनायास सिद्ध हो जाती है।

'उसकी सब आशाएं जड़ से नष्ट हो गई हैं।'

जिसने ऐसा जाना कि ईश्वर ही है, अब उसकी कोई आशा नहीं, कोई आकांक्षा नहीं। क्योंकि अब अपनी आकांक्षा ईश्वर पर थोपने का क्या प्रयोजन? वह जो करेगा, ठीक ही करेगा। फिर जो हो रहा है ठीक ही हो रहा है। जो है, शुभ है।

जब भी तुम आशा करते हो, उसका अर्थ ही इतना है कि तुमने शिकायत कर दी। जब तुमने कहा कि ऐसा हो, उसका अर्थ ही है कि जैसा हो रहा है उससे तुम राजी नहीं। तुमने कहा, ऐसा होह्लउसमें ही तुमने शिकायत कर दी; उसमें ही तुम्हारी प्रार्थना नष्ट हो गई।

प्रार्थना का अर्थ है: जैसा है वैसा शुभ; जैसा है वैसा सुंदर; जैसा है वैसा सत्य; इससे अन्यथा की कोई मांग नहीं। तब तुम्हारे भीतर प्रार्थना है। आस्तिक का अर्थ है: जैसा है, उससे मैं परिपूर्ण हृदय से राजी हूं। मेरा कोई सुझाव नहीं परमात्मा को कि ऐसा हो कि वैसा हो। मेरा सुझाव क्या अर्थ रखता है? क्या मैं परमात्मा से स्वयं को ज्यादा बुद्धिमान मान बैठा हूं। जब एक ही है, तो जो भी हो रहा है ठीक ही हो रहा है। और जब सभी ठीक हो रहा है तो अशांति खो ही जाती है।

अंतर्गलितसर्वाशः...।

ऐसे व्यक्ति के भीतर से आशा, निराशा, वासना, आकांक्षा सब गलित हो जाती है, विसर्जित हो जाती है। फिर आसक्ति का भी कोई उपाय नहीं बचता। जब एक ही है, तो कौन करे आसक्ति, किससे करे आसक्ति? जब एक ही है, तो मन के लिए ही ठहरने की जगह नहीं बचती। उस एक में मन ऐसे खो जाता है जैसे धुएं की रेखा आकाश में खो जाती है।

मूल फूल को पूछता रहा: ऊपर कुछ पता चला?

फूल मूल को पूछता रहा: नीचे कुछ सुराग मिला?

लेकिन फूल और मूल एक ही हैं। वह जो नीचे चली गई है जड़ गहरे अंधेरे में पृथ्वी के, गहन गर्भ में, और वह जो फूल आकाश में उठा है और खिला है हवाओं में गंध को बिखेरता, सूरज की किरणों में नाचताह्लये दो नहीं हैं।

मैंने सुना है, एक केंचुआ सरक रहा था कीचड़ में। वह अपनी ही पूंछ के पास आ गया, मोहित हो गया। कहा: ञ्प्रिये, बहुत दिन से तलाश में था, अब मिलन हो गया!ञ्ञ उसकी पूंछ ने कहा: 'अरे मूढ़! मैं तेरी ही पूंछ हूं।' वह समझा कि कोई स्त्री से मिलन हो गया है। अकेला था, संगी-साथी की तलाश रही होगी।

मूल फूल को पूछ रहा, फूल मूल को पूछ रहा। दोनों एक हैं। कौन किससे पूछे? कौन किसको उत्तर दे?

ञ्विपत्ति और संपत्ति दैवयोग से ही अपने समय पर आती हैं। ऐसा जो निश्चयपूर्वक जानता है वह सदा संतुष्ट और स्वस्थेंद्रिय हुआ न इच्छा करता है न शोक करता है।ञ्ञ

आपदः संपदः काले दैवादेवेति निश्चयी।
तृप्तः स्वस्थेंद्रियो नित्यं न वांछति न शोचति।।
काले आपदः च संपदः...।

समय पर सब होता है। समय पर जन्म, समय पर मृत्यु; समय पर सफलता, समय पर असफलताह्नसमय पर सब होता है। कुछ भी समय के पहले नहीं होता है। ऐसा जो जानता है कि विपत्ति और संपत्ति दैवयोग से समय आने पर घटती हैं, वह सदा संतुष्ट है। फिर जल्दी नहीं, फिर अधैर्य नहीं। जब समय होगा, फसल पकेगी, काट लेंगे। जब सुबह होगी, सूरज निकलेगा, तो सूरज के दर्शन करेंगे, धूप सेंक लेंगे। जब रात होगी, विश्राम करेंगे, आराम करेंगे; सब छोड़-छाड़, डूब जाएंगे निद्रा में। सब अपने से हो रहा है और सब अपने समय पर हो रहा है। अशांति तब पैदा होती है जब हम समय के पहले कुछ मांगने लगते हैं; हम कहते हैं, जल्दी हो जाए।

इसलिए तुम देखते हो, पश्चिम में लोग ज्यादा अशांत हैं, पूरब में कम! हालांकि पूरब में होने चाहिए ज्यादा, क्योंकि दुख यहां ज्यादा, धन की यहां कमी, भूख यहां, अकाल यहां, हजार-हजार बीमारियां यहां, सब तरह की पीड़ाएं यहां। पश्चिम में सब सुविधाएं, सब सुख, वैज्ञानिक, तकनीकी विकासह्नफिर भी पश्चिम में लोग दुखी; पूरब में लोग सुखी न हों, पर दुखी नहीं। मामला क्या है?

एक बात पूरब ने समझ ली, एक बात पूरब को समझ में आ गई है कि सब होता, अपने समय पर होता; हमारे किए क्या होगा? तो पूरब में एक प्रतीक्षा है, एक धैर्यपूर्ण प्रतीक्षा हैह्नइसलिए तनाव नहीं।

फिर पश्चिम में धारणा है कि एक ही जन्म है। यह सत्तर-अस्सी साल का जन्म, फिर गए सो गए! तो जल्दबाजी भी है, सत्तर-अस्सी साल में सब कुछ कर लेना है।

इसमें आधी जिंदगी तो ऐसे सोने में, खाने-पीने में बीत जाती है, नौकरी करने, कमाने में बीत जाती है। ऐसे मुश्किल से थोड़े से दिन बचते हैं भोगने को, तो भोग लो। गहरी आतुरता है, हाथ कहीं खाली न रह जाएं! समय बीता जाता, समय की धार भागी चली जा रहीह्नतो भागो, तेजी करो, जल्दी करो! और कितनी ही जल्दी करो, कुछ खास परिणाम नहीं होता। जल्दी करने से और देरी हो जाती है।

अभी मैं आंकड़े पढ़ता था। न्यूयार्क में जब कारें नहीं चलती थीं तो आदमी की गति जितनी थी उतनी ही पचास साल के बाद फिर हो गई! और इतनी कारें, गति उतनी की उतनी हो गई! क्योंकि अब कारें सड़क पर इतनी हो गईं कि तुम पैदल जितनी देर में दफ्तर पहुंच सकते हो उससे ज्यादा देर लगने लगी कार में पहुंचने से। यह बड़े मजे की बात हो गई। आदमी ने कार खोजी कि जल्दी पहुंच जाएगा। वह जल्दी पहुंचना तो दूर रहा क्योंकि जगह-जगह ट्रेफिक जाम हो जाता है, जगह-जगह हजारों कारें अटक जाती हैं।

एक आदमी ने प्रयोग किया कि वह पैदल चल कर दफ्तर जाए। एक साल वह पैदल चल कर दफ्तर गया। और एक साल कार से दफ्तर गया। वह बड़ा चकित हुआ। हिसाब बराबर हो गयाह्नएक ही बराबर! जितनी देर कार से लगी पहुंचने में, उतनी ही देर पैदल चल कर पहुंचने में लगी। और पैदल चल कर जो स्वास्थ्य को फायदा हुआ वह अलग, और कार में जाने से जो पेट्रोल का खर्चा हुआ, सो अलग। और कुछ समझ में नहीं आता कि क्या हुआ। इतनी दौड़-धूप!

कभी-कभी बहुत जल्दी करने से बहुत देर हो जाती है। असल में जल्दी करने वाला मन इतना आतुर हो जाता है, इतने तनाव से भर जाता है, इतना रोगग्रस्त, इतने बुखार से भर जाता कि जब पहुंच भी जाता तब भी पहुंचता कहां? उसका बुखार तो उसे पकड़े ही रहता है, उसके भीतर प्राण तो कंपते ही रहते हैं। वह भागा-भागी ही उसके जीवन का आधार हो जाता है।

एक जगह से दूसरी जगह, दूसरी जगह से तीसरी जगह। एक नौकरी से दूसरी नौकरी, एक किताब से दूसरी किताब, एक गुरु से दूसरे गुरुह्नवह भागता ही रहता! इस पत्नी को बदलो, इस पति को बदलो, इस धंधे को बदलोह्नवह भागता ही रहता! आखिर में वह पाता है कि भागा खूब, पहुंचे कहीं भी नहीं। जैसे कोल्हू का बैल चलता रहे, चलता रहे, अपनी ही लीक पर, गोल-गोल घूमता रहता।

'विपत्ति और संपत्ति दैवयोग से अपने समय पर आती हैं। ऐसा जो निश्चयपूर्वक जानता है वह सदा संतुष्ट, स्वस्थेंद्रिय हुआ न इच्छा करता है न शोक करता है।'

जो आता है उसका साक्षी रहता हैहृदुख आया तो साक्षी, सुख आया तो साक्षी; धन आया तो साक्षी, निर्धन हो गया तो साक्षी। उसके भीतर एकरसता बनी रहती है।

मत छुओ इस झील को
ककड़ी मारो नहीं
पत्तियां डारो नहीं
फूल मत बोरो
और कागज की तरी
इसमें नहीं छोड़ो।
खेल में तुमको
पुलक उन्मेष होता है
लहर बनने में
सलिल को क्लेश होता है।

पर हम डालते जाते हैं कंकड़ियां वासनाओं की, आकांक्षाओं की। फेंकते चट्टानेंहृकंकड़ियां दूर, फेंकते चट्टानेंहृमहत आकांक्षाओं, महत्वाकांक्षाओं की। झील कंपती रहती है। सलिल को बहुत क्लेश होता है।

साक्षी बनो, कर्ता होना छोड़ो। कर्ता होने से ही सारा उपद्रव है। पूरब का सारा संदेश एक छोटे से शब्द में आ जाता है : साक्षी बनो!

मेरा जीवन सबका साखी।
कितनी बार दिवस बीता है,
कितनी बार निशा बीती है।
कितनी बार तिमिर जीता है,
कितनी बार ज्योति जीती है।
मेरा जीवन सबका साखी।

कितनी बार सृष्टि जागी है,
कितनी बार प्रलय सोया है।
कितनी बार हंसा है जीवन,
कितनी बार विवश रोया है।
मेरा जीवन सबका साखी।

देखते चलो। रमो मत किसी में, रुको मत कहीं, अटको मत कहीं। देखते चलो। जो आएह्लकोई भाव मत बनाओ; बुरा-भला मत सोचो। जो आए, जैसा आए, जो लहर उठेह्लदेखते चलो। और धीरे-धीरे तुम पाओगे : देखने वाला ही शेष रह गया, सब लहरें चली गईं, सलिल शांत हुआ। उस परम शांति के क्षण में सत्य का साक्षात्कार है।

कालेआपदः च संपदः...।

ह्लजब आता समय, होतीं घटनाएं।

दैवात् एव...।

ह्लऐसा प्रभु-मर्जी से!

इति निश्चयी...।

ह्लऐसा जिसने जाना अनुभव से।

नित्यम् तृप्तः!

ह्लसदा तृप्त है।

नित्यम् तृप्तः! स्वाद लो इस शब्द का : नित्यम् तृप्तः! चबाओ इसे, गलाओ इसे! उतर जाने दो हृदय तक! नित्यम् तृप्तः। वह सदा तृप्त है। ऐसा व्यक्ति अतृप्ति जानता ही नहीं। अतृप्ति पैदा होती हैह्लआकांक्षा से। तुम करते आकांक्षा, फिर वैसा नहीं होता तो अतृप्ति पैदा होती है। न करो आकांक्षा, न होगी अतृप्ति। न रहेगा बांस, न बजेगी बांसुरी।

स्वस्थेंद्रियः...।

और ऐसा व्यक्ति स्वयं में स्थित हो जाता है, स्वस्थ हो जाता है। और उसकी सारी इंद्रियां स्वयं से, भीतर की केंद्रीय शक्ति से संचालित होने लगती हैं। अभी तो इंद्रियां तुम्हें चलाती हैं। अभी तो दिखाई पड़ गया भोजन, और भूख लग आती है। भूख थी नहीं क्षण भर पहले। चमत्कार है : कैसे तुम धोखा दे देते हो! क्षण भर पहले गुनगुनाते चले आ रहे थे गीत, और मिठाई की दूकान से गंध आ गई, नासापुटों में भर गईह्लभूख लग गई! भूल गए, कहां जा रहे थे! पहुंच गए दूकान में। क्षण भर पहले भूख नहीं थी, क्षण भर में कैसे लग गई! कुछ समय तो लगता है भूख के लगने में! सिर्फ गंध के कारण लग गई? नहीं, नाक ने मालकियत जतला दी। नाक तुम्हें खींच कर ले गई। ऐसे तो गुलाम मत बनो!

राह चले जाते थे, कोई वासना न थी, कोई सुंदर स्त्री निकल गई, चित्त वासनाग्रस्त हो गया। सुंदर स्त्री की तो बात छोड़ो। अखबार देख रहे थे, अखबार में काली स्याही

के धब्बे हैं और कुछ भी नहीं, वहां किसी ने नग्न स्त्री का चित्र बनाया हुआ है अखबार मेंह्नउसी को देख कर आंदोलित हो गए! चल पड़े सपनों में, खोजने लगे, वासना प्रज्वलित होने लगी। यह तो हद हो गई। जरा सोचो भी तो, कागज का टुकड़ा है। उस पर कुछ स्याही के दाग हैंह्नइनसे तुम इतने प्रभावित हो गए? आंखों ने धोखा दे दिया। तो फिर आंखें दिखाने का साधन न रहीं, अंधा बनाने लगीं।

जब आंख मालिक हो जाए तो अंधा बनाती है। जब तुम मालिक हो तो आंख देखने का साधन होती है। बुद्ध देखते हैं आंख से, महावीर देखते हैंह्नतुम नहीं। इंद्रियां अभी मालिक हैं; तुम गुलाम हो। इस गुलामी से छूट जाने का नाम मुक्ति है, मोक्ष हैह्नजब तुम मालिक हो जाओ और इंद्रियां तुम्हारी अनुचर हो जाएं।

स्वस्थेंद्रियः न वांछति न शोचति।

ऐसा व्यक्ति न तो किसी तरह की चिंता करता, न इच्छा करता, न शोक करता। क्योंकि सारी बात समाप्त हो गई। जो है, उसके साथ वह परम भाव से राजी है।

नित्यम् तृप्तः।

'सुख और दुख, जन्म और मृत्यु दैवयोग से ही होता है। ऐसा जो निश्चयपूर्वक जानता है, वह पुरुष साध्य कर्म को नहीं देखता हुआ और श्रम-रहित कर्म करता हुआ भी लिप्त नहीं होता है।'

सुखदुःखे जन्ममृत्यु दैवादेवेति निश्चयी।
साध्यादर्शी निरायासः कुर्वन्नपि न लिप्यते।।
सुखदुःखे जन्ममृत्यु दैवात् एव...

सुख-दुख, जन्म और मृत्यु भी मिले हैं। सोचो, देखो जराह्नतुमने जन्म तो सोचा नहीं था कि हो। तुमने जन्म पाने के लिए तो कुछ किया नहीं था। तुमने किसी से पूछा भी नहीं था कि तुम जन्म लेना चाहते कि नहीं? तुम्हारी मर्जी का सवाल ही नहीं है। तुमने अचानक एक दिन अपने को जीवन में पाया। जन्म घटा है; तुम्हारा कर्तृत्व नहीं है कुछ। ऐसे ही एक दिन मौत भी घटेगी। तुमसे कोई पूछेगा नहीं कि अब मरने की इच्छा है या नहीं? रिटायर होना चाहते कि नहीं? कोई नहीं पूछेगा। तुम कोई हड़ताल वगैरह भी न कर सकोगे कि जल्दी रिटायरमेंट किया जा रहा है, अभी हम और जीना चाहते हैं! कोई उपाय नहीं। मौत द्वार पर दस्तक भी नहीं देती, पूछती भी नहीं, सलाह-मशविरा भी नहीं लेतीह्नबस उठा कर ले जाती है। जन्म एक दिन अचानक घटता है, मृत्यु एक दिन अचानक घटती है। फिर इन दोनों के बीच में तुम कर्ता होने का कितना पागलपन करते हो! जब जीवन की असली घटनाओं पर तुम्हारा

कोई बस नहीं, जन्म पर तुम्हारा बस नहीं, मृत्यु पर तुम्हारा बस नहींह्नतो थोड़ा तो जागोह्नइन दोनों के बीच की घटनाओं पर कैसे बस हो सकता है? न शुरू पर बस, न अंत पर बसह्नतो मध्य पर कैसे बस हो सकता है?

इतना ही अर्थ है जब हम कहते हैं: भगवान करता है, दैवयोग से, भाग्य से...। इतना ही अर्थ है, इसी सत्य की स्वीकृति है कि न शुरू में पूछता कोई हमसे, न बाद में हमसे कोई पूछता, तो बीच में हम नाहक शोरगुल क्यों करें? तो जब न शुरू में कोई पूछता, न बाद में कोई पूछता, तो बीच में भी हम क्यों नाहक चिल्लाएं, दुखी हों? तो बीच को भी हम स्वीकार करते हैं। इस स्वीकार में परम शांति है।

जो निश्चयपूर्वक ऐसा जानता है, फिर उसके लिए कुछ साध्य नहीं रह गया; परमात्मा जो करवाता वह करता है। जब तुम्हारा कोई साध्य नहीं रह गया तो फिर जीवन में कभी विफलता नहीं होती; परमात्मा हराता तो तुम हारते, परमात्मा जिताता तो तुम जीतते। जीत तो उसकी, हार तो उसकी।

'ऐसा व्यक्ति श्रम-रहित हुआ, कर्म करता हुआ...!'

खयाल करना इन शब्दों परह्नश्रम-रहित हुआ, कर्म करता हुआ! श्रम तो समाप्त हो गया, अब कोई मेहनत नहीं है जीवन में, अब तो खेल है। वह जो करवाता; जैसे नाटक होता है, पीछे नाटककार छिपा है: वह जो कहलवाता, हम कहते हैं। वह जो प्रॉम्प्ट करता है पीछे से, हम दोहराते हैं। वह जैसी वेशभूषा सजा देता है, हम वैसी वेशभूषा कर लेते हैं। वह राम बना देता तो राम बन जाते, रावण बना देता तो रावण बन जाते हैं। कोई ऐसा थोड़े ही है कि रावण झंझट खड़ी करता है कि मुझको रावण क्यों बनाया जा रहा है, मैं राम बनूंगा! ऐसी झंझट कभी-कभी हो जाती है, तो झंझट झंझट मालूम होती है और मूढ़तापूर्ण मालूम होती है।

एक गांव में ऐसा हुआ, रामलीला होती थी। और जब सीता का स्वयंवर रचा तो रावण भी आया था। संभावना थी कि रावण धनुष को तोड़ दे। लेकिन तत्क्षण...राजनीति का पुराना जाल!...खबर आई लंका से कि लंका में आग लग गई है, जो कि बात झूठी थी, कूटनीतिक थी। वहीं से तो रामायण का सारा उपद्रव शुरू हुआ। लंका में आग लग गई तो भागा, पकड़ा होगा ऐरोप्लेन रावण ने उसी क्षण। भागा एकदम लंका; लेकिन तब तक यहां सब खतम हो गया। वह गया लंका, उसको हटाने का यह उपाय था। वह गया लंका, तब तक राम को सीता वरी गई।

एक गांव में रामलीला हुई। अब रावण को पता तो था, यह तो नाटक ही था, असली तो था नहीं। पता तो था ही कि क्या होता है। वह कुछ गुस्से में था, मैनेजर के

खिलाफ था। वह असल में चाहता था राम बनना और उसने कहा कि तू रावण बन। उसने कहा, अच्छा देख लेंगे, वक्त पर देख लेंगे! जब बाहर गोहार मची, स्वयंवर के बाहर, कि रावण तेरी लंका में आग लगी है, तो उसने कहा : 'लगी रहने दो। आज तो सीता को वर कर ही घर जाएंगे!' और उसने उठ कर धनुषबाण तोड़ दियाह्नधनुषबाण रामलीला का। अब बड़ी मुश्किल खड़ी हो गई कि अब करना क्या! तो जनक बूढ़ा आदमी, पुराना उस्ताद था! उसने कहा, 'भृत्यो! यह मेरे बच्चों के खेलने का धनुषबाण कौन उठा लाया? गिराओ पर्दा, असली धनुष लाओ।' धक्के दे कर उस रावण को निकाला, वह निकलता नहीं था। वह कहे कि ले आओ, असली ले आओ।

तुम जीवन में ऐसे ही नाहक धक्कम-धुक्की कर रहे हो। पूरब की मनीषा ने जो गहरे सूत्र खोजे, उनमें एक है कि जीवन एक अभिनय है, नाटक है, लीला हैह्नइसे गंभीरता से मत लो। जो वह करवाए, कर लो। जो वह दिखलाए, देख लो। तुम अछूते बने रहो, तुम कुंआरे बने रहो। और तब तुम्हारे जीवन में कोई श्रम न होगा, क्योंकि कोई तनाव न होगा। कर्म तो होगा, श्रम न होगा। श्रम न होगा, कर्म होगाह्नइसका अर्थ हुआ : कर्म तो होगा, कर्ता न होगा। जब कर्ता होता है तो श्रम होता है, तब चिंता होती है। अब कर्ता तो परमात्मा है, हार-जीत उसकी है, सफलता-असफलता उसकी है। तुम तो सिर्फ एक उपकरण-मात्र हो, निमित्त-मात्र। सब चिंता खो जाती है।

'इस संसार में चिंता से दुख उत्पन्न होता है, अन्यथा नहीं। ऐसा जो निश्चयपूर्वक जानता है, वह सुखी और शांत है। सर्वत्र उसकी स्पृहा गलित है। और वह चिंता से मुक्त है।'

चिंतया जायते दुःखं नान्यथैहेति निश्चयी।
तया हीनः सुखी शांतः सर्वत्र गलित स्पृहः।।
चिंतया दुःखं जायतेह्नचिंता से दुख...।

चिंता पैदा होती है कर्ता के भाव से। जैसे ही तुम स्वीकार कर लेते हो कि मैं कर्ता नहीं हूं, फिर कैसी चिंता? चिंता है कर्ता की छाया। तुम चिंता तो छोड़ना चाहते हो, कर्तृत्व नहीं छोड़ना चाहते। तुम रहना तो चाहते हो कर्ता, कि दुनिया को दिखा दो कि तुमने यह किया, यह किया, यह किया; कि इतिहास में नाम छोड़ जाओ कि कितना काम तुमने किया! लेकिन तुम चाहते हो, चिंता न हो। यह असंभव की तुम मांग करते हो। जितना बड़ा तुम्हारा कर्तृत्व होगा, उतनी ही चिंता होगी। जितना बड़ा तुम्हारा अहंकार होगा, उतनी ही तुम्हारी चिंता होगी। निश्चिंत होना हो तो निरहंकारी हो

जाओ। लेकिन निरहंकारी का अर्थ ही होता है, एक ही अर्थ होता है कि तुम कर्ता मत रहो। तुम जगह दे दो परमात्मा कोह्लउसे जो करना है करने दो। तुम्हारे हाथ उसके भर रह जाएं; तुम्हारी आंखें उसकी आंखें हो जाएं; तुम्हारी देह में वह विराजमान हो जाए, तुम मंदिर हो जाओ। उसे करने दो जो करना है। तब तुम्हारे जीवन में एक बड़ा नैसर्गिक सौंदर्य होगा, एक प्रसाद होगा! तुम हार जाओगे, तो भी तुम निश्चिंत सो जाओगे। तुम जीत जाओगे, तो भी तनाव न होगा मन में, तो भी तुम निश्चिंत सो जाओगे। क्योंकि तुम अब अपने सिर पर लेते ही नहीं।

तुम्हारी हालत ऐसी हो जाएगी जैसे एक छोटा सा बच्चा अपने बाप का हाथ पकड़ कर जाता है। जंगल है घना, बीहड़ है, पशु-पक्षियों का डर हैह्लबाप चिंतित है, बेटा मस्त है! वह बड़ा ही मस्त है, जंगल देख कर उसके आनंद का ठिकाना नहीं। वह हर चीज के संबंध में प्रश्न पूछ रहा है। 'यह फूल क्या है?'...शेर भी सामने आ जाए तो बेटा मस्ती से खड़ा रहेगा। उसे क्या फिकर है? बाप के हाथ में हाथ।

एक जापानी कथा है। एक युवक विवाहित हुआ। अपनी पत्नी को लेकरह्लसमुराई था, क्षत्रिय थाह्लअपनी पत्नी को लेकर नाव में बैठा। दूसरी तरफ उसका गांव था। बड़ा तूफान आया, अंधड़ उठा, नाव डांवाडोल होने लगी, डूबने-डूबने को होने लगी। पत्नी तो बहुत घबड़ा गई। मगर युवक शांत रहा। उसकी शांति ऐसी थी जैसे बुद्ध की प्रतिमा हो। उसकी पत्नी ने कहा, तुम शांत बैठे हो, नाव डूबने को हो रही, मौत करीब है! उस युवक ने झटके से अपनी तलवार बाहर निकाली, पत्नी के गले पर तलवार लगा दी। पत्नी तो हंसने लगी। उसने कहा : क्या तुम मुझे डरवाना चाहते हो?

पति ने कहा : तुझे डर नहीं लगता? तलवार तेरी गर्दन पर रखी, जरा सा इशारा कि गर्दन इस तरफ हो जाएगी।

उसने कहा : जब तलवार तुम्हारे हाथ में है तो मुझे भय कैसा?

उसने तलवार वापिस रख ली। उसने कहा : यह मेरा उत्तर है। जब तूफानह्लआंधी उसके हाथ में है तो मैं क्यों परेशान होऊं? डुबाना होगा तो डूबेंगे, बचाना होगा तो बचेंगे। जब तलवार मेरे हाथ में है तो तू नहीं घबराती। मुझसे तेरा प्रेम है, इसलिए न! कल विवाह न हुआ था, उसके पहले अगर मैंने तलवार तेरे गले पर रखी होती तो? तो तू चीख मारती। आज तू नहीं घबड़ाती, क्योंकि प्रेम का एक सेतु बन गया। ऐसा सेतु मेरे और परमात्मा के बीच है, इसलिए मैं नहीं घबड़ाता। तूफान आए, चलो ठीक, तूफान का मजा लेंगे। डूबेंगे, तो डूबने का मजा लेंगे। क्योंकि सब उसके हाथ में है, हम उसके हाथ के बाहर नहीं हैं। फिर चिंता कैसी?

चिंतया दुःखं जायते...।

और कोई ढंग से चिंता पैदा नहीं होती, बस चिंता एक ही है कि तुम कर्ता हो। कर्ता हो तो चिंता है, चिंता है तो दुख।

इति निश्चयी सुखी शांतः सर्वत्र गलितस्पृहः।

ऐसा जिसने निश्चयपूर्वक जाना, अनुभव से निचोड़ाह्नवह व्यक्ति सुखी हो जाता है, शांत हो जाता है, उसकी सारी स्पृहा समाप्त हो जाती है।

नीड़ नहीं करता पंछी की
पल भर कभी प्रतीक्षा।
गगन नहीं लिखता पंखों की
अच्छी बुरी समीक्षा।
दीप नहीं लेता शलभों की
कोई अग्नि परीक्षा।
धूम नहीं काजल बनने की
करता कभी अभीप्सा।
प्राण स्वयं ही केवल अपनी,
तृषा तृप्ति का माध्यम।
तत्व सभी निरपेक्ष, अपेक्षा
मन का मीठा विभ्रम!
तत्व सभी निरपेक्ष, अपेक्षा
मन का मीठा विभ्रम।

भ्रम है, सपना हैह्नऐसा हो, वैसा न हो जाए। और जैसा होना है वैसा ही होता है। तुम्हारे किए कुछ भी अंतर नहीं पड़ता, रत्ती भर अंतर नहीं पड़ता; तुम नाहक परेशान जरूर हो जाते हो, बस उतना ही अंतर पड़ता है। कभी तुम ऐसे भी तो जी कर देखो। कभी अष्टावक्र की बात पर भी तो जी कर देखो। कभी तय कर लो कि तीन महीने ऐसे जीएंगे कि जो होगा ठीक, कोई अपेक्षा न करेंगे। क्या तुम सोचते हो, सब होना बंद हो जाएगा?

मैं तुमसे कह सकता हूं प्रामाणिक रूप से, वर्षों से मैंने कुछ नहीं किया, अपने कमरे में अकेला बैठा रहता हूं। जो होना है, होता रहता हैह्नहोता ही रहता है! एक बार तुम करके देख लो, तुम चकित हो जाओगे। तुम हैरान हो जाओगे कि जन्मों-जन्मों से कर-कर के परेशान हो गए, और यह तो सब होता ही है। करने वाला जैसे

कोई और ही है। सब होता रहता है। तुम बीच से हट जाओ, तुम रोड़े मत बनो। तुम जैसे-जैसे रोड़े बनते हो, वैसे-वैसे उलझते हो।

प्राहा, अपने को नकार कर
सोचता है आदमी
दूसरों के बारे में
भटकता है अंधियारे में
निकालता है खा कर चोट
पत्थरों को गालियां।
करता है निंदा रास्तों की
सुन कर अपनी ही प्रतिध्वनि
भींचता है मुट्ठियां
पीसता है दांत
नोचता है चेतना के पंख
नहीं देख पाता
आत्मा का निरभ्र आकाश।

तुम जो भी शोरगुल मचा रहे हो, वह तुम नाहक ही मचा रहे हो।

सिबली ने देखा, एक कुत्ता पानी के पास आया, प्यासा है, मरा जाता हैह्नलेकिन पानी में दिख गई अपनी छाया, तो घबड़ाया : दूसरा कुत्ता मौजूद है, झपटने को मौजूद है, खूंखार मालूम होता है! भौंका तो दूसरा कुत्ता भी भौंका। उसकी अपनी ही प्रतिध्वनि थी। सिबली बैठा देखता रहा और हंसने लगा। उसे सब समझ में आ गया। उसे अपने ही जीवन का पूरा राज सब समझ में आ गया। पर प्यास ऐसी थी उस कुत्ते की कि कूदना ही पड़ा। आखिर हिम्मत करके एक छलांग लगा ली। पानी में कूदते ही दूसरा मिट गया। वह दूसरा तो प्रतिबिंब था। जिससे तुम भयभीत हो वह तुम्हारी छाया है। जिससे तुम चिंतित हो वह तुम्हारी छाया है। जिससे तुम लड़ रहे हो वह तुम्हारी छाया है।

हिंदी में शब्द है परछाईं। यह बड़ा अदभुत शब्द है! किसने गढ़ा? किसी बड़े जानकार ने गढ़ा होगा। तुम्हारी छाया को कहते हैं परछाईंह्नपराए की छाया। कभी इस शब्द पर खयाल किया? छाया तुम्हारी है, नाम है परछाईं! तुम्हारी छाया ही पर हो जाती है, वह ही पर जैसी भासती है। ठीक ही जिसने यह शब्द चुना होगा, बड़ा बोधपूर्वक चुना होगाह्नपरछाईं। अपनी ही छाया दूसरे जैसी मालूम होती है, उससे ही

संघर्ष चलने लगता है। फिर लड़ो खूब, जीत हमारे हाथ नहीं लगेगी। कहीं छाया से कोई जीता है! शून्य में व्यर्थ ही कुशतम-कुश्ती कर रहे हो।

'मैं शरीर नहीं हूं, देह मेरी नहीं है, मैं चैतन्य हूंह्नऐसा जो निश्चयपूर्वक जानता है, वह पुरुष कैवल्य को प्राप्त होता हुआ, किए और अनकिए कर्म को स्मरण नहीं करता है।"

> नाहं देहो न मे देहो बोधोऽहमिति निश्चयी।
> कैवल्यमिव संप्राप्तो न स्मरत्यकृतं कृतम्।।

अहं देहः न...।

ह्नमैं देह नहीं।

देहः मे न...।

ह्नऔर देह मेरी नहीं।

बोधोऽहम् इति निश्चयी...।

ह्नऐसा जिसके भीतर बोध का दीया जला, ऐसा निश्चयपूर्वक जिसके भीतर ज्योति जगी...

कैवल्यं संप्राप्तः...।

ह्नवह धीरे-धीरे कैवल्य की परम दशा को उपलब्ध होने लगता है।

क्योंकि जिसने जाना मैं देह नहीं, ज्यादा दूर नहीं है उसका जानना कि मैं ब्रह्म हूं। उसने पहला कदम उठा लिया। जिसने कहा, मैं देह नहीं, निश्चयपूर्वक जान कर; जिसने कहा, मैं मन नहींह्नउसने कदम उठा लिए धीरे-धीरे कैवल्य की तरफ। शीघ्र ही वह घड़ी आएगी जब उसके भीतर उदघोष होगा : 'अहं ब्रह्मास्मि! अनलहक! मैं ही हूं ब्रह्म!' फिर ऐसे व्यक्ति को न तो किए की चिंता होती है न अनकिए की चिंता होती है।

तुमने देखा कभी, तुम उन कर्मों का तो हिसाब रखते ही हो जो तुमने किए; जो तुम नहीं कर पाए उनके लिए भी चिंतित होते हो! तुमने मूढ़ता का कोई अंत देखा? यह गणित को समझो। कल तुम किसी को गाली नहीं दे पाए, उसकी भी चिंता चलती है। दी होती तो चिंता चलती, समझ में आता है। दे नहीं पाए, मौका चूक गए; अब मिले मौका दुबारा, न मिले मौका दुबारा; समय वैसा हाथ आए न आएह्नअब इसकी चिंता चलती है। तुम किए हुए की चिंता करते हो, अनकिए की चिंता करते हो। तुम जो-जो नहीं कर पाए जीवन में, वह भी तुम्हारा पीछा करता है।

मुल्ला नसरुद्दीन मर रहा था। तो मौलवी ने उससे कहा कि अब पश्चात्ताप करो, अब आखिरी घड़ी में प्रायश्चित करो! उसने आंख खोली। उसने कहा कि

प्रायश्चित ही कर रहे हैं, अब बीच में गड़बड़ मत करो! उस मौलवी ने पूछा : जोर से बोलो, किस चीज का प्रायश्चित कर रहे हो? उसने कहा कि जो पाप नहीं कर पाए, उनका प्रायश्चित कर रहा हूंह्नकि कर ही लेते तो अच्छा था, यह मौत आ गई। अब पता नहीं बचें कि न बचें। अगर दुबारा प्रभु ने भेजाह्नमुल्ला नसरुद्दीन ने कहाह्नतो अब इतनी देर न करेंगे। जल्दी-जल्दी निपटा लेंगे। जो-जो नहीं कर पाए, उसी का पश्चात्ताप हो रहा है।

मरते वक्त अधिक लोग उसका पश्चात्ताप करते हैं, जो नहीं कर पाए।

ऐसा पुरुष, जिसने जाना मैं देह नहीं, मैं मन नहीं और जिसने पहचानी अपने भीतर की छविह्नअनकिए की तो बात छोड़ो, किए का भी विचार नहीं करता। जो हुआ हुआ, जो नहीं हुआ नहीं हुआ। वह बोझ नहीं ढोता, वह अतीत को सिर पर लेकर नहीं चलता। और जिस व्यक्ति ने अतीत को सिर से उतार कर रख दिया, उसके पंख फैल जाते हैं, वह खुले आकाश में उड़ने लगता है। उस पर जमीन की कशिश का कोई प्रभाव नहीं रह जाता, वह आकाशगामी हो जाता है।

बोझ तुम्हारे सिर पर अतीत का है। और अतीत के बोझ के कारण भविष्य की आकांक्षा पैदा होती है। जो नहीं कर पाए, भविष्य में करना है। जो कर लिया, और भी अच्छी तरह कर सकते थेह्नउसको भविष्य में करना है।

भविष्य क्या है? तुम्हारे अतीत का ही सुधरा हुआ रूप, सजा-संवारा, और व्यवस्थित किया। अब की बार मौका आएगा तो और अच्छी तरह कर लोगे। अतीत का बोझ जो ढोता है, वही भविष्य के पीछे भी दौड़ता रहता है। जिसने अतीत को उतार दिया, उसका भविष्य भी गया। वह जीता शुद्ध वर्तमान में। और वर्तमान में होना परमात्मा में होना है।

'ब्रह्म से लेकर तृणपर्यंत मैं ही हूंह्नऐसा जो निश्चयपूर्वक जानता है, वह निर्विकल्प शुद्ध और शांत और लाभालाभ से मुक्त होता है।'

जिसने जाना कि ब्रह्म से लेकर तृणपर्यंत एक ही जीवन-धारा है, एक ही जीवन का खेल है, एक ही जीवन की तरंगें हैं, एक ही सागर की लहरेंह्नजिसने ऐसा पहचान लिया, 'तृण से लेकर ब्रह्म तक', वह निर्विकल्प हो जाता है। फिर किसका भय है! फिर कैसी वासना! फिर कैसी अशांति! फिर कैसी अशुद्धि! जब एक ही है तो शुद्ध ही है। फिर कैसा लाभ, कैसा अलाभ!

'अनेक आश्चर्यों वाला यह विश्व कुछ भी नहीं है, अर्थात मिथ्या हैह्नऐसा जो निश्चयपूर्वक जानता है, वह वासना-रहित, बोध-स्वरूप पुरुष इस प्रकार शांति को प्राप्त होता है, मानो कुछ भी नहीं है।'

नानाश्चर्यमिदं विश्वं न किंचिदिति निश्चयी।
निर्वासनः स्फूर्तिमात्रो न किंचिदिव शाम्यति।।
इदम् विश्वं नानाश्चर्यं न किंचित...।

यह जो बहुत-बहुत आश्चर्यों से भरा हुआ विश्व है, शांत हुए व्यक्ति को ऐसा लगता है कि सपना-मात्र। यह सत्य लगता है तुम्हारी वासना के कारण, तुम्हारी वासना इसमें प्राण डालती है। वासना के हटते ही प्राण निकल जाते हैं विश्व में से। यह नाना आश्चर्यों से भरा हुआ विश्व अचानक स्वप्नवत हो जाता है, मायाजाल!

इति निश्चयी निर्वासनः स्फूर्तिमात्र न किंचिदिव शाम्यति!

'ऐसा निश्चयपूर्वक जिसने जाना, वह वासना-रहित बोध-स्वरूप पुरुष इस प्रकार शांति को प्राप्त होता है, मानो कुछ भी नहीं है।'

यह सूत्र खयाल रखना।

रात तुमने स्वप्न देखा कि तुम गिर पड़े पहाड़ से, कि छाती पर राक्षस बैठे हैं, कि गर्दन दबा रहे हैं, कि चीख निकल गई, कि चीख में नींद टूट गई। नींद टूटते ही तुम पाते हो कि चेहरा पसीना-पसीना है। छाती धक-धक हो रही, हाथ-पैर कंप रहे; लेकिन अब तुम हंसते हो। अब कोई अशांति नहीं होती। अब न राक्षस है, न पहाड़ है, न कोई तुम्हारी छाती पर बैठा है। हो सकता है अपने ही तकिए अपनी ही छाती पर लिए पड़े हो। या कभी-कभी तो ऐसा होता है कि अपने ही हाथ छाती पर वजन डालते हैं और लगता है कोई छाती पर बैठा है। अब तुम हंसते हो। अभी तक जो सपना था, सत्य मालूम हो रहा था, तो घबड़ाहट थी। अब सपना हो गया तो घबड़ाहट खो गई।

बोध को प्राप्त व्यक्ति, संबोधि को उपलब्ध व्यक्ति, जिसने जाना कि मैं स्फूर्ति-मात्र हूं, चैतन्य-मात्र हूं, चिन्मात्र हूं, वह ऐसे जीने लगता है संसार में जैसे संसार है ही नहीं; जैसे संसार है ही नहीं; है या नहीं है, कुछ भेद नहीं।

धागे में मणियां हैं
कि मणियों में धागा
ज्ञाता वह जो शब्द में सोया
अक्षर में जागा।
यह जो तुम बाहर देखते हो क्षर है, क्षणभंगुर है।
ज्ञाता वह जो शब्द में सोया
अक्षर में जागा।

जो उसमें जाग गया जिसका कोई क्षय नहीं होताह्नअच्युत अक्षर! वह तुम्हारे भीतर है। यह बड़े मजे की बात है, देवनागरी लिपि में वर्णमाला को हम कहते हैं

अक्षरह्नअ, ब, स, क, ख, गह्नअक्षर। फिर जब दो अक्षर से मिल कर कोई चीज बन जाती है तो उसको कहते हैं शब्द। ङराङ्ग अक्षर ङमङ्ग अक्षरह्न'राम' शब्द।

शब्द तो जोड़ है दो का; अक्षर, एक का अनुभव है। अल्फाबेट अर्थहीन शब्द है; अक्षर, बड़ा सार्थक। अक्षर का अर्थ होता है: जब एक है तो फिर कोई विनाश नहीं; जब दो हैं तो विनाश होगा। जहां जोड़ है वहां टूट होगी; जहां योग है, वहां वियोग होगा। इसलिए तो शब्द से अक्षर को कहना असंभव है। इसलिए तो सत्य को शब्द में नहीं कहा जा सकता। क्योंकि सत्य है एक और शब्द बनते हैं दो से।

इसलिए हिंदुओं ने उस परम सत्य को प्रकट करने के लिए ङओमङ्ग खोजा। और उसको 'ओम' नहीं लिखते। अगर 'ओम' लिखें तो दो अक्षर हो जाएंगे। उसके लिए अलग ही प्रतीक बनायाह्न'ॐ'ह्नताकि वह अक्षर रहे, एक ही रहे। ऐसे तो तीन हैं उसमेंह्नअ, उ, म, 'ओम' बनाने में तीन अक्षर आ गए। लेकिन तीन आ गए तो शब्द हो गया। शब्द हो गया तो असत्य हो गया। शब्द हो गया तो जोड़ हो गया; जोड़ हो गया तो टूटेगा, बिखरेगा। तो फिर हमने एक खूबी कीह्नहमने उसके लिए एक अलग ही प्रतीक बनाया, जो वर्णमाला के बाहर है। तुम किसी से पूछो 'ॐ' का अर्थ क्या है? 'ॐ' का कोई अर्थ नहीं।

शब्द का अर्थ होता है, अक्षर का कोई अर्थ नहीं होता। 'ॐ' तो अर्थहीन है, प्रतीक-मात्र हैह्नउस परम का। वह एक जब टूटता है तो तीन हो जाते हैंह्नइसलिए त्रिमूर्ति। फिर तीन तेरह हो जाते; फिर तो बिखरता जाता है। उस एक का नाम अक्षर।

> धागे में मणियां हैं
> कि मणियों में धागा
> ज्ञाता वह जो शब्द में सोया
> अक्षर में जागा।
> दर्पण में बिंबित
> छाया से लड़ते-लड़ते
> हो गया है
> लहूलुहान सत्य।
> आंख मुंदे तो आंख खुले।
> आंख मुंदे तो आंख खुले!

आंख खोल कर तुमने जो देखा है, वह संसार है। आंख मूंद कर जो देखोगेह्नवही सर्व, वही परमात्मा, वही सत्य।

आंख मुंदे तो आंख खुले।

ये सारे सूत्र एक अर्थ में आंख मूंदने के सूत्र हैंह्नसंसार से मूंद लो आंख। और एक अर्थ में आंख खोलने के सूत्र हैंह्नखोल लो परमात्मा की तरफ, स्वयं की तरफ आंख।

ये खाड़ियां, यह उदासी, यहां न बांधो नाव।
यह और देश है साथी, यहां न बांधो नाव।

दगा करेंगे मनाजिर किनारे दरिया के
सफर ही में है भलाई, यहां न बांधो नाव।

फलक गवाह कि जल-थल यहां है डांवाडोल
जमीं खिलाफ है भाई, यहां न बांधो नाव।

यहां की आबोहवा में है और ही बू-बास
यह सरजमीं है पराई, यहां न बांधो नाव।

डुबो न दें हमें ये गीत कुर्बे-साहिल के
जो दे रहे हैं सुनाई, यहां न बांधो नाव।

जो बेड़े आए थे इस घाट तक अभी उनकी
खबर कहीं से न आई, यहां न बांधो नाव।

रहे हैं जिनसे शनासा यह आसमां वह नहीं
यह वह जमीं नहीं भाई, यहां न बांधो नाव।

यहां की खाक से हम भी मुसाम रखते हैं
वफा की बू नहीं आई, यहां न बांधो नाव।

जो सरजमीन अजल से हमें बुलाती है
वह सामने नजर आई, यहां न बांधो नाव।

सवादे-साहिले-मकसूद आ रहा है नजर
ठहरने में है तबाही, यहां न बांधो नाव।

जहां-जहां भी हमें साहिलों ने ललचाया
सदा फिराक की आई, यहां न बांधो नाव।

हरि ॐ तत्सत्।

* * *

प्रवचन : 32

प्राण की यह बीन बजना चाहती है

पहला प्रश्नः आपने हमें संन्यास दिया, लेकिन कोई मंत्र नहीं बताया। पुराने ढब के संन्यासी मिल जाते हैं तो वे पूछते हैं, तुम्हारा गुरुमंत्र क्या है?

मंत्र तो मन का ही खेल है। मंत्र शब्द का भी यही अर्थ हैः मन का जाल, मन का फैलाव। मंत्र से मुक्त होना है, क्योंकि मन से मुक्त होना है। मन न रहेगा तो मंत्र को सम्हालोगे कहां? और अगर मंत्र को सम्हालना है तो मन को बचाये रखना होगा।

निश्चय ही मैंने तुम्हें कोई मंत्र नहीं दिया। नहीं चाहता कि तुम्हारा मन बचे। तुमसे मंत्र छीन रहा हूं। तुम्हारे पास वैसे ही मंत्र बहुत हैं। तुम्हारे पास मंत्रों का तो बड़ा संग्रह है। वही तो तुम्हारा सारा अतीत है। बहुत तुमने सीखा। बहुत तुमने ज्ञान अर्जित किया। कोई हिंदू है, कोई मुसलमान है, कोई जैन है, कोई ईसाई है। किसी का मंत्र कुरान में है, किसी का मंत्र वेद में है। कोई ऐसा मानता, कोई वैसा मानता। मेरी सारी चेष्टा इतनी ही है कि तुम्हारी सारी मान्यताओं से तुम्हारी मुक्ति हो जाए। तुम न हिंदू रहो, न मुसलमान, न ईसाई। न वेद पर तुम्हारी पकड़ रहे, न कुरान पर। तुम्हारे हाथ खाली हो जायें। तुम्हारे खाली हाथ में ही परमात्मा बरसेगा। रिक्त, शून्य चित्त में ही आगमन होता परम का; द्वार खुलते हैं।

तुम मंदिर हो। तुम खाली भर हो जाओ तो प्रभु आ जाए। उसे जगह दो। थोड़ा स्थान बनाओ। अभी तुम्हारा घर बहुत भरा हैह्नकूड़े-कर्कट से, अंगड़-खंगड़ से।

तुम भरते ही चले जाते हो। परमात्मा आना भी चाहे तो तुम्हारे भीतर अवकाश कहां? किरण उतरनी भी चाहे तो जगह कहां?

तुम भरे हो। भरा होना ही तुम्हारा दुख है। खाली हो जाओ! यही महामंत्र है। इसलिए मैंने तुम्हें कोई मंत्र नहीं दिया, क्योंकि मैं तुम्हें किसी मंत्र से भरना नहीं चाहता। मन से ही मुक्त होना है। लेकिन अगर मंत्र शब्द से तुम्हें बहुत प्रेम हो और बिना मंत्र के तुम्हें अड़चन होती हो, तो इसे ही तुम बता दिया करो कि मन से खाली हो जाने का सूत्र दिया है; साक्षी होने का सूत्र दिया है।

कुछ रटने से थोड़े ही होगा कि तुम राम-राम, राम-राम दोहराते रहो तो कुछ हो जाएगा। कितने तो हैं दोहराने वाले! सदियों से दोहरा रहे हैं। उनके दोहराने से कुछ भी नहीं हुआ। दोहराओगे कहां से? दोहराना तो मन के ही यंत्र में घटता है। चाहे जोर से दोहराओ, चाहे धीरे दोहराओ-दोहराता तो मन है। हर दोहराने में मन ही मजबूत होता है। क्योंकि जिसका तुम प्रयोग करते हो वही शक्तिवान हो जाता है।

मैं तुम्हें कह रहा हूं कि साक्षी बनो। ये मन की जो प्रक्रियाएं हैं, ये जो मन की तरंगें हैं, तुम इनके द्रष्टा बनो। तुम इन्हें बस देखो। तुम इसमें से कुछ भी चुनो मत।

कोई फिल्मी गीत गुनगुना रहा है, तो तुम कहते : अधार्मिक; और कोई भजन गा रहा है तो तुम कहते हो : धार्मिक! दोनों मन में हैंह्लदोनों अधार्मिक। मन में होना अधर्म में होना है। उस तीसरी बात को सोचो जरा। खड़े हो, मन चाहे फिल्मी गीत गुनगुनाए और चाहे राम-कथाह्लतुम द्रष्टा हो। तुम सुनते हो, देखते हो, तुम तादात्म्य नहीं बनाते। तुम मन के साथ जुड़ नहीं जाते। तुम्हारी दूरी, तुम्हारी असंगता कायम रहती है। तुम देखते हो मन को ऐसे ही जैसे कोई राह के किनारे खड़े हुए, चलते हुए लोगों को देखे : साइकिलें, गाड़ियां, हाथी-घोड़े, कारें, ट्रक, बसें...। तुम राह के किनारे खड़े देख रहे हो। तुम द्रष्टा हो।

अष्टावक्र का भी सारा सार एक शब्द में हैह्लसाक्षी।

मंत्र तो बोलते ही तुम कर्ता हो जाओगे। बड़ा सूक्ष्म कर्तृत्व है, लेकिन है तो! मंत्र पढ़ोगे, प्रार्थना करोगे, पूजा करोगेह्लकर्ता हो जाओगे। बात थोड़ी बारीक है। थोड़ा प्रयोग करोगे तो ही स्वाद आना शुरू होगा।

जो चल रहा है, जो हो रहा है, वही काफी है; अब और मंत्र जोड़ने से कुछ अर्थ नहीं है। इसी में जागो। इसको ही देखने वाले हो जाओ। इससे संबंध तोड़ लो। थोड़ी दूरी, थोड़ा अलगाव, थोड़ा फासला पैदा कर लो। इस फासले में ही तुम देखोगे मन मरने लगा। जितना बड़ा फासला उतना ही मन का जीना मुश्किल हो जाता है। जब तुम मन का प्रयोग नहीं करते तो मन को ऊर्जा नहीं मिलती। जब तुम मन का सहयोग

नहीं करते तब तुम्हारी शक्ति मन में नहीं डाली जाती। मन धीरे-धीरे सिकुड़ने लगता है। यह तुम्हारी शक्ति से मन फूला है, फला है। तुम्हीं इसे पीछे से सहारा दिये हो। एक हाथ से सहारा देते हो, दूसरे हाथ से कहते हो : कैसे छुटकारा हो इस दुख से ? इस नर्क से ? तुम सहारा देना बंद कर दो, इतना ही साक्षी का अर्थ है।

मन को चलने दो अपने से, कितनी देर चलता है ? जैसे कोई साइकिल चलाता है, तो पैडल मारता तो साइकिल चलती है। साइकिल थोड़े ही चलती है; वह जो साइकिल पर बैठा है, वही चलता है। साइकिल को सहारा देता जाता है, साइकिल भागी चली जाती है। तुम पैडल मारना बंद कर दो, फिर देखें साइकिल कितनी देर चलती है ! थोड़ी-बहुत चल जाए, दस-पचास कदम, पुरानी दी गई ऊर्जा के आधार पर; लेकिन ज्यादा देर न चल पाएगी, रुक जाएगी। ऐसा ही मन है।

मंत्र का तो अर्थ हुआ पैडल मारे ही जाओगे। पहले भजन या फिल्म का गीत गुनगुना रहे थे, अब तुमको किसी ने मंत्र पकड़ा दियाह्लदोहराओ ओम, रामह्लउसे दोहराने लगे, दोहराना जारी रहा। पैडल तुम मारते ही चले जाते हो। प्रक्रिया में जुड़ जाना मन की, मन को बल देना है।

तो अगर तुम्हें मंत्र शब्द बहुत प्रिय हो तो यही तुम्हारा मंत्र है, महामंत्र, कि मन से पार हो कर साक्षी बन जाना है। और जिन संन्यासियों की तुम बात कर रहे हो, पुराने ढब के संन्यासी, उनसे थोड़े सावधान रहना। वैसा संन्यास सड़ा-गला है। वैसा संन्यास बड़े धोखे और प्रवंचना से भरा है। वैसा संन्यास एक शोषण है।

उधर से आए सेठ जी
इधर से संन्यासी
एक ने कही,
एक ने मानी
दोनों ठहरे ज्ञानी
दोनों ने पहचानी
सच्ची सीख पुरानी
दोनों के काम की
दोनों की मनचीती
जय सियाराम की
सीख सच्ची सनातन
सौ टंच सत्यानाशी !

पुराना संन्यास भगोड़ापन है। पुराना संन्यास पलायन है जीवन के संघर्ष से। विकास तो जीवन के संघर्ष में है। क्योंकि जहां संघर्ष है, जहां चुनौती है, वहीं जागने

का उपाय है। अगर भाग गए संघर्ष से, सो जाओगे। इसलिए तो तुम पुराने ढंग के संन्यासी को देखो, न प्रतिभा की कोई चमक है, न आंखों में शांति है, न प्राणों में किसी गीत का गुंजन है, न पैरों में नृत्य है। भाग गया है, भगोड़ा है। कमजोर है, कायर है। नहीं लड़ पाया, तो अंगूर खट्टे हैं, ऐसा कहने लगा है। नहीं पहुंच पाया अंगूरों तक, तो अंगूरों को गाली देने लगा है।

निश्चित ही यह भगोड़ा किन्हीं लोगों के काम का है। जिनकी सत्ता हैह्नधन हो, पद हो, राजनीति होह्नजिनकी सत्ता है, उनके लिए यह सहयोगी है। क्योंकि यह एक तरह की अफीम पैदा करता है समाज में, भगोड़ापन पैदा करता है। यह एक तरह की तंद्रा पैदा करता है, एक तरह की निद्रा पैदा करता है। यह लोगों को यही समझाए जाता है : यह सब माया है, भागो! लेकिन अगर माया है तो भागते क्यों हो?

कोई आदमी भागा चला जा रहा है और तुम से कहता है : मत जाओ उधर, उधर एक रस्सी पड़ी है जो सांप जैसी दिखती है, उसी के करण मैं भाग रहा हूं। थोड़ा सोचो, अगर रस्सी है और सांप जैसी दिखती है तो भाग क्यों रहे हो? नहीं, तुम्हें पक्का पता है कि सांप ही है। रस्सी नहीं है, यह तो तुम शास्त्र दोहरा रहे हो। अगर रस्सी ही होती तो भागते क्यों? माया से कोई भागेगा क्यों? और भागेगा कहां? नहीं, माया में कुछ बल है, कोई सत्य है, कोई यथार्थ है। माया से तुम घबड़ाए हुए हो। भय से भाग रहे हो।

मैंने संन्यास को नया आयाम दिया हैह्नभागो मत, जागो! मेरे संन्यास का सूत्र है : भागो मत, जागो। जहां हो, जैसे हो, वहीं खड़े हो जाओ पैर जमा कर। और असली सवाल बाहर से, बाहर की वस्तुओं से, पत्नी-बच्चों से, मकान-दुकान से नहीं है; असली सवाल तुम्हारे भीतर मन पर तुम्हारी जो जकड़ है, उससे है। उस जकड़ को छोड़ दो। जहां हो वहीं रहो। और तुम पाओगे एक अपूर्व मुक्ति तुम्हारे जीवन में उतरनी शुरू हो गई। अब तुम्हें कुछ बांधता नहीं।

जागरण मुक्ति है। साक्षी-भाव कहो, जागरण कहो, ध्यान कहोह्नजो तुम्हें नाम प्रीतिकर हो, कहो। लेकिन भागना मत। क्योंकि भागने का तो अर्थ ही यह हो गया कि तुम डर गए।

भीरु भगवान को कभी नहीं उपलब्ध होता। भगवान ने यह जीवन ही तुम्हें दिया है ताकि इससे गुजरो। यह जीवन तुम्हें किसने दिया है? इस जीवन में तुम्हें किसने भेजा है? जिसने भेजा है, प्रयोजन होगा। तुम्हारे महात्मा जरूर गलत होंगे, कहते हैं : भागो इससे! परमात्मा तो जीवन को बसाए चला जाता है और महात्मा कहते हैं : भागो! महात्मा परमात्मा के विपरीत मालूम पड़ते हैं।

यह तो ऐसा हुआ कि मां-बाप तो भेजते हैं बच्चे को स्कूल में, वहां कोई बैठे हैं सौ टंच सत्यानाशी, वे कहते हैं: भागो, स्कूल में कुछ सार नहीं है! पढ़ने-लिखने में क्या धरा है?

परमात्मा भेजता है इस जगत मेंह्नजगत एक विद्यापीठ है। यहां बहुत कुछ सीखने को है। यहां झूठ और सच की परख सीखने को है। यहां सार और असार का भेद सीखने को है। यहां सीमा और असीम का शिक्षण लेना है। यहां पदार्थ और चैतन्य की परिभाषा समझनी है। निश्चित ही भागने से यह न होगा; यह जागने से होगा।

और जागने के लिए हिमालय से कुछ प्रयोजन नहीं है। ठेठ बाजार में जाग सकते हो। सच तो यह है, बाजार में जितनी आसानी से जाग सकते हो, हिमालय पर न जाग सकोगे। बाजार का शोरगुल सोने ही कहां देता है! चारों तरफ से उपद्रव है। नींद संभव कहां है! हिमालय की गुफा में बैठ कर सोओगे नहीं तो करोगे क्या? तंद्रा पकड़ेगी, सपने पकड़ेंगे। और यहां जीवन के यथार्थ में प्रतिक्षण तुम्हारी छवि बनती है, जो तुम्हें बताती है, तुम कौन हो।

मैंने सुना है, एक स्त्री बड़ी कुरूप थी। वह दर्पण के पास न जाती थी। क्योंकि वह कहती थी: 'दर्पण मेरे दुश्मन हैं। दर्पण मेरे साथ अत्याचार कर रहे हैं। मैं तो सुंदर हूं, दर्पण मुझे कुरूप बतलाते हैं।' कोई उसके पास दर्पण ले आए तो दर्पण तोड़ देती थी।

तुम्हारे जो संन्यासी हैं, वे ऐसे ही दर्पण तोड़ रहे हैं। पत्नी से भाग जाओगे, क्योंकि पत्नी के पास रहने से कलह होती थी। कलह होती थी, इसका अर्थ ही इतना है कि तुम्हारे भीतर कलह अभी मौजूद है। पत्नी तो दर्पण थी, तुम्हारा चेहरा बनता था। तुम सोचते हो पत्नी कलह करवा रही है तो तुम गलती में हो। कोई कैसे कलह करवा सकेगा? पत्नी तो सिर्फ मौका है, जहां तुम्हारा चेहरा दिखाई पड़ता है। वह चेहरा कुरूप लगता है, तुम सोचते हो भाग जाओ, पत्नी छोड़ो, बच्चे छोड़ोह्नयह सब जंजाल है। यह जंजाल नहीं है। अपने चेहरे को बदलो! यह दर्पण है। और तब तुम परमात्मा को पत्नी के लिए भी धन्यवाद दोगे कि अच्छा किया।

मैंने सुना है, सुकरात के पास बड़ी खतरनाक पत्नी थी। 'जिनथिप्पे' उसका नाम था। ऐसी दुष्ट पत्नी कम ही लोगों को मिलती है। ऐसे तो अच्छी पत्नी मिलना मुश्किल है, मगर वह खराब में भी खराब थी। वह उसे चौबीस घंटे सताती। एक बार तो उसने चाय का उबलता पानी उसके सिर से ढाल दिया। उसका आधा चेहरा सदा के लिए जल गया और काला हो गया। लेकिन सुकरात भागा नहीं, जमा रहा! एक

युवक उससे पूछने आया कि मैं विवाह करना चाहता हूं, आपकी क्या सलाह है? सोचा था युवक ने कि सुकरात तो निश्चित कहेगा, भूल कर मत करना। इतनी पीड़ा पाया है, सारा एथेंस जानता था! घर-घर में यह चर्चा होती थी कि आज 'जिनथिप्पे' ने सुकरात को किस तरह सताया। यह तो कम से कम कहेगा कि विवाह मत करना। वह युवक विवाह नहीं करना चाहता था। लेकिन सुकरात का सहारा चाहता था ताकि कह सके मां-बाप को कि सुकरात ने भी कह दिया है। लेकिन चौंका युवक, क्योंकि सुकरात ने कहा: विवाह तो करना ही! अगर मेरी पत्नी जैसी मिली तो सुकरात हो जाओगे। अगर अच्छी पत्नी मिल गई, सौभाग्य! हानि तो है ही नहीं! इसी पत्नी की कृपा से मैं शांत हुआ। इसकी मौजूदगी प्रतिपल परीक्षा है, पल-पल कसौटी है। अनुगृहीत हूं इसका। इसी ने मुझे बदला। इसी में अपने चेहरे को देखह्नदेख कर मैंने धीरे-धीरे रूपांतरण किये। मन में तो मेरे भी बहुत बार उठा कि भाग जाऊं। सरल तो वही था। भगोड़ेपन से ज्यादा सरल और क्या है! जहां जीवन में कठिनाई हो, भाग खड़े होओ! इससे सरल क्या है?

तुम जिसको संन्यास कहते रहे हो अब तक, उससे सरल और क्या है? सब तरह के अपाहिज, सब तरह के कमजोर, दीन-हीन, बुद्धिहीन, अपंग, कुरूपह्नसब भाग जाते हैं। बुद्ध को तो एक नियम बनाना पड़ा था कि जिसका दिवाला निकल जाये वह भिक्षु न हो सकेगा। क्योंकि जिसका भी दिवाला निकलता है, वही भिक्षु होने लगता है। जिसकी पत्नी मर जाए, वह कम से कम साल भर रुके, फिर संन्यास ले। क्योंकि जिसकी पत्नी मरी, वही संन्यासी होने को तैयार हो जाता है! जहां जीवन में जरा सा धक्का लगा कि बस, उखड़ गए। जड़ें भी हैं तुम्हारी या नहीं? बिना जड़ के जी रहे हो? जरा-जरा से हवा के झोंके तुम्हें उखाड़ जाते हैं। ये तूफान, ये आंधियां, ये जीवन की कठिनाइयांह्नये सब मौके हैं, अवसर हैं, जिनमें व्यक्ति पकता है।

यह तो ऐसा ही हुआ जैसे एक कुम्हार ने एक घड़ा बनाया और वह मिट्टी के बने घड़े को आग में डाल रहा था और घड़ा चिल्लाने लगा: 'मुझे आग में मत डालो। मुझे आग में क्यों डालते हो?' घड़े को पता ही नहीं कि आग में पड़ कर ही पकेगा। यह कच्चा घड़ा किसी काम का नहीं है। यह अगर कुम्हार ने इस पर दया की तो वह दया न होगी, वह बड़ी कठोरता हो जाएगी। रोने दो, चीखने दो घड़े को, कुम्हार तो इसे आग में डालेगा ही। क्योंकि घड़े को खुद ही पता नहीं है कि वह क्या कह रहा है। आग में कभी गया नहीं, पता हो भी कैसे सकता है?

तुम्हारे महात्मा कहेंगे, मत डालो घड़े को आग में। लेकिन परमात्मा कहता है, आग में बिना गये कभी कोई घड़ा मजबूत हुआ; कभी कोई घड़ा वस्तुतः घड़ा

हुआ। कच्चे घड़े में पानी भर सकोगे? देखने में लगेगा घड़े जैसा, रखे रहो सम्हाल कर तो एक बात; पानी भरने के काम न आएगा। और जब धूप पड़ेगी और सूरज तपेगा तो जल को शीतल करने के काम भी न आएगा। पानी भरने गए तो पानी में ही घुल जाएगा।

तो तुम्हारे तथाकथित संन्यासी कच्चे घड़े हैं, भगोड़े हैं! मेरे देखे तो संन्यास संसार की आग में ही निर्मित होता है।

मेरे पास लोग आते हैं। वे कहते हैं : आपने यह क्या किया? यह कैसा संन्यास कि लोग अपने घरों में हैं, पत्नी-बच्चे हैं, दुकान कर रहे हैंह्नऔर आप उनको संन्यासी कहते हैं! उनका कहना ठीक है, क्योंकि सदियों से उन्होंने जिसे संन्यास समझा था, स्वभावतः उनके संन्यास की वही धारणा बन गई। वैसी धारणा सार्थक सिद्ध नहीं हुई। लाखों संन्यासी रहे, लेकिन फूल कहां खिले धर्म के?

संन्यास मैंने तुम्हें दिया हैह्नभागने को नहीं, जागने को। इसलिए जहां कठिनाई हो वहां तुम पैर जमा कर खड़े हो जाना। जान लेना कि यहां दर्पण है। यहां से तो तभी हटेंगे जब दर्पण गवाही दे देगा कि हां ठीक, सुंदर हो। जहां आग हो वहां से तो हटना मत। यहां से तो तभी हटेंगे जब आग भी कह दे कि भाई, अब और क्या पकायें, तुम पक गये। अब नाहक मुझे और न परेशान करो, अब जाओ। हटना तभी जब परिपक्वता हो। और तब हटने की भी कोई जरूरत नहीं है। भीतर है कुछ सम्हालना। यह बाहर की बात नहीं है।

स्वभावतः पुराना संन्यास जीवन-विरोधी था। उसमें निषेध है, निराशा है, अवसाद है। पुराना संन्यास दुखवाद है। मैं तुम्हें जो मंत्र दे रहा हूं वह जीवन को सौभाग्य मानने का है; जीवन को प्रभु का प्रसाद मानने का है। तुम गाओ। संन्यास गुनगुनाता हुआ हो।

दुख से स्वर टूटता है
छंद सधता नहीं
धीरज छूटता है।
गा!
या कि सुख से ही बोलती बंद है
रोम सिहरे हैं
मन निस्पंद है
फिर भी गा, फिर भी गा!
मरता है
जिसका पता नहीं, उससे डरता है?

गा!
जीता है
आस-पास सब कुछ इतना भरा-पूरा है
और बीच में तू रीता है?
गा!

गुनगुनाओ! नाचो! हंसो! प्रभु की अनुकंपा को स्वीकार करो।

पुराना संन्यास प्रभु का विरोध है। वह कहता है: तुमने जो दिया उसे हम स्वीकार न करेंगे। पुराना संन्यास यह कह रहा है: 'तुमने गलत दिया। माया में उलझा दिया।' मैं तुमसे कह रहा हूं कि अगर प्रभु ने माया में डाला, तो जरूरत होगी; तो आवश्यक होगा। तुम प्रभु से अपने को ज्यादा समझदार मत मान बैठना। तुम उसे स्वीकार करना अहोभाव से, गुनगुनाते हुए। दुख हो तो भी गाना। गाने से मत चूकना। दुख हो तो दुख का गीत गाना। सुख हो, सुख का गीत गानाह्नमगर गाना। तुम्हारे जीवन में गुनगुनाहट समा जाए, तो तुम्हारे जीवन में प्रार्थना का पदार्पण हो गया।

और नाचते हुए चलना प्रभु के मंदिर की तरफ। उदास और लंबे चेहरे जैसे तुम्हें नापसंद हैं वैसे ही परमात्मा को भी नापसंद हैं। कौन पसंद करता है उदास लंबे चेहरों के पास बैठना!

कभी तुम साधु-संतों के पास थोड़ी देर रहे? लोग जल्दी से नमस्कार करके भागते हैं कि महाराज, अब जायें! सेवा करने जाते हैंह्नमतलब चरण छू लिए और भागे। कोई साधु-संतों के पास बैठता नहीं। चौबीस घंटे भी अगर तुम किसी साधु के पास रह जाओ तो या तो उसकी गर्दन दबा दोगे या अपनी दबा लोगे।

उदास! मरुस्थल! मरघट जैसी हवा! जहां फूल नहीं खिलते! जहां फूल खिलने बंद हो गए! जहां कोई गीत नहीं जन्मता, जगता। जहां जीवन में उल्लास नहीं, प्रफुल्लता नहीं है! नहीं, ऐसे संन्यासी को मैं सत्यानाशी कहता हूं।

तुम गाओ। तुम नाचो। तुम कृतज्ञता से भरो। तुम प्रभु को धन्यवाद दो कि खूब परीक्षाएं तुमने जमाईंह्नगुजरेंगे; पार करेंगे। पक कर ही आएंगे तेरे द्वार पर! अगर तूने भेजा है, प्रयोजन होगा। हम कौन जो बीच से भाग जाएं!

कृष्ण ने अर्जुन से इतना ही कहा है कि तू भाग मत। गीता पढ़ते हैं लोग, लेकिन गीता समझी नहीं गई। कृष्ण ने इतना ही कहा कि भाग मत। यह युद्ध अगर परमात्मा देता है तो सही है। भरोसा कर! समर्पण कर! उतर युद्ध में, जूझ, जो प्रभु दे उसमें हां भर। निमित्त मात्र हो! अपनी बीच में मत अड़ा। मत कह कि मैं तो भाग कर संन्यासी होना चाहता हूं।

वह संन्यासी होना चाहता थाह्नपुराने ढब का। वह कह रहा था कि 'इसमें क्या सार है! इनकोह्नअपनों को मारना! मैं चला जाऊं, जंगल में बैठ जाऊंगा झाड़ के नीचे। ध्यान लगाऊंगा, समाधि साधूंगा।' कृष्ण उसे खींचते हैं। कहते हैं, जंगल जाने की जरूरत नहीं, तू यहीं जूझ!

प्रभु जो कराए, करो। कर्ता-भाव भर मत रखो। साक्षी बन जाओ। वह जो करवाए, करो। जो पाठ दे दे, उसे पूरा कर दो; जैसे रामलीला के मंच पर। तुम अपने को बीच में मत लाओ।

हम बीच-बीच में आ जाते हैं।

एक गांव में रामलीला होती थी। लक्ष्मण बेहोश पड़े हैं। हनुमान को जड़ी-बूटी लेने भेजा है। जड़ी-बूटी मिलती नहीं, पहाड़ बड़ा है। और वे तय नहीं कर पाते तो पूरा पहाड़ ले आते हैं। रामलीला हो रही हैह्नतो एक रस्सी में बांध कर पहाड़ लिए हुए हनुमान आते हैं। बीच में कहीं घिर्री अटक गई, तो वे लटके हैं। अब वह घिर्री चलाने वाला छिपा बैठा है, वह बड़ी मुश्किल में है कि अब क्या करें। कुछ तो करना ही पड़ेगा, क्योंकि ये कब तक लटके रहेंगे! इनको उतारना जरूरी है। कुछ सूझा नहीं उसे, तो उसने रस्सी काट दी। तो हनुमान मय पहाड़ के धड़ाम से नीचे गिरे। रामचंद्रजी ने पूछाह्नजैसे पूछना चाहिए था, जैसा कहा गया थाह्नकि हनुमान, जड़ी-बूटी ले आए? हनुमान ने कहा: ऐसी की तैसी जड़ी-बूटी की! पहले यह बताओ रस्सी किसने काटी?

भूल गया जो पाठ सिखाया था; खुद बीच में आ गए।

जीवन जैसा प्रभु ने दिया है उसे तुम वैसे ही स्वीकार कर लेना। तुम अपने को बीच में मत लाना। तुम चुपचाप अंगीकार कर लेना। इस अंगीकार-भाव को ही मैं आस्तिकता कहता हूं। ऐसे धीरे-धीरे समर्पण करते-करते एक ऐसी घड़ी आती है जब तुम्हारे बीच और परमात्मा के बीच कोई फासला नहीं रह जाता। क्योंकि जो वह करवाता है वही तुम करते हो, अन्यथा नहीं। तुम्हारी कोई शिकायत नहीं है। तुम्हारी कोई मांग नहीं है। तुम न उससे कहते हो, तुमने गलत करवाया; न तुम उससे कहते हो, भविष्य में सुधार कर लेना। तुम्हारा स्वीकार परिपूर्ण है। तुम्हारी तथाता पूरी-पूरी है। इसी घड़ी में मिलन हो जाता है। इसी घड़ी में तुम मिट जाते हो, परमात्मा हो जाता है।

तुम मिटो ताकि परमात्मा हो सके। लेकिन इस मिटने को भी गीत गा कर और हंस कर पूरा करना है। उदास-उदास मत जाना, अन्यथा शिकायत रहेगी। गीत गुनगुनाते जाना।

और मैं तुमसे कहता हूं: जिन्होंने भी प्रभु को कभी जाना है उन सभी ने यह बात भी जानी कि जो भी हुआ इसके पहले वह सब जरूरी था; उसके बिना पहुंचना नहीं हो सकता था। जो दुख झेले, वे भी जरूरी थे। जो सुख झेले, वे भी जरूरी थे। मित्र

मिले, वे भी जरूरी थे। शत्रु मिले, वे भी जरूरी थे। अकारण कुछ भी कभी नहीं होता है। इस परम भाव को मैं संन्यास कहता हूं। यही तुम्हारा मंत्र है।

दूसरा प्रश्न : जो निश्चयपूर्वक जानते हैं उनमें से कोई दैव को, कोई पुरुषार्थ को और कोई दोनों को प्रबल बताते हैं। ऐसा क्यों है? उनमें भी मतैक्य क्यों नहीं है?

जो जानते हैं, वे वही नहीं कहतेह्नजो जानते हैं। क्योंकि जो जाना जाता है जीवन की आत्यंतिक गहराई में उसे तो सतह पर ला कर शब्द नहीं दिये जा सकते। जो जाना जाता है, वह तो कभी कहा नहीं जाता। उसे कहा ही नहीं जा सकता। शब्द बड़े संकीर्ण और बड़े छोटे हैं। फिर भी जानने वाले कुछ कहते हैं। वे क्या कहते हैं? और जब वे कुछ कहते हैं तो तुम यह मत खयाल करना कि वे सत्य के संबंध में कुछ कहते हैं। वे असल में तुम्हारे और सत्य के संदर्भ में कुछ कहते हैं। इस भेद को समझ लेना।

महावीर ने सत्य को जाना, बुद्ध ने सत्य को जाना। अष्टावक्र ने सत्य को जाना। लेकिन जब वे बोलते हैं तो सत्य उतना महत्वपूर्ण नहीं होता जितना सुनने वाला महत्वपूर्ण होता है। वे सुनने वाले से बोलते हैं, अन्यथा बातचीत व्यर्थ हो जाएगी। वे तुम्हारे संदर्भ में बोलते हैं। निश्चित ही जनक अलग तरह का श्रोता है; अर्जुन से बहुत भिन्न है। अगर जनक होता कृष्ण के सामने तो कृष्ण ने भी अष्टावक्र-गीता ही कही होती। और अगर अष्टावक्र के सामने अर्जुन होता तो अर्जुन से भी अष्टावक्र ने जो कहा होता वह कृष्ण की गीता से भिन्न नहीं होता।

ऐसा समझो कि तुम बीमार हो और तुम चिकित्सक के पास गए हो, तो चिकित्सक अपना सारा चिकित्साशास्त्र थोड़े ही तुम पर उंड़ेल देता है; तुम्हारी बीमारी के संदर्भ में कुछ कहता है। प्रिसक्रिप्शन तुम्हारी बीमारी के संदर्भ में होता है। वह निश्चित ही उसके चिकित्साशास्त्र के अनुभव से आता है; लेकिन होता तुम्हारे संदर्भ में है। तो तुम यह मत समझ लेना कि तुम जब एक चिकित्सक के पास गए और उसने तुम्हें एक प्रिसक्रिप्शन दे दिया तो तुम यह मत समझ लेना कि यह प्रिसक्रिप्शन उसने हर मरीज के लिए दे दिया, कि अब कोई भी बीमार हो जाए घर में तो डाक्टर के पास जाने की जरूरत नहीं है, प्रिसक्रिप्शन तो अपने पास है। तो तुम खतरनाक हो जाओगे। तो बीमारी तो ठीक शायद ही हो, तुम बीमारों को नष्ट कर डालोगे, मार डालोगे। प्रिसक्रिप्शन तुम्हारे लिए था, तुम्हारे संदर्भ में था।

ऐसा समझो, जब किसी ज्ञानी पुरुष के सामने कोई खड़ा होता है पूछने, अगर यह व्यक्ति बहुत अहंकारी है तो ज्ञानी पुरुष कहेगा : ऐसे जीओ जैसे भाग्य से सब तय है। क्योंकि इसके अहंकार की बीमारी से यह ग्रसित है। इसे इसके अहंकार से नीचे

उतारना है। तो उस ज्ञान की शून्यता से एक आवाज उठेगी : 'दैव, भाग्य! तुम्हारे किए कुछ भी नहीं होता।' क्योंकि अहंकारी को तो यह लगता है, मेरे किए ही सब हो रहा है; मैं करने वाला हूं। उसके अहंकार के पीछे कर्ता ही तो छिपा है। तो सदगुरु कर्ता को खिसकाने लगेगा। एक दफा कर्ता हट गया तो अहंकार ऐसे गिर जाता है, जैसे ताश के पत्तों का घर।

लेकिन अगर पूछने वाला आलसी है, तामसी हैह्नअहंकारी नहीं, राजसी नहीं, तामसी है, सुस्त है, अकर्मण्य है और कहता है, जो होना है सो होगा, अपने किये क्या होता; और बैठा रहता है गोबर-गणेश बनाह्नतो ज्ञानी पुरुष उसके संदर्भ में बोलेगा। वह कहेगा : 'उठो, पुरुषार्थ के बिना कभी कुछ नहीं होता। कुछ करो! ऐसे बैठेह्नबैठे-बैठे गंवाओ मत! थोड़ा हलन-चलन लाओ जीवन में! थोड़ी ऊर्जा को जगाओ। ऐसे बैठे-बैठे परमात्मा न मिलेगा : यात्रा पर निकलो।'

क्यों?

अगर भाग्य की बात यह अज्ञानी सुन ले तो उस भाग्य की बात को सुन कर यह तो बड़ा निश्चिंत हो जाएगा। यह तो कहेगा : यही तो हम कहते थे। तो हम तो ज्ञान को उपलब्ध ही हैं। हम तो कुछ करते नहीं, बैठे रहते हैं। घर के लोग पीछे पड़े हैं, नासमझ हैं! कोई कहता है, नौकरी करो; कोई कहता है, धंधा करो; कोई कहता है कुछ करोह्नमगर हम तो अपने शांत बैठे रहते हैं।

जापान में ऐसा हुआ, एक सम्राट बहुत आलसी थाह्नअति आलसी था। एक दिन पड़े-पड़े बिस्तर पर उसे खयाल आया, मैं तो सम्राट हूं, तो जितना भी आलस्य करूं, करूं, कोई कुछ कह नहीं सकता; लेकिन और आलसियों का क्या हाल होता होगा! बेचारे बड़े मुश्किल में पड़े होंगे।

तो उस सम्राट ने सोचा कि सभी अपनों के लिए कुछ करते हैं, मुझे भी उनके लिए कुछ करना चाहिए। तो उसने डुंडी पिटवा दी सारे राज्य में कि जितने आलसी हों सब आ जाएं राजमहल। सबके रहनेह्नखाने का इंतजाम राज्य की तरफ से होगा।

मंत्रियों ने कहा : महाराज, आप ही काफी हैं! अब यह क्या कर रहे हैं? और अगर ऐसा किया तो पूरा राज्य उमड़ पड़ेगा, रुकेगा कौन! किसको मतलब फिर! फिर तो झूठे-सच्चे का पता लगाना मुश्किल हो जाएगा कि आलसी कौन है।

सम्राट ने कहा : वह तुम चिंता करो पता लगाने की, लेकिन जो-जो आलसी हैं उनको राज्य से शरण मिलेगी। उनका कसूर क्या है? भगवान ने उन्हें आलसी बनाया। वे अपना आलस्य का जीवन जी रहे हैं। उनको सुख-सुविधा होनी चाहिए। और करने वाले तो कर लेते हैं, न करने वाले का कौन है? उसका भी तो कोई होना चाहिए। तो तुम...यह तुम फिकर कर लो कौन सच्चा, कौन झूठा।

वह तो डुंडी पिट गई तो हजारों लोग आने शुरू हो गए। गांव के गांव! मंत्रियों ने व्यवस्था की पता लगाने की। उन्होंने घास की झोपड़ियां बनवा दीं; जो भी आए उनको ठहरा दिया। और आधी रात में आग लगा दी। सब भाग खड़े हुए। लेकिन चार आदमी अपना कंबल ओढ़ कर सो रहे। उनको दूसरों ने खींचा भी तो उन्होंने कहा: भाई अब परेशान न करो आधी रात। लोगों ने कहा: आग लगी है पागलो!

उन्होंने कहा: लगी रहने दो। मगर नींद मत तोड़ो।

उन चार को वजीरों ने कहा कि ये निश्चित पहुंचे हुए सिद्ध पुरुष हैं। इन चार को राज्य-आश्रय मिले, समझ में आता है।

जब ऐसा कोई व्यक्ति किसी ज्ञानी के सामने आ जाए तो उससे वह क्या कहे? भाग्य की बात कहे? नहीं, वह दर्शन उसके जीवन के काम का नहीं होगा। वह औषधि उसका इलाज नहीं है।

ये जो वक्तव्य हैं, औषधियां हैं। बुद्ध ने तो बार-बार कहा है कि मैं चिकित्सक हूं, दार्शनिक नहीं। नानक ने बहुत बार कहा है कि मैं तो वैद्य हूं, कोई विचारक नहीं। जोर इस बात पर है कि तुम्हारी बीमारी जो है, उसका इलाज...।

अर्जुन भागना चाहता था, अकर्मण्य होना चाहता था। कृष्ण ने उसे खींचा। भागने न दिया कर्म से। जनक सम्राट है और सम्राट के भीतर स्वभावतः न तो करने का कोई सवाल होता है, न करने की कोई जरूरत होती है। और स्वभावतः सम्राट के भीतर एक गहन अहंकार होता है, सूक्ष्म अहंकार होता हैह्णपरिमार्जित, परिष्कृत। सम्राट कुछ करे न भी तो भी जानता यही है कि उसी के किए सारा साम्राज्य चल रहा है। कुछ न भी करे तो भी, वैसी सूक्ष्म धारणा तो बनी ही रहती है! वह माने ही रहता है कि मेरे बिना क्या होगा। जिस दिन मैं न रह जाऊंगा, दुनिया में सूरज अस्त हो जाएगा। तो लोग सोचते हैं, मेरे बाद कौन! कोई भिखारी तो नहीं सोचता ऐसा कि मेरे बाद कौन! लेकिन जिनके पास पद है, शक्ति है, वे सोचते हैं, मेरे बाद कौन! क्यों? तुम्हें इसकी चिंता क्या है? तुम्हारे बाद जो होंगे वे फिकर कर लेंगे। नहीं, लेकिन वह सोचता है कि मैं कुछ इंतजाम कर जाऊं। मेरे बाद के लिए भी इंतजाम मुझे करना है। व्यवस्था मुझे जुटानी है। वसीयत कर जाऊं। गरीब तो कोई वसीयत नहीं करता, वसीयत करने को भी कुछ नहीं है। अमीर वसीयत करता हैह्णकौन सम्हालेगा!

जनक में एक सूक्ष्म अस्मिता रही होगीह्णकहीं बहुत गहरे में पड़ी रही होगी। चिकित्सक की आंख से तो तुम बच नहीं सकते, क्योंकि चिकित्सक की आंख तो एक्स-रे है; वह तो दूर तक देखती है। गुरु की आंख से तुम बच नहीं सकते। वह तो तुम्हारी गहनतम चेतना में प्रवेश करती है। वह तो तुम्हारे अचेतन को उघाड़ती है। वह

तो वहां तक देखती है जहां जन्मों-जन्मों के संचित संस्कार पड़े हैं जिनको तुम भूल ही गए हो; जिनकी तुम्हें याद भी नहीं रही है; जहां बीज पड़े हैं, जो कभी फले नहीं, जो कभी फूले नहीं, जिनमें कभी अंकुर नहीं आए, लेकिन कभी भी सुसमय पा कर, ठीक मौसम में वर्षा हो जाने पर अंकुरित हो जाएंगे।

तो जब अष्टावक्र ने जनक को ऐसा कहा, तो जनक को ऐसा कहा है, इसे याद रखो। ये वक्तव्य निजी हैं और व्यक्तियों को दिये गए हैं। एक गुरु और एक शिष्य के बीच जो घटा है इसे तुम सार्वजनीन सत्य मत मान लेना। यह सबकी औषधि नहीं है। यह कोई रामबाण-औषधि नहीं है कि कोई भी बीमारी हो, ले लेना और ठीक हो जाओगे। तुम्हारी बीमारी पर निर्भर करेगा। इसलिए कभी-कभी उलटा भी हो जाता है। अक्सर उल्टा हो जाता है।

अब अष्टावक्र की गीता, अक्सर जो आलसी हों, उनको जंचेगी। वह उलटा हो गया मामला। जो अकर्मण्य हैं उनको जंचेगी। वे कहेंगे, बिलकुल सत्य! यही तो हम जानते रहे सदा से। तब बजाय जीवन में प्रभु का प्रकाश फैले, उनके जीवन में नरक का अंधकार फैल जाएगा।

यही तो भारत में हुआ। भाग्य का अपूर्व सिद्धांत भारत को दीन और दरिद्र कर गया। लोग काहिल हो गए, लोग सुस्त हो गए। उन्होंने कहा, जो भगवान करेगा, गुलामी दे तो, कोई लूट-पाट ले तो ठीक; भूखा रखे, अकाल पड़े, तो ठीक। लोग बिलकुल ऐसे दीन हो कर बैठ गए कि हमारे किए तो कुछ होगा नहीं।

ये सूत्र तुम्हें अकर्मण्य बनाने को नहीं हैं। ये सूत्र तुम्हें अकर्ता बनाने को हैं, अकर्मण्य बनाने को नहीं हैं। और अकर्ता का अर्थ अकर्मण्यता नहीं होता। अकर्ता तो बड़ा कर्मण्य होता है। सिर्फ कर्म उसका अब अपना नहीं होता है; अब ईश्वर समर्पित होता है। करता तो वह बहुत है, लेकिन करने का श्रेय नहीं लेता। करता सब है और कर्ता नहीं बनता। और यह नहीं कहता कि मैं करने वाला हूं। करता सब है और सब प्रभु-चरणों में समर्पित कर देता है। कहता है, तुमने करवाया, किया!

इस बात को खयाल रखना। अगर भाग्य का परम सिद्धांत तुम्हारे जीवन में अकर्मण्यता और आलस्य लाने लगे तो समझना कि तुमसे चूक हो गई; तुम समझ नहीं पाए। अगर भाग्य का सिद्धांत तुम्हारे जीवन में कर्म का प्रकाश लाए, और कर्ता को विदा कर दो तुम, और सारे कर्म का श्रेय परमात्मा के चरणों में चढ़ता जाए, तो समझना कि तुम बिलकुल, बिलकुल ठीक समझ गए; तीर ठीक जगह लग गया है।

पूछा है: 'जो निश्चयपूर्वक जानते हैं उनमें से कोई दैव को, कोई पुरुषार्थ को, कोई दोनों को प्रबल बताते हैं।'

निर्भर करता हैह्नकिस व्यक्ति से बात कही जा रही है?
पुरुषार्थ है पल-पल डोलते हुए मन को निस्पंद करना।
पुरुषार्थ है सोचने की प्रक्रिया को बंद करना।
पुरुषार्थ वह है जो मन को समेट कर उसके उत्स पर डाल दे;
मस्तिष्क के महल से सारी स्मृतियों को बुहार कर निकाल दे।
मन का महल जब साफ होगा, तुम अपने आप के दर्शन पाओगे।
मैं शपथपूर्वक कहता हूं कि सोचना बंद करने से तुम मर नहीं जाओगे।
ऐसी है पुरुषार्थ की परिभाषाह्नपरम पुरुषार्थ!

'पुरुषार्थ' शब्द को तुमने कभी सोचा? पुरुष और अर्थ! तुम्हारे भीतर जो छिपा हुआ चैतन्य है, उसका नाम है पुरुष। तुम्हारा शरीर तो नगर है, पुर। और उसके भीतर जो छिपा हुआ दीया है चैतन्य का, वह हैह्नपुरुष। तुम एक बस्ती हो। वैज्ञानिक कहते हैं कि कोई सात करोड़ जीवाणु शरीर में रह रहे हैं। सात करोड़! छोटी-मोटी बस्ती नहींह्नबड़े नगर हो, महानगर हो। बंबई भी छोटी है; आधा करोड़ लोग ही रहते हैं। तुम्हारे शरीर में सात करोड़, चौदह गुनी क्षमता है! भीड़ है तुम्हारे शरीर में। इन सारे जीवाणुओं के बीच में छिपा हुआ तुम्हारे चैतन्य का दीया है। उसका नाम पुरुष है। पुरुष इसीलिए कि वह इस पूरे पुर के बीच में बसा है। फिर उस पुरुष के अर्थ को जान लेना पुरुषार्थ है। क्या है इस पुरुष का अर्थ? कौन है यह पुरुष? क्या है इसका स्वाद?ह्नउसे जान लेना।

तो पुरुषार्थ तो एक ही है स्वयं को जान लेना। और स्वयं को जानने के लिए अहंकार का गिरा देना अत्यंत अनिवार्य है, क्योंकि वही नहीं जानने देता। अहंकार का अर्थ है: तुमने मान लिया कि तुम अपने को जानते हो बिना जाने। अहंकार का अर्थ है: तुमने कुछ झूठी मान्यता बना ली अपने संबंध में कि मैं यह हूं, यह हूं, यह हूंह्नहिंदू हूं, जैन हूं, ब्राह्मण हूं, शूद्र हूं; धनी हूं, अमीर हूं, गरीब हूं, काला, गोरा, युवा, बूढ़ाह्नऐसी तुमने धारणाएं बना लीं। इनमें से तुम कोई भी नहीं हो। जवानी आती है, चली जाती है। बुढ़ापा आता है, बुढ़ापा भी चला जाता है। जीवन आया, जीवन भी चला जाता है। तुम तो वही के वही बने रहते हो। न तुम गोरे, न तुम काले। चमड़ी का रंग पुरुष को नहीं रंगता; चमड़ी बाहर है। पुरुष बहुत गहरे में छिपा है। वहां तक चमड़ी का रंग नहीं पहुंचता है। चमड़ी का रंग तो बड़ी साधारण सी बात है।

वैज्ञानिक कहते हैं, गोरे और काले में चार आने के रंग का फर्क है। आज नहीं कल वैज्ञानिक इंजेक्शन निकाल ही लेंगे। कि गोरे को नीग्रो होना है, एक इंजेक्शन लगवा लिया। चार आने का पिगमेंट, और सुबह उठे और नीग्रो हो गए। नीग्रो को गोरा होना है, चार आने का इंजेक्शन लगा लिया। चार आने के पीछे कितनी मारा-मारी है!

चमड़ी का रंग भीतर नहीं जाता है। तुम बीमार हो तो बीमारी भीतर नहीं जाती। तुम स्वस्थ हो तो स्वास्थ्य भीतर नहीं जाता। भीतर तो तुम उस परम अतिक्रमण की अवस्था में सदा एकरस हो; न बीमारी फर्क लाती, न स्वास्थ्य फर्क लाता। जीओ या मरो, उस भीतर के पुरुष को कोई तरंग नहीं छूती। निस्तरंग! वहां तक कोई लहर नहीं पहुंचती। सागर की सतह पर ही लहरें हैं, गहराई में कहां लहर! और यह तो गहरी से गहरी संभावना है जो तुम्हारे भीतर है। प्रशांत महासागर भी इतना गहरा नहीं, जितनी गहराई पर तुम्हारा पुरुष छिपा है। इस पुरुष के अर्थ को जानने का नाम ही पुरुषार्थ है। और उस जानने के लिए जो भी तुम करो, वह सब पुरुषार्थ है।

भाग्य का केवल इतना ही अर्थ है कि तुम अतिशय रूप से अपने जीवन में तनाव मत ले लेना। चलना जरूर। यात्रा करना, खोजना; लेकिन तनाव मत ले लेना। श्रम-रहित हो तुम्हारा प्रयास। करो तुम खूब, लेकिन करने के कारण उद्विग्न, चिंतित न हो जाना। तुमने फर्क देखा दोनों बातों मेंह्लएक चित्रकार चित्र बनाता है, तुम देखो बैठ कर पास, कैसे बनाता है! जैसे छोटा बच्चा खेलता हो। कोई तनाव नहीं। कब पूरा होगा, होगा पूरा कि नहीं होगाह्लइसकी भी कोई चिंता नहीं है; कोई खरीदेगा, नहीं खरीदेगा; बिकेगा, नहीं बिकेगाह्लइसकी भी कोई चिंता नहीं है। ऐसा लीन हो जाता है चित्र बनाने में, जैसे बनाना अपने आप में पूर्ण है। साधन ही साध्य है। कोई फलाकांक्षा नहीं है। लवलीन! डुबकी लग जाती है! चित्रकार तो मिट ही जाता है।

इसलिए सभी महाचित्रकारों ने कहा है कि हमें पता नहीं कौन हमारे हाथ में तूलिका सम्हाल लेता है! सभी महाकवियों ने कहा है : हमें पता नहीं, कौन हमारे भीतर गीत को गुनगुनाने लगता है! हम तो केवल वाहक होते हैं। हम तो केवल ले आते हैं उसकी खबर बाहर तक। संदेशवाहक! जैसे कि तुम कलम से लिखते हो तो कलम थोड़े ही लिखती है! लिखने वाले तुम हो; कलम तो सिर्फ तुम्हारे हाथ में सधी होती है। ऐसा ही महाचित्रकार या महाकवि या महानर्तक सिर्फ कलम की तरह हो जाता है परमात्मा के हाथ में। नहीं कि लिखना नहीं होता, लिखना तो खूब होता है अब। अब ही लिखना हो पाता है! लेकिन अब परमात्मा लिखता है! कोई तनाव नहीं रह जाता।

महाकवि हुआ : कूलरिज। मरा तो चालीस हजार कविताएं अधूरी छोड़ कर मरा। मरने के पहले किसी ने पूछा कि इतना अंबार लगा रखा है, इनको पूरा क्यों नहीं किया? और अदभुत कविताएं हैं! किसी में सिर्फ एक पंक्ति कम रह गई है। पूरी क्यों नहीं की?

तो कूलरिज ने कहा : मैं कैसे पूरी करूं? उसने वहीं तक लिखवाई। फिर मैं राह देखता रहा। फिर पंक्ति आगे नहीं आई। शुरू-शुरू में जब मैं जवान था, तो मैं जोड़-तोड़ करता था; तीन पंक्तियां उतरीं, एक मैं जोड़ देता था। लेकिन धीरे-धीरे मैंने पाया, मेरी पंक्ति मेल नहीं खाती। वे तीन तो अपूर्व हैं; मेरी बड़ी साधारण! वह तो ऐसा हुआ

जैसे सोने में मिट्टी लगा दी, सुगंध में दुर्गंध जोड़ दी। जब मुझमें समझ आई तो फिर मैंने यह काम बंद कर दिया। कभी कविता पूरी उतरी तो उतरी; कभी अधूरी उतरी तो अधूरी उतरी। कभी ऐसा हो गया कि आधी अभी उतरी और आधी साल भर बाद उतरी, तब पूरी हुई। तो मैं सिर्फ प्रतीक्षा करता रहा हूं। मेरा किया इसमें कुछ भी नहीं है। जिसने लिखवाई हैं, उसी से तुम बात कर लेना।

एक दूसरे महाकवि इलियट से किसी ने पूछा कि तुम्हारी इस कविता का अर्थ क्या है? मैं शिक्षक हूं विश्वविद्यालय में और विद्यार्थियों को पढ़ाता हूं। और यह कविता मेरा कचूमर निकाल देती है। यह कविता जब पढ़ाने का समय आता है, मेरे हाथ-पैर कंपने लगते हैं। इसका अर्थ क्या है?

इलियट ने कहा कि दो आदमियों को इसका अर्थ मालूम था, अब केवल एक को ही मालूम है। शिक्षक खुश हुआ। उसने कहा कि चलो, कम से कम तुमको तो मालूम है। उसने कहा : मैंने यह कहा नहीं। दो को मालूम थाह्नपरमात्मा को और मुझे। मैं तो भूल-भाल गया। अब तो वही जाने। जब उसने गुनगुनाई थी, तब तो मुझे भी पता था। तब तो मैं भरा-भरा था। तब तो जैसे वर्षा आई थी और बाढ़ आ गई थी। मेरा रोआं-रोआं जानता था कि अर्थ क्या है। वह बौद्धिक अर्थ न था। मेरी श्वास-श्वास पहचानती थी कि अर्थ क्या है। अर्थ मुझमें भरा था। अब वर्षों बीत गए, मैं तो बहुत बहा और बदल गया। अब तो सिर्फ परमात्मा जानता है। तुम उसी से प्रार्थना करना। शायद प्रार्थना की किसी घड़ी में जिसने मुझे कविता दी थी, वही अर्थ भी तुम्हें खोल दे।

महाकाव्य अवतरण है। तो महाकवि के जीवन में कोई तनाव नहीं होता। रवींद्रनाथ के चेहरे पर तुम्हें जो प्रसाद दिखाई पड़ता है, वह प्रसाद इसीलिए है। उनकी वाणी में जो उपनिषदों की गंध है वह इसीलिए है। उनको कवि कहना ठीक नहींह्नवे ऋषि हैं। जो उनसे आया है वह उनका नहीं हैह्नकोई और गाया है। किसी और ने वीणा के तार छेड़े हैं। ज्यादा से ज्यादा वे उपकरण हैं, वीणा हैं; लेकिन तार किसी और ने छेड़े हैं; अंगुलियां किसी और अज्ञात की उन पर गूंजी हैं।

तनाव-रहित प्रयास का अर्थ होता है, तुम्हें अब कोई फल का विचार नहीं है। जो इस क्षण हो रहा है, तुम परिपूर्ण रूप से उसे कर रहे हो। परमात्मा पूरा करवाना चाहेगा, पूरा करवा लेगा; अधूरा तो अधूरा। फल आएगा तो ठीक; न आएगा तो ठीक। यह तुम्हारी चिंता नहीं है।

फलाकांक्षा-रहित जो कृत्य है उसमें तनाव चला जाता है। तनाव गया, कर्ता गया; कर्ता गया, अहंकार गिरा।

भाग्य का ऐसा अर्थ है कि भगवान कर रहा है। तो इसे मैं तुम्हारी कसौटी के लिए कह दूं कि कर्म तो जारी रहे और कर्ता का भाव संगृहीत न हो तो समझना कि

अष्टावक्र को तुमने ठीक से समझा। कर्म ही बंद हो जाए और कर्ता का भाव तो बना ही रहे, तो समझ लेना कि तुम चूक गए। और दूसरी बात ज्यादा आसान है, पहली बात बहुत कठिन है।

मेरे पास लोग आते हैं, वे कहते हैं कि जब वही कर रहा है तो हम करें ही क्यों? थोड़ा सोचो, तुम्हारा यह कहना ही कि हम करें ही क्यों? यही बताता है कि तुम्हें अभी भी यह खयाल है कि तुम कर्ता हो। पहले तुम करते थे, अब तुम नहीं करते हो; लेकिन कर्ता हो, यह खयाल तो तुम्हारा मजबूत अभी भी है। तुम कहते हो, अब हम क्यों करें? जैसे कि अब तक तुम करते थे! भ्रांति अभी भी कायम है। जो समझेगा वह कहेगा, करना न करना अपने हाथ में नहीं है; जो होगा, होगा। हम बाधा न डालेंगे। हम साथ हो लेंगे। हम उसकी लहर के साथ बहेंगे।

फिर कभी-कभी ऐसा भी होता है कि कोई व्यक्ति ठीक मध्य में होता है, जिसके भीतर पुरुषार्थ और भाग्य संतुलित होते हैं। ऐसा व्यक्ति अगर सदगुरु के पास आए तो वह उससे कहेगा: दोनों ही ठीक हैं; पुरुषार्थ भी ठीक है, भाग्य भी ठीक है। क्योंकि यह व्यक्ति संतुलित है। इससे कहना कि पुरुषार्थ ठीक नहीं, इसका संतुलन तोड़ना है। इससे कहना कि भाग्य ठीक है, इसका संतुलन तोड़ना है। यह संतुलित हो ही रहा है।

एक आदमी ने बुद्ध से पूछा, ईश्वर है? बुद्ध ने कहा: नहीं। उसी दिन दूसरे आदमी ने पूछा, ईश्वर है? बुद्ध ने कहा: निश्चय ही। और उसी सांझ एक तीसरे आदमी ने पूछा और बुद्ध चुप रह गए। रात आनंद उनसे पूछने लगा: मुझे पागल कर दोगे क्या? क्योंकि आनंद तीनों मौकों पर मौजूद था। उसने कहा: मैं आज सो न सकूंगा, आप मुझे समझा दें। यह बात निपटारा ही कर दें। ईश्वर है या नहीं? सुबह आपने कहा, नहीं है। मैंने कहा, चलो ठीक, कोई बात नहीं, उत्तर एक साफ हो गया। दोपहर होते-होते आप बदल गए। कहने लगे, है। सांझ चुप रह गए।

बुद्ध ने कहा: उनमें से कोई भी उत्तर तेरे लिए नहीं दिया था, तूने लिया क्यों? ऐसे बीच-बीच में झपटोगे तो झंझट में पड़ोगे। जो मेरे पास आया था पहले से ही भाव लिए कि ईश्वर नहीं है, उससे मैंने कहा, है। उसे उसकी स्थिति से हटाना जरूरी था। वह नास्तिक था। उसकी नास्तिकता को डांवाडोल करना जरूरी था। उसकी यात्रा बंद हो गई थी। वह मान कर ही बैठ गया था कि ईश्वर नहीं है। बिना जाने मान कर बैठ गया था, ईश्वर नहीं है। बिना कहीं गए मान कर बैठ गया था कि ईश्वर नहीं है। उसको धक्का देना जरूरी था। उसकी जड़ों को हिलाना जरूरी था। उसे राह पर लगाना जरूरी था। तो मैंने कहा कि ईश्वर, ईश्वर है।

वह जो दूसरा आदमी आया था, वह मान कर बैठ गया था, ईश्वर है। बिना खोजे, बिना आविष्कार किए, बिना चेष्टा, बिना साधना, बिना श्रम, बिना ध्यान,

बिना मनन, बस मान कर बैठ गया था उधार कि ईश्वर है। उसे भी डगमगाना जरूरी था। उसकी श्रद्धा झूठी थी, उधार थी। उससे मुझे कहना पड़ा, ईश्वर नहीं है।

और जो तीसरा आदमी सांझ आया था, उसकी कोई धारणा न थी, कोई विश्वास न था, वह परम खोजी था। उससे कुछ भी कहना खतरनाक है। कोई भी धारणा उसके भीतर डालनी उसके मन को विकृत करना है, इसलिए मैं चुप रह गया। मैंने उससे कहा : मौन उत्तर है। और वह समझ गया।

और बुद्ध ने कहा : कुछ घोड़े होते हैं, उनको मारो तो बामुश्किल चलते हैं। कुछ घोड़े होते हैं, उनको सिर्फ कोड़ा फटकारो, चलने लगते हैं। कुछ घोड़े होते हैं, सिर्फ कोड़ा देख लेते हैं, फटकारने की जरूरत नहीं पड़ती और चलते हैं। और ऐसे भी कुछ कुलीन घोड़े होते हैं कि कोड़े की छाया भी काफी है। वह जो तीसरा था उसको कोड़े की छाया काफी थी। शब्द की जरूरत न थी। शब्द का कोड़ा चलाना आवश्यक न थाह्नमौन रह जाना... ! उसने मुझे देख लिया। बात उसकी समझ में आ गई। कह दिया मैंने जो कहना था; सुन लिया उसने जो सुनना था। और शब्द बीच में आया नहीं, सिद्धांत बीच में आए नहीं। भाषा का उपयोग नहीं हुआ। हृदय से हृदय मिल गए और साथ-साथ हम हो लिए। वह भी समझ गया, मैं भी समझ गया कि वह समझ गया है। तुम इन तीनों में से कुछ भी उत्तर, आनंद, मत ले लेना। तुम्हें कोई भी उत्तर नहीं दिया गया है।

काश, तुम इस बात को समझ लो तो तुम्हें महापुरुषों के जीवन में जो विरोधाभास दिखाई पड़ते हैं, वे तत्क्षण विदा हो जाएंगे। तब तुम्हें महावीर, बुद्ध, कृष्ण, राम, मोहम्मद, जरथुस्त्र, जीसस में कोई विरोधाभास दिखाई न पड़ेगा। अलग-अलग शिष्यों की अलग-अलग जरूरतें थीं। अलग-अलग रोगियों के लिए अलग-अलग औषधि है।

तीसरा प्रश्न : माना कि आत्मज्ञानी के लिए निजी सुख-दुख के अनुभव समाप्त हो जाते हैं, लेकिन वे भी तो दूसरों के सुख-दुख से सुखी-दुखी होते ही होंगे न! कृपा कर प्रकाश डालें।

नहीं, जिसके सुख-दुख के अनुभव समाप्त हो गए, वह दूसरे के सुख-दुख से भी प्रभावित नहीं होता। तुम्हें कठिनाई होगी यह बात सोच कर, क्योंकि तुम सोचते हो कि उसे तो बहुत प्रभावित होना चाहिए तुम्हारे सुख-दुख से। नहीं, उसे तो दिखाई पड़

गया कि सुख-सुख होते ही नहीं हैं। तो तुम्हारा सुख-दुख देख कर तुम पर दया आती है, लेकिन सुखी-दुखी नहीं होता। सिर्फ दया आती है कि तुम अभी भी सपने में पड़े हो!

ऐसा समझो कि दो आदमी सोते हैं, एक ही कमरे में, दोनों दुख-स्वप्न में दबे हैं, दोनों बड़ा नारकीय सपना देख रहे हैं। एक जग गया। निश्चित ही जो जग गया अब उसे सपने के सुख-दुख व्यर्थ हो गए। क्या तुम सोचते हो दूसरे को पास में बड़बड़ाता देख कर, चिल्लाता देख कर, उसकी बात सुन कर कि वह कह रहा है, झहटो, यह राक्षस मेरी छाती पर बैठा है,ङ्क यह दुखी-सुखी होगा? यह हंसेगा और दया करेगा। यह कहेगा कि पागल! यह अभी भी सपना देख रहा है। यह इसके राक्षस को हटाने की कोशिश करेगा कि इसकी छाती पर राक्षस न हो? राक्षस तो है ही नहीं, हटाओगे कैसे? हटाने के लिए तो होना चाहिए। यह तो देख रहा है कि सज्जन अपनी ही मुट्ठी बांधे छाती पर, पड़े हैं। और गुनगुना रहे हैं कि राक्षस बैठा है, यह रावण बैठा दस सिर वाला मेरे ऊपर! इसको हटाओ!

यह जो जाग गया है, क्या करेगा? यह इस आदमी को भी जगाने की कोशिश करेगा। इसके दुख को हटाने की नहींह्रइसको जगाने की। फर्क साफ समझ लेना। जब बुद्ध तुम्हें दुखी देखते हैं, तो तुम्हारे दुख को मान नहीं सकते कि है; क्योंकि वे तो जानते हैं दुख हो ही नहीं सकता, भ्रांति है। तुम्हें जगाने की कोशिश करते हैं। तुम्हें भागते देख कर कि तुम रस्सी को सांप समझ कर भाग रहे हो, वे एक दीया ले आते हैं। वे कहते हैं, जरा रुको तो, जरा इस सांप को गौर से तो देखें, है भी? उस प्रकाश में रस्सी तुम्हें भी दिखाई पड़ जाती है, तुम भी हंसने लगते हो।

ज्ञानी पुरुष तुम्हारे सुख-दुख से जरा भी प्रभावित नहीं होता। और जो प्रभावित होता हो, वह ज्ञानी नहीं है। यद्यपि तुम्हारे सुख-दुख से दया उसे जरूर आती है। कभी-कभी हंसता भी हैह्रदेख कर सपने का बल, व्यर्थ का बल; देख कर झूठ का बल!

ऐसा ही समझो, एक छोटा बच्चा है, और उसकी गुड़िया की टांग टूट गई और वह रो रहा है। तुम क्या करते हो? रोते हो उसके पास बैठ कर? तुम भी दुखी होते, आंसू झारते हो? तुम उससे कहते हो कि झबेटा, नासमझ, यह गुड़िया ही है! टूटने को ही थी। इसमें कोई प्राण थोड़े ही हैं कि तू परेशान हो रहा है? यह टांग कोई असली टांग थोड़े ही है।ङ्क हालांकि तुम्हारी समझ की बातें शायद बेटे को समझ न भी आएं। लेकिन तुम भी जानते हो, यह भी बड़ा होगा कल, थोड़ी प्रौढ़ता आयेगी, गुड्डा-गुड्डी भूल जाएगा। फेंक देगा कहीं फिर, लौट कर देखेगा भी नहीं। अभी बचपना है, तो गुड्डा-गुड्डियों से खेल रहा है।

ज्ञानी पुरुष तुम्हें सुख-दुख में डूबा देख कर जानता है कि तुम अभी भी सोये सपना देख रहे हो।

छाया मत छूना मन
होगा दुख दूना मन
यश है न वैभव है
मान है न सरमाया
जितना ही दौड़ा तू
उतना ही भरमाया
जो है यथार्थ कठिन
उसका तू कर पूजन
छाया मत छूना मन
होगा दुख दूना मन।

तुम्हारे सब दुख छाया, झूठे हैं, माया! बुद्धपुरुष को, समाधिस्थ पुरुष को जो यथार्थ है, दिखाई पड़ता है। जिसे अपना यथार्थ दिखाई पड़ गया, उसे सबका यथार्थ दिखाई पड़ जाता है। फिर भी तुम पर दया करता हैह्नदया करता है कि तुम अभी भी सोये हो। दया करता है, क्योंकि कभी वह भी सोया था। और जानता है कि तुम्हारी पीड़ा गहन है; झूठी है, फिर भी गहन है। जानता है, तुम तड़प रहे हो; माना कि जिससे तुम तड़प रहे हो वह है नहीं। क्योंकि वह भी तड़पा है। वह भी कभी ऐसा ही रोया है, गिड़गिड़ाया है। वह पहचानता है।

वह भी कभी खेल-खिलौनों से खेला है। कभी गुड़ियाएं टूट गई हैं, कभी विवाह रचाते-रचाते नहीं रच पाया है तो बड़े दुख हुए हैं। कभी बना-बना कर तैयार किया था ताश का महल, हवा का झोंका आया है और गिरा गया है, तो बच्चे की आंखों से झर-झर आंसू झरे हैं, ऐसे आंसू उसको भी झरे थे। वह जानता है। वह पहचानता है। वह भलीभांति तुम्हारे दुख में सहानुभूति रखता है। लेकिन फिर भी हंसी तो उसे आती है, क्योंकि बात तो झूठी है। है तो सपना ही। भला तुम्हारे सामने हंसे न; सौजन्यतावश, सज्जनतावश तुम्हें थपथपाए भी; तुमसे कहे भी कि बड़ा बुरा हुआ, होना नहीं थाह्नलेकिन भीतर हंसता है।

जैसे कि तुम छोटे बच्चे को समझाते हो कि 'घबड़ा मत, टांग भला टूट गई, गुड़िया की आत्मा अमर है, घबड़ा मत! गुड़िया परमात्मा के घर चली गई, देख प्रभु की गोद में बैठी है, कैसा मजा कर रही है!ङ्क तुम समझाते हो। तुम कहते हो, ज्ञदूसरी गुड़िया ले आएंगे। घबड़ा मत। रो मत। चीख-पुकार मत मचा। कुछ भी नहीं बिगड़ा

है। सब ठीक हो जायेगा।' समझाते हो। थपथपाते हो। फिर भी भीतर तुम जानते हो, एक खेल तुम्हें भी खेलना पड़ रहा है।

जब बुद्धपुरुष तुम्हारे दुख में तुम्हें सहानुभूति दिखलाते हैं तो एक नाटक है, एक अभिनय हैह्नसौजन्यतावश। तुम्हें बुरा न लगे। तुम्हें पीड़ा न हो। लेकिन साथ-साथ चेष्टा करते रहते हैं कि तुम भी जागो। क्योंकि असली घटना तो तभी घटेगी दुख के बाहर होने की, जब तुम जानोगे कि सब दुख-सुख छाया हैं, माया हैं।

चौथा प्रश्नः मुझे लगता है कि जैसे-जैसे सजगता बढ़ती है वैसे-वैसे संवेदनशीलता भी बढ़ती है, जिसे मैं बिलकुल भी सह नहीं पाती हूं। कृपा कर मार्गदर्शन करें।

नयनहीन को राह दिखा प्रभु,
चलत-चलत गिर जाऊं मैं!

निश्चित ही जैसे-जैसे सजगता बढ़ेगी, संवेदनशीलता भी बढ़ेगी। साधारणतः तो हम एक तरह की धुंध में रहते हैंह्नबेहोश, मूर्च्छित। जैसे एक आदमी शराब पीए पड़ा है नाली में, तो उसे नाली की बदबू थोड़े ही आती है। तुम्हें लगता है कि नाली में पड़ा है बेचारा। मगर वे तो बड़े मजे से पड़े हैं। हो सकता है कि सपना देख रहे हों, महल में विश्राम कर रहे हैं। कि राष्ट्रपति हो गए हैं, दरबार लगाए बैठे हों!

तुम्हें लगता है कि कीचड़ में, बदबू में पड़ा है। मुंह में कीचड़ चली जा रही है। नाक के पास नाली बह रही है। बड़ी दुर्गंध इसे आती होगी। लेकिन वह बेहोश पड़ा है। दुर्गंध वगैरह आने के लिए थोड़ा होश चाहिए। हां, सुबह जब आंख खुलेगी उसकी और होश आएगा, तो झाड़-झकाड़ कर भागेगा घर; स्नान-ध्यान करके, चंदन-मंदन लगा कर, पूजा-पाठ करके तैयार हो कर बैठकखाने में बैठ जाएगा। तब तुम उससे कहो कि जरा नाली में चल कर लेट जाओ, असंभव हो जाएगा। क्योंकि अब सब इंद्रियां सजग होंगी।

ऐसी ही घटना घटती है। जैसे-जैसे सजगता बढ़ती है, तुम्हारे जीवन की बहुत सी नालियां जिनको तुम अब तक स्वर्ग समझ कर जी रहे थे, दुर्गंधयुक्त हो जाती हैं। बहुत से सुख जिन्हें तुम अब तक सुख समझते थे, दुख जैसे मालूम होने लगते हैं, चुभने लगते हैं। इसलिए सजगता बढ़ने के साथ एक उपद्रव बढ़ता है। वह उपद्रव है कि आदमी बहुत संवेदनशील, कोमल हो जाता है। एक गहन कोमलता उसे घेर लेती है।

लेकिन यह मार्ग पर ही है बात। जैसे-जैसे सजगता परिपूर्णता पर पहुंचती है, पहले आदमी की जड़ता टूटती है, संवेदनशीलता बढ़ती है। फिर एक ऐसी घड़ी आती

है॥सजगता की आखिरी छलांग॥जब जाग इतनी गहन हो जाती है कि शरीर और मन दूर हो जाते हैं। फिर कोई संवेदनशीलता कष्ट नहीं देती, दुख नहीं देती। बोध तो होता है। अगर बुद्ध को कांटा लगेगा तो तुमसे ज्यादा बोध होता है। क्योंकि बुद्ध का बोध प्रगाढ़ है। तुम्हारा बोध तो कुछ भी नहीं है।

देखा कभी हाकी के मैदान पर खेलते-खेलते खिलाड़ी के पैर में चोट लग गई, खून बह रहा है, मगर वह खेलता चला जाता है! उसे पता नहीं। सब देखने वालों को दिखाई पड़ रहा है कि पैर से खून बह रहा है, खून की कतार बन गई है मैदान पर। उसे पता नहीं है। वह खेल में मस्त है, बेहोश है। होश कहां उसे अपने शरीर का! जैसे ही खेल बंद होगा, रेफरी की सीटी बजेगी, तत्क्षण दुख होगा, दर्द होगा, बैठ जाएगा पैर पकड़ कर। कहेगा कि हाय, पता नहीं कब से चोट लगी है! अब उसे दुख होगा। इतनी देर भी दुख तो था, लेकिन बोध नहीं था।

तो पहली दफा जब तुम्हारे जीवन में ध्यान आएगा तो बहुत सा बोध आएगा। उस बोध के साथ-साथ जो-जो गलत तुम अब तक कर रहे थे, उस सबकी संवेदनशीलता आएगी। जरा सा तुम क्रोध करोगे और तुम्हारे प्राण कंप जाएंगे। जरा सी तुम ईर्ष्या करोगे और जहर फैल जाएगा। जरा सी तुम घृणा करोगे और तुम अनुभव करोगे जैसे अपनी ही छाती में छुरा भोंक लिया। तो कठिन होगा। लेकिन इस कठिनाई से भागना मत और घबराना मत।

हृदय छोटा हो तो शोक वहां नहीं समाएगा।
और दर्द दस्तक दिये बिना दरवाजे से लौट जाएगा।
टीस उसे उठती है जिसका भाग्य खुलता है।
वेदना गोद में उठा कर सबको निहाल नहीं करती।
जिसका पुण्य प्रबल होता है, वही अपने आंसुओं से धुलता है।

दर्द तो बढ़ेगा, पीड़ा बढ़ेगी, बोध बढ़ेगा। लेकिन यह संक्रमण में होगा। एक घड़ी आएगी, छलांग लगेगी। सौ डिग्री पर जैसे पानी भाप बन जाता है और छलांग लग जाती है॥ऐसे सौ डिग्री पर जब होश आता है, एक छलांग लग जाती है। तत्क्षण तुम पाते हो कि तुम्हारा शरीर और मन पीछे छूट गया। सब सुख-दुख वहीं थे, इंद्रियों में थे। अब तुम पार हो गए। तुम दूर हो गए। अब तुम्हारा सारा तादात्म्य समाप्त हो गया।

लेकिन इस घड़ी के आने के पहले बोध के साथ-साथ दुख भी बढ़ेगा।

संस्कृत में बड़ा प्यारा शब्द है: वेदना। उसके दोनों अर्थ होते हैं: दुख और बोध। 'वेद' उसी धातु से बना है जिससे 'वेदना'। वेद का अर्थ होता है: ज्ञान, बोध। वेदना का अर्थ होता है: ज्ञान, बोध। और दूसरा अर्थ होता है: दुख, पीड़ा।

संस्कृत बहुत अनूठी भाषा है। उसके शब्दों का विश्लेषण बड़ा बहुमूल्य है। क्योंकि जिन्होंने उस भाषा को रचा है, बहुत जीवन की गहन अनुभूतियों के आधार पर रचा है। जैसे-जैसे बोध बढ़ता है, दुख बढ़ता है। अगर दुख के बढ़ने से घबड़ा गए तो एक ही उपाय है: बोध को छोटा कर लो। वही तो हम करते हैं। सिर में दर्द हुआ, एस्प्रो ले लो! एस्प्रो करेगी क्या? दर्द को थोड़े ही मिटाती है, सिर्फ बोध को क्षीण कर देती है, तंतुओं को शिथिल कर देती है, तो दर्द का पता नहीं चलता। ज्यादा तकलीफ है, पत्नी मर गई, शराब पी लो! दिवाला निकल गया, शराब पी लो। बोध को कम कर लो, तो वेदना कम हो जाएगी।

बहुत से लोगों ने यही खतरनाक तरकीब सीख ली है। जीवन में दुख बहुत है, उन्होंने बोध को बिलकुल नीचा कर लिया है: न होगा बोध, न होगी पीड़ा। लेकिन यह बड़ा महंगा सौदा है। क्योंकि बोध के बिना तुम्हारा बुद्धत्व कैसे फलेगा, तुम्हारा फूल कैसे खिलेगा? कैसे बनोगे कमल के फूल फिर? यह सहस्रार अनखुला ही रह जाएगा।

घबड़ाओ मत, इस पीड़ा को स्वीकार करो। इस पीड़ा की स्वीकृति को ही मैं तपश्चर्या कहता हूं। तपश्चर्या मेरे लिए यह अर्थ नहीं रखती है कि तुम उपवास करो, धूप में खड़े रहो, पानी में खड़े रहोह्लउन मूढ़ताओं का नाम तपश्चर्या नहीं है। तपश्चर्या का इतना ही अर्थ है: बोध के बढ़ने के साथ वेदना बढ़ेगी, उस वेदना से डरना मत; उसे स्वीकार कर लेना कि ठीक है, यह बोध के साथ बढ़ती है। थोड़े दूर तक बोध के साथ वेदना बढ़ती रहेगी। फिर एक घड़ी आती है, बोध छलांग लगा कर पार हो जाता है, वेदना पीछे पड़ी रह जाती है। जैसे एक दिन सांप अपनी पुरानी केंचुली के बाहर निकल जाता है, ऐसे एक दिन वेद वेदना की केंचुली के बाहर निकल जाता है। बोध वेदना के पार चला जाता है।

लेकिन मार्ग पर पीड़ा है। उसे स्वीकार करो। उसे इस तरह स्वीकार करो कि वह भी उपाय है तुम्हारे बोध को जगाने का।

तुमने कभी खयाल किया, जब तुम सुख में होते हो, भगवान भूल जाता है; जब तुम दुख में होते हो, तब याद आता है! तो दुख का भी कुछ उपयोग है।

सूफी फकीर हुआ बायजीद। वह रोज प्रार्थना करता था, वह कहता था, 'सब करना प्रभु, थोड़ा दुख मुझे दिये रहना। सुख ही सुख में मैं भूल जाऊंगा। तुम्हें मेरा पता नहीं है। सुख ही सुख में मैं निश्चित भूल जाऊंगा। तुम इतना ही सुख मुझे देना जितने में मैं भूल न सकूं, बाकी तुम दुख को देते रहना।'

यह बायजीद ठीक कह रहा है। यह कह रहा है: दुख रहेगा तो जागरण बना रहेगा। सुख में तो नींद आ जाती है। सुख में तो आदमी सो जाता है।

व्यर्थ कोई भाग जीवन का नहीं है,
व्यर्थ कोई राग जीवन का नहीं है।
बांध दो सबको सुरीली तान में तुम,
बांध दो बिखरे सुरों को गान में तुम।

दुख भी अर्थपूर्ण है। उसका भी सार है। वह जगाता है। जिस दिन तुमने यह देख लिया कि दुख जगाता है, उस दिन तुम दुख को भी धन्यभाग से स्वीकार करोगे। उस दिन तुम्हारे जीवन में निषेध गिर जाएगा। अब तो तुम कांटों को भी स्वीकार कर लोगे, क्योंकि तुम जानते हो कांटों के बिना फूल होते नहीं। यह गुलाब का फूल कांटों के साथ-साथ है। यह बोध का फूल वेदना के साथ-साथ है।

पांचवां प्रश्न: जीवन का सत्य यदि अद्वैत है, तो फिर द्वैत क्यों है?

एक जगत रूपायित प्रत्यक्ष
एक कल्पना संभाव्य
एक दुनिया सतत मुखर
एक एकांत निस्स्वर
एक अविराम गति उमंग
एक अचल निस्तरंग
दो पाठ, एक ही काव्य।

दो नहीं है। दो पाठ हैंह्लकाव्य एक ही है।

सत्य तो एक ही है। सोये-सोये देखो तो संसार मालूम पड़ता है। जाग कर देखो, परमात्मा मालूम पड़ता है। संसार और परमात्मा ऐसी दो चीजें नहीं हैं। सोये हुए आदमी ने जब परमात्मा को देखा तो संसार देखा और जागे हुए आदमी ने जब संसार देखा तो परमात्मा को देखा।

जागा हुआ आदमी कहता है: संसार नहीं है, परमात्मा है। सोया हुआ आदमी कहता है: कहां है परमात्मा? संसार ही संसार है।

ये दो दृष्टियां हैं; सत्य तो एक है। दो पाठ, एक ही काव्य!

आखिरी प्रश्न : मुझे लगता है कि मैं आपको चूक रहा हूं। यह समझ में नहीं आता कि मैं क्या करूं कि आपको न चूकूं। आप गहन से गहन होते जा रहे हैं और मैं पाता हूं कि मैं इस गहनता के लिए तैयार नहीं हूं। क्या मैं ऐसे ही हाथ मलता रह जाऊंगा?

चूकने न चूकने की भाषा ही लोभ की भाषा है। लोभ छोड़ो। मेरे साथ उत्सव में सम्मिलित रहो।

ज्ञचूक जाऊंगाख्वह्नइसका मतलब हुआ कि तुम लोभ की भाषा से देख रहे हो। सब सम्हाल लूं, सब मिल जाए, सब पर मुट्ठी बांध लूं, सब मेरी तिजोरी में हो जाए; धन भी हो वहां, ध्यान भी हो वहां; संसार भी हो, परमात्मा भी होह्नऐसा लोभ तुमने अगर रखा तो निश्चित चूक जाओगे। चूकोगेह्नलोभ के कारण। यह चूकने न चूकने की भाषा छोड़ो।

यहां मैं तुम्हें कुछ दे नहीं रहा हूं। यहां मैं तुमसे कुछ छीन रहा हूं। और यहां मैं तुम्हें कुछ ज्ञान देने नहीं बैठा हूं। तुम मेरे साथ उत्सव में थोड़ी देर सम्मिलित हो जाओ, मेरे साथ गुनगुना लो। तुम थोड़ी दूर मेरे साथ चलो। दो कदम मेरे साथ चल लो, बस इतना काफी है।

तुम्हें एक दफा स्वाद लग जाए परम का, फिर कोई भय नहीं है। फिर मैं यहां रहूं न रहूंह्नकोई चिंता नहीं है। मेरे रहते तुम्हें थोड़ा सा स्वाद लग जाए।

तो तुम यह चूकने, खोने इत्यादि की बातें छोड़ो। इनमें तुम उलझे रहे तो तुम मेरे उत्सव में सम्मिलित न हो पाओगे। चाह तो ठीक है, लेकिन लोभ से जुड़ी है, इसलिए गलत हुई जा रही है।

चाहतीं किरणें धरा पर फैल जाना
चाहतीं कलियां चटख कर महमहाना
फूल से हर डाल सजना चाहती है
प्राण की यह बीन बजना चाहती है।
चाहतीं चिड़ियां वसंती गीत गाना
पत्तियां संदेश मधु ऋतु का सुनाना
वायु ऋतुपति नाम भजना चाहती है
प्राण की यह बीन बजना चाहती है।

ठीक है, भाव तो बिलकुल ठीक है। सिर्फ लोभ की दृष्टि से उसे मुक्त कर लो।

इसी क्षण मैं यहां हूं, तुम भी मेरे साथ रहो। यह हिसाब-किताब मन में मत

बांधो कि सम्हाल लूं, यह पकड़ लूं, यह पकडूं न पकडूं, यह समझ में आया कि नहीं आया। छोड़ो, समझ इत्यादि का कोई सवाल नहीं है। उत्सव, महोत्सव में सम्मिलित हो जाओ! तुम मेरे साथ सिर्फ बैठो। तुम सिर्फ मेरे साथ हो रहो, सत्संग होने दो! थोड़ी देर को तुम मिट जाओ। यहां तो मैं नहीं हूं, अगर वहां तुम थोड़ी देर को मिट जाओ...। वह लोभ न मिटने देगा। वह लोभ खड़ा रहेगा कि कैसे पकडूं, कैसे इकट्ठा करूं। थोड़ी देर को तुम मिट जाओ! तुम कोरे और शून्य हो जाओ। उसी क्षण जो भी मैं हूं, उसका स्वाद तुम्हें लग जाएगा। और वह स्वाद तुम्हारे ही भविष्य का स्वाद है।

पूरी धरती पर फैला ली बांहें
इन बांहों में आकाश नहीं आया
हर परिचय को आवाज लगा ली है
सुन कर भी कोई पास नहीं आया

मील के पत्थर लगे हैं, किंतु अक्षर मिट गए
कौन से पूछें कि अपना गांव कितनी दूर है!
मील के पत्थर लगे हैं, किंतु अक्षर मिट गए
कौन से पूछें कि अपना गांव कितनी दूर है!
भोर होते ही चले थे, अब दुपहरी हो रही
कौन से पूछें कि शीतल छांव कितनी दूर है!
धूल मस्तक से लगा मिलती दिशा गंतव्य की
कौन से पूछें कि पावन पांव कितनी दूर हैं!

मैं यहां मौजूद हूं। तुम्हें किसी से पूछने की कोई जरूरत नहीं है। मुझसे भी पूछने की कोई जरूरत नहीं है। सिर्फ मेरे साथ क्षण भर को गुनगुना लो। मेरे अस्तित्व के साथ थोड़ी देर को रास रचा लो।

नहीं चूकोगे। लेकिन अगर चूकने न चूकने की भाषा में उलझे रहे, तो चूक रहे हो, चूकते रहे हो और निश्चित ही चूक जाने वाले हो।

हरि ॐ तत्सत्।

* * *

प्रवचन : 33

हर जगह जीवन विकल है

जनक उवाच।

कायकृत्यासहः पूर्वं ततो वाग्विस्तरासहः।
अथ चिंतासह स्तस्मादेवमेवाहमास्थितः।।107।।
प्रीत्यभावेन शब्दादेरदृश्यत्वेन चात्मनः।
विक्षेपैकाग्रहृदय एवमेवाहमास्थितः।।108।।
समाध्यासादिविक्षिप्तौ व्यवहारः समाधये।
एवं विलोक्य नियमेवमेवाहमास्थितः।।109।।
हेयोपादेयविरहादेवं हर्षविषाद्योः।
अभावादद्य हे ब्रह्मान्नेबमेवाहमास्थितः।।110।।
आश्रमानाश्रमं ध्यानं चित्तस्वीकृतवर्जनम्।
विकल्पं मम वीक्ष्यैतैरवमेवाहमास्थितः।।111।।
कर्माऽनुष्ठानमज्ञामाद्यथैवोपरमस्तथा।
बुद्धवा सम्यगिदं तत्त्वमेवमेवाहमास्थितः।।112।।
अचिंत्यं चिंत्यमानोऽपि चिंतारूपं भजत्यसौ।
त्यक्त्वा तद्भावनं तस्मादेवमेवाहमास्थितः।।113।।
एवमेव कृतं येन स कृतार्थो भवेदसौ।
एवमेव स्वभावो यः स कृतार्थो भवेदसौ।।114।।

हर जगह जीवन विकल है।

तृषित मरुथल की कहानी
हो चुकी जग में पुरानी
किंतु वारिधि के हृदय की
प्यास उतनी ही अटल है।
हर जगह जीवन विकल है।

रो रहा विरही अकेला
देख तन का मिलन मेला
पर जगत में दो हृदय की
मिलन-आशा विफल है।
हर जगह जीवन विकल है।

अनुभवी इसको बताएं
व्यर्थ मत मुझसे छिपाएं
प्रेयसी के अधर-मधु में भी
मिला कितना गरल है।
हर जगह जीवन विकल है।

मनुष्य को गौर से देखें तो मरुस्थल ही मरुस्थल मिलेगा। जीवन में किसी के भीतर झांकें तो प्यास ही प्यास, अतृप्ति ही अतृप्ति मिलेगी।

ऊपर से देख कर मनुष्य को, धोखे में मत पड़ जाना। ऊपर तो हंसी है, मुस्कुराहट है, फूल सजा लिए हैंह्लभीतर जीवन बहुत विकल है। वस्तुतः भीतर विकलता है, इसीलिए बाहर फूल सजा लिए हैं; भीतर आंसू हैं, इसलिए बाहर मुस्कुराहटों का आयोजन कर लिया है।

फ्रेडरिक नीत्शे ने कहा है : मैं हंसता हूं; लोग सोचते हैं मैं खुश हूं। मैं हंसता हूं इसलिए कि कहीं रोने न लगूं। अगर न हंसा तो रोने लगूंगा। हंस-हंस कर छिपा लेता हूं आते हुए आंसुओं को।

हम बाहर तो कुछ और दिखाते हैं, भीतर हम कुछ और हैं। इसलिए बड़ा धोखा पैदा होता है। काश, हर व्यक्ति अपने जीवन की कथा को खोल कर रख दे, तो तुम बहुत हैरान हो जाओगे : इतना दुख है, दुख ही दुख है; सुख की तो बस आशा है! आशा है कि मिलेगा कभी! आशा हैह्लआज नहीं तो कल, कल नहीं तो परसों; इस जन्म में नहीं तो अगले जन्म में; पृथ्वी पर नहीं तो स्वर्ग मेंह्लबस, आशा है! हाथ में

तो राख है। प्राणों में तो बुझापन है। इस सत्य से जो जागा, उसके जीवन में ही क्रांति घटित होती है।

होता ऐसा है कि हम दूसरे को धोखा देते-देते अपने को भी धोखा दे लेते हैं। हंसते हैं ताकि दूसरे को पता न चले आंसुओं का। दूसरा हमें हंसते देखता है, भरोसा कर लेता है कि हम प्रसन्न हैं; उसके भरोसे पर धीरे-धीरे हम भरोसा कर लेते हैं कि हम जरूर प्रसन्न होंगे, तभी तो लोग भरोसा करते हैं। ऐसा धोखा बड़ा गहरा है।

जिस आदमी ने अमरीका में पहला बैंक खोला, उससे किसी ने पूछा जब वह बड़ा सफल हो गया, कि तुमने बैंक खोला कैसे?

उसने कहा : मैंने किताबों में पढ़ा, यूरोप में बैंक हैंह्लउनके संबंध में। मैंने भी अपने द्वार पर एक तख्ती लगा दीह्लबैंक। घंटे भर बाद एक आदमी आया और दो सौ डालर जमा करवा गया। सांझ दूसरा आदमी आया और डेढ़ सौ डालर जमा करवा गया। तीसरे दिन तक तो मेरी हिम्मत इतनी बढ़ गई कि मेरे भी पास जो बीस डालर थे, वे भी मैंने अपने बैंक में जमा कराए।

ऐसे भरोसा पैदा हो जाता है।

तुम अपनी छवि को दूसरे की आंख में ही देखते हो; और तो उपाय भी नहीं है। तुम अपने को पहचानते भी दूसरे के माध्यम से हो; और तो कोई उपाय भी नहीं है। दूसरे की आंखें दर्पण का काम करती हैं। अब अगर दर्पण के सामने तुम मुस्कुराते हुए खड़े हो गए तो दर्पण क्या करे? दर्पण बता देता है कि मुस्कुराहट है ओंठों पर। दर्पण में मुस्कुराहट देख कर तुम्हें भरोसा आ जाता है कि जरूर मैं खुश होऊंगा। ऐसा बार-बार करने से, दोहराने से असत्य भी सत्य मालूम होने लगते हैं। फिर हम डरते हैं कि कहीं सत्य का पता न चल जाए, तो हम अपने भीतर देखना बंद कर देते हैं; हम फिर बाहर ही देखते हैं।

लोगों से पूछो, तुम कौन हो? तो वे जो उत्तर देंगे, वे उत्तर उन्होंने बाहर से सीखे हैं। यह भी गजब हुआ, यह भी अजब हुआ : अपना पता दूसरे से पूछते हो! मैं कौन हूं, यह दूसरे से पूछते हो! दूसरे को खुद का पता नहीं है, तुम्हें कैसे बता सकेगा?

अपना पता अपने से पूछना होगाह्लआंख बंद करके देखना होगा। लेकिन लोग आंख बंद नहीं करते हैं; आंख बंद की कि सो जाते हैं। इसलिए तो कभी-कभी जब तुम आंख बंद करते हो, नींद नहीं आती, तो बड़ी तकलीफ होती है। वह तकलीफ नींद न आने के कारण नहीं है। वह तकलीफ इसलिए है कि आंख खुली रहे तो दूसरे दिखाई पड़ते रहते हैं; आंख बंद हो जाए और नींद न आए, तो अपने भीतर का उपद्रव दिखाई पड़ने लगता हैह्लकूड़ा-कर्कट, नरक, पर्त-पर्त खुलने लगती है; उससे घबड़ाहट होती है।

नींद न आने के कारण घबड़ाहट नहीं है। घड़ी भर को नींद न आई तो क्या बिगड़ जाएगा? लेकिन हम दो ही उपाय जानते हैंह्नआंख खुली हो तो कहीं उलझे रहें; आंख बंद हो तो नींद में डूब जाएं। आंख बंद करके जागे रहना कठिन है। क्योंकि आंख बंद करके फिर हमें अपनी असली तस्वीर दिखाई पड़ने लगती है। और वह असली तस्वीर बहुत सुंदर नहीं है। आत्मज्ञानी कुछ भी कहें, हमें उनकी बात पर भरोसा नहीं आता। वे तो कहते हैं, परम परमात्मा विराजमान है। हम तो जब भी भीतर देखते हैं तो अंधेरा, नर्क, दुख, पीड़ा, अतीत के सब टूटे हुए सपने, खंडहर, हाथ तो कुछ लगा नहीं कभी, अतृप्ति-अतृप्ति की कतार पर कतारेंह्नवही हाथ लगती हैं।

ज्ञानी कहते हैं भीतर बड़ा प्रकाश है! हम तो जब भीतर जाते हैं तो अंधेरे ही अंधेरे से मिलना होता है; बड़ी घबड़ाहट होने लगती है; अमावस की रात मालूम होती है। पूर्णिमा तो दूर, छोटा-मोटा चांद भी नहीं होता, दूज का चांद भी नहीं होता, रोशनी का कोई पता नहीं चलता। एक अंधेरे की गर्त में डूबने लगते हैं। घबड़ाहट होती है।

दूसरे से पूछ-पूछ कर हमने झूठा आत्म-परिचय बना लिया है। ज्ञानी ठीक कहते हैं कि भीतर परमात्मा है और प्रकाश है; लेकिन इस अंधेरी घाटी से गुजरना होगा। अंधेरी घाटी से गुजरना कीमत चुकाना है। नहीं तो जीवन विकल रहेगा।

मैं तो बहुत दिनों पर चेता।
जम कर ऊबा
श्रम कर डूबा
सागर को खेना था मुझको
रहा शिखर को खेता
मैं तो बहुत दिनों पर चेता।
थी मति मारी
था भ्रम भारी
ऊपर अंबर गर्दीला था
नीचे भवर लपेटा
मैं तो बहुत दिनों पर चेता।
यह किसका स्वर
भीतर बाहर
कौन निराशा, कुंठित घड़ियों में
मेरी सुधि लेता
मैं तो बहुत दिनों पर चेता।

मत पछता रे
खेता जा रे
अंतिम क्षण में चेत जाए जो
वह भी शतवर चेता
मैं तो बहुत दिनों पर चेता।

मगर लोग हैं जो अंत तक नहीं चेतते। अंतिम क्षण में भी चेतना आ जाए, होश आ जाए, अपने जीवन को परखने की क्षमता और साहस आ जाएह्नतो भी चेत गए।

अंतिम क्षण में चेत जाए जो
वह भी शतवर चेता।
वह भी प्रबुद्ध हो गया।

लेकिन कठिन है, जब जीवन भर हम धोखा देते हैं तो अंतिम क्षण में चेतना कठिन है। क्योंकि चेतना कुछ आकाश से नहीं उतरतीह्नहमारे जीवन भर का निचोड़ है।

बहुत लोग यह आशा भी रखते हैं कि अभी तो जवान हैं, आएगा बुढ़ापाह्नकर लेंगे ध्यान, कर लेंगे धर्म। मेरे पास आ जाते हैं, कहते हैं, अभी तो हम जवान हैं। बूढ़े भी मेरे पास आते हैं, उनको भी अभी पक्का नहीं हुआ कि बूढ़े हो गए हैं। वे भी कहते हैं: 'अभी तो बहुत उलझनें हैं! और अभी कोई मरे थोड़े ही जाते हैं! अभी तो समय पड़ा हैह्नकर लेंगे!' टालते चले जाते हैं। मरते-मरते, जब कि श्वास छूटने लगती, दूसरे राम-राम जपते तुम्हारे कान में, दूसरे गंगाजल पिलाते तुम्हें...। जब जवान थे, ऊर्जा थीह्नतब ली होती डुबकी गंगा में, तब तैरे होते, तब बहे होते गंगा में, तो सागर तक पहुंच गए होते। अब मरते-मरते, गले में उतरता नहीं...।

मैं एक घर में मेहमान था, एक आदमी मर रहा था। उसके बेटे उसको गंगाजल पिला रहे हैं, वह जा नहीं रहा गले में। वह मर ही चुका है। किसको धोखा दे रहे! पंडित मंत्रपाठ कर रहा है। उसको होश नहीं है, वह आदमी बेहोश पड़ा है, उसकी आखिरी सांस लथड़ रही है; पानी गटकने तक की क्षमता नहीं रह गई हैह्नअब राम को गटकना बहुत मुश्किल हो जाएगा।

ऐसी प्रतीक्षा मत करते बैठे रहना। चेतना हो तो अभी चेतना। जो अभी चेताह्नवही चेता। जिसने कहा कलह्नवह सोया और उसने खोया। कल की बात ही मत उठाना। कल का कोई भरोसा नहीं है। कल है मौत, जीवन है आज। जीवन तो बस अभी है; अभी या कभी नहीं।

जिसको इतनी प्रगाढ़ता से जीवन की स्थिति का स्मरण आएगा, वही शायद दांव लगा सकेगा। और धर्म तो जुए का दांव है। मुफ्त नहीं है; पूरा चुकाओगे तो ही

पा सकोगे। सब खोओगे, तो ही मिलेगा। सस्ता धर्म मत खोजना। सस्ता धर्म होता ही नहीं। धर्म महंगी बात है। इसीलिए तो कुछ सौभाग्यशाली उस संपदा को उपलब्ध कर पाते हैं। सस्ता होता, मुफ्त बंटता होता, धर्मादय में मिलता होता, तो सभी को मिल गया होता।...अथक श्रम और अथक प्रयास का परिणाम है। यद्यपि जब आता है तब प्रसादरूप आता है; लेकिन पहले प्रयास जो करता है, वही प्रसाद का हकदार होता है।

आज के सूत्र अत्यंत क्रांतिकारी सूत्र हैं। खूब साक्षी-भाव रख कर समझोगे तो ही समझ में आएंगे, अन्यथा चूक जाओगे। शायद ऐसे सूत्र कभी तुमने सुने भी न होंगे। इससे ज्यादा और क्रांतिकारी सूत्र हो भी नहीं सकते।

इसलिए मैं निरंतर कहता हूं कि अष्टावक्र की गीता पर सुधार करना संभव नहीं है। आखिरी बात और आखिरी ढंग से कह दी है। हो गए पांच हजार साल, लेकिन पांच हजार सालों में फिर इससे और कीमती वक्तव्य नहीं दिया जा सका। कभी-कभी ऐसा होता है, कोई-कोई वक्तव्य आखिरी हो जाता है। फिर उसमें सुधार संभव नहीं होता। वह पूर्ण होता है। उसमें सुधार का उपाय नहीं होता। उसको सजाया भी नहीं जा सकता।

तुमने कभी देखा? अगर कुरूप स्त्री आभूषण पहन ले, सुंदर वस्त्र पहन ले तो अच्छी लगने लगती है; लेकिन अति सुंदर स्त्री अगर आभूषण पहनने लगे तो भद्दी हो जाती है। सौंदर्य का अर्थ ही यह है कि अब कोई आभूषण सौंदर्य को बढ़ा न सकेंगे, कम कर देंगे। इसलिए जब भी कोई समाज सुंदर होने लगता है तो वहां से आभूषण विदा होने लगते हैं। जितना कुरूप समाज होता हैह्नउतना आभूषण, उतने वस्त्र, उतना रंग-रोगन, उतने झूठ। जब कोई सुंदर होता है तो सौंदर्य काफी होता है। आभूषण भी सौंदर्य को विकृत कर देते हैं।

ये सीधे-सीधे वचन हैं, मगर ये सुंदरतम हैं। ये तुम्हारे हृदय में पहुंच जाएं तो सौभाग्य।

जनक ने कहा: 'पहले मैं शारीरिक कर्म का न सहारने वाला हुआ, फिर वाणी के विस्तृत कर्म का न सहारने वाला हुआ और उसके बाद विचार का न सहारने वाला हुआ। इस प्रकार मैं स्थित हूं।'

जनक कह रहे हैं:

कायकृत्यासहः पूर्वं ततो वाग्विस्तरासहः।
अथ चिंतासह स्तस्मादेवमेवाहमास्थितः।।

इस सूत्र का अर्थ है कि देह चलती हैह्नअपने कारण; मन चलता हैह्नअपने कारण; वाणी चलती हैह्नअपने कारण। तुम नाहक उससे अपने को जोड़ लेते हो। जोड़ने के कारण भ्रांति हो जाती है।

मैंने सुना है कि एक सम्राट अपने घोड़े पर बैठ कर यात्रा को जाता था। राह पर लोग झुक-झुक कर प्रणाम करने लगे। घोड़ा बिलकुल अकड़ गया। घोड़ा तो खड़ा हो गया। घोड़े ने तो चलने से इनकार कर दिया। पुराने जमाने की कथा है जब घोड़े बोला करते थे। सम्राट ने कहा: यह तुझे क्या हुआ? पागल हो गया? रुकता क्यों है? ठिठकता क्यों है?

उसने कहा: उतरो नीचे! मुझे अब तक पता ही नहीं था कि मैं कौन हूं! इतने लोग नमस्कार कर रहे हैं!

नमस्कार हो रहा है सम्राट को; घोड़े ने समझा, मुझे हो रहा है!

मैंने सुना है, एक महल में एक छिपकली वास करती थी। महल की छिपकली थी, कोई साधारण छिपकली तो थी नहीं! तो कुछ गांव में अगर छिपकलियों का कोई आयोजन इत्यादि हो, तो जैसा बुलाते हैं राष्ट्रपति को, प्रधानमंत्री को, ऐसा उसे उदघाटन इत्यादि के लिए बुलाते थे। लेकिन वह जाती नहीं थी; अपने सहयोगियों को भेज देती थीह्नउपराष्ट्रपति को भेज दिया! छिपकलियों ने पूछा कि देवी तुम क्यों नहीं आती हो? उसने कहा: मैं आ जाऊं तो यह महल गिर जाए। छप्पर को सम्हाले कौन?

छिपकली छप्पर को सम्हाले हुए है! हंसो मत! छिपकली को ऐसी भ्रांति हो तो आश्चर्य नहीं; मनुष्य ऐसी भ्रांति में जीता है!

शरीर अपने से चल रहा है, लेकिन तुम एक भ्रांति में पड़ जाते हो कि मैं चला रहा हूं। मन अपने से चल रहा है, लेकिन तुम भ्रांति में पड़ जाते हो कि मैं चला रहा हूं।

यह पहला सूत्र यह कह रहा है कि सबसे पहले तो मैंने यह जाना कि शरीर को मेरे सहारने की कोई आवश्यकता नहीं है; शरीर अपने ही सहारे चल रहा है। तो सबसे पहले मैं शारीरिक कर्म का न सहारने वाला हुआ; मैंने यह भ्रांति छोड़ दी कि मैं चला रहा हूं।

रात तुम सोते हो तब भी तो शरीर चलता रहता है, भोजन पचता रहता है; तुम्हारी जरूरत तो रहती नहीं।

तुमने कभी किसी को कोमा में पड़े देखा हो, महीनों से बेहोश पड़ा है, तो भी खून बहता रहता, हृदय धड़कता रहता, श्वास चलती रहती; तुम्हारी कोई जरूरत तो नहीं है। तुम्हारे बिना भी तो सब मजे से चलता रहता है। सच तो यह है कि चिकित्सक कहते हैं कि तुम्हारे कारण बाधा पड़ती है। इसलिए अगर कोई मरीज सो न सके तो बीमारी ठीक होनी मुश्किल हो जाती है, क्योंकि वह बाधा डालता है। सो जाता है तो बाधा बंद हो जाती है, शरीर अपने को रास्ते पर ले आता है; बीच का उपद्रव हट जाता है, यह हस्तक्षेप हट जाता है।

इसलिए नींद हजारों दवाओं की दवा है। क्योंकि नींद में तुम तो खो गए; शरीर को जो करना है वह स्वतंत्रता से कर लेता है, तुम बीच-बीच में नहीं आते।

जनक कह रहे हैं : शरीर तो अपने से चलता है, अब तक मेरी भ्रांति थी कि मैं चलाता हूं।

जरा इस बात को समझो। अगर यह तुम्हें खयाल आ जाए कि शरीर अपने से चलता है, तो तुम शरीर में रहते हुए इस शरीर से मुक्त हो गए। शरीर ने तुमको नहीं बांधा है; यह भ्रांति तुम्हें बांधे हुए है कि तुम शरीर को चलाते हो। शरीर का कृत्य प्राकृतिक है और वैसा ही कृत्य मन का है, वैसा ही कृत्य शब्द का है।

बुद्ध ने कहा है अपने भिक्षुओं को कि तुम मन के चलते विचारों को ऐसे ही देखो, जैसे कोई राह के किनारे बैठ कर रास्ते को देखता हैह्नलोग आते-जाते, राह चलती रहती है। ऐसे ही तुम अपने मन में चलते विचारों को देखो। इन विचारों को तुम यह मत समझो कि तुम चला रहे हो, या कि तुम इन्हें रोक सकते हो। जिसको यह भ्रांति है कि मैं विचारों को चला रहा हूं, उसको एक न एक दिन दूसरी भ्रांति भी होगी कि मैं चाहूं तो रोक सकता हूं। तुम कोशिश करके देख लो।

तिब्बत में कथा है कि एक युवक धर्म की खोज में था। वह एक गुरु के पास गया। गुरु के बहुत पैर दबाए, सेवा की वर्षों तकह्नऔर एक ही बात पूछता था कि कोई महामंत्र दे दो कि सिद्धि हो जाए, शक्ति मिल जाए। आखिर गुरु उससे थक गया। गुरु ने कहा : तो फिर ले! इसमें एक कठिनाई है, वह मुझे कहनी पड़ेगी। उसी के कारण मैं भी सिद्ध नहीं कर पाया। मेरे गुरु ने भी मुझे बामुश्किल दिया था। मैं तो तीस साल सेवा किया, तब दिया था; मैं तुझे तीन साल में दे रहा हूं। तू धन्यभागी! मगर सफल मैं भी नहीं हुआ, क्योंकि इसमें एक बड़ी बेढंगी शर्त है।

उस युवक ने कहा : तुम कहो तो! मैं सब कर लूंगा। सारा जीवन लगा दूंगा।

गुरु ने कहा : यह मंत्र है, छोटा सा मंत्र है। इस मंत्र को तू दोहराना; बस, पांच बार दोहराना, कोई ज्यादा मेहनत नहीं। लेकिन जितनी देर यह दोहराए, उतनी देर बंदर का स्मरण न आए।

उसने कहा : हद हो गई! कभी बंदर का स्मरण आया ही नहीं जीवन में, अब क्यों आएगा! जल्दी से मंत्र दो!

मंत्र तो तिब्बतियों का बड़ा सीधा-सादा है। दे दिया। मंत्र लेकर वह उतरा सीढ़ी मंदिर की, लेकिन बड़ा घबड़ाया। अभी सीढ़ियां भी नहीं उतर पाया कि बंदर उसके मन में झांकने लगे। इस तरफ, उस तरफ बंदर चेहरा बनाने लगे। वह बहुत घबड़ाया कि यह मामला क्या है? यह मंत्र कैसा? घर पहुंचा नहीं कि बंदरों की भीड़ उसके साथ पहुंचीह्नमन में ही सब! नहा-धो कर बैठा, लेकिन बड़ी मुश्किल! नहा-धो रहा है कि

बंदर हैं कि खिलखिला रहे हैं, जीभ बता रहे हैं, मुंह बिचका रहे हैं। उसने सोचा, यह भी अजीब मंत्र है; मगर मालूम होता है शक्तिशाली है, क्योंकि बाधा तो दिखाई पड़ने लगी है। रात भर बैठा, बहुत बार बैठा, फिर-फिर बैठा, उठ-उठ आएह्नक्योंकि पांच दफे कहना है कुल; एकाध दफे ऐसा लग जाए योग कि पांच दफे कह ले और बंदर न दिखाई पड़े, मगर यह न हो सका। हर मंत्र के शब्द के बीच बंदर खड़ा।

सुबह थका-मांदा आया, गुरु को कहा: यह मंत्र सम्हालो! न तुमसे सधा, न मुझसे सधेगा, न यह किसी से सध सकता है। क्योंकि यह बंदर इसमें बड़ी बाधा है। अगर यही शर्त थी तो महापुरुष! कही क्यों? कहते भर नहीं। दुनिया का कोई जानवर नहीं याद आया रात भर। साधारणतः मन में वासना उठती है, स्त्रियां दिखाई पड़ती हैं; मगर इस रात स्त्री भी नहीं दिखाई पड़ीह्नबस, यह बंदर ही बंदर। कहते न, तो शायद मंत्र सध जाता।

गुरु ने कहा: मैं भी क्या करूं? वह शर्त तो बतानी जरूरी है।

तुम मन के साथ प्रयोग करके देखो। जिसे तुम भुलाना चाहोगे, उसकी और याद आ जाएगी। जिसे तुम हटाना चाहोगे, वह और जिद बांध कर खड़ा हो जाएगा। फिर भी तुम्हें खयाल नहीं आता कि मन के चलाने वाले तुम नहीं हो। चलाने की चेष्टा ही भ्रांत है।

'तो पहले मैंने शरीर को देखा और समझाह्नपाया कि मैं इसका न सहारने वाला हूं।'

पूर्व कायकृत्यासहः...।

पहले मैंने यह जाना कि मेरा सहयोग आवश्यक नहीं है। मैं नाहक सहयोग कर रहा हूं। कोई जरूरत ही नहीं शरीर को मेरे सहयोग की। पहले मैं सहयोग करता हूं; और फिर जब परेशान होता हूं तो असहयोग करता हूं। लेकिन दोनों में भ्रांति एक ही है। मुझसे कुछ लेना-देना नहीं हैह्नन सहयोग, न असहयोग। मैं सिर्फ साक्षी हो जाऊं।

ततः वाग्विस्तरासहः।

और तब जाना कि यह जो वाणी का विस्तार है, शब्द का विस्तार है, ये जो शब्द की तरंगें हैंह्नइन पर भी मेरा कोई वश नहीं है। मैं इनके भी पार हूं।

अथ चिंतासहः...।

और तब जाना कि चिंतन-मनन, ये भी मेरे नहीं हैं। मैं इनसे भी पार हूं।

तस्मात् एवं अहं आस्थितः।

और तब से मैं अपने में स्थित हो गया हूं।

स्वयं में स्थित होने के लिए कुछ और करना नहींह्नइतना ही जानना पर्याप्त है कि कर्ता मैं नहीं हूं; कर्तापन खो जाए।

नदी रुकती नहीं है
लाख चाहे उसे बांधो,
ओढ़ कर शैवाल
वह चलती रहेगी।
धूप की हलकी छुअन भी
तोड़ देने को बहुत है
लहरियों का हिमाच्छादित मौन
सोन की बालू नहीं यह
शुद्ध जल है
तलहटी पर रोकने वाला
इसे है कौन?
हवा मरती नहीं है
लाख चाहे तुम
उसे तोड़ो-मरोड़ो
खुशबुओं के साथ
वह बहती रहेगी।
आंधियों का आचरण
या घना कोहरा जलजला का
काटता कब हरेपन का शीश
खेत बेहड़ या कि आंगन
जहां होगी उगी तुलसी
सिर्फ देगी मुक्ति का आशीष
शिखा मिटती नहीं है
लाख अंधे पंख से
उसको बुझाओ
अंचलों की ओट वह
जलती रहेगी।
नदी रुकती नहीं है
लाख चाहे उसे बांधो
ओढ़ कर शैवाल
वह चलती रहेगी।

जीवन की धारा बही जाती हैह्नतुम्हें न रोकना है, न सहारा देना है। तुमने इसे रोकने की कोशिश की तो तुम उलझे। तुमने इसे सहारा देने की कोशिश की, तो तुम उलझे। तुम तट पर बैठ जाओ, तटस्थ हो जाओ।

संस्कृत में दो शब्द हैंह्नतटस्थ और कूटस्थ। दोनों शब्द बड़े अदभुत हैं! तटस्थ प्रक्रिया है कूटस्थ होने की। पहले किनारे बैठ जाओ, तट पर बैठ जाओ। बहने दो नदी की धार; तुम इसमें राग-रंग न रखो, पक्ष-विपक्ष न रखो। राग तो छोड़ो ही, विराग भी छोड़ो; क्योंकि तुमसे इसका कुछ लेना-देना नहीं। तुम नहीं थे, तब भी जीवन बहुत था; तब भी फूल खिलते थे, कोयल कुहुकती थी; तब भी संसार में विचार की तरंगें भरी थीं; तब भी सागर की छाती पर लहरें उठतीं, तूफान, आंधियां आते थे। तुम एक दिन नहीं रहोगे, तब भी सब ऐसे ही चलता रहेगा। तुम तट पर बैठ जाओ, तटस्थ हो जाओ।

तटस्थ होना साधन है। अगर तुम तट पर बैठ गए, और नदी की धार को बहने दिया और तुमने कोई भी पक्षपात न रखा; तुमने कोई निर्णय भी न रखा मन में कि यह नदी अच्छी है या बुरी...तुम्हारा लेना-देना क्या? जिसकी हो, वह जाने। यह जीवन कैसा हैह्नशुभ है कि अशुभ, पाप कि पुण्यह्नऐसा तुमने कुछ भी विचार न किया। तुम्हारा लेना-देना क्या? आए तुम अभी, कल तुम चले जाओगे, घड़ी भर का बसेरा है। रात रुक गए हो सराय में, अब सराय अच्छी कि बुरी, तुम्हें क्या प्रयोजन है? सुबह डेरा उठा लोगे, जिसकी हो सराय वह फिकर करे। तुम अगर तट पर ऐसे बैठ गए, तटस्थ हो गए तो जल्दी ही एक दूसरी घटना घटेगी, तुम कूटस्थ हो जाओगे।

कूटस्थ का ही अर्थ है: 'आस्थितः'! यह शब्द समझना, क्योंकि जनक इसे बार-बार दोहराएंगे।

'मैं अपने में स्थित हो गया हूं! अब मेरे भीतर कोई हलन-चलन नहीं! अब बाहर चलता रहे तूफान, मेरे भीतर कोई तरंग नहीं आती।'

तरंग आती थी तभी तक, जब तक तुम बाहर से संबंध जोड़े बैठे थेह्नसहयोग या असहयोग, मित्र या शत्रु, राग या विरागह्नकोई नाता तुमने बना लिया था। सब नाते छोड़ दिए...।

तीन शब्द हैं हमारे पास: राग, विराग, वीतराग। ये सूत्र वीतरागता के हैं। रागी एक तरह का संबंध बनाता है; विरागी भी संबंध बनाता है दूसरे तरह के।

किसी व्यक्ति से तुम्हें प्रेम है तो तुम्हारा एक संबंध होता है। फिर किसी व्यक्ति से तुम्हारी घृणा है तो भी तुम्हारा एक तरह का संबंध होता है। मित्र से ही थोड़े संबंध होता है, शत्रु से भी संबंध होता है। किसी से आकर्षण से बंधे हो, किसी से विकर्षण

से बंधे होह्लबंधे तो निश्चित ही हो। तुम्हारा मित्र मर जाए, तो भी कुछ खोएगा, तुम्हारा शत्रु मर जाए तो भी कुछ खोएगा। तुम्हारे शत्रु के बिना भी तुम अकेले और अधूरे हो जाओगे।

कहते हैं, महात्मा गांधी के मर जाने के बाद मुहम्मद अली जिन्ना उदास रहे। जिस दिन महात्मा गांधी की मौत हुई, जिन्ना अपने बाहर बगीचे में लान पर बैठा था। और तब तक जिन्ना ने जिद की थी, यद्यपि वे गवर्नर जनरल थे पाकिस्तान के, तब तक जिद की थी कि मेरे पास कोई सुरक्षा का इंतजाम नहीं होना चाहिए। 'मुसलमानों का देश, उनके लिए मैं जीया, उनके लिए मैंने सब कियाह्लउनमें से कोई मुझे मारना चाहेगा, यह बात ही फिजूल है।' इसलिए तब तक बहुत आग्रह किए जाने पर भी उन्होंने कोई सुरक्षा की व्यवस्था नहीं की थी। लेकिन जैसे ही उनके सेक्रेटरी ने आ कर खबर दी कि गांधी को गोली मार दी गई, जिन्ना एकदम उठ कर बगीचे से भीतर चला गया। और दूसरी बात जो जिन्ना ने कही अपने सेक्रेटरी को, कि सुरक्षा का इंतजाम कर लो। जब हिंदू गांधी को मार सकते हैं, तो अब कुछ भरोसा नहीं। अब किसी का भरोसा नहीं किया जा सकता। तो मुसलमान जिन्ना को भी मार सकते हैं। उसके बाद जिन्ना के चेहरे पर वह प्रसन्नता कभी नहीं रही जो सदा थी। दुश्मन मर गया। गांधी के मरते ही जिन्ना भी मर गए। कुछ खो गया।

तुम्हारा दुश्मन भी तुम्हारा संबंध है। मित्र से तो खोएगा ही कुछ, शत्रु से भी खो जाता है।

तो एक तो राग का संबंध है संसार से, फिर एक विराग का संबंध है। कोई धन के लिए दीवाना है, कोई धन से डरा हुआ है और भागा हुआ है। किसी के मन में बस चांदी के सिक्के ही तैरते हैं, और कोई इतना डरा है कि अगर रुपया उसे दिखा दो तो वह कंपने लगता है। संन्यासी हैं जो रुपये को नहीं छूते।

मैं एक संन्यासी के पास मेहमान हुआ, वे रुपये को नहीं छूते। मैंने उनसे पूछा कि रुपये को नहीं छूते? वे बोले, मिट्टी है! मैंने कहा, मिट्टी को तो तुम छूते हो। अगर सच में ही मिट्टी है तो रुपये को छूते क्यों नहीं? मिट्टी के साथ तो तुम्हें कोई एतराज मैंने देखा नहीं!

वे जरा बेचैन हुए। उनके शिष्य भी बैठे थे। वे जरा बड़ी परेशानी में पड़े कि अब क्या कहें? क्योंकि मिट्टी को छुए बिना तो चलेगा नहीं। मैंने कहा, बोलो! अगर सच में मिट्टी है...लेकिन मुझे शक है कि अभी रुपया मिट्टी हुआ नहीं। अभी रुपये में राग की जगह विराग आ गया। संबंध पहले मित्र का था, अब शत्रु का हो गया। तो तुम शीर्षासन करने लगे, उलटे खड़े हो गएह्लेकिन तुम आदमी वही के वही हो।

एक और संन्यासी के पास एक बार मैं मेहमान हुआ। वे एक बड़े मंच पर बैठे थे। उनके पास ही एक छोटा मंच था, उस पर एक दूसरे संन्यासी बैठे थे। वे मुझसे कहने लगे : क्या आप जानते हैं इस छोटे मंच पर कौन बैठा है?

मैंने कहा, मैं तो नहीं जानता। मैं पहली दफे यहां आपके निमंत्रण पर आया हूं।

कहने लगे कि इलाहाबाद हाईकोर्ट के चीफ जस्टिस थे। मगर बड़े विनम्र आदमी हैं! देखो मेरे साथ तख्त पर भी नहीं बैठते। छोटा तख्त बनवाया है।

मैंने उनसे कहा कि आपको यह याद रखने की आवश्यकता क्या है कि हाईकोर्ट के चीफ जस्टिस थे? और जहां तक मैं देख रहा हूं इन सज्जन को, ये प्रतीक्षा कर रहे हैं कि कब आप लुढ़को और ये चढ़ बैठें। माना कि आपसे इन्होंने छोटा तख्त बनाया लेकिन इनसे भी नीचे दूसरे बैठे हैं; उनसे तो इन्होंने थोड़ा ऊंचा बनाया ही। और जिस ढंग से ये बैठे हैं, उससे साफ जाहिर हो रहा है कि रास्ता देख रहे हैं। सीढ़ी बना ली है इन्होंने। आधे में आ गए हैं, बाकी सब पीछे हैं आपके शिष्य। आपके लुढ़कते ही ये ऊपर बैठेंगे। फिर आपको भी यह खयाल है कि ये चीफ जस्टिस थे? चीफ जस्टिस का क्या मूल्य है? राग तो छूट गया, लेकिन ऐसे ही नहीं छूट जाता; सूक्ष्म, धूमिल रेखाएं छोड़ जाता है। कहते हो विनम्र हैं, लेकिन अगर विनम्र ही हैं तो यह छोटा तख्त भी क्यों? और अगर तख्त से ही विनम्रता का पता चलता है, तो इनसे कहो कि गड्ढा खोद लें, उसमें बैठें।

यह विनम्रता अहंकार का ही एक रूप है। यह थोथी है और झूठी है; और कहती कुछ है, है कुछ और। रागी, विरागी हो जाता है; विपरीत भाषा बोलने लगता है।

अगर तुम मंदिरों में जाओ, साधु-संन्यासियों के सत्संग में जाओह्नसंन्यासी जिनको मैं 'सत्यानाशी' कहता हूंह्नउनकी बात सुनो, तो तुम एक बात निश्चित पाओगे : उन्हीं-उन्हीं चीजों की वे निंदा कर रहे हैं जिनमें तुम्हें रस है। अगर तुम्हें धन में रस है तो वे धन की निंदा कर रहे हैं। तुम्हें अगर कामवासना में रस है तो वे कामवासना की निंदा कर रहे हैं। तुम्हें अगर स्त्री में रस है तो वे स्त्री का जैसा वीभत्स चित्र खींच सकें वैसा खींचने की चेष्टा कर रहे हैं। लेकिन यह सारी चेष्टा एक ही बात बताती है : रस विपरीत तो हुआ, बदला नहीं। राग विराग तो बना, गया नहीं।

वीतराग का अर्थ है : जहां राग और विराग दोनों गए। वीतराग का अर्थ है : जहां तुमने इतना ही जाना कि न मेरी किसी से शत्रुता है, और न मेरी किसी से मित्रता हैह्नमैं अकेला हूं, असंग, अछूता, कुंआरा!

तस्मात् एवं अहं आस्थितः।

'और इस कारण मैं स्वयं में हूं और इस प्रकार मैं स्थित हुआ हूं।'

यह जनक और अष्टावक्र के बीच जो चर्चा है, यह अदभुत संवाद है। अष्टावक्र ने कुछ बहुमूल्य बातें कहीं। जनक उन्हीं बातों की प्रतिध्वनि करते हैं। जनक कहते हैं कि ठीक कहा, बिलकुल ठीक कहा; ऐसा ही मैं भी अनुभव कर रहा हूं; मैं अपने अनुभव की अभिव्यक्ति देता हूं। इसमें कुछ प्रश्न-उत्तर नहीं है। एक ही बात को गुरु और शिष्य दोनों कह रहे हैं। एक ही बात को अपने-अपने ढंग से दोनों ने गुनगुनाया है। दोनों के बीच एक गहरा संवाद है। यह संवाद है, यह विवाद नहीं है।

कृष्ण और अर्जुन के बीच विवाद है। अर्जुन को संदेह है। वह नई-नई शंकाएं उठाता है। चाहे प्रकट रूप से कहता भी न हो कि तुम गलत कह रहे हो, लेकिन अप्रकट रूप से कहे चला जाता है कि अभी मेरा संशय नहीं मिटा। वह एक ही बात है। वह कहने का सज्जनोचित ढंग है कि अभी मेरा संशय नहीं मिटा, अभी मेरी शंका जिंदा है; तुमने जो कहा वह जंचा नहीं।

तो अगर कोई उपद्रवी हो तो सीधा कहता है, तुम गलत। अगर कोई सज्जन सुशील हो, कुलीन हो, तो कहता है अभी मुझे जंचा नहीं। बस, इतना ही फर्क है, लेकिन विवाद तो है।

यह गीता जनक और अष्टावक्र के बीच जरा भी विवाद नहीं है। जैसे दो दर्पण एक-दूसरे के सामने रखे हों और एक-दूसरे के दर्पण में एक-दूसरे दर्पण की छवि बन रही है।

एक महिला एक दूकान पर गई। उसके दो जुड़वां बेटे थे; दोनों के लिए कपड़े खरीदती थी। क्रिसमस का त्यौहार करीब था। दोनों ने कपड़े पहने। एक से कपड़े दोनों के लिए खरीदे। दोनों बड़े सुंदर लग रहे थे। दूकानदार ने कहा कि तुम दोनों जा कर, पीछे दर्पण लगा है, वहां खड़े हो कर देख लो। उस महिला ने कहा, जरूरत नहीं। ये एक-दूसरे को देख लेते हैं और समझ लेते हैं कि बात हो गई। दर्पण की क्या जरूरत? दोनों जुड़वां हैं; एक जैसे लगते हैं; एक जैसे कपड़े पहनते हैं। ये दर्पण कभी देखते ही नहीं। ये एक-दूसरे को देख लेते हैं, बात हो जाती है।

कुछ ऐसा जनक और अष्टावक्र के बीच घट रहा हैह्नदर्पण दर्पण के सामने खड़ा है। जैसे दो जुड़वां, एक ही अंडे से पैदा हुए बच्चे हैं। दोनों का स्रोत समझ का साक्षी है। दोनों की समझ बिलकुल एक है। भाषा चाहे थोड़ी अलग-अलग हो, लेकिन दोनों का बोध बिलकुल एक है। दोनों अलग-अलग छंद में, अलग-अलग राग में एक ही गीत को गुनगुना रहे हैं। इसलिए मैंने इसे महागीता कहा है। इसमें विवाद जरा भी नहीं है।

कृष्ण को तो अर्जुन को समझाना पड़ा, बार-बार समझाना पड़ा; खींच-खींच कर, बामुश्किल राजी कर पाए। यहां कोई प्रयास नहीं है। अष्टावक्र को कुछ समझाना

नहीं पड़ रहा है। अष्टावक्र कहते हैं और उधर जनक का सिर हिलने लगता है सहमति में। दोनों के बीच बड़ा गहरा अंतरंग संबंध है, बड़ी गहरी मैत्री है। इधर गुरु बोला नहीं कि शिष्य समझ गया।

‘शब्द आदि ऐंद्रिक विषयों के प्रति राग के अभाव से और आत्मा की अदृश्यता से जिसका मन विक्षेपों से मुक्त होकर एकाग्र हो गयाह्लऐसा ही मैं स्थित हूं।’

प्रीत्यभावेन शब्दादेरदृश्यत्वेन चात्मनः।

विक्षेपैकाग्रहृदय एवमेवाहमास्थितः।।

शब्दादेः प्रीत्यभावेन...।

‘शब्द आदि के प्रति जो प्रेम है, भाव है, उससे मैं मुक्त हो गया हूं।’

शब्द में बड़ा रस है। शब्द का अपना संगीत है। शब्द का अपना सौंदर्य है। शब्द के सौंदर्य से ही तो काव्य का जन्म होता है। शब्द में जो बहता हुआ रस है, उसको ही एक शृंखला में बांध लेने का नाम ही तो कविता है। शब्द को अगर तुम गुनगुनाओह्लतो मीठे शब्द हैं, कड़वे शब्द हैं; सुंदर शब्द हैं, असुंदर शब्द हैं। कोई तुम्हें गाली दे जाता है, वह भी उसी वर्णमाला से बने अक्षरों का उपयोग कर रहा है। कोई तुमसे कह जाता है, मुझे तुमसे बड़ा प्रेम है; कोई धन्यवाद दे जाता है। इन सभी में एक ही वर्णमाला हैह्लकोई गाली दे कि कोई तुम्हारी प्रशंसा करे। लेकिन कुछ शब्द हृदय पर अमृत की वर्षा कर देते हैं; कुछ शब्द कांटे चुभा जाते हैं; कुछ घाव बना जाते हैं।

शब्द की बड़ी पकड़ है, बड़ी जकड़ है आदमी के मन पर। हम शब्द से ही जीते हैं।

तुम अगर गौर करो, किसी ने कहा, ञ्मुझे तुमसे बड़ा प्रेम हैङ्खह्लतुम कैसे प्रफुल्लित हो जाते हो! और किसी ने हिकारत से कुछ बात कही, अपमान कियाह्लतो तुम कैसे दुखी हो जाते हो!

शब्द सिर्फ तरंग है; इतना महत्वपूर्ण होना नहीं चाहिए, लेकिन बड़ा महत्वपूर्ण है। किसी ने गाली दी हो बीस साल पहले, लेकिन भूलती नहीं; चोट कर गई है, बैठ गई है भीतर; बदला लेने के लिए अभी भी आतुर हो। और किसी ने पचास साल पहले तुम्हारी बुद्धिमत्ता की प्रशंसा की हो, अब भी तुम सर्टिफिकेट रखे बैठे हो। जिसने तुम्हें बुद्धिमान कहा हो, वह बुद्धिमान खुद भी चाहे न रहा हो, मगर उसकी कौन चिंता करता है! हम शब्द बटोरते हैं, हम शब्द से जीते हैं!

जनक ने कहा: शब्दादेः प्रीत्यभावेनह्लशब्द के प्रति वह जो मेरा राग है, वह मेरा गया। क्योंकि मैंने देख लिया: मैं शब्दातीत हूं! मैं शब्द के पीछे खड़ा हूं। शब्द तो ऐसे ही हैं जैसे हवा के झकोरे पानी में लहरें उठा जाते हैं। शब्द तो तरंग मात्र हैं, न अच्छे हैं न बुरे हैं।

इसलिए अगर कोई दूसरा व्यक्ति किसी दूसरी भाषा में तुम्हें कुछ कहे, तो कुछ परिणाम नहीं होताह्नचाहे वह गालियां ही दे रहा हो।

खलील जिब्रान की एक कहानी है। एक आदमी परदेस गया। वह एक बड़े होटल के सामने खड़ा है। लोग भीतर आ रहे हैं, जा रहे हैं, बैरे लोगों का स्वागत कर रहे हैंह्नउसने समझा कि कोई राज-भोज है। वह भी चला गया। उसका भी स्वागत किया गया। उसको भी बिठाया गया। थाली लगाई गई, उसने भोजन किया।

उसने कहा, अदभुत नगर है! इतना अतिथि-सत्कार! फिर बैरा तश्तरी में रख कर उसका बिल ले आया। लेकिन वह समझा कि बड़े अदभुत लोग हैं, लिख कर धन्यवाद भी दे रहे हैं कि आपने बड़ी कृपा की कि आप आए! वह झुक-झुक कर नमस्कार करने लगा। वह बोला कि बड़ा खुश हूं। मगर वह बैरे को कुछ समझ में न आया कि मामला क्या है, यह झुक किसलिए रहा है, नमस्कार किसलिए कर रहा है! कुछ समझा नहीं, तो मैनेजर को बुला लाया।

उस आदमी ने समझा कि हद हो गई, अब खुद मालिक आ रहा है महल का! वह झुक-झुक कर नमस्कार करने लगा और बड़ी प्रशंसा करने लगा, लेकिन एक-दूसरे की बात किसी को समझ में न आए। मैनेजर ने समझा, या तो पागल है या हद दर्जे का धूर्त है। उसको पुलिस के हवाले कर दिया। वह समझा कि अब शायद सम्राट के पास ले जा रहे हैं। वह ले जाया गया अदालत में, मजिस्ट्रेट बैठा था, वह समझा कि सम्राट...।

मजिस्ट्रेट ने सारी बात समझने की कोशिश की, लेकिन समझने का वहां कोई उपाय न था। वहां भाषा एक-दूसरे की कोई जानता न था। आखिर उसने दंड दिया कि कुछ भी हो, इसको गधे पर बिठा कर, तख्ती लगा कर इसके गले में कि यह धूर्त है, दगाबाज है और दूसरे लोग सावधान रहें ताकि यह गांव में किसी और को धोखा न दे सके, इसकी फेरी लगवाई जाए। जब उसको गधे पर बिठाया जाने लगा, तब तो उसकी आंख से आंसू बहने लगे आनंद के। उसने कहा, हद हो गई, अब जुलूस निकाला जा रहा है! मैं सीधा-सादा आदमी, मैं कोई नेता वगैरह नहीं हूं, मगर मेरा जुलूस निकाला जा रहा है। मैं तो बिलकुल गरीब आदमी हूं, यह तो नेताओं को शोभा देता है, यह आप क्या कर रहे हैं!

मगर कोई उसकी सुने नहीं। जब वह गधे पर बैठ कर गांव में घूमने लगा तो स्वभावतः भीड़ भी पीछे चली। बच्चे चले शोरगुल मचाते। उसकी प्रसन्नता का ठिकाना नहीं है। जीवन में ऐसा कभी अवसर मिला नहीं था। एक ही बात मन में चुभने लगी कि आज कोई अपने देश का होता और देख लेता। जा कर कहूंगा तो कोई मानेगा भी नहीं।

वह बड़ी गौर से देख रहा है भीड़ को। जब बीच चौरस्ते पर उसका जुलूस पहुंचाह्नशोभा-यात्राह्नऔर काफी भीड़ इकट्ठी हो गई, तो उसे भीड़ में एक आदमी दिखाई पड़ा। वह आदमी उसके देश का था। वह चिल्लाया कि अरे, मेरे भाई, देखो क्या हो रहा है! लेकिन वह दूसरा आदमी तो इस देश की भाषा समझने लगा था, यहां कई साल रह चुका था। ऐसा सिर झुका कर वह भीड़ में से निकल गया कि कोई दूसरा यह न देख ले कि हमारा इनसे संबंध है। लेकिन गधे पर बैठे हुए नेता ने समझा कि हद हो गई, ईर्ष्या की भी एक सीमा होती है!

भाषा समझ में न आए तो फिर मनगढ़ंत है सब हिसाब। जब तक समझ में आता है, तब तक अच्छा शब्द, बुरा शब्द; जब समझ में नहीं आता तो सभी शब्द बराबर हैं, कोई अर्थ नहीं है।

अर्थ नहीं है शब्दों मेंह्नअर्थ माना हुआ है। शब्द तो केवल ध्वनियां हैंह्नअर्थहीन। जिस दिन यह समझ में आ जाता है कि शब्द तो केवल ध्वनियां हैं अर्थहीन, उस दिन जीवन में एक बड़ी अभूतपूर्व घटना घटती है। तुम शब्द से मुक्त होते हो, तो तुग समाज से भी मुक्त हो जाते हो। क्योंकि समाज यानी शब्द। बिना शब्द के कोई समाज नहीं है।

इसलिए तो जानवरों का कोई समाज नहीं होता; आदमियों का समाज होता है। समाज के लिए भाषा चाहिए। दो को जोड़ने के लिए भाषा चाहिए। अगर दो के बीच भाषा न हो तो जोड़ नहीं पैदा होता। तो भाषा समाज को बनाती है। भाषा आधार है।

अब जिस व्यक्ति को सच में ही संन्यासी होना हो, उसे समाज से भागने की कोई जरूरत नहीं; सिर्फ भाषा का जो राग-विराग है, उससे मुक्त हो जाना काफी है। बस इतना जान ले कि शब्द तो मात्र ध्वनियां हैंह्नअर्थहीन, मूल्यहीन, न अच्छे हैं, न बुरे हैं। ऐसा जानते ही, तुम अचानक पाओगे तुम मुक्त हो ग़ए समाज से। अब तुम्हें कोई न तो गाली दे कर दुखी कर सकता है, न खुशामद करके तुम्हें प्रसन्न कर सकता है। जिस दिन तुम लोगों के दुख देने और सुख देने की क्षमता के पार हो गए, उस दिन तुम पार हो गए।

'शब्द आदि ऐंद्रिक विषयों के प्रति राग के अभाव से और आत्मा की अदृश्यता से जिसका मन विक्षेपों से मुक्त हो कर एकाग्र हो गयाह्नऐसा ही मैं स्थित हूं।'

आत्मा अदृश्य है। और सब दृश्य है; आत्मा अदृश्य हैह्नहोनी ही चाहिए। अगर आत्मा भी दृश्य हो तो किसके लिए दृश्य होगी? आत्मा द्रष्टा है। तुम सब कुछ देखते हो आत्मा सेह्नआत्मा को नहीं देखते। इसलिए तो लोग आत्मा को विस्मरण कर बैठे हैं। आंख से सब दिखाई पड़ता है, बस आंख दिखाई नहीं पड़ती। हाथ से तुम सब पकड़ सकते हो, लेकिन इसी हाथ को इसी हाथ से नहीं पकड़ सकते।

आत्मा तो द्रष्टा है। चाहे बाहर लगे इन हरे वृक्षों को देखो, चाहे बैठे जनसमूह को देखो, चाहे अपनी देह को देखो, चाहे आंख बंद करके अपने विचारों को देखो, और गहरे उतरो, भावों की सूक्ष्म तरंगों को देखोह्नलेकिन तुम तो सदा देखने वाले हो। तुम कभी भी दृश्य नहीं बनते।

आत्मा अदृश्य है। आत्मा कभी विषय नहीं बनतीह्नअविषय है। हटती जाती पीछे, हटती जाती पीछे। तुम जो भी देखते जाओ, समझ लेना कि वही तुम नहीं हो। तुम तो सिर्फ देखने वाले हो।

इसलिए आत्म-दर्शन शब्द झूठा है। आत्मा का कभी दर्शन नहीं होता, किसको होगा? उपयोग के लिए ठीक है, कामचलाऊ है, लेकिन बहुत अर्थपूर्ण नहीं है। दर्शन तो आत्मा का कभी नहीं होता।

आत्मा की अनुभूति होती है। जब सभी दृश्य समाप्त हो जाते हैं और देखने को कुछ भी नहीं बचता, सिर्फ देखने वाला अकेला बचता है, तब ऐसा नहीं होता है कि तुम देखते हो आत्मा को, क्योंकि देखने में फिर खंड हो जाएगा। फिर आधी आत्मा हो जाएगी, जो देख रही; और जो दिखाई पड़ रही, वह अनात्मा हो जाएगी। अनात्मा का अर्थ ही यह है कि जिसे हम देख लेते हैं, वह पराया, वह विषय हो गया। और जिसे हम कभी नहीं देख पाते, जिसे दृश्य बनाने का कोई उपाय नहींह्नवही आत्मा है।

यह सूत्र ध्यान की पराकाष्ठा का सूत्र है। आत्मा अदृश्य है। तो फिर आत्मा को देखने के जितने उपाय हैं, सब व्यर्थ हैं। जप करो, तप करोह्नसब व्यर्थ है। यह बात जिसकी समझ में आ गई कि आत्मा को तो देखा नहीं जा सकता क्योंकि आत्मा तो सदा देखनेवाली है, उसके लिए फिर अब कोई साधन न रहे।

आत्मनः अदृश्यत्वेन...।

आत्मा अदृश्य है, ऐसी प्रतीति और अनुभूति के हो जाने सेह्न

विक्षेपैकाग्रहृदय...।

ह्नहृदय से सारे विक्षेप विसर्जित हो गए।

अब कोई तनाव नहीं है। अब कोई खोज नहीं है। आत्मा की खोज करने की भी खोज नहीं है। अब इतनी भी वासना नहीं बची कि आत्मा को जानें, क्योंकि आत्मा को जाना नहीं जा सकता। आत्मा तो जानने का स्रोत है।

एवं अहं आस्थितः।

ह्नऔर इसलिए मैं अपने में स्थित हो गया हूं, क्योंकि अब करने को कुछ बचा ही नहीं।

संसार अपने से चल रहा है। मन की धारा अपने से बह रही है, वहां कुछ करने को नहीं है। शायद कोई कहे कि 'चलो, संसार अपने से बह रहा है, मन की धारा

अपने से बह रही, कुछ करने को नहीं, परमात्मा इनका कर्ता हैह्नलेकिन तुम अपने को तो खोजो!' तो उस खोज से फिर नया तनाव पैदा होगा, फिर नई वासना, नई इच्छा! फिर नया संसार।

जनक कहते हैं, वह भी अब सवाल नहीं है, खोजना किसको है? मैं तो खोजने वाला हूं, तो खोजना किसको है? मैं शुद्ध-बुद्ध, चिन्मात्रह्नऐसा जान कर स्थित हो गया हूं। ऐसा जानने में ही स्थिति आ गई है। ऐसा जानने के कारण ही सब अथिरता चली गई, थिरता बन गई है।

अंधेरों पली है यह धरती कि जिसमें
दिवस पर भी छाई हुई यामिनी है
मेरा शरीर धरती निवासी है तो क्या?
मेरी आत्मा तो गगन-गामिनी है!

शरीर होगा धरती पर, आत्मा तो गगन-गामिनी है। आत्मा तो गगन है, आत्मा तो आकाश जैसी हैह्नअसीम!

जनक कहते हैं: मैं इस बोध में ही स्थित हो गया हूं।

चाहे सारा जीवन गुजरे जहरीलों के संग
नेकों पर तो चढ़ न सकेगा सोहबते-बद का रंग
जहर सरायत हो न सका महफूज रहा यह पेड़
गो चंदन के गिर्द हमेशा लिपटे रहे भुजंग।

चंदन के वृक्ष पर सर्प लिपटे हैं, तो भी चंदन विषाक्त नहीं हो गया है।

गो चंदन के गिर्द हमेशा लिपटे रहे भुजंग।

कोई फर्क नहीं पड़ता। आत्मा अदृश्य है; शरीर दृश्य है, मन भी दृश्य है। दृश्य अदृश्य को छू भी नहीं सकता। लिपटे रहे भुजंग! आत्मा इनसे कलुषित नहीं होती है। आत्मा कलुषित हो ही नहीं सकती है। आत्मा का होना ही शुद्ध-बुद्धता है। लाख तुमने पाप किए हों, तुम्हारी भ्रांति इसमें है कि तुमने किए। और पाप के कारण तुम पापी नहीं हो गए हो। कितने ही पाप किए हों, तुम पापी हो नहीं सकते, क्योंकि पापी होने की संभावना ही नहीं है। तुम्हारा अंतस्तम, तुम्हारा आंतरिक स्तल सदा शुद्ध है।

जैसे कि दर्पण के सामने कोई हत्यारे को ले आए, तो दर्पण हत्यारा नहीं हो जाता। दर्पण के सामने ही हत्या की जाए, तो भी दर्पण हत्यारा नहीं हो जाता। दर्पण के सामने ही खून गिरे, तो भी दर्पण पर हत्या का जुर्म नहीं है। जो भी हुआ है, शरीर और मन में हुआ है। इन दोनों के पार तुम्हारा होना अतीत है, अतिक्रमण करता है। न वहां कोई तरंग कभी पहुंची है न पहुंच सकती है।

'ऐसा जान कर मैं स्थित हूं!¤

हम तो जो दृश्य है, उससे उलझ गए हैं और द्रष्टा को भूल गए हैं।

मुल्ला नसरुद्दीन एक रात जूते खरीदने बाजार गया। एक साहब जूता खरीद रहे थे, वह भी उनके पास ही बैठ गया। अनेक जूते लाए गए। वे साहब जूता खरीद कर चले गए; दूसरे साहब आए, वे भी जूता खरीद कर चले गए; तीसरे आए...। लेकिन मुल्ला ने पचासों जोड़ियां देखीं लेकिन कोई जोड़ी उसके पैर आई नहीं। दूकानदार भी थक गया और दूकान बंद होने का वक्त भी आ गया। लेकिन कोई जूता फिट ही नहीं बैठ रहा था। इतने में बिजली चली गई। पूना है, जानते ही हैं आप, बिजली चली जाती है! इतने में बिजली चली गई। और तभी मुल्ला बड़े जोर से चिल्लाया: अरे आ गया, आ गया, फिट आ गया! दूकानदार भी बड़ा खुश हुआ कि चलो, आशा नहीं थी कि यह आदमी कुछ खरीदेगा, कि खरीद पाएगा। लेकिन जब रोशनी वापिस आई तो देखा कि मुल्ला पैर एक जूते के डब्बे में रखे बैठा है।

जब रोशनी आएगी, तब तुम पाओगे कि कहां तुम पैर रखे बैठे हो! शरीर में अदृश्य दृश्य के साथ बंधा बैठा है। मन में निस्तरंग तरंगों के साथ बंधा बैठा है। जब रोशनी आएगी, तब जागोगे और जानोगे।

रोशनी कैसे आएगी? ये सूत्र रोशनी के लिए ही हैं।

'अध्यास आदि के कारण विक्षेप होने पर समाधि का व्यवहार होता है। ऐसे नियम को देख कर समाधि-रहित मैं स्थित हूं।'

इसलिए मैंने कहा, ये बड़े क्रांतिकारी सूत्र हैं।

जनक कहते हैं: 'समाधि-रहित मैं स्थित हूं!'

जनक यह कह रहे हैं कि जैसे बीमारी होती है तो औषधि की जरूरत होती है। चित्त में विक्षेप है तो ध्यान की जरूरत है।

अंग्रेजी में जो शब्द है ध्यान के लिए, मेडीटेशन, वह उसी धातु से आता है, जिससे अंग्रेजी का शब्द है मेडीसन। दोनों का मतलब औषधि होता है। मेडीसन शरीर के लिए औषधि है; और मेडीटेशन, आत्मा के लिए।

लेकिन जनक कहते हैं: आत्मा तो कभी रुग्ण हुई नहीं, तो वहां तो औषधि की कोई जरूरत नहीं है। मन तक औषधि काम कर सकती है। लेकिन तुम अगर समझो कि मैं मन के साथ एक हूं तो मन के साथ एकता तोड़ने के लिए औषधि की जरूरत है।

अगर तुम जाग कर इतना समझ लो कि मैं मन के साथ अलग हूं ही, कभी जुड़ा ही नहींहृतो बात खतम हो गई, फिर औषधि की कोई जरूरत न रही।

आत्मा को ध्यान करने के कारण भी बंधन शेष रहता है, क्योंकि क्रिया जारी रहती है। तुम कहते हो, हम ध्यान कर रहे हैंह्नतो कुछ करना जारी है। ध्यान तो अवस्था है न करने की। तुम कहते हो, हम समाधिस्थ हो गएह्नतो जनक कहेंगे कि क्या कभी ऐसा भी था कि तुम समाधिस्थ नहीं थे? समाधि तो स्वभाव है। तो जो समाधि तुम बाहर से लगा लेते हो, किसी तरह आयोजन करके जुटा लेते हो, वह मन में ही रहेगी, मन के पार न जाएगी।

तो बहुत बार ऐसा होता है कि मन शांत होता है, हवाएं रुक जाती हैं और पानी पर लहरें नहीं होतींह्नतब तुम्हें लगता है समाधि हो गई, बड़ा आनंद आ रहा है! मगर फिर लहरें आएंगी, फिर हवा आएगीह्नहवा पर तुम्हारा बस क्या है? फिर तरंगें उठेंगी, फिर सब शांति खो जाएगी।

जनक कहते हैं: समाधि तो तभी है जब समाधि के भी तुम पार चले जाओ। फिर तुम्हें कोई भी चीज अस्तव्यस्त न कर पाएगी।

समाध्यासादिविक्षिप्तौ व्यवहारः समाधये।

ह्नसमाधि तो व्यवहार है। अगर मन विक्षिप्त है तो समाधि की जरूरत है।

एवं विलोक्य नियमेवमेवाहमास्थितः।

ह्नइस नियम को जान कर मैं तो अपने में स्थित हो गया, समाधि के पार स्थित हो गया।

ये सूत्र ज्ञान के चरम सूत्र हैं, इनमें क्रिया की कोई भी जगह नहीं है। इनमें योग का कोई भी उपाय नहीं। कुछ करना नहीं हैह्नयह सूत्र है आधारभूत। सिर्फ, जो तुम हो, उसे जाग कर देख लेना है; कुछ करना नहीं है।

'अध्यास आदि के कारण विक्षेप होने पर समाधि का व्यवहार होता है। ऐसे नियम को देख कर समाधि-रहित मैं स्थित हो गया हूं!'

समाधि-रहित!

'हे प्रभु, हेय और उपादेय के वियोग से, वैसे ही हर्ष और विषाद के अभाव से, अब मैं जैसा हूं, वैसा ही स्थित हूं।'

ये शब्द सुनना। ये शब्द गुनना। ये शब्द खूब भीतर तुम्हारे पड़ जाएं बीज की तरह।

'अब मैं जैसा हूं, वैसा ही स्थित हूं!'

मेरी भी सारी शिक्षा यही है कि तुम जैसे हो वैसे ही परमात्मा को स्वीकार हो। तुम नाहक दौड़-धूप मत करो। तुम यह मत कहो कि पहले हम पुण्यात्मा और महात्मा बनेंगे, तब फिर परमात्मा हमें स्वीकार करेगा। तुम जैसे हो वैसे ही ठहर जाओ! तुम स्वीकृत हो।

तुम्हारा मन आपाधापी का आदी हो गया है। पहले धन के पीछे दौड़ता है; फिर धन से ऊब गए तो ध्यान के पीछे दौड़ता हैह्ललेकिन दौड़ता है जरूर। और जब तक तुम दौड़ते, तब तक तुम उपलब्ध न हो सकोगे। आस्थित हो जाओ! रुक जाओ!

ऐसा कहो: इस संसार में बिना दौड़े कुछ भी नहीं मिलता। यहां तो दौड़ोगे तो कुछ मिलेगा। तो संसार का यह सूत्र हुआ कि यहां दौड़ने से मिलता है। और परमात्मा के जगत में अगर दौड़े तो खो दोगे। वहां न दौड़ने से मिलता है। तो स्वाभाविक, जगत और परमात्मा का गणित बिलकुल भिन्न-भिन्न है। यहां न दौड़े तो गंवाओगे, यहां तो दौड़े तो ही कमाओगे। वहां अगर दौड़े तो गंवाया। वहां तो अगर ठहर गए, बैठ गए, रुक गए, आस्थितः, तटस्थ, कूटस्थ हो गएह्लमिल गया! दौड़ने के कारण ही खो रहे हो। दौड़ने के कारण ही, दौड़ने के ज्वर के कारण ही तुम्हें उसका पता नहीं चल पाता जो तुम्हारे भीतर है।

हेयोपादेयविरहादेवं हर्षविषाद्योः।

अभावादद्य हे ब्रह्मान्नेवमेवाहमास्थितः।।

हे ब्रह्मन्! जनक अपने गुरु को कहते हैं: हे ब्रह्मन्! हे भगवान!

हेयोपादेयविरहात्...।

अब तो क्या ठीक, क्या गलतह्लदोनों ही गए! क्या करना, क्या न करनाह्लदोनों ही गए, क्योंकि कर्ता गया। क्या शुभ, क्या अशुभह्लऐसी चिंता अब न रही, क्योंकि करने को ही अब कुछ नहीं रहा। मैं तो अकर्ता हूं!

हर्षविषाद्योः अभावत्...।

ह्लऔर ऐसा होने के कारण हर्ष और विषाद का अभाव हो गया है।

हे ब्रह्मन् अद्य अहं एवं एव आस्थितः।

ह्लइसलिए अब तो मैं जैसा हूं, वैसा का वैसा ही स्थित हो गया हूं।

मैं कुछ नया नहीं हो गया। मैं कुछ महात्मा नहीं हो गया। मैंने कुछ पा नहीं लिया। अब तो मैं जैसा हूं, वैसा ही स्थित हो गया हूं। और स्वभाव का अर्थ इतना ही होता है कि जैसे हो, वैसे ही स्थित हो जाओ।

यह अपूर्व उपदेश है। इससे अधिक ऊंचाई कभी किसी उपदेश ने नहीं ली। यह आखिरी देशना है। इससे श्रेष्ठ कोई देशना हो नहीं सकती, क्योंकि यह परम स्वीकार की बात है। तुम जैसे हो वैसे ही, इसी क्षण! इसे थोड़ा जाग कर अनुभव करो।

इसी क्षण! अगर तुम शांत हो, मुझे सुनते समय, अगर तुम अपने में स्थित बैठे हो, कोई भाग-दौड़ नहीं, कोई हलन-चलन नहींह्लतो क्या पाने को है? क्या इसी क्षण तुम्हें स्वाद नहीं मिलता इस बात का कि पाने को क्या है? पा लिया, पाए ही हुए हैं!

जब बुद्ध को ज्ञान हुआ, किसी ने पूछा कि क्या मिला? तो बुद्ध ने कहा, मिला कुछ भी नहीं; जो पाया ही हुआ था, उसका पता चला। अपने ही घर में संपदा थी; न मालूम कहां-कहां खोजते-फिरते थे!

यहूदियों की बड़ी मीठी कथा है कि एक यहूदी धर्मगुरु ने सपना देखा कि राजधानी में, पुल के बाएं किनारे, राजमहल के सामने बड़ा धन गड़ा है। एक दिन देखा, तो उसने सोचा सपने तो सपने हैं; लेकिन दूसरे दिन फिर देखा। और इतना स्पष्ट देखा, बराबर जगह भी दिखाई पड़ी कि एक पुलिस वाला वहां खड़े हो कर पहरा देता है पुल के ऊपर। ठीक उसके नीचे, जहां पुलिस वाला खड़ा है। मगर दूसरे दिन थोड़ा मन में गुदगुदी तो आई कि धन उखाड़ ले जा कर; लेकिन सोचा कि सपनों से कहीं ऐसे धन मिले! फिर लेकिन तीसरे दिन सपना आया और आवाज आई, कि क्या पड़ा-पड़ा कर रहा है! जा खोज ले, अब यह मौका फिर न मिलेगा! पीढ़ी दर पीढ़ी के लिए तेरी रोग-दीनता सब दूर हो जाएगी।

तो बेचारा यहूदी गया। पहुंचा चल कर कई दिनों के बाद राजधानी। भरोसा तो नहीं आता था, कई दफे संदेह होने लगता था मन में कि सपने के पीछे जा रहा हूं, मूरख हूं! कहां का पुल, कहां का राजमहलह्नहो या न हो! पर अब आधा आ गया, तो चलो देख ही आएं। और राजधानी भी नहीं देखी, तो राजधानी भी देख लेंगे। जा कर तो चकित हो गया, पुल हैह्नवही पुल! महल है सामनेह्नवही महल जो सपने में देखा, रत्ती-रत्ती वही है और पुलिस वाला खड़ा है और शक्ल भी पहचानी। वह तीन दिन जो सपने में देखा, वही आदमी खड़ा है। बड़ा हैरान, लेकिन अब खोदे कैसे! वहां पहरा लगा रहता है चौबीस घंटा।

मगर वह घूमने लगा वहीं-वहीं। पुल के आस-पास चक्कर लगाए, इधर जाए, उधर जाए।

पुलिस वाला भी देख कर सोचने लगा कि मामला क्या है! वह उसके लिए खड़ा किया गया है पुलिस वाला कि कोई पुल पर से कूद-काद कर मर न जाए। आत्महत्या करने वालों के लिए जगह थी वह। कुछ आत्महत्या तो नहीं करनी है? बात क्या है? लेकिन आदमी सीधा-सादा, भोला-भाला मालूम पड़ता है।

दो-चार दिन तो उसने देखा, फिर नहीं रहा गया। उसने कहा कि सुन भाई, तू क्यों यहां भटकता है? किसी की प्रतीक्षा है? कुछ खोज रहा, कुछ गंवा बैठा, कोई दुख, कोई पीड़ाह्नक्या मामला है?

तो उसने कहा, अब आप से क्या छिपाना। एक बड़ी हैरानी की बात है : 'सपना देखा, तीन दिन तक देखा। यही जगह, जहां आप खड़े हैं, इसके नीचे धन गड़ा है।' वह पुलिस वाला तो जोर से हंसने लगा। उसने कहा, हद हो गई, सपना तो मैंने भी

देखा है कि फलां-फलां गांव मेंह्नऔर वह उसी के गांव का नाम लिया जहां से यहूदी आया हैह्नफलां-फलां यहूदी के घर मेंह्नवह तो इसी का नाम है, यहूदी काह्नउसकी खाट के नीचे जहां वह रोज रात सोता है, सपने देखता है, धन गड़ा है। अब हम कोई ऐसे पागल हैं कि सपनों में उलझ जाएं! और कहां खोजें? उस गांव में इस नाम के पचासों यहूदी होंगे, आधा गांव इस नाम का होगा। कोई के घर में घुस कर खोदेंगे कैसे? तू भी खूब पागल है, मूरख!

लेकिन यह सुन कर यहूदी तो बोला: नमस्कार, धन्यवाद! वह भागा। जा कर खाट के नीचे खोदा, धन वहां था।

जिसे हम खोजते फिर रहे हैं कहीं और, वह हमारे भीतर है। हम उसे लेकर ही आए हैं। वह हमारा स्वभाव है।

तुम जैसे हो, वैसे ही, इसी क्षण, एक क्षण बिना गंवाए, निर्वाण को उपलब्ध हो सकते हो! कुछ करने की बात होती तो समय लगता, तो चेष्टा करनी पड़ती। महात्मा बनना हो तो समय लगेगा, परमात्मा बनना हो तो समय लगने की जरा भी जरूरत नहीं।

इसे मुझे फिर से दोहराने दो: महात्मा बनना हो तो बहुत समय लगेगा, जन्म-जन्म लगेंगे; क्योंकि महात्मा का अर्थ है: बुराई को काटना है, भलाई को सम्हालना है, अच्छा करना है, बुरा छोड़ना है। यह छोड़ना वह पकड़ना, बड़ा समय लगेगा। और फिर भी तुम महात्मा हो पाओगे, इसमें संदेह है। क्योंकि कोई महात्मा हो ही नहीं सकता जब तक उसे भीतर का परमात्मा न दिखाई पड़ जाए। तब तक सब थोथा है, धोखा है, ऊपर-ऊपर है, आवरण है।

असली क्रांति महात्मा होने की नहीं है। असली क्रांति तो इस उदघोषणा की है कि मैं परमात्मा हूं! अहं ब्रह्मास्मि! और यह इस क्षण हो सकता है। अगर न हो, तो केवल इतना ही है कि तुम समझ नहीं पाए स्थिति को। देह तुम नहीं हो, मन तुम नहीं होह्नइतनी बात तुम्हारे स्मरण में गहरी हो जाए! तुम द्रष्टा हो!

'अब मैं जैसा हूं, वैसा ही स्थित हूं।'

अद्य अहं एवं एव आस्थितः।

इसे खूब गुनगुनाना। इस बात को जितना पी जाओ, उतना शुभ है। कभी-कभी बैठे-बैठे शांत इस बात का स्मरण करना कि मैं जैसा हूं, वैसा ही अपने में स्थित, प्रभु में स्थित हूं। कभी अंधेरी रात में उठ कर बिस्तर पर बैठ जाना और इसी एक बात का गहन स्मरण करना कि मैं जैसा हूं, वैसा ही...! और मैं तुमसे कहता हूं: अभी और यहीं तुम जैसे हो ऐसे ही...! बस फर्क इतना ही है कि कर्ता से चेतना हट जाए और साक्षी हो जाए। जरा सा फर्क है; जैसे कोई गेयर बदलता कार में, बस ऐसा गेयर बदलनाह्नकर्ता से साक्षी।

इस गेयर बदलने के लिए कई बातें सहयोगी हो सकती हैं, लेकिन इस गेयर बदलने को कोई भी बात जरूरी नहीं। ध्यान सहयोगी हो सकता है, लेकिन ध्यानी मत बन जाना। संन्यास सहयोगी हो सकता है, लेकिन संन्यास की अकड़ मत ले लेनाह्नसंन्यासी मत बन जाना, नहीं तो चूक गए! पूजा, प्रार्थना सहयोगी हो सकती है, लेकिन पुजारी मत बन जाना। ये सब चीजें सहयोगी हो सकती हैंह्नकारण नहीं। कारण की तो जरूरत ही नहीं है।

परमात्मा तो तुम हो ही, अन्यथा होने का उपाय नहीं है।

लेकिन जब मैं यह कह रहा हूं, तब भी तुम सुनोगेह्नयह संदिग्ध है; क्योंकि सुन लो तो तुम अभी हो जाओ। तुम सुनना नहीं चाहते। तुम्हें कर्ता होने में अभी रस है। तुम कहते हो, कर्ता नहीं...तो मैं ही कर्ता-भर्ता हूं अपने परिवार का! तुम पत्नी के सामने कैसे अकड़ कर खड़े हो जाते हो कि पति स्वामी, छू चरण! और वह कहती है, मैं तुम्हारी दासी! और तुम बेटे से कहते हो कि देख, मैं तुझे पाल कर बड़ा कर रहा हूं, भूल मत जाना! और जब तुम धन कमा लेते हो, तो तुम चाहते हो हर कोई कहे कि हां, हो साहसी, हो संघर्षशील! और जब तुम चुनाव जीत जाओ और किसी पद पर पहुंच जाओह्नतो तुम यह कहने में मजा न पाओगे कि मैं साक्षी हूं! फिर मजा क्या रहा? हराया, जीते, किसी को गिरायाह्नइसमें सब रस है।

मैंने सुना, मुल्ला नसरुद्दीन कुछ वर्षों लंदन में रहता था। दिल्ली में रहने वाले उसके छोटे भाई ने एक दिन उससे फोन पर बातचीत की। हाल-चाल पूछने के बाद छोटे भाई ने कहा: भैया, मां कह रही हैं कि पांच सौ रुपये भेज दो।

मुल्ला ने कहा: क्या कहा? कुछ सुनाई नहीं दे रहा।

अब तक सब सुनाई दे रहा था। अचानक बोला: कुछ सुनाई नहीं दे रहा। छोटे ने फिर भी चिल्ला कर कहा, मां कह रही हैं पांच सौ रुपये भेज दो। मुल्ला ने फिर भी वही उत्तर दिया। छोटे ने और भी चिल्ला कर कहा; पर बड़े ने, मुल्ला ने, फिर भी वही जवाब दिया। इतने में आपरेटर, जो दोनों की बातें सुन रहा था, बोला: अरे भाई, आपको सुनाई कैसे नहीं दे रहा? आपकी मां कह रही हैं कि पांच सौ रुपये भेज दो!

मुल्ला ने कहा: तुझे अगर सुनाई दे रहा है तो तू ही क्यों नहीं भेज देता?

सुनाई तो सभी को दे रहा है, लेकिन वह पांच सौ रुपये भेजना...!

मैंने सुना है, एक गांव में एक धनपति थाह्नबड़ा कंजूस! बामुश्किल दान देता था। और बाद-बाद में वह बहरा भी हो गया। लोगों को तो शक था कि वह बहरा इसीलिए हो गया कि लोग दान मांगने आएं तो वह कान पर हाथ रख ले; वह कहे कि कुछ सुनाई ही नहीं दे रहा। पर एक आदमी आया। वह भी खूब चिल्ला-चिल्ला कर कह रहा था।

उसने कहा कि भई बाएं तरफ से कह, मुझे दाएं कान में तो कुछ सुनाई पड़ता नहीं। उसने बाएं कान में कहा, बड़ी हिम्मत करके कहा कि सौ रुपए। दे तो वह लाख सकता था; लेकिन कंजूस है, कृपण है। सौ रुपये सुन कर उसने कहा कि नहीं भई, बाएं कान में ठीक सुनाई नहीं पड़ रहा, तू दाएं में कह। दाएं तक आते हुए उसने सोचा कि अब इसको सुनाई ही नहीं पड़ रहा, न सौ सुनाई पड़ रहे हैं, तो क्यों न बदल लूंह्नउसने कहा, दो सौ रुपए। उसने कहा, फिर बाएं वाली बात ही ठीक है। फिर जो बाएं से सुनाई पड़ा, वह ही ठीक है।

सुनाई तो सब पड़ रहा है, बहरे बने बैठे हो! क्योंकि सुनो तो जीवन में एक क्रांति घटेगी। और तुम इस बात के लिए भी राजी हो। अगर कोई तुमसे कहे कि ठीक, कुछ करना हैह्नतो तुम कहते हो, करने को हम राजी हैं, क्योंकि करने में तत्क्षण तो क्रांति होने वाली नहीं। करेंगे, अभी कोई जल्दी तो है नहीं। आज तो होने वाला नहीं है; कल करेंगे, परसों करेंगे।

लेकिन जनक की बात सुनने की हिम्मत नहीं है। क्योंकि जनक कहते हैं: अभी हो सकता है। तुम्हें बचने का जरा भी तो अवसर नहीं देते। तुम्हें भागने का जरा भी तो उपाय नहीं देते। तुम स्थगित कर सको, इतनी बेईमानी की गुंजाइश नहीं छोड़ते।

इसलिए अष्टावक्र की गीता प्रभावी नहीं हो सकी। मुझसे लोग पूछते हैं कि इतना महाग्रंथ...कृष्ण की गीता तो इतनी प्रभावी हुई, अष्टावक्र की गीता प्रभावी क्यों न हो सकी? कारण साफ है। कारण यह है कि अष्टावक्र कहते हैं: अभी हो सकता है। और इतना दांव लगाने की हिम्मत बड़ी बिरली हिम्मत, कभी होती है किसी में! इसलिए ऐसी बात को लोग सुनते ही नहीं, पढ़ते ही नहीं। लोग तो ऐसी बात पढ़ते-सुनते हैं जिसमें उनको सुविधा रहे।

'आश्रम है, अनाश्रम है, ध्यान है, और चित्त का स्वीकार और वर्जन है। उन सबसे उत्पन्न हुए अपने विकल्प को देख कर, मैं इन तीनों से मुक्त हुआ स्थित हूं।'

'आश्रम है...।'

हिंदू चार आश्रम में बांटते जीवन को; वर्णों में बांटते। चार वर्ण, चार आश्रम। लेकिन जनक कहते हैं: आश्रम है, अनाश्रम हैह्नवह भी जाल है, वह भी उपद्रव है। सब विभाजन उपद्रव हैं। अविभाज्य की खोज करनी है तो विभाजन से काम न आएगा। न ब्राह्मण ब्राह्मण है, न शूद्र शूद्र हैह्नवे सब चालबाजियां हैं। वे राजनीतिज्ञों की शोषण की व्यवस्थाएं हैं। और मैं बंटने को राजी नहीं हूं, क्योंकि चैतन्य न तो शूद्र है और न ब्राह्मण है। चैतन्य तो बस चैतन्य है। वह साक्षी तो सिर्फ साक्षी है।

इसलिए कभी-कभी ऐसा होता है, बड़े-बड़े ज्ञानी भी क्षुद्र बातों में पड़े रह जाते हैं। कहते हैं, शंकराचार्य काशी में स्नान करके लौटते थे कि एक शूद्र ने उनको छू

लियाह्नतो वे चिल्लाए कि हट शूद्र! लेकिन शूद्र भी फकीर संत था। उसने कहा कि मैंने सुना कि आप अद्वैत का प्रचार करते हैं और आप कहते हैं, एक ही है! और इस एक ही में ये शूद्र और ब्राह्मण कहां से आ गए? और मैं यह पूछना चाहता हूं महानुभाव, कि जब मैंने आपको छुआ तो आपके शरीर को छुआ कि आपकी आत्मा को छुआ? अगर शरीर को छुआ है, तो शरीर तो सभी के शूद्र हैं, सभी गंदे हैं; और शरीर से शरीर को छुआ तो आप क्यों परेशान हो रहे हैं? और अगर मैंने आपकी आत्मा को छू लिया, तो आत्मा तो न शूद्र है न ब्राह्मण है। ऐसा आप ही उपदेश करते हैं।

कहते हैं, शंकराचार्य, जो बड़े-बड़े पंडितों को हरा चुके थे, बड़े दिग्गजों को हरा चुके थे, इस फकीर के सामने झुक गए और नत हो गए। उन्होंने कहा : क्षमा करना, ऐसा बोध मुझे कभी किसी ने दिया नहीं। फिर बहुत शंकराचार्य ने कोशिश की कि खोजें, यह कौन आदमी था! सुबह के अंधेरे में यह बात हो गई थी, ब्रह्ममुहूर्त मेंह्नपता नहीं चल सका, कौन आदमी था! लेकिन जो भी रहा हो, उसका अनुभव बड़ा गहरा था।

'आश्रम है, अनाश्रम है...।'

इस जाल में पड़ने के लिए जनक कहते हैं, मैं तैयार नहीं; इसलिए अपने में स्थित हो गया हूं।

'ध्यान है और चित्त का स्वीकार और वर्जन है...।'

यह पकड़ो, यह छोड़ो! मैं दोनों छोड़ कर अपने में स्थित हो गया हूं।

कण-कण करके दुनिया जोड़ी
कितनी भुक्खड़ चाह निगोड़ी
सब के प्रति मन में कमजोरी
किससे नाता तोड़ूं रे!
अंगड़-खंगड़ मोह सभी से
क्या बांधूं, क्या छोड़ूं रे!
क्या लादूं, क्या छोड़ूं रे!

झोपड़ियां कुछ पीठ लिए हैं
कुछ महलों को पीठ दिए हैं
भोगी त्यागी, त्यागी भोगी
दो में किससे होड़ूं रे!
अंगड़-खंगड़ मोह सभी से,

क्या बांधूं, क्या छोड़ूं रे!
क्या लादूं, क्या छोड़ूं रे!

तिनका साथ नहीं चलता है
बोझा फिर भी सिर खलता है
तन की आंखें मोड़ीं, कैसे
मन की आंखें मोड़ूं रे!
अंगड़-खंगड़ मोह सभी से,
क्या बांधूं, क्या छोड़ूं रे!
क्या लादूं, क्या छोड़ूं रे!
अपना कह कर हाथ लगाऊं,
कैसा रखवारा कहलाऊं!
जिसका सारा माल-मत्ता है
उससे नाता जोड़ूं रे!
अंगड़-खंगड़ मोह सभी से,
क्या बांधूं, क्या छोड़ूं रे!
क्या लादूं, क्या छोड़ूं रे!

कुछ लोग हैं, जो इसी चिंतना में जीवन बिताते हैं: क्या छोड़ें? क्या पकड़ें?

जनक कहते हैं: न पकड़ो, न छोड़ो। क्योंकि दोनों में ही पकड़ है। जब तुम कुछ छोड़ते हो, तब भी तुम कुछ पकड़ने के लिए ही छोड़ते हो। कोई कहता है, धन छोड़ेंगे, तो स्वर्ग मिलेगा। यह तो छोड़ना एक तरफ है, पकड़ना दूसरी तरफ हो गया। यह तो लोभ का ही फैलाव हुआ। यह तो गणित पुराना ही रहा; इसमें कुछ नवीन नहीं है। क्या छोड़ें, क्या पकड़ें!

जनक कहते हैं: न छोड़ो, न पकड़ो—जागो! अचुनाव! कृष्णमूर्ति जिसे कहते हैं: च्वायसलेस अवेयरनेस! निर्विकल्प बोध! न यह पकड़ता हूं, न यह छोड़ता हूं। छोड़ता-पकड़ता ही नहीं।

'चित्त का स्वीकार और वर्जन है...।'

दोनों व्यर्थ!

'उन सबसे उत्पन्न हुए अपने विकल्प को देख कर, मैं इन सबसे मुक्त हुआ, अपने में स्थित हूं।'

छोड़ने-पकड़ने में बड़ी चालबाजी है।

सुना है मैंने, मुल्ला नसरुद्दीन एक शराब के अड्डे पर रोज शराब पीने जाता था, और दो गिलास आर्डर देता। शराब आने पर वह दोनों हाथों में गिलास ले कर चीयर्स करता और एक के बाद दूसरे गिलास से घूंट भर-भर कर पीता। एक दिन बैरे ने एक राज पूछा कि मामला क्या है? आप सदा दो ही गिलास क्यों बुलवाते हैं?

तो उसने बताया : एक गिलास मेरा है और एक मेरे दोस्त का। दोस्त की याद में पीता हूं एक गिलास और एक गिलास खुद पीता हूं।

लेकिन एक दिन जब उसने एक ही गिलास का आर्डर दिया, तो बैरे ने फिर पूछा कि नसरुद्दीन, मामला क्या है? आज आप एक ही गिलास ले कर पी रहे हैं? दोस्त की याददाश्त भूल गई?

नसरुद्दीन ने कहा : कभी नहीं, दोस्त को कैसे भूल सकता हूं! मैंने शराब पीना छोड़ दी है, यह तो दोस्त की ही याद में पी रहा हूं।

छोड़ो, पकड़ो-बहुत फर्क पड़ता नहीं; तुम आदमी वही के वही रहते हो! अब खुद शराब पीनी छोड़ दी तो दोस्त की याद में पी रहे हैं!

आदमी बहुत चालबाज है। और गहरी से गहरी चालबाजी यह है कि तुम कहते हो : धन छोड़ दें, इससे परम धन मिलेगा? तुम कहते हो : पद छोड़ दें, इससे परम पद मिलेगा? तुम कहते हो : सब छोड़ दें इस संसार का, लेकिन मोक्ष मिलेगा? स्वर्ग मिलेगा?

देखो, मिलने की बात तो कायम ही है। तुम सौदा कर रहे हो, छोड़ कुछ भी नहीं रहे हो। यह कोई छोड़ना हुआ? अगर यह छोड़ना है, तो तुम फिल्म देखने जाते हो, दस रुपये की टिकट खरीदते हो, तो तुमने दस रुपये का त्याग कर दिया; लेकिन तुम उसको त्याग नहीं कहते, क्योंकि तुम कहते हो : 'दस रुपये का छोड़ा, छोड़ा क्या? फिल्म देखी!'

तुमने संसार छोड़ा और स्वर्ग देखने की कामना रखी तो तुम कुछ भिन्न बात नहीं कर रहे; सौदा है यह, यह त्याग नहीं है। त्याग तो तभी संभव है, जब तुम छोड़ने-पकड़ने दोनों को छोड़ कर अपने में स्थित हो गए।

तुमने कहा : मैं तो बस 'मैं' हूं; न कुछ पकडूंगा, न कुछ छोडूंगा; जो होगा, होने दूंगा; मैं जैसा हूं, प्रसन्न; मैं जैसा हूं, प्रमुदित; मैं जैसा हूं, तटस्थ, कूटस्थ।

'जैसे कर्म का अनुष्ठान अज्ञान से है, वैसे ही कर्म का त्याग भी अज्ञान से है।'

सुनो इस सूत्र को!

'जैसे कर्म का अनुष्ठान अज्ञान से है, वैसे ही त्याग का अनुष्ठान भी अज्ञान से है। इस तत्व को भलीभांति जान कर मैं कर्म-अकर्म से मुक्त हुआ अपने में स्थित हूं!'

न कुछ करता, न कुछ छोड़ता। परमात्मा जो कर रहा है, करे। मैं तो सिर्फ द्रष्टा हूं, देखता हूं!

यथा कर्माऽनुष्ठानं अज्ञानात्...।

ह्नजैसे अज्ञान से खयाल होता है बुरे करने का।

तथा उपरमः।

ह्नऐसे ही त्याग करने का भाव भी अज्ञान से ही उठता है।

करने का भाव ही अज्ञान से उठता है। कर्ता का भाव ही अज्ञान से उठता है।

इदं सम्यक् बुद्धवा...।

ह्नऐसा सम्यक रूप से जाग कर मैंने देखा।

इदं सम्यक् बुद्धवा...।

ह्नऐसा मैं जागा और मैंने देखा।

अहं एवं आस्थितः।

ह्नइसलिए उसी क्षण से अपने में स्थित हो गया हूं।

अब न मुझे कुछ करणीय है, न कुछ अकरणीय है; न कुछ कर्तव्य है, न कुछ अकर्तव्य है।

अगर ऐसा न हुआ, तो तुम्हारी जो भ्रांति भोग में थी, पकड़ में थी, संसार में थी, उसी भ्रांति का नये-नये रूपों में, नये-नये ढंग में तुम फिर-फिर आविष्कार करते रहोगे।

मुल्ला नसरुद्दीन आदमी तो झक्की है। कोई न कोई बीमारी लेकर अस्पताल पहुंच जाता है। अस्पताल के डाक्टर भी उससे परेशान हैं। एक बार उसकी छाती में दर्द हुआ, जांच के लिए अस्पताल गया। डाक्टरों ने भली प्रकार खोज-बीन की, फिर भी मुल्ला को तसल्ली न हुई। विशेषज्ञ ने उन्हें आराम करने के लिए कहा तो वह चिल्लायाः पहले मेरा एक्स-रे लिया जाए। एक्स-रे की रिपोर्ट भी बिलकुल ठीक थी। खून वगैरह की जांच भी उसने करवाई। सभी प्रकार की जांच हो जाने पर भी मुल्ला शांत न हुआ। डॉक्टर ने कहाः अब क्या विचार है? अब और क्या करें?

उसने कहाः अब मेरा पोस्ट-मार्टम किया जाए।

सुन रखा था कि पोस्ट-मार्टम भी होता है। तो सोचा कि एक जांच बाकी रह गई। आदमी की मूढ़ता अगर है तो सब तरफ से प्रकट होगी, जगह-जगह से प्रकट होगी। अगर बोध है तो संसार में भी प्रकट होगा; और अगर अज्ञान है तो त्याग में भी प्रकट होगा।

इसलिए तुम छोड़-छाड़ कर भागने की बात मत सोचना। जहां हो, जैसे हो, उसी स्थिति में कर्ता-भाव को विसर्जित करो! कर्ता-भाव को समाप्त हो जाने दो। धीरे-धीरे अकर्ता-भाव से करते रहो जो कर रहे थे। कल भी किया था, आज भी करो वही। बस इतना सा फर्क पीछे से खिसका लो कि करने वाले तुम न रह जाओ। कल

भी दुकान गए थे, आज भी जाना है। कल भी ग्राहक को बेचा था, आज भी बेचना है। बस, इतना फर्क कर लेना है कि कर्ता-भाव सरका लेना है। कल मालिक की तरह दूकान पर गए थे, आज ऐसे जाना कि मालिक परमात्मा है, तुम तो केवल नौकर-चाकर। और तुम अचानक फर्क पाओगेह्लचिंता गई, झंझट गई! ग्राहक ले ले तो ठीक; न ले ले तो ठीक। मालकियत क्या गई कि सारा पागलपन गया।

इतना ही हो जाए, तो तुम धीरे-धीरे पाओगेह्लजहां थे वहीं, जैसे थे वहीं, धीरे-धीरे परमात्मा तुम्हारे भीतर जाग गया, उतर गई रोशनी, अवतरण हुआ!

'अचिंत्य का चिंतन करता हुआ भी यह पुरुष चिंता को ही भजता है। इसलिए उस भावना को त्याग कर मैं भावना मुक्त हुआ स्थित हूं।'

जनक कहते हैं, बड़ी अदभुत घटनाएं दुनिया में घटती हैं। अचिंत्य का भी लोग चिंतन करते हैं। पूछो महात्माओं सेह्लकहेंगे, परमात्मा अचिंत्य हैह्लऔर फिर समझाएंगे कि परमात्मा की याद करो, स्मरण करो।

अचिंत्य का चिंतन! क्या कहते हो? अचिंत्य का तो अर्थ ही यह हुआ कि चिंतन नहीं हो सकता। अचिंत्य का तो कोई चिंतन नहीं हो सकता। हां, सब चिंतन तुमसे छूट जाएं, तुम चिंतन पर पकड़ न रखो, तो अचिंत्य तुम्हें उपलब्ध हो जाए।

तो परमात्मा की कोई चिंतना थोड़े ही करनी होती है; नहीं तो नई चिंता सवार हुई। ऐसे ही चिंताएं क्या कुछ कम हैं तुम पर? ऐसे ही बोझ से दबे जाते हो। ऊंट तुम्हारा वैसे ही तो गिरा जाता है; अब इस पर और परमात्मा को बिठाने की कोशिश कर रहे हो! आखिरी तिनका साबित होगा, बुरी तरह गिरोगे।

अधार्मिक आदमी चिंतित होता है, धार्मिक आदमी और बुरी तरह चिंतित हो जाता है। अधार्मिक आदमी को संसार की ही चिंता है, धार्मिक को परलोक की भी चिंता लगी है। यहां भी धन कमाना, वहां भी धन कमाना। यहां भी कुछ करके दिखाना है, वहां भी पुण्य का अर्जन कर लेना है। तुम तो यहीं बैंक-बैलेंस रखते हो, वह वहां भी रखता है। वह वहां के लिए भी हुंडियां लिखवाता है। उसकी चिंता और भी भारी हो जाती है।

अचिंत्यं चिंत्यमानोऽपि चिंतारूपं भजत्यसौ।

हद हो गईह्लजनक कहते हैह्ललोग अचिंत्य का चिंतन कर रहे हैं! तो, मैंने तो सब चिंतन के साथ हाथ हटा लिए। अब तो मैं खाली हो गया हूं। अब तो मैं भगवान का भी चिंतन नहीं करता, क्योंकि भगवान का चिंतन हो कैसे सकता है?

त्यक्त्वा तद्भावनं तस्मादेवमेवाहमास्थितः।

ह्लऔर सब छोड़ कर अपने में बैठ गया हूं।

'जिसने साधनों से क्रिया-रहित स्वरूप अर्जित किया है, वह पुरुष कृतकृत्य है। और जो ऐसा ही, अर्थात स्वभाव से स्वभाव वाला है, वह तो कृतकृत्य है ही, इसमें कहना ही क्या!'

इस सूत्र का अर्थ है: जिसने साधनों से क्रिया-रहित स्वरूप अर्जित किया है, जिसने तप से, जप से, ध्यान से, मनन-चिंतन से, निदिध्यासन से स्वभाव को पायाह्नवह पुरुष तो कृतकृत्य है ही। ठीक है। लेकिन जिसने ऐसा कुछ भी नहीं किया, और जो ऐसा ही बिना कुछ किए, 'स्वभाव वाला हूं', ऐसा जान कर शांत हो गया है, उसकी तो बात ही क्या कहनी! उसकी कृतकृत्यता तो अवक्तव्य है।

तो जिसने कुछ कोशिश करके परमात्मा को पा लिया, वह कोई चमत्कार नहीं है। जिसने बिना कुछ किए, बैठे-बैठे, बिना हिले-डुले, सिर्फ बोध-मात्र से परमात्मा को उपलब्ध कर लिया, उसकी कृतकृत्यता तो कही नहीं जा सकती; उसे तो शब्दों में बांधने का कोई उपाय नहीं है।

एवमेव कृतं येन स कृतार्थो भवेदसौ।

ह्नहां, जिसने साधन से पाया, ठीक है, धन्यभागी!

एवमेव स्वभावो यः स कृतार्थो भवेदसौ।।

ह्नलेकिन कैसे करें उसका गुण-वर्णन, कैसे करें उसकी प्रशंसा, जिसने बिना कुछ किए पा लिया!

जनक कहते हैं: मैंने तो बिना कुछ किए पा लिया। न कहीं गया, न कहीं आया; अपनी ही जगह बैठ कर पा लिया है।

इन सूत्रों पर खूब मनन करनाह्नबार-बार; जैसे कोई जुगाली करता है! फिर-फिर, क्योंकि इनमें बहुत रस है। जितना तुम चबाओगे, उतना ही अमृत झरेगा। ये कुछ सूत्र ऐसे नहीं हैं कि जैसे उपन्यास, एक दफे पढ़ लिया, समझ गए, बात खतम हो गई, फिर कचरे में फेंका। यह कोई एक बार पढ़ लेनी वाली बात नहीं हैह्नयह तो सतत पाठ की बात है। यह तो किसी शुभमुहूर्त में, किसी शांत क्षण में, किसी आनंद की अहो-दशा में, तुम इनका अर्थ पकड़ पाओगे। यह तो रोज-रोज, घड़ी भर बैठ कर, इन परम सूत्रों को फिर से पढ़ लेने की जरूरत है। पाठ का यही अर्थ है। पढ़ना और पाठ करने में यही फर्क है। पढ़ने का मतलब एक दफे पढ़ लिया, बात खतम हो गई।

पश्चिम में पाठ जैसी कोई चीज नहीं है। जब वे सुनते हैं पाठ, तो उनको समझ में नहीं आता कि पाठ क्या करना! उनको भरोसा नहीं आता कि एक ही शास्त्र को रोज-रोज लोग जीवन भर पढ़ते हैं। यह बात क्या हुई? जब एक दफा पढ़ लिया, पढ़ लिया।

पश्चिम में तो किताब ही पेपर-बैक छापते हैं अब वे। एक दफे पढ़ लिया और फेंक दी, क्योंकि उसको रखने की क्या जरूरत! सस्ती से सस्ती छाप ली, लोग पढ़ लेते हैं और ट्रेन में छोड़ जाते हैं। पढ़ ली और बस में छोड़ दी। अब उसको करेंगे क्या?

लेकिन ये किताबें, 'किताबें' नहीं हैंह्लये जीवन के शास्त्र हैं। शास्त्र और किताब का यही फर्क है। किताब एक दफा पढ़ लेने से व्यर्थ हो जाती है। शास्त्र अनेक बार पढ़ने से भी व्यर्थ नहीं होता। शास्त्र तो तब तक व्यर्थ नहीं होता, जब तक तुम शास्त्र न बन जाओ। तब तक उसे पढ़ते ही जाना; तब तक उसे फिर-फिर पढ़ना। कौन जाने किस मुहूर्त में... !

तुम्हारा मन सदा एक सी अवस्था में नहीं होता। कभी तुम उदास हो, तब शायद ये वचन समझ में आ जाएं। या हो सकता है, कभी तुम बड़े प्रफुल्लित हो, तब ये समझ में आ जाएं। तुम कभी बड़े तरंगित हो, बड़े संगीत से भरे हो, मदमस्ती हैह्लतब समझ में आ जाएं! या हो सकता है, कभी तुम बिलकुल शांत बैठे हो, कोई हलन-चलन नहीं, बड़े स्थिर होह्लतब समझ में आ जाएं! कोई कह नहीं सकता, भविष्यवाणी हो नहीं सकती।

लेकिन एक बात तय है कि इन सूत्रों से जीवन का द्वार खुल सकता है। तुम पंख फैला सकते हो। जा सकते हो उस अनंत के मार्ग पर, उस परम नीड़ को खोज सकते होह्लजिसे बिना खोजे कोई कभी तृप्त नहीं हुआ है!

उड़ जा इस बस्ती से पंछी
उड़ जा भोले पंछी!

घर-घर है दुखों का डेरा
सूना है यह रैन-बसेरा
छाया है घनघोर अंधेरा
दूर अभी है सुख का सवेरा
उड़ जा इस बस्ती से पंछी
उड़ जा भोले पंछी!

इस बस्ती के रहने वाले
फुरकत का गम सहने वाले
दुख-सागर में बहने वाले
राम-कहानी कहने वाले

उड़ जा इस बस्ती से पंछी
उड़ जा भोले पंछी!

जीवन गुजरा रोते-धोते,
आहें भरते, जगते-सोते,
हाल हुआ है होते-होते
फूट रहे हैं खून के सोते
उड़ जा इस बस्ती से पंछी
उड़ जा भोले पंछी!

ये सूत्र पंख बन सकते हैं। इन सूत्रों के सहारे तुम उड़ सकते होह्नअनंत की दूरी पार कर सकते हो! ये सूत्र अनूठे हैं, बहुमूल्य हैं। इनसे मूल्यवान कभी भी कहा नहीं गया है। इनका खूब पाठ करना! ये धीरे-धीरे तुम्हारे खून में मिल जाएं! ये तुम्हारी मांस-मज्जा बन जाएं। ये तुम्हारे हृदय की धड़कनों में समा जाएं। जाने-अनजाने, जागते-सोते इनकी छाया तुम्हारे पीछे बनी रहेह्नतो, तो ही, उस महाक्रांति की घटना घट सकती है। और उसके बिना घटे तुम चैन नहीं पा सकोगे। उसके बिना घटे, कभी किसी ने चैन नहीं पाया है।

हरि ॐ तत्सत्!

* * *

प्रवचन : 34

धार्मिक जीवनह्लसहज, सरल, सत्य

पहला प्रश्न : एक ओर आप साधकों को ध्यान-साधना के लिए प्रेरित करते हैं और दूसरी ओर कहते हैं कि सब ध्यान-साधनाएं गोरखधंधा हैं। इससे साधक दुविधा में फंस जाता है। वह कैसे निर्णय करे कि उसके लिए क्या उचित है?

जब तक दुविधा हो तब तक गोरखधंधे में रहना पड़े। जब तक दुविधा हो तब तक ध्यान करना पड़े। दुविधा को मिटाने का ही उपाय है ध्यान। दुविधा का अर्थ है : मन दो हिस्सों में बंटा है। मन के दो हिस्सों को करीब लाने की विधि है ध्यान। जहां मन एक हुआ, वहीं मन समाप्त हुआ।

अष्टावक्र को सुनते समय यह बात ध्यान में रखना कि अष्टावक्र ध्यान के पक्षपाती नहीं हैं, न समाधि के, न योग केह्लविधि मात्र के विरोधी हैं।

दुनिया में दो ही तरह के आध्यात्मिक मार्ग हैंह्लएक विधि का और एक बिना विधि का। अष्टावक्र विधि-शून्य मार्ग के प्रस्तोता हैं। तो उन्हें समझते वक्त खयाल रखना कि उनकी बात तो केवल उन्हीं के लिए है जो दुविधा-शून्य होकर समझ सकेंगे; जिनकी समझ ही इतनी गहरी हो जाए कि फिर किसी ध्यान की कोई जरूरत न रहे; जिनकी समझ ही समाधि बन जाए।

अष्टावक्र का आग्रह मात्र जागरण, साक्षी-भाव पर है, लेकिन अगर यह न हो सके तो अष्टावक्र को पकड़ कर मत बैठ जाना। न हो सके तो पतंजलि उपाय हैं। न हो सके तो बुद्ध, महावीर उपाय हैं।

कृष्णमूर्ति यही कह रहे हैं वर्षों से, जो अष्टावक्र ने कहा है। चालीस वर्षों से निरंतर जो लोग उन्हें सुन रहे हैं, वे इसी दुविधा में पड़ गए हैं। समझ में आया भी नहीं, समझ तो जगी नहींह्नऔर ध्यान भी छोड़ दिया। तो धोबी के गधे हो गए, न घर के न घाट के। अटक गए बीच में। त्रिशंकु हो गए। मझधार में पड़ गए, न इस किनारे के न उस किनारे के। मेरे पास आते हैं, कहते हैं: 'मन में शांति नहीं है।' अगर मैं उनको कहता हूं, ध्यान करो, वे कहते हैं: 'ध्यान से क्या होगा? कृष्णमूर्ति तो कहते हैं, ध्यान से कुछ न होगा।' अगर कृष्णमूर्ति समझ में आ गए तो मन में अशांति कैसे बची? आए हो पूछने कि मन में अशांति है, क्या करें? अगर कृष्णमूर्ति समझ में आ गए तो अशांति बचनी नहीं चाहिए। क्योंकि कृष्णमूर्ति के पास तो समझ के अतिरिक्त और कोई उपाय नहीं है; या तो समझ गए या नहीं समझे। समझ गए तो शांत हो गए; नहीं समझे तो बकवास में मत पड़ो। फिर कुछ और करो जो नासमझों के लिए है; फिर ध्यान करो।

अहंकार बड़ा अदभुत है! अहंकार यह भी मानने को तैयार नहीं कि मैं नासमझ! ध्यान तो नासमझों के लिए है। मैं कोई नासमझ तो हूं नहीं जो ध्यान करूं। और इतने समझदार भी तुम नहीं हो कि बिना ध्यान किए पहुंच जाओ। तब तुम अड़चन में पड़ोगे। तब तुम्हारी बेचैनी बड़ी गहरी हो जाएगी। तुम टूटोगे। तुम खंड-खंड हो जाओगे।

अष्टावक्र कहते हैं: सब ध्यान, सब विधियां व्यर्थ हैं, क्योंकि कर्म-मात्र वहां नहीं पहुंचा सकता; वहां तो केवल होश पहुंचाता है। ध्यान भी करोगे तो कृत्य होगा। ध्यान भी करोगे तो कर्ता बन जाओगे। तो भोजन पकाओ कि बुहारी लगाओ कि दुकान चलाओ कि ध्यान करो, फर्क नहीं पड़ताह्नकुछ करते हो। अष्टावक्र यह कह रहे हैं कि तुम्हारा जो स्वभाव है, वहां कर्म नहीं पहुंचता; वहां तो सत्ता मात्र है। वह जो बुहारी लगाना हो रहा है, उसमें तुम नहीं हो; वह जो बुहारी लगाने को देख रहा है, वही तुम हो। भोजन पकाते हो, भोजन पकाने में तुम नहीं हो; वह जो भोजन को पकते देख रहा है और देख रहा है कि तुम भोजन पका रहे हो, वही तुम हो। यही बात ध्यान में है। ध्यान में तुम नहीं हो; वह जो देख रहा है कि ध्यान कर रहे हो, वह जो देख रहा है कि ध्यान से शांति आ रही, वह जो साक्षी हैह्नवही तुम हो।

'गोरखधंधा' शब्द बड़ा महत्वपूर्ण हैह्नगोरखनाथ से जुड़ा है। जब भी कोई आदमी ज्यादा विधि-विधान में पड़ जाता है तो हम कहते हैं, गोरखधंधे में मत पड़ो। गोरख ने सबसे ज्यादा विधियां खोजीं ध्यान की। पतंजलि के बाद गोरख का नाम अविस्मरणीय है। उन्होंने ध्यान के बड़े प्रयोग खोजे। निश्चित ही ध्यान के प्रयोग से लोग पहुंचे हैं; लेकिन ध्यान का प्रयोग उनके लिए है, जिनके पास समझ अकेली पर्याप्त नहीं है; परिपूरक है; जो कमी समझ में रह गई है, वह ध्यान पूरी कर देता है।

ध्यान से कोई आत्मा को नहीं जानता; लेकिन ध्यान से तुम इतने शांत हो जाते हो कि उस शांति में साक्षी बनना सुगम हो जाएगा। जानोगे तो अष्टावक्र के मार्ग से ही।

जैसे समझो कि कोई आदमी बुखार से ग्रस्त है, बीमार पड़ा है, सन्निपात चढ़ा है और वह कहता है, 'मैं समाधि को कैसे उपलब्ध होऊं?' तो हम क्या करेंगे? उसे समाधि की कोई विधि-विधान बताएंगे? हम कहेंगे, पहले बुखार ठीक हो जाने दो। वह पूछे कि क्या बुखार ठीक हो जाने से मुझे समाधि लग जाएगी? तो हम उसे समझाने को कहेंगे कि हां, बुखार ठीक हो जाने से समाधि लगने में सहायता मिलेगी। क्योंकि सन्निपात में कभी किसी की समाधि लगी हो, ऐसा सुना नहीं; यद्यपि सन्निपात में जो नहीं हैं, उनको समाधि लग गई हो, ऐसा भी नहीं है। क्योंकि इतने लोग हैं जो सन्निपात में नहीं हैं; इनकी कोई समाधि नहीं लग गई है। लेकिन एक बात पक्की है कि सन्निपात वाले को तो कभी नहीं लगी है। जिसको भी लगी है, एक बात निश्चित है कि वह सन्निपात में नहीं था।

तो औषधि देकर हम बुखार से भरे आदमी का सन्निपात नीचे उतारते हैं। जब सन्निपात नीचे उतर जाता है, तब उसे ध्यान की विधि देंगे। जब ध्यान की विधि उसके चित्त को शांत कर देगी, तो साक्षी सुगम हो जाएगा। अंतिम घटना तो साक्षी की ही है। अंतिम समय में तो अष्टावक्र ही सही हैं। लेकिन तुम एकदम उस अंतिम घड़ी को पहुंच पाओगे? पहुंच जाओ तो शुभ; न पहुंच पाओ तो ध्यान करना ही होगा।

पूछा है : 'एक ओर साधकों को ध्यान-पद्धति के लिए कहते हैं और दूसरी ओर सब ध्यान-पद्धतियां गोरखधंधा हैं, ऐसा कहते हैं। इससे साधक दुविधा में फंस जाता है। वह कैसे निर्णय करे कि उसके लिए क्या उचित है?'

जब तक दुविधा रहे तब तक ध्यान उचित है। जब दुविधा मिट जाए और समझ, प्रज्ञा का प्रकाश फैले और एक क्षण में घटना घट जाए, फिर तुम पूछोगे ही नहीं। फिर बात ही नहीं उठती पूछने की। घटना ही घट गई, तुम समाधि को उपलब्ध ही हो गए, तो फिर तुम पूछने थोड़े ही आओगे कि अब ध्यान करूं कि न करूं? जब तक पूछने आते हो तब तक तो ध्यान करना।

अभी तुम जहां खड़े हो, वहां से छलांग तुम न लगा सकोगे। शायद ध्यान कर-कर के मन थोड़ा शांत हो, सन्निपात थोड़ा कम हो, तो फिर छलांग लग सके। छलांग तो लगानी ही होगी कर्ता से साक्षी पर, इतना निश्चित है।

आत्यंतिक अर्थों में अष्टावक्र का वक्तव्य पूर्ण सत्य है; लेकिन तुम जिस जगह खड़े हो, वहां सत्य है या नहीं, यह कहना कठिन है।

छोटे बच्चे को स्कूल भेजते हैं तो सिखाते हैं 'ग' गणेश का या 'ग' गधे का। 'ग' से न तो गधे का कोई संबंध है न गणेश का कोई संबंध है। और अगर बच्चा

बहुत सीख ले कि 'ग' गधे का, 'ग' गधे काफिर जब भी 'ग' को पढ़े, तब यह मन में उसको दोहराए कि 'ग' गधे का, तो वह कभी पढ़ नहीं पाएगा। वह गधा बीच-बीच में आएगा। वह तो सिर्फ सहारा था, बच्चे को समझाने का उपाय था। बच्चा गधे को जानता है, 'ग' को नहीं जानता। गधा देखा है। इसलिए बच्चों की किताब में बड़े-बड़े चित्र बनाने पड़ते हैं, क्योंकि चित्र बच्चा पहचान लेता है। बड़ा आम लटका है, वह पहचान लेता है। गधा खड़ा है, वह पहचान लेता है। गधे को पहचानने से 'ग' को पहचानने में सुविधा बन जाती है। लेकिन एक दिन फिर भूल जाएगा 'ग' गधे का। 'ग' अपना; 'ग' क्यों गधे का हो, क्यों गणेश का हो!

ध्यान तो उनके लिए है जिनके लिए अभी वह आत्यंतिक बात समझ में न आ सकेगी। यह प्राथमिक है। अभी तो ध्यान भी समझ में आ जाए तो बहुत। अभी तो बहुत ऐसे हैं जिन्हें ध्यान भी समझ में नहीं आ सकेगा। अभी उनको प्राइमरी स्कूल में भी भरती करना उचित नहीं है, अभी तो किंडरगार्डन में कहीं डालना पड़े। अभी तो ध्यान भी समझ में नहीं आएगा। जिसको ध्यान समझ में न आए उसे हम कहते हैं: पढ़ो, स्वाध्याय करो, मनन करो। जिसको मनन होने लगे, स्वाध्याय होने लगे, उसे कहते हैं: ध्यान करो। जिसको ध्यान आ जाए, फिर उसको कहते हैं कि अब छलांग लगा लो; अब कर्ता से साक्षी पर कूद जाओ। तब हम उससे कहते हैं: करने से कुछ भी न होगा।

तो जिसको अष्टावक्र समझ में आ जाएं, वह तो यह प्रश्न पूछेगा नहीं। जिसको अभी प्रश्न बाकी है, वह अष्टावक्र को भूल जाए; उनसे अभी तुम्हारी दोस्ती न बनेगी। अभी तुम्हें ध्यान करना ही होगा।

मैं सबके लिए बोल रहा हूं। यहां कई क्लास के व्यक्ति उपस्थित हैं। कोई किंडरगार्डन में है, कोई प्राइमरी में है, कोई मिडल स्कूल, कोई हाईस्कूल, कोई विश्वविद्यालय में चला गया है, कोई विश्वविद्यालय के बाहर निकलने की तैयारी में है। इन सबके लिए बोल रहा हूं। तो मैं जो बोल रहा हूं, उसके अलग-अलग अर्थ होंगे। लेकिन यह बोलना जरूरी है, क्योंकि कभी तुम भी विश्वविद्यालय में पहुंचोगे, कभी तुम भी विश्वविद्यालय के बाहर जाने की स्थिति में आ जाओगे।

सुन लो; हो सके आज तो ठीक, अन्यथा सम्हाल कर रख लो। गांठ बांध लो। आज समझ नहीं आता, शायद कभी काम पड़े। पाथेय हो जाएगा। यात्रा में काम पड़ेगा। बहुत सी बातें हैं जो आज समझ में नहीं भी आएंगी। जो आज समझ में आता हो, उसे आज कर लो। जो आज समझ में न आता हो, जल्दी उसके लिए परेशान मत होना, उसे गांठ बांध कर रख लेना। कभी समझ तुम्हारी बढ़ेगी, वह भी समझ में आएगा।

पहाड़ नहीं कांपता, न पेड़, न तराई
कांपती है ढाल पर के घर से

नीचे झील पर झरी दीये की लौ की नन्हीं परछाईं।

पहाड़ नहीं कांपता, न पेड़, न तराई
कांपती है ढाल पर के घर से
नीचे झील पर झरी दीये की लौ की नन्हीं परछाईं।

तुम नहीं कंपतेह्नतुम तो पहाड़ हो अचल। तुम्हारे केंद्र पर कोई कंपन नहीं है। कंपती है केवल परछाईं। मन कंपता है। यह समझ में आ जाए तो इसी क्षण क्रांति हो सकती है। यह समझ में न आए तो ध्यान की प्रक्रियाओं से गुजरो, ताकि ऐसा क्षण आ जाए, जिस क्षण तुम्हारी समझ में आ सके।

दूसरा प्रश्न : पूर्व में आप अपने प्रवचन के अंत में कहते थे, 'मैं आपके भीतर बैठे परमात्मा को प्रणाम करता हूं। मेरे प्रणाम स्वीकार करें!' अब आप वैसा नहीं कहते। क्या अब आपको हमारे भीतर की झलक नहीं दिखाई पड़ती? या कि आपने वैसा कहना इसलिए बंद कर दिया कि लोग आपको भगवान कहने लगे?

प्रश्नकर्ता ने नाम नहीं लिखा है, वह कायरता का सबूत है। मैं साधारणतः उन प्रश्नों के उत्तर नहीं देता जिन पर आपने अपना नाम न लिखा हो। क्योंकि जिसकी इतनी हिम्मत नहीं है कि सूचना दे सके कि यह मेरा प्रश्न है, किसका प्रश्न है, उसका प्रश्न इस योग्य नहीं कि उसका उत्तर दिया जाए।

लेकिन प्रश्न महत्वपूर्ण है और बहुतों के मन में उठता होगा, इसलिए उत्तर देता हूं।

'पूर्व में आप अपने प्रवचन के अंत में कहते थे, मैं आपके भीतर बैठे परमात्मा को प्रणाम करता हूं।'

मैंने पूर्व में क्या कहा है, उसका मैं हिसाब नहीं रखता, तुम भी मत रखना। मैं तो उतनी ही बात का जुम्मा लेता हूं जो मैं अभी कह रहा हूं। घड़ी भर पहले जो कहा था, उसका भी मेरा कोई जुम्मा नहीं। इस बात को ठीक से याद रख लेना, अन्यथा तुम बड़े जाल में पड़ जाओगे। मैं तो इस क्षण हूं और जो मेरा वक्तव्य इस क्षण है, वही मेरा है; बाकी जो बीता सो बीता, जो गया सो गया। उसका हिसाब नहीं रखता हूं। अन्यथा तुम मेरे वक्तव्यों में बड़े विरोधाभास पाओगे; एक वक्तव्य दूसरे का खंडन करता हुआ मालूम पड़ेगा। अगर तुमने हिसाब लगाने की कोशिश की तो विमुक्त होना तो दूर, तुम विक्षिप्त हो जाओगे।

इसलिए इस सूत्र को खूब सम्हाल कर रख लो कि जो मैं तुमसे कह रहा हूं इस क्षण, वही...। घड़ी भर बाद इसे भी भूल जाना। गुलाब का पौधा है, फूल लगा है

आज। तुम उससे जाकर नहीं कहते कि कल तो बड़ा फूल लगा था या छोटा फूल लगा था, आज ऐसा क्यों? गुलाब का पौधा अगर बोल सकता तो कहता, 'आज ऐसा है, कल वैसा था।' तुम आकाश से नहीं कहते कि 'कल तो सूरज निकला था, आज बादल घिरे हैं, बात क्या है? ऐसा विरोधाभास क्यों?' आकाश अगर कह सकता तो कहता: 'कल वैसा था, आज ऐसा है।'

विन्सेंट वानगाग, एक बड़ा डच चित्रकार हुआ। चित्र बना रहा था, किसी ने पूछा कि तुम्हारा सबसे श्रेष्ठतम चित्र कौन सा है? उसने कहा, 'यही जो मैं अभी बना रहा हूं।' दूसरे दिन वह दूसरा चित्र बना रहा था। वही आदमी फिर आया। उसने कहा कि कल जो चित्र तुमने बताया था और कहा था श्रेष्ठतम है, उसे मैं खरीदने आया हूं। उसने कहा, अब वह श्रेष्ठतम नहीं रहा। अब तो मैं जो बना रहा हूं...। वही श्रेष्ठतम है जिसमें मैं मौजूद हूं। बाकी तो पिटी लकीर हैं। सांप निकल गया, रेत पर निशान छूट गया है।

पूर्व में मैंने क्या कहा है, मैं ही हिसाब नहीं रखता, तुम क्यों रखोगे? छोड़ो! कहीं ऐसा न हो कि आज जो मैं कह रहा हूं उसे आज न सुन पाओ और परसों फिर मुझसे पूछने आओ। जिस मित्र ने यह पूछा है, जब मैं ऐसा कह रहा था तब उसने सुना नहीं होगा। अगर सुन लेता तो जीवन में क्रांति हो गई होती। अगर समझ लेता तो यह प्रश्न न उठता। उस दिन चूके अब भी मत चूक जाना। चूकने की आदत मत बना लेना। कुछ लोग चूकने की आदत बना लेते हैं; वे पीछे का हिसाब रखते हैंह्नमृत का; मुर्दों की गणना करते रहते हैं।

जो वक्तव्य मैं अभी दे रहा हूं, वही जीवित है। ताजा-ताजा और गर्म-गर्म उसे अपने हृदय में ले लो। जब ठंडा और बासा हो जाए, तब तुम उसे पचा न पाओगे; जब ताजे और गर्म को न पचा पाए तो ठंडे और बासे को कैसे पचाओगे? भूल कर भी उसे खाना मत, अन्यथा बोझ बनेगा, पाचन को खराब करेगा, जीवन को विषाक्त कर सकता है।

तो पहली तो बात, पूर्व में मैंने क्या कहा, पागल उसका हिसाब रखें; या जिनको पागल होना हो, वे उसका हिसाब रखें। मैं तो अपने वक्तव्य के साथ अभी हूं, क्षण भर बाद न रहूंगा। यह भी जो मैं कह रहा हूं, हो सकता है कल इसका खंडन कर दूं। क्योंकि मैं कोई विचारक नहीं हूं। मैंने कोई विचार-सरणी तय नहीं कर रखी है कि बस इस सरणी के अनुसार जीऊंगा। मैंने जीवन को पूरा का पूरा सरणी-विहीन छोड़ा है। मेरे जीवन में कोई अनुशासन नहीं हैह्नमात्र स्वतंत्रता है। इसलिए तुम मुझे बांध न सकोगे। तुम मुझसे यह न कह सकोगे: 'कल कहा था, आज उससे विपरीत क्यों

कह रहे हैं?' मैं कहूंगा : 'कल भी मैंने अपनी स्वतंत्रता से कहा था, आज भी अपनी स्वतंत्रता से कह रहा हूं। कल वैसा गीत गाने का मन था, आज ऐसा गीत गाने का मन है। और वही-वही रोज-रोज दोहराना उचित भी तो नहीं हैह्नउबाएगा।'

तो, मैं तो पानी की धार जैसा हूं।

हेराक्लतु ने कहा है : एक ही नदी में दुबारा नहीं उतर सकते। मुझसे भी तुम्हारा दुबारा मिलना नहीं हो सकता। आज तुम जहां मुझे मिल रहे हो, कल मैं वहां न रहूंगा। और जिन्हें मेरे साथ चलना है उन्हें प्रवाह सीखना पड़ेगा। नहीं तो तुम घिसटोगे। मैं भागा जाता हूंह्ननदी की धार की तरह सागर की तरफ; तुम घसिटते रहोगे। तुम पीछे का हिसाब करते रहोगे।

मेरा कोई इतिहास नहीं है और इतिहास में मुझे कोई रुचि नहीं है। प्रतिपल जीवन जो कहला दे, कहता हूं। या अगर परमात्मा में भरोसा हो तो प्रतिपल परमात्मा जो कहला दे, सो कहता हूं। यह प्रतिपल होने वाला संवेदन है। यह झरने जैसा है। यह किसी दार्शनिक की प्रणाली नहीं है।

दार्शनिक जीता है एक ढांचे से, एक ढांचा तय कर लेता है; उसके विपरीत फिर कभी नहीं कहता, चाहे जीवन विपरीत हो जाए; वह आंख बंद रखता है। सब बदल जाए, लेकिन वह अपनी दोहराए चला जाता है। वह अपने खिड़की-दरवाजे बंद रखता हैह्नकोई नई हवा, सूरज की नई किरण कहीं बदलने को मजबूर न कर दे। वह आंख नहीं खोलता।

दार्शनिक अंधे होते हैं, तो ही संगत हो पाते हैं। अगर आंख है तुम्हारे पास और संवेदनशीलता जीवंत है तो प्रतिपल तुम्हारा उत्तर भिन्न-भिन्न होगा, क्योंकि प्रतिपल सब बदला जा रहा है।

मैं इस बदलती हुई जीवनधारा के साथ हूं। मुझे मेरे अतीत से कुछ लेना-देना नहीं। वर्तमान ही सब कुछ है। इसलिए इस बहाने तुमसे यह कह दूं कि पूर्व में और भी बहुत बातें मैंने कही हैं, तुम उसकी चिंता मत करना।

'आप कहते थे कि मैं आपके भीतर बैठे परमात्मा को प्रणाम करता हूं, मेरे प्रणाम स्वीकार करें। अब आप वैसा नहीं कहते।'

न तो तब वैसा मैंने तुम्हारी मान कर कहा था और न अब तुम्हारी मान कर कहूंगा। तब मैंने अपनी मौज से कहा था, अब अपनी मौज से बंद कर दिया। तुम मेरे मालिक नहीं हो। इस तरह के प्रश्नों में कहीं भीतर छिपी एक आकांक्षा होती है जैसे तुम मेरे मालिक हो। मैं वही कहता हूं जो मैं कहना चाहता हूं; तुम्हारी रत्ती भर चिंता नहीं है। तुम हो कौन? तुम्हें प्रीतिकर लगे, मेरा गीत सुन लेना; तुम्हें प्रीतिकर न लगे, तुम्हारे पास पैर हैं, तुम अपनी राह पकड़ लेना।

मैं तुम्हारी आकांक्षाएं, अभीप्साएं तृप्त करने के लिए यहां नहीं हूंह्नमैं तुम्हारा गुलाम नहीं हूं। साधारणतः तुम जिनको महात्मा कहते हो, वे तुम्हारे गुलाम होते हैं। वही तो अड़चन है मेरे साथ। तुम जैसा कहलवाते हो, कहते हैं। तुम जैसा चलवाते हो, चलते हैं। तुम जैसा बताते हो, बस...। ऊपर से दिखता है कि तुम महात्मा के पीछे चल रहे हो; गौर करो तो महात्मा तुम्हारे पीछे चल रहा है। इनको तुम महात्मा कहते हो जो तुम्हारे पीछे चलते हैं? किस धोखे में पड़े हो? जो तुम्हारे पीछे चलता है, वह तो इसी कारण अयोग्य हो गया; उसके पीछे तो चलना ही मत। लेकिन तुम्हारा परिचय इसी तरह के महात्माओं से है, इसी तरह के नेताओं से है। मैं न तो कोई महात्मा न कोई नेता हूं।

नेता हमेशा अपने अनुयायी का अनुयायी होता है। इसलिए कुशल नेता वही है जो देख लेता है कि अनुयायी किस तरफ जाते हैं, उसी तरफ चलने लगता है। कुशल राजनीतिज्ञ वही है जो पहचान लेता है हवा का रुख और देख लेता है कि अब अनुयायी पूरब की तरफ जा रहे हैं तो वह पहले से ही पूरब की तरफ चलने लगता है। अनुयायी कहते हैं समाजवाद, वह और जोर से चिल्लाता है समाजवाद; अनुयायी अगर समाजवाद के विरोध में हैं तो वह विरोध में हो जाता है। या वह इस ढंग के वक्तव्य देता है कि उन वक्तव्यों में तुम साफ नहीं कर सकते कि वह पक्ष में है कि विपक्ष में, ताकि उसे सुविधा बनी रहती कि वह कभी भी उन वक्तव्यों को बदल ले।

मैंने सुना है, पटवारी ने रिश्वत ली। पकड़ा गया। मुकदमा चला। पटवारी के विरुद्ध गांव में तीन व्यक्ति साक्षी देने आए, जिनमें ताऊ शिवधन भी थे। पहला गवाह पेश हुआ। पटवारी के वकील ने एक ही प्रश्न पूछा: 'पटवारी ने जब पचास रुपये लिए, उस समय वह बैठा था या खड़ा था?' पहला गवाह बोला: 'बैठा था।' अब दूसरा गवाह पेश हुआ। वकील ने वही प्रश्न उससे भी पूछा। उसने कह दिया: 'खड़ा था।' अब बारी आई ताऊ शिवधन की। वे भांप गए कि मामला गड़बड़ है। वकील ने उनसे भी वही प्रश्न किया तो ताऊ बोले: 'बस बाबूजी, कै बूझोगे?'

'मेरे सवाल का सीधा जवाब दो। बूझोगे कि नहीं बूझोगे, यह बात मत करो। यह क्या उत्तर हुआ कि बस बाबूजी, कै बूझोगे। मेरे सवाल का सीधा जवाब दो,' वकील ने धमकी दी।

ताऊ हंस कर बोले: 'अरे वकील साहिब, पटवारी ने तो कमाल कर दिया! पचास रुपये जेब में पड़ गए ते माचा-माचा फिरै। कदै उठे, कदै बैठे! कदै कुरसी पै बैठे, कदै मूढ़े पै और कदै खड़ा होवै।'

यह राजनीतिज्ञ का जवाब है। राजनीतिज्ञ चिंता करता है कि तुम कहां जा रहे, क्योंकि सदा तुम्हारे आगे होना चाहता है। तुम जहां जा रहे, वहीं भाग कर आगे हो जाता है।

मुल्ला नसरुद्दीन एक दिन बाजार में अपने गधे पर बैठा जा रहा है—तेजी से भागा। किसी ने पूछा : 'नसरुद्दीन, कहां जा रहे हो?' उसने कहा : 'मुझसे मत पूछो, गधे से पूछ लो।' लोगों ने कहा : 'मतलब?' नसरुद्दीन ने कहा : 'गधा ही है! पहले मैं इसके साथ बड़ी झंझट में पड़ जाता था। बीच बाजार में मैं इसे कहीं ले जाना चाहता हूं, यह कहीं जाना चाहता है। फजीहत मेरी होती, यह तो गधा है! लोग हंसते कि अरे, अपने गधे को भी काबू में नहीं रख पाते। तब से मैंने तरकीब सीख ली। बाजार में तो मैं इससे झंझट करता ही नहीं—यह जहां जाता है... ! कम से कम बाजार में यह साख तो रहती है कि मालिक मैं हूं। जहां जाता है, मैं वहीं चला जाता हूं। भीड़-भाड़ में मैं इसको रोकता ही नहीं; क्योंकि गधा गधा है, भीड़-भाड़ में और अकड़ जाता है।'

तो नेता तो अनुयायी के पीछे चलता है। तुम्हारा महात्मा तुम्हारी अपेक्षाओं की पूर्ति करता है। मैं न महात्मा हूं न नेता। मुझे तुमसे कुछ भी अपेक्षा नहीं है और न मैं कोई तुम्हारी अपेक्षा पूरी करने को हूं। मुझसे तो तुम्हारा कोई संबंध अगर है तो स्वतंत्रता का है। इसलिए तुम अगर पूछो कि क्यों? तुम इसके हकदार नहीं। मैं उत्तरदायी नहीं। मैंने तुमसे पूछ कर थोड़े ही कहा था, जो मैं तुमसे पूछ कर बंद करूं! और मैं यह भी नहीं कह रहा हूं कि मैं किसी दिन फिर न शुरू करूंगा। कौन जाने!

'क्या अब आप हमारे भीतर परमात्मा की झलक नहीं देखते?'

परमात्मा की झलक एक बार दिखाई पड़ जाए तो फिर समाप्त नहीं होती। जो झलक दिखाई पड़ जाए और फिर दिखाई न पड़े, वह परमात्मा की नहीं। परमात्मा कोई सपना थोड़े ही है—अभी था, अभी खो गया! परमात्मा शाश्वतता है। एक बार दिख गया तो दिख गया। नहीं, परमात्मा की झलक दिखाई पड़नी बंद नहीं हो गई है; लेकिन कुछ और झलक दिखाई पड़ी और वह झलक यह थी कि तुम्हें मैंने देखा कि तुम बड़े मस्त हो जाते थे, जब मैं कहता था, तुम्हारे भीतर बैठे परमात्मा को प्रणाम करता हूं। तुम समझते थे कि तुम्हें प्रणाम कर रहा हूं। तुम भूल करते थे। मैं कहता था, तुम्हारे भीतर बैठे परमात्मा को प्रणाम करता हूं। तुम समझते थे, तुम्हें प्रणाम कर रहा हूं। तुम गदगद हो जाते थे।

मेरे पास लोग आते थे, वे कहते थे कि जब आप यह कहते हैं कि तुम्हारे भीतर बैठे परमात्मा को प्रणाम करता हूं, तो बड़ा आनंद होता है! आनंद अहंकार की तृप्ति से होता होगा। क्योंकि तुम भलीभांति जानते हो कि तुम परमात्मा नहीं हो। अगर तुम जानते ही होते कि तुम परमात्मा हो तो तुम यहां आते किसलिए? मैं जानता हूं कि तुम परमात्मा हो, तुम नहीं जानते कि तुम परमात्मा हो। मेरी तरफ से प्रणाम सच्चा था, तुम्हारी तरफ जाकर गलत हो जाता था; तुम कुछ का कुछ समझ लेते थे। मैं तो

परमात्मा को प्रणाम करता था; तुम समझते थे, तुम्हारे चरणों में प्रणाम अर्पित है। तुम्हारे अहंकार को बड़ी तृप्ति मिलती थी।

जिसने पूछा है, उसकी भी अड़चन यही है; अब उसके अहंकार को तृप्ति नहीं मिल रही होगी। आदमी अपने ही हिसाब से समझता है।

शहर में नौकरी कर रहे अपने लड़के का हाल-चाल देखने चौधरी गांव से आए। बड़े सवेरे पुत्रवधू ने पक्के गाने का अभ्यास शुरू किया। अत्यंत करुण स्वर में वह गा रही थी : 'पनियां भरन कैसे जाऊं? पनियां भरन कैसे जाऊं?' शास्त्रीय संगीत तो शास्त्रीय संगीत है; उसमें तो एक ही पंक्ति दोहराए चले जाओ : पनियां भरन कैसे जाऊं...। आधे घंटे तक यही सुनते रहने के बाद बगल के कमरे से चौधरी उबल पड़े और चिल्लाए : 'क्यों रे बचुआ, क्यों सता रहा है बहू को? यहां शहर में पानी भरना क्या शोभा देगा उसे? जा, आज ही कहारिन का इंतजाम कर।'

शास्त्रीय संगीतह्न'पनियां भरन कैसे जाऊं'ह्नलेकिन चौधरी की बुद्धि तो शास्त्रीय नहीं है। समझे कि बचुआ, उनका लड़का, बहू को सता रहा हैह्नकह रहा है, चल पानी भरने। वह बेचारी आधे घंटे से कह रही है, पनियां भरन कैसे जाऊं! और बंबई जैसा शहर, यहां जाएगी भी कहां पानी भरने! गांव की बात और।

समझ तो अपनी-अपनी है। मैं अपनी समझ से कहता था, तुम अपनी समझ से समझते थे। फिर वर्षों तक कहने के बाद मैंने देखा कि मेरे कहने से कुछ अंतर नहीं पड़ता। वे प्रणाम व्यर्थ चले जाते हैं, तुम तक पहुंचते नहीं। तुम अभी सोए हो। मैं तो फूल चढ़ा आता हूं, लेकिन तुम्हारी नींद में कहीं खो जाते हैं। तुम करवट भी नहीं लेते। उलटे, मेरे फूल तुम्हारी नींद के लिए और शामक दवा बन जाते हैं। मैं कह देता हूं तुम परमात्मा हो, तुम बड़े प्रफुल्लित होते हो। जागते नहीं।

अगर तुम समझदार होते तो तुम्हें चोट पड़ती, तुम रोतेह्नजब मैंने कहा था कि मैं तुम्हारे भीतर बैठे परमात्मा को प्रणाम करता हूं। तो तुम्हारी आंखों में आंसू झरते, तुम रोते! तुम कहते कि नहीं, ऐसा मत कहो; मैं पापी हूं। लेकिन तुम में से एक ने भी यह न कहा। मैं वर्षों तक कहता रहा। गांव-गांव घूम कर कहता रहा। किसी ने मुझसे आकर न कहा कि 'नहीं, आप ऐसा न कहें, मैं पापी हूं! मुझे परमात्मा न कहें।' कोई रोया नहीं। लोग मुझसे बार-बार कहते थे कि हृदय गदगद हो जाता है जब आप ऐसा कहते हैं।

यह चोट, मेरी तरफ से तो चोट थी, तुम समझे कि तुम्हारी पीठ सहला रहा हूं! मेरी तरफ से तो चोट थी कि तुम थोड़े जागो कि परमात्मा होकर और तुम क्या हो गए हो? क्या कर रहे हो? कहां भटके हो? लेकिन उस चोट का तो कोई परिणाम नहीं

होता था। तुम गदगद होते थे, उल्टा तुम्हारा अहंकार भरता था। परमात्मा की झलक तो अब भी वैसी ही है। उसके खोने का कोई उपाय नहीं। लेकिन देखा, औषधि तुम पर काम नहीं करती, जहर बन जाती है; रोक दी।

'या कि आपने वैसा कहना इसलिए बंद कर दिया कि लोग आपको भगवान कहने लगे?'

किसी ने मुझे भगवान कहा नहीं, मैंने ही घोषणा की। तुम कहोगे भी कैसे? तुम्हें अपने भीतर का भगवान नहीं दिखता, मेरे भीतर का कैसे दिखेगा? यह भ्रांति भी छोड़ दो कि तुम मुझे भगवान कहते हो। जिसे अपने भीतर का नहीं दिखा उसे दूसरे के भीतर का कैसे दिखेगा? भगवान की तो मैंने ही घोषणा की है। और यह खयाल रखना, तुम्हें कभी किसी में नहीं दिखा। कृष्ण ने खुद घोषणा की, बुद्ध ने खुद घोषणा की। तुम्हारे कहने से थोड़े ही बुद्ध भगवान हैं। तुम्हारे कहने से थोड़े ही कृष्ण भगवान हैं। दूसरे के कहने से तो कोई भगवान हो भी कैसे सकता है? यह कोई दूसरों का निर्णय थोड़े ही है। यह तो एकांत रूप से निज-घोषणा है। ऐसा मेरा अनुभव है। इसमें तुम्हारी गवाही की जरूरत नहीं। तुम्हारे वोट की जरूरत नहीं कि तुम वोट दो कि यह आदमी भगवान है या नहीं। उसके लिए राष्ट्रपति और प्रधानमंत्रियों को तुम तय करो।

भगवान तो एक स्व-स्फुरण है, एक आत्मप्रतीति है। तुम्हें भी जब होगी तब तुम्हें ही होगी। किसी के कहने से थोड़े ही तुम भगवान हो जाओगे। अंधे, जिनको अपना ही पता नहीं है, वे अगर तुम्हें भगवान भी कहें तो इससे थोड़े ही तुम भगवान हो जाओगे। उनकी समझ उतनी ही होगी जितनी उनकी समझ है।

एक दिन पत्नी मुल्ला नसरुद्दीन पर बहुत नाराज हो गई। नाराज होकर उसके ऊपर झपटी, तो मुल्ला भाग कर खाट के नीचे घुस गया। पत्नी चीख कर बोली: 'कायर निकल बाहर!'

मुल्ला ने कहा: 'क्यों निकलूं बाहर? मैं इस घर का स्वामी हूं, मेरी जहां मर्जी होगी वहीं बैठूंगा।'

यह किस भांति का स्वामित्व हुआ! खाट के नीचे छिपे बैठे हैं और कह रहे हैं: 'जहां मर्जी होगी वहां बैठेंगे! घर का स्वामी कौन है?'

तुम्हें अपने ही स्वामित्व का पता नहीं है, तुम मेरा निर्णय करोगे? तुम अपना ही कर लो, उतना ही काफी है।

नहीं, तुम्हारे कहने से भगवान नहीं हूं, न हो सकता हूं। यह मेरी उदघोषणा है। इसे दुनिया में कोई भी स्वीकार न करे, कोई फर्क नहीं पड़ता, मेरी उदघोषणा फिर भी खड़ी रहेगी। क्योंकि यह किसी के सहारे पर नहीं खड़ी है। मैं अकेला ही कहूं, एक भी व्यक्ति साथ देने को न हो, तो भी यह उदघोषणा खड़ी रहेगी। तुमसे सहारा मांगता

नहीं, क्योंकि तुमसे सहारा मांगा तो तुमसे डरूंगा। कल तुम सहारा खींच लो तो फिर? नहीं, तुम मेरी बैसाखी नहीं हो। मैं अपने पैरों पर खड़ा हूं। यह मेरा निजी वक्तव्य है। सही हो, गलत होऌवक्तव्य मेरा है और एकांतरूपेण निजी है।

अब यह बड़े मजे की बात हैः जब मैं तुमसे कहता था, तुम्हारे भीतर बैठे परमात्मा को प्रणाम करता हूं, तो तुममें से एक ने भी आकर मुझसे न पूछा कि हम परमात्मा नहीं हैं और प्रणाम करते हैं परमात्मा को? नहीं, तुमने बिलकुल स्वीकार किया। जब मैंने घोषणा की कि मैं परमात्मा हूं, तब बहुत पत्र मेरे पास आने लगे, बहुत लोग आने लगे कि यह आप कैसे कहते हैं? ये वे ही लोग थे। इनके भीतर बैठे परमात्मा को प्रणाम करता था तब इन्होंने कभी संदेह न उठाया और जब मैंने अपने भीतर बैठे परमात्मा की घोषणा की, तो इन्होंने संदेह उठाना शुरू कर दिया।

तुम अपने अहंकार के जाल को देखोगे? तुम्हारा अहंकार तुम्हें किस भांति ग्रसे हुए है!

मेरी यह घोषणा कि मैं भगवान हूं, वस्तुतः तुम्हारे लिए भी द्वार है कि तुम भी हिम्मत जुटाओ, तुम भी छलांग लो। यह तुम्हारे लिए अनुस्मरण है। यह तुम्हारे लिए स्मृति का एक उपाय है कि हड्डी-मांस-मज्जा में कोई व्यक्ति अगर परमात्मा हो सकता है तो तुम भी हो सकते हो।

बुद्ध तो गए, बहुत समय हुआ; आज भरोसा आता नहीं कि रहे होंगे न रहे होंगे। कहानी तो कहानी हो गई। जीसस गए, महावीर गए। आज कोई चाहिए, जो ठीक तुम जैसा है सब तरह सेऌहड्डी-मांस-मज्जा है, देह है, जवानी, बुढ़ापा, बीमारी, मौत है, ठीक तुम जैसा है सब तरह सेऌफिर भी किसी अलौकिक लोक में जीता है, किसी विभा से भरा है। एक अर्थ में ठीक तुम जैसा है और एक अर्थ में कहीं से पार हो गया है।

तुम्हारी आकांक्षा यह होती है कि भगवान अगर कोई व्यक्ति घोषणा करे तो वह बिलकुल तुम जैसा नहीं होना चाहिए। तो तुमने किताबें भी लिखी हैं, वे झूठी हैं।

जैन कहते हैं कि महावीर के पसीने में बदबू नहीं आती थीऌझूठ। क्योंकि महावीर का शरीर भी मनुष्य का शरीर है। मनुष्य के शरीर की ग्रंथियां जैसा काम करती हैं, महावीर का शरीर भी करेगा काम। जैन कहते हैं, महावीर को सांप ने काटा तो खून नहीं निकला, दूध निकला। या तो मवाद रही होगी, सफेद दिखाई पड़ गई होगी तो समझा कि दूध है। अब पैर में से अगर दूध निकले तो आदमी सड़ जाए। खून चाहिए, दूध से काम नहीं चलता। और शरीर में अगर दूध चल रहा हो तो आदमी कभी का मर जाए। एकाध जैन जाकर अस्पताल में कोशिश करवा ले, निकलवा दे खून बाहर और दूध चढ़वा दे। कितनी देर जीता है, देख ले! या कोई जैन मुनि कर दे।

जैन कहते हैं, महावीर पाखाना इत्यादि मल-मूत्र नहीं करते। ये सारी चेष्टाएं हैं यह सिद्ध करने की कि वे हमारे जैसे नहीं हैं। हमारे जैसे नहीं हैं तो फिर हम मान सकते हैं कि भगवान हैं। अगर हमारे जैसे हैं तो फिर हम कैसे मानें कि भगवान हैं?

मेरी सारी चेष्टा यही है कि मैं बिलकुल तुम जैसा हूं और फिर भी तुम जैसा नहीं हूं। अगर मैं बिलकुल तुम जैसा नहीं तो मुझसे तुम्हारे लिए कोई लाभ नहीं है। क्या करोगे तुम? अगर महावीर को संबोधि मिल गई तो मिल गई होगीह्नउनके शरीर में खून नहीं, दूध बहता था। तुम्हारे शरीर में तो नहीं बहता दूध, तुमको कैसे मिलेगी? तो महावीर बने ही इस ढंग से थे, पसीने में बदबू नहीं, खुशबू आती थी। तुम्हारे पसीने में तो बदबू आती है, खुशबू नहीं आती। कितने ही डियोडरेंट साबुन का उपयोग करो, पाउडर छिड़को, फिर भी बदबू आती है। तो तुम कैसे समाधिस्थ होओगे, तुम कैसे कैवल्य को उपलब्ध होओगे?

वही कथाएं बुद्ध और जीसस के बाबत और हरेक के बाबत गढ़ी गई हैंह्नसिर्फ एक बात सिद्ध करने के लिए कि वे मनुष्य नहीं हैं, परमात्मा हैं।

वे ठीक तुम जैसे मनुष्य थे। जैन तो कहते हैं, महावीर मलमूत्र नहीं करते; महावीर की मौत ही पेचिश की बीमारी से हुई। छह महीने तक दस्त लगे, उससे, बीमारी से मौत हुई। बुद्ध का प्राणांत विषाक्त भोजन करने से हुआ। कृष्ण पैर में तीर लगने से मरे। ये सारी घटनाएं लीपी-पोती जाती हैं और चेष्टा की जाती है इस तरह बताने की...लेकिन इस चेष्टा के कारण ही मनुष्य और परमात्मा का संबंध टूट जाता है। संबंध तो तभी हो सकता है जब परमात्मा कुछ तुम जैसा हो और कुछ तुम जैसा नहीं, तो संबंध जुड़ सकता है, तो सेतु बन सकता है।

एक हाथ से मैं तुम्हारा हाथ पकड़ सकता हूं, वह तुम्हारे जैसा है और दूसरे हाथ से तुम्हें एक यात्रा पर ले जा सकता हूं, वह हाथ परमात्मा का है। एक हाथ मैं तुम्हारे हाथ में दे सकता हूं और एक परमात्मा के हाथ में दिया है। यही सदगुरु का अर्थ है। अगर सदगुरु बिलकुल परमात्मा जैसा हो तो संबंध टूट जाएगा; अगर बिलकुल मनुष्य जैसा हो तो किसी काम का नहीं है।

सदगुरु सेतु होना चाहिएह्नएक हिस्सा पुल का इस किनारे पर टिका हो और एक हिस्सा पुल का उस किनारे पर टिका हो, तो ही सदगुरु तुम्हें पार ले जा सकेगा।

मेरी यह घोषणा कि मैं भगवान हूं तुम्हारे लिए सिर्फ जागने का एक मौका है। तुम्हें भगवान कहा था जगाने के लिए। वह काम न आई तरकीब। अब अपने को भगवान कह रहा हूं, वह भी तुम्हें जगाने के लिए। काम आ गई तो ठीक, अन्यथा कोई और तरकीब करेंगे।

तीसरा प्रश्न : आप तो जनक के गवाह हैं। क्या सच ही आत्मोपलब्धि पर यह भाव होता है : 'अहां अहं नमो मह्यं! मेरा मुझको नमस्कार! अहो!' क्या ऐसा भाव होता है सम्यक समाधि में?

ऐसा भाव होता नहीं, क्योंकि वहां तो सारे भाव खो जाते हैं, सब विचार खो जाते हैं। लेकिन जब समाधि से उतरती है चेतना वापस जगत में, तब ऐसा भाव होता है।

इसको ठीक से समझ लेना। ठीक निर्विकल्प समाधि में तो कोई भाव नहीं होताह्नवही तो निर्विकल्प होने का अर्थ है। सब भाव शून्य हो जाते हैं। लेकिन जब चेतना वापस उतरती है उस महालोक से, फिर लौटती है इस जगत में, मन में, देह में, संसार में; और जब चेतना चेष्टा करती है अभिव्यक्त करने का कि क्या हुआ, उस महालोक में क्या घटा, कौन सी प्रतीति हुई, कौन सा स्वाद मिलाह्नतब ऐसा भाव जरूर होता है : 'अहो अहं नमो मह्यं!' तब ऐसा भाव होता है कि धन्य हूं मैं! मेरे ही भीतर परमात्मा विराजमान है! मैं अपने ही चरण लगूं, ऐसा भाव होता है।

यह वचन बहुत अनूठा है! जनक का यह वचन अदभुत है। सिर्फ एक उल्लेख मिलता है रामकृष्ण के जीवन में कि उनका चित्र किसी ने लिया और जब चित्रकार चित्र लेकर आया तो रामकृष्ण अपने ही चित्र के सामने झुक कर उसके चरण छूने लगे। शिष्य तो समझे कि दिमाग इनका खराब हुआ। अब यह हद हो गई! यह भी पागलपन की हद है! किसी ने कहा भी कि 'परमहंसदेव, आप यह क्या कर रहे हैं? अपने ही चित्र का पूजन कर रहे हैं? नमन कर रहे हैं अपने ही चित्र को?' रामकृष्ण ने कहा : 'भली याद दिलाई। मैं तो भूल ही गया। यह तो समाधि का चित्र है। यह तो किसी भाव-दशा का चित्र है, मुझसे क्या लेना-देना? यह तो मैं अपनी समाधि को नमस्कार कर रहा हूं, और समाधि मेरी-तेरी थोड़े ही होती है, अपनीह्नतुम्हारी थोड़े ही होती है। समाधि तो समाधि है। समाधि को तो नमन करना होता है।'

तो जब सिद्ध उतरता है वापस जगत में और खबर देता है, तब ऐसे भाव पैदा होते हैं। ये भाव समाधि में पैदा नहीं होते, लेकिन समाधि को बांटना पड़ता है। समाधि अगर बंटे न तो समाधि नहीं।

महावीर बारह वर्ष तक मौन में रहे; फिर जिस दिन घटी घटना, भागे नगर की तरफ! जो छोड़ आए थे, वहीं भागे। भागे भीड़ की तरफ! जिससे पीठ मोड़ ली थी, उसी तरफ गए। जहां से विमुख हो गए थे, फिर वहां लौटे। अब घटना घट गई थी, अब बांटना था। फूल खिल गए थे, अब सुगंध फैलनी थी।

सोचता था मैंने जो नहीं कहा

वह मेरा अपना रहा, रहस्य रहा
अपनी इस निधि, अपने संयम पर
मैंने बार-बार अभिमान किया
पर हार की तक्षण धार है साल रही
मेरा रहस्य उतना ही रक्षित है
उतना भर मेरा रहा
जितना किसी अरक्षित क्षण में
तुमने मुझसे कहला लिया
जो औचक कहा गया, वह बचा रहा
जो जतन संजोया, चला गया।
यह क्या, मैं तुमसे या जीवन से
या अपने से छला गया!
जो औचक कहा गया, वह बचा रहा
जो जतन संजोया, चला गया!

इस जीवन में जो तुम बचाओगे वह खो जाएगा। जो तुम बांट दोगे, वह बच जाएगा। ऐसा अनूठा नियम है। जो दोगे, वही तुम्हारा रहेगा। जो सम्हाल कर रख लोगे, छिपा लोगेह्नसड़ जाएगा, कभी तुम्हारा न रहेगा।

इसलिए समाधि तो परम ध्यान है। जब फलता है तो बांटना पड़ता है। समाधि वही जो बंटे; न बंटे तो झूठ; कहीं कुछ भूल हो गई; कहीं कुछ नासमझी हो गई; कहीं कुछ का कुछ समझ बैठे। जब बादल जल से भरा हो तो बरसेगा, तो तृप्त कंठ पृथ्वी का होगा उसकी वर्षा से। जब दीया जलेगा तो रोशनी बिखरेगी।

जब भी समाधि लगती है किसी के जीवन में, फूल खिलता है तो बंटता है। सारे शास्त्र ऐसे ही जन्मे। शास्त्र का जन्म समाधि के बंटने के कारण होता है। शास्त्र और किताब का यही फर्क है। किताब आदमी लिखता है, चेष्टा करता है। शास्त्र समाधि से सहज निकसित होता है, कोई चेष्टा नहीं है, कोई प्रयास नहीं है। समाधि अपने आप शास्त्र बन जाती है। समाधि से निकले उपनिषद, निकले वेद, निकला कुरान, निकली बाइबिल, निकला धम्मपद। ये समाधि के क्षण से बंटे हैं।

समाधि का अर्थ है: तुमने पा लिया!

समाधि बंटना चाहती है, बंटती है। फिर भी जो कहना है, अनकहा रह जाता है। फिर भी जो बांटना था, बंट नहीं पाता। क्योंकि जो मिलता है निःशब्द में, उसे शब्द में लाना कठिन। जिसका अनुभव होता है निराकार में, उसे आकार देना कठिन। जिसे मौन में साक्षात्कार किया, उसे अभिव्यक्ति बनानी अत्यंत कठिन हो जाती है।

कन्हाई ने प्यार किया
कितनी गोपियों को कितनी बार
पर उंड़ेलते रहे अपना सारा दुलार
उस एक रूप पर जिसे कभी पाया नहीं,
जो कभी हाथ आया नहीं
कभी किसी प्रेयसी में उसी को पा लिया होता
तो दुबारा किसी को प्यार क्यों किया होता?
कवि ने गीत लिखे नये-नये बार-बार
पर उसी एक विषय को देता रहा विस्तार
जिसे कभी पूरा पकड़ पाया नहीं
जो कभी किसी गीत में समाया नहीं
किसी एक गीत में वह अट गया दिखता
तो कवि दूसरा गीत ही क्यों लिखता?

बुद्ध चालीस-ब्यालीस वर्षों तक बोलते रहेह्नप्रतिदिन, सुबह-सांझ। महावीर चालीस वर्षों तक समझाते रहे, घूमते रहे। कुछ था, जो कहना था। कहने की कोशिश की भरसक, अथक कोशिश की; फिर भी पाया कि पूरा अट नहीं पाता है, कुछ छूट जाता है, कुछ पीछे रह जाता है।

रवींद्रनाथ ने मरते वक्त कहा कि 'हे प्रभु, तू समय के पहले उठा ले रहा है। अभी तो मैं अपना साज बिठा पाया था, अभी गीत गाया कहां था?' छह हजार गीत वे गा चुके थे। 'अभी केवल साज बिठाया था। अभी तो यह तबला ठोंक-ठाक कर ठीक किया था, वीणा के तार कसे थेह्नऔर तूने उठा लिया, उठाने लगा? अभी असली गीत तो अनगाया रह गया है।'

मैंने सुना है, एक वाइसराय लखनऊ के एक नवाब के घर मेहमान था। नवाब ने शास्त्रीय संगीत का आयोजन किया। संगीतज्ञ आए। जैसे शास्त्रीय संगीतज्ञों की आदत होती है, तबला ठोंकने लगे, वीणा कसने लगे। जब तक वे इंतजाम कर रहे थे, साज-सामान बिठा रहे थे, नवाब ने वाइसराय से पूछा: 'आपको कैसा संगीत प्रिय है?' वाइसराय ने सौजन्यतावश सोच कर कि यही संगीत हो रहा है, अब इसमें...उसने कहा, यही संगीत प्रिय है। उसे कुछ पता भी नहीं था कि संगीत में अब उत्तर क्या दे? उसने कहा कि यही संगीत प्रिय है। नवाब ने कहा: 'तो फिर यही चलने दो।' तीन घंटे तक यही चला। तबला कसा जा रहा, वीणा कसी जा रही और वाइसराय सौजन्यतावश सुन रहा है। और नवाब अपना सिर ठोंक रहा है कि अब क्या करो। इसको यही पसंद है तो यही चलने दो।

रवींद्रनाथ ने कहा: 'अभी तो मैं अपना साज-सामान बिठा पाया था और तू मुझे वापस बुलाने लगा! गीत गाने की कोशिश की थी, अभी गीत गाया कहां!'

कोई महाकवि कभी नहीं गा पाया। कोई महापुरुष कभी नहीं कह पाया, जो कहना था। कुछ न कुछ छूट जाता है। कुछ न कुछ बात अधूरी रह जाती है। कारण है। कारण ऐसा है कि जो मिलता है वह तो मिलता है आत्मा के लोक में; फिर उसे मन में लाना बड़ा कठिन हो जाता है। मन बड़ा छोटा है। आत्मा है आकाश जैसी। मन है तुम्हारे घर के आंगन जैसा। इसमें इस विराट आकाश को भर लेना कठिन है, असंभव है। फिर जो मन में भी जो थोड़ा-बहुत आ जाता है, उसको शरीर से बोलना है—फिर और अड़चन आ गई। फिर और क्षुद्र में प्रवेश करना है। नहीं, यह हो नहीं पाता। थोड़ी-बहुत बूंदें आ जाती हों, बरस जाती हों तुम पर तो बहुत; सागर तो घुमड़ता रह जाता है। लेकिन थोड़ी सी बूंदें भी काफी हैं—सागर का स्मरण दिलाने को। थोड़ी सी बूंदें भी पर्याप्त हैं बोध के लिए; इशारा तो मिल जाता है। सूरज की एक किरण तुम पकड़ लो तो सूरज की राह तो मिल जाती है; उसी किरण के सहारे तुम सूरज तक पहुंच सकते हो।

भाव तो तभी उठते हैं जब उन्हें प्रकट करने का सवाल आता है। अनुभूति के क्षण में न कोई विचार है न कोई भाव है।

चौथा प्रश्न: हम बहुत पुराने हो गए हैं। जब कभी नये के प्रादुर्भाव का क्षण आता है, हमारे गात शिथिल हो जाते हैं, हाथ में से गांडीव गिरने लगता है और हम भय से कांपने लगते हैं। हम चाहते तो हैं कि नये का जन्म हो, लेकिन भय का अंधकार हमें घेर लेता है और हम किंकर्तव्यविमूढ़ हो जाते हैं। कृपा पूर्वक समझाएं कि नये के स्वागत के लिए कैसी चित्त-दशा चाहिए और कैसी दृष्टि?

पहली तो बात, पुराने से तुम अभी ऊबे नहीं हो; कहीं कुछ रस लगाव बाकी रह गया है; कहीं कुछ गठबंधन बाकी रह गया है। तो पहली तो बात यह है कि पुराने को ठीक से देख लो, ताकि पुराने से संबंध छूट जाए। तुम पुराने को पकड़े-पकड़े नये का स्वागत करना चाहोगे, नहीं हो पाएगा। पुराना तुम्हें डराएगा; क्योंकि पुराने का न्यस्त स्वार्थ है कि नये को न आने दिया जाए, अन्यथा पुराना निकाल दिया जाएगा। तो पुराना तो नये के विरोध में है। और अगर तुम पुराने से अभी भी ऊब नहीं गए हो, थक नहीं गए हो, अगर तुमने पुराने की निस्सारता नहीं देख ली है तो वह तुम्हें नये को स्वीकार न करने देगा।

मेरे पास लोग आते हैं। वे कहते हैं कि हमें ध्यान सीखना है, ध्यान करना है; वैसे हम बीस वर्ष से ध्यान कर रहे हैं। मैं उनसे पूछता हूं, बीस वर्ष से ध्यान कर रहे हो, कुछ मिला? वे कहते हैं, हां काफी शांति मिली, काफी सुख मिला। मैं उनके चेहरे को देखता हूं, वहां न कोई सुख है न कोई शांति है। उनके भीतर देखता हूं, वहां मरुस्थल है। कहीं हरियाली नहीं है, कोई मरूद्यान नहीं है। कोई घूंघर बजते हुए नहीं सुनाई पड़ते। फिर भी मैं उनसे कहता हूं कि 'फिर से सोच कर कहें। जो करते रहे हैं, अगर उससे शांति और आनंद मिल रहा है तो मेरे पास क्यों आए? उसे जारी रखें। मैं तुम्हारे शांति, आनंद को नहीं तोड़ूंगा, विघ्न नहीं डालूंगा। मैं तुम्हारा दुश्मन थोड़े ही हूं।'

तब वे कहते हैं कि 'नहीं, ऐसा कुछ खास नहीं मिल रहा है। बस ऐसा ही है, मतलब ज्यादा अशांति नहीं है।' अब वे यह नहीं कहते कि शांति है; अब वे कहते हैं, ज्यादा अशांति नहीं है। मैं उनसे कहता हूं, 'तब भी कुछ हो तो रहा है। और यह तो लंबी प्रक्रिया है। बीस वर्ष कुछ बहुत वक्त नहीं, बीस जन्मों में भी हो जाए तो बहुत। आप ठीक रास्ते पर चल पड़े हैं, अब क्यों मुझे और परेशान करते हैं! चलते रहें!'

तब उनको लगता है कि अगर उन्होंने स्पष्ट बात नहीं कही तो मुझसे संबंध न बनेगा। वे कहते हैं कि अब आप जोर ही डालते हैं तो साफ ही बात कह देते हैं कि कुछ नहीं हुआ।

'तो इतनी देर क्यों खराब की?'

मनुष्य का मन यह भी मानने को राजी नहीं होता कि जो काम मैं बीस वर्ष से कर रहा था, उससे कुछ नहीं हुआ। इससे अहंकार को चोट लगती है: 'तो इसका मतलब कि बीस साल मैं मूरख, बीस साल मैं नासमझ था?' यह तो मानना पड़ेगा न! तो अहंकार यह मानने को कभी राजी नहीं होता कि मैंने जो किया वह व्यर्थ गया। वह कहता है कि नहीं, कुछ-कुछ तो हो रहा है। हो भी नहीं रहा है; अगर हो रहा होता तो फिर नये की कोई जरूरत नहीं। अगर पुराने में सार है तो नये की जरूरत क्या है? कोई नये को लेकर क्या करोगे? सार असली बात है।

तो पहली बात तो यह देख लेना जरूरी है कि पुराने में सार है? अहंकार को बीच में मत आने देना। साफ-साफ देख लेना। तुम हिंदू हो, हिंदू होने से कुछ मिला? मुसलमान हो, मुसलमान होने से कुछ मिला? जैन हो, जैन होने से कुछ मिला?

अभी चार दिन पहले एक महिला ने आकर कहा... यूरोप से आई है और कहा कि मैं तो जीसस की अनुयायी हूं और जीसस के अतिरिक्त मेरा कोई और गुरु हो नहीं सकता। मैंने कहा: 'बिलकुल ठीक बात है। जरूरत भी क्या है? एक गुरु काफी है। एक गुरु ही मोक्ष पहुंचा देता है, दो की जरूरत क्या है?' तू यहां आई क्यों, मैंने उससे पूछा। वृद्ध महिला है। आने की कोई जरूरत ही न थी। गुरु तुझे मिल गए।

वह जरा हैरान हुई, क्योंकि वह आई तो इसीलिए है। अब मजा यह है कि वह सीखना भी मुझसे चाहती है, लेकिन अपने पुराने ढांचे को छोड़ना भी नहीं चाहती। तो मैंने कहा कि मेरे द्वार बंद। जब जीसस के द्वार तेरे लिए खुले हैं तो पर्याप्त है, जहां हम ले जाएंगे, वहीं जीसस तुझे ले जाएंगे। तू उसी रास्ते से चल।

उसने कहा : 'अब जीसस को तो मरे दो हजार साल हो गए। अब उनसे तो मैं पूछने जाऊं कहां?' तो फिर मैंने कहा : 'मुझसे पूछना हो तो उनको छोड़ो। फिर इतनी हिम्मत करो। मुर्दा को छोड़ो!'

आदमी अहंकार के कारण बड़े उपद्रव में पड़ा है। वह बोली कि यह तो कैसे हो सकता है? मैं कैथोलिक ईसाई हूं और बचपन से ही ईसाई धर्म को मैंने माना है।

मैंने कहा : मानो! मैं अभी भी मना नहीं करता। मैं किसी धर्म के विपरीत हूं ही नहीं। अगर तुम्हें कुछ हो रहा है, तुम्हारे जीवन में फूल खिल रहे हैं, मेरा आशीर्वाद! खूब फूल खिलें। मैं कहता नहीं कुछ, लेकिन तुम्हीं अपने आप आई हो और खबर दे रही हो कि फूल नहीं खिले हैं, अब तक की ईसाइयत काम नहीं आई है। मैं यह भी नहीं कहता कि ईसाइयत गलत है। मैं इतना ही कह रहा हूं कि तुम्हारे काम नहीं आई है, तुमसे मेल नहीं बैठा है। इस सत्य को तो देखो! इस सत्य को देखे बिना कैसे नये का अंगीकार होगा? पुराने से साफ-साफ निपटारा कर लेना चाहिए।

नये के स्वागत के पूर्व पुराने को विदा करो। पुराना घर में बैठा रहे और नये का तुम स्वागत करने जाओगे, पुराना उसे अंदर न आने देगा। क्योंकि पुराना बीस साल, तीस साल, चालीस साल, पचास साल रह चुका है। इतनी असानी से कोई अपना स्थान नहीं छोड़ता। बड़ी जद्दोजहद होगी। तुम पहले पुराने को अलविदा कहो।

एक ही बात खयाल रखो कि हुआ है पुराने से कुछ? तो कोई जरूरत नहीं नये के साथ जाने की, क्योंकि नये-पुराने से क्या लेना-देना? सत्य कोई नया होता कि पुराना होता? सत्य तो बस सत्य है। अगर तुम्हारे जीवन में सार की वर्षा हुई है, अमृत का झरना बहा है तो कितने ही प्राचीन के कारण हुआ हो, हो गया! तुम धन्यभागी हो, नाचो, उत्सव मनाओ! नहीं हुआ तो हिम्मत जुटाओ, पुराने को विदा करो। पुराने की विदा प्रथम चरण है नये के स्वागत के लिए।

लेकिन तुम हो चालाक। तुम हो हिसाब लगाने वाले। तुम सोचते हो : 'पुराना भी बना रहे, नये में भी कुछ सार हो तो इसको भी हथिया लो।' यह नहीं होता। इससे तुम्हारी दुविधा बढ़ेगी। दो नाव पर कभी सवार मत होना, अन्यथा टूटोगे और मरोगे। दो घोड़ों पर सवार मत हो जाना, अन्यथा प्राण गंवाओगे। पुराने और नये का साथ-साथ हिसाब मत बांधना।

मंत्र धुंधवाए हवन के
दर्द अकुराए चमन के
बोल सांसों को मलय
वातास दूं लाकर कहां से?

देख चारों ओर फैले
सर्प क्षितिजों पर विषैले
बोल पंखों को खुला
आकाश दूं लाकर कहां से?

नाम लहरों ने मिटाए
सब घरौंदे खुद ढहाए
बोल सपनों को नए
रनिवास दूं लाकर कहां से?

पुराने को गौर से तो देखो! कुछ भी नहीं है वहांह्नराख है। सपने ही हैंह्नऔर वे भी खंडित।

पुराने का सत्य ठीक-ठीक स्पष्ट हो जाए कि वहां कारागृह है, आकाश नहीं है; तुम बंधे हो, मुक्त नहीं हुए; तुम्हारे जीवन में जंजीरें पड़ गई हैं, स्वातंत्र्य नहीं आया। अगर यह तुम्हें साफ हो जाए, पुराना तुम्हें अगर कारागृह की तरह दिखाई पड़ने लगेह्नऔर ध्यान रखना, जिससे भी जीवन में सार नहीं आए, वही कारागृह बन जाता हैह्नतो फिर नये के स्वागत की तैयारी हो सकती है। नये के स्वागत की तैयारी तभी हो सकती है जब तुम्हें दिखाई पड़ने लगे कि अब तक जिन मार्गों को मान कर चला, उनसे पहुंचा नहीं, सिर्फ भटका।

कोल्हू के बैल की तरह लोग हो गए हैं।

मैंने सुना है, एक तर्कशास्त्री एक तेली के घर तेल लेने गया। वह बड़ा हैरान हुआह्नतर्कशास्त्री था! उसने देखा कि तेली तेल बेच रहा है और उसकी ठीक पीठ के पीछे कोल्हू चल रहा है; कोई चला नहीं रहा, बैल खुद ही चल रहा है। वह बहुत हैरान हुआ। उसने कहा कि तेली भाई, यह मुझे बड़े विस्मय में डालती है बात, क्योंकि बैल तो मारे-मारे नहीं चलते, यह तुम धार्मिक बैल कहां से पा गए? ये तो सतयुग में हुआ करती थीं बातें, यह कलियुग चल रहा है। और यह सतयुगी बैल तुम्हें कहां से मिल गया? यह अपने आप चल रहा है; न कोई कोड़ा फटकारता है, न कोई पीछे मारता है!

उस तेली ने कहा कि यह अपने आप नहीं चल रहा है, चलाया जा रहा है। उसके पीछे तरकीब है। आदमी की बुद्धि क्या नहीं कर सकती!

उस तर्कशास्त्री ने कहा कि मैं जरा तर्क का विद्यार्थी हूं, मुझे तुम समझाओ कि क्या मामला है? तो उसने कहा : ऋदेखते हैं बैल के गले में घंटी बांध दी है! बैल चलता रहता है, घंटी बजती रहती है। तो मुझे घंटी सुनाई पड़ती रहती है। जब तक बैल चलता है, घंटी बजती रहती है। जैसे ही घंटी रुकी कि मैं उठा और मैंने बैल को लगाई चोट। तो बैल को यह कभी पता ही नहीं चलता कि पीछे मालिक नहीं है। इसमें देर नहीं होती; घंटी रुकी कि मैंने कोड़ा मारा। तो बैल चलता रहता है, घंटी बजती रहती है। आंख पर पट्टियां बांध दी हैं। तो बैल को कुछ दिखाई तो पड़ता नहीं कि मालिक कहां है।ख्र

तर्कशास्त्री तर्कशास्त्री था। उसने कहा : 'और ऐसा भी तो हो सकता है कि बैल खड़ा हो जाए और सिर हिला कर घंटी बजाए।'

उस तेली ने कहा : 'महाराज, जोर से मत बोलो, बैल न सुन ले! तो और यह कहां की झंझट आप आ गए! अभी तक बैल ने ऐसा किया नहीं। धीरे बोलो! और दुबारा इस तरफ इस तरह की बात मत करना।'

जिनके तुम बैल होह्लकोई हिंदू, कोई मुसलमान, कोई ईसाई, कोई जैन, कोई बौद्ध; जिन पंडित-पुरोहितों के तुम बैल हो, जिन्होंने तुम्हारे गले में घंटी बांधी हैह्लवे तुम्हें सुनने न देंगे नये की बात। वे अटकाव डालेंगे। उन्होंने तुम्हारी आंख पर पट्टियां बांधी हैं। उन्होंने सब भांति इस तरह इंतजाम किया है कि तुम अंधे की तरह जीयो और अंधे की तरह मर जाओ। अगर तुम्हें यह सत्य दिखाई पड़ गया, तो ही नये का स्वागत संभव है।

सत्य नये और पुराने का कोई संघर्ष नहीं हैह्लसत्य और असत्य का संघर्ष है। असत्य अगर तुम्हारे जीवन में साफ-साफ दिखाई पड़ गया कि असत्य है, फिर तुम सत्य के लिए द्वार खोल कर, बाहें फैला कर आलिंगन करने को तत्पर हो जाओगे।

हां, बहुत दिन हो गए घर छोड़े
अच्छा था मन का अवसन्न रहना
भीतर-भीतर जलना, किसी से न कहना
पर अब बहुत ठुकरा लिए पराई गलियों के अनजान रोड़े
नहीं जानता कब कौन संयोग
ये डगमग भटकते पग
फिर इधर मोड़े या न मोड़े
पर हां, मानता हूं कि जब तक पहचानता हूं
कि बहुत दिन हो गए घर छोड़े।

अगर तुम्हें इतनी स्मृति आने लगे कि घर छोड़े बहुत दिन हो गए, भटक लिए बहुत, चल लिए बहुत, घर मिलता नहींह्नतो शायद नये स्वर, सत्य का नया रूपांतरण तुम्हारे लिए आकर्षण बन जाए।

स्वभावतः, पुराने के साथ सुविधा है, क्योंकि पुराने के साथ भीड़ है। नये के साथ सुविधा नहीं है, क्योंकि नये के साथ भीड़ कभी नहीं होती। जब बुद्ध थे तो भीड़ उनके साथ न थी; अब भीड़ उनके साथ है। अभी मैं हूं तो भीड़ मेरे साथ नहीं है। दो हजार साल बाद तुम आना और देखना, भीड़ तुम मेरे साथ पाओगे; लेकिन तब वह बेकार होगी, तब मैं पुराना हो चुका होऊंगा। तब दो हजार साल में मेरी बातों पर खूब धूल जम चुकी होगी और पंडित-पुजारियों ने उसके सब अर्थ विकृत कर दिए होंगे। तब तुम भीड़ को पाओगे। लेकिन तब किसी अर्थ की न रह जाएगी।

सत्य को बार-बार नया-नया आना पड़ता है, क्योंकि पंडित-पुजारी उसको सदा व्यर्थ कर देते हैं, खराब कर देते हैं। सत्य जब भी आता है तो कुछ लोग उसके दावेदार हो जाते हैं और उस दावे का लाभ उठाने लगते हैं। यह स्वाभाविक है। यह होता रहा है। ऐसा होता रहेगा। इसे बदलने का कोई उपाय नहीं। तुम ही समझ लो, बस इतना काफी है।

पुराने के साथ भीड़ है, पुराने के साथ साख है। अब मेरी बात तो नई है। अगर तुम वेद की बात मानोगे तो पांच हजार साल पुरानी है। और अगर तुम वेद के पंडित से पूछो तो वह कहता है, नब्बे हजार साल पुरानी है। इसलिए सभी धर्मगुरु अपने धर्म को बहुत पुराना सिद्ध करने की कोशिश करते हैं, क्योंकि जितनी पुरानी दूकान, उतनी ही पुरानी साख। और जब इतने दिन तक दूकान चलती रही तो कुछ होगा, मालमत्ता कुछ होगा; नहीं तो कैसे चलती? कोई ऐसे कोरे दूकान चलती है, बिना बेचे कहीं कुछ इतने दिन तक चल सकती है? कहीं कुछ होगा सत्व!

इसलिए हर धर्म सिद्ध करता है कि हमारी दुकान पुरानी है। जैन कहते हैं कि हमारा धर्म हिंदुओं से भी ज्यादा पुराना है। वे भी प्रमाण जुटाते हैं कि ऋग्वेद में उनके प्रथम तीर्थंकर का नाम है; आदिनाथ का, ऋषभदेव का नाम है। निश्चित है कि ऋग्वेद ऋषभदेव से पुराना नहीं। एक बात तो पक्की हो गई। और नाम बड़े आदर से लिया गया है। तो जैन कहते हैं कि इतना आदर समसामयिक व्यक्ति के प्रति होता ही नहीं। इतने आदर से तो नाम तभी लिया जाता है जब ऋषभदेव को हजार दो हजार साल बीत गए हों। आदमी ऐसे मरे-मराए हैं कि मरों को ही पूजते हैं। तो दो हजार साल, तीन हजार साल पुराना नाम होना चाहिए ऋग्वेद से। ऋग्वेद में उल्लेख है तो ऋषभदेव का नाम तीन हजार साल पुराना कम से कम होना चाहिए। तब कहीं इतना

आदर लोग कर पाते हैं। जिंदा का कहीं कोई आदर करता है? जिंदा से तो लोग डरते हैं। जिंदा से लोग बचते हैं। आदर की बात दूर, निंदा करते हैं, विरोध करते हैं। हां, समय बीत जाता है, तब पूजा शुरू हो जाती है।

तो जैन सिद्ध करते हैं, उनका धर्म पुराना है। हिंदू सिद्ध करते हैं, उनका धर्म पुराना है। सब अपनी-अपनी तरकीब खोजते हैं कि दूकान हमारी बड़ी पुरानी है, इतने लंबे दिनों से चली आई है! क्यों? क्योंकि पुराने के साथ प्रतिष्ठा हो जाती है। जितनी लंबी परंपरा उतनी प्रतिष्ठित हो जाती है। फिर यह सवाल उठने लगता है कि जब इतने करोड़-करोड़ लोगों ने इतने हजारों-हजारों वर्ष तक माना है कुछ, तो सच होगा ही।

भीड़...भीड़ दो तरह से जुटाई जाती है। एक तो भीड़ राजनीतिज्ञ जुटाता है। राजनीतिज्ञ भीड़ जुटाता है समसामयिक, कंटेम्परेरी; जैसे अभी कार्टर जीत गया, फोर्ड हार गए, तो कार्टर ने सिद्ध कर दिया कि भीड़ मेरे साथ है, मौजूदा भीड़ मेरे साथ है, फोर्ड के साथ नहीं। यह समसामयिक हिसाब है राजनीति का। धर्म भी भीड़ जुटाते हैं, लेकिन दूसरे ढंग सेह्नवे जुटाते हैं पीछे की तरफ : पांच हजार साल से भीड़ हमारे साथ है; जोड़ो, कितने लोग! पचास हजार साल से भीड़ हमारे साथ है; जोड़ो, कितने लोग! अरबों-खरबों लोग हमारे साथ रहे हैं, गलत हो सकते हैं? नहीं, कैसे गलत हो सकते हैं? इतने लोग धोखा खा सकते हैं? एकाध को धोखा दे लो, दो-चार को धोखा दे लो, अरबों-खरबों को धोखा दे पाओगे?

बात कुछ और ही है। भीड़ के पास सत्य कभी नहीं होता। सत्य तो कभी विरलों के पास होता है। भीड़ तो सदा असत्य से जीती है। भीड़ सत्य चाहती ही नहीं। भीड़ के लिए असत्य बड़ा शुभ है, सुंदर है। असत्य भीड़ को बदलने से बचाता है, सुरक्षा करता है; तुम जैसे हो, ठीक हो। सत्य तो तिलमिलाता है। सत्य तो जलाता है, तोड़ता है, काटता है, खंड-खंड कर देगा। तुम जैसे हो, इसमें क्रांति उमगेगी। तो सत्य तो भीड़ कभी मानती नहीं। सत्य तो कभी विरले लोगों के पास होता है, कभी एकाध...। लेकिन तब वह नया होता हैह्ननये होने के कारण समादृत नहीं होता। जब तक पुराना होगा, तब तक असत्य हो जाएगा। समय की धार सत्य को असत्य कर जाती है।

तो पहले तो तुम ठीक से समझ लेना कि पुराने को तुम पकड़े क्यों हो? पुराने का ठीक विश्लेषण कर लेना। जैसे-जैसे विश्लेषण स्पष्ट होने लगेगा, अपने आप पुराना गिरेगा। तुम तैयार हो जाओगे नये के स्वागत को। क्योंकि नया जीवन है, नया परमात्मा है। नया होना ही सत्य का ढंग है। सत्य चिरनवीन है।

पुराने शब्द होते हैं; सत्य नहीं। पुराने शास्त्र हो जाते हैं; सत्य का अनुभव नहीं, समाधि नहीं। और जो सत्य के साथ होना चाहे उसे थोड़ी हिम्मत तो चाहिए, साहस

तो चाहिए। उसे भीड़ से अन्यथा चलना होगा। लोग हंसेंगे। लोग आलोचना करेंगे। लोग मजाक उड़ाएंगे। लोग मजाक उड़ाते ही इसीलिए हैं, ताकि तुम्हारी हिम्मत भी न हो नये के साथ जाने की। और लोग मजाक इसलिए भी उड़ाते हैं, आलोचना इसलिए भी करते हैं; क्योंकि वे खुद भी डरे हुए हैं कि अगर इस तरह सुविधा दी लोगों को जाने की तो उनका पुराना ढांचा बिखर जाएगा। पुराने ढांचे के साथ बड़े न्यस्त स्वार्थ जुड़ गए हैं। नये के साथ तुम अकेले हो जाओगे, अकेले होकर डर लगेगा, तुम कंपोगे।

अब कोई व्यक्ति मेरा संन्यासी हो जाता है तो वह खतरा ले रहा है। सिर्फ हिम्मतवर लोग, दुस्साहसी लोग ही खतरा ले सकते हैं। क्योंकि सब तरह की अड़चन उसे आएगी; जहां जाएगा, मुश्किल में पड़ेगा।

एक मित्र ने संन्यास लिया। उनकी पत्नी मेरे पास आई। उसने कहा कि इनको अगर संन्यासी ही होना है तो पुराने ढब के हो जाएं, कम से कम आदर-प्रतिष्ठा तो रहेगी। वह घर से छोड़ने को राजी है पति को, मगर कहती है कि 'कम से कम पुराने ढंग के हो जाएं, चले जाएं छोड़ कर, मैं बच्चों को सम्हाल लूंगी। मगर यह आपका संन्यास तो बड़ा खतरनाक है।'

मेरे संन्यास में पति घर छोड़ कर नहीं जा रहा है; पत्नी की फिकर रखेगा, नौकरी जारी रखेगा, बच्चों की चिंता करेगा। तो भी पत्नी कहती है: 'नहीं! कि यह नहीं चलेगा। ये पुराने ढंग के हो जाएं, जाएं हिमालय! उससे हम राजी हैं, कम से कम लोग यह तो कहेंगे कि संन्यास लिया, समादर तो मिलेगा। अभी तो लोग कहते हैं, ये भ्रष्ट हो गए।'

पति को छोड़ने को राजी है, पति के बिना जीने को राजी है! अहंकार का कैसा मजा है! लेकिन भ्रष्ट हो गए, इससे चोट लगती है। कहने लगी कि अगर ढंग से संन्यास लेतेह्नवे जैन हैंह्नतो शोभायात्रा निकलती; दूर-दूर से लोग रिश्तेदार इकट्ठे होते; पूजा-प्रतिष्ठा होती।

वह सोच रही है कि वह बड़ी गहरी बातें कह रही है। वह इतना ही कह रही है कि अहंकार पर कुछ और फूलमालाएं चढ़ जातीं। सह लेते दुख इनको छोड़ने का, मगर प्रतिष्ठा तो बनी रहती। मगर यह तो बड़ा उपद्रव कर लिया। अब जहां जाओ, वहीं मुसीबत है।

मेरा संन्यास तो अड़चन में डालेगा। और संन्यास ही क्या जो अड़चन में न डाले! क्योंकि उसी अड़चन से, चुनौती से तो तुम्हारे जीवन का विकास होगा। उसी चुनौती पर तो धार रखी जाएगी। उसी पर तो तुम्हारी तलवार में धार आएगी। लोग हंसेंगे, विरोध करेंगे। लोग कहेंगे: यह भी कोई संन्यास है! हजार आलोचना करेंगे, विवाद करेंगे। और फिर भी तुम डटे रहे तो तुम्हारे जीवन में कुछ बल पैदा होगा।

पुराने ढंग का संन्यास तो अब कूड़ा-कचरा है! अहंकार की पूजा उससे हो जाएगी, लेकिन सत्य का कोई अनुभव न होगा। क्योंकि अहंकार से बड़ी और कोई बाधा नहीं है सत्य के अनुभव में।

आखिरी प्रश्न : आपने कहा कि कर्म करते हुए कर्ता-भाव नहीं रखना है और जो होता है उसे होने देना है। इस हालत में कृपया बताएं कि मनुष्य फिर कर्तव्य और अकर्तव्य का निर्णय कैसे करे?

जो हो सहज, वही कर्तव्य है। जो करना पड़े जबरदस्ती, वही अकर्तव्य है। तुम चौंकोगे, क्योंकि तुम्हारी परिभाषा ठीक उलटी है। तुम तो कर्तव्य उसी को कहते हो जो मजबूरी में करना पड़ता है। बाप बीमार है, पैर दबा रहे हैंह्लतुम कहते हो, कर्तव्य कर रहे हैं। कर्तव्य कर रहे हैंह्लमतलब कि ज्ञमरो भी! या ठीक हो जाओ, कर्तव्य तो न करवाओ। अब यह किन पापों का फल भोग रहे हैं, कि अभी फिल्म देखने गए होते, कि क्लब में नाच हो रहा है, कि रोटरी क्लब की बैठक हो रही है, और अब यह बाप के पांव दबाने पड़ रहे हैं! किसने तुमसे कहा था कि हमको जन्म दो?ह्व ये सब विचार उठ रहे हैं।

कर्तव्य का मतलब तुम समझते हो? कर्तव्य का मतलब है : जिसे तुम करना नहीं चाहते और करना पड़ता है। तुम किसी स्त्री के प्रेम में पड़ जाते हो, तब तुम यह तो नहीं कहते कि यह कर्तव्य है। तब तुम कहते हो : प्रेम! लेकिन जब तुम मां को देखने जाते हो तो कहते हो, कर्तव्य है। तुम अपनी प्रेयसी से मिलने जाते हो, तब तुम नहीं कहते कि कर्तव्य; यद्यपि जब तुम घर लौटते हो पत्नी से मिलने, तब कहते हो, कर्तव्य है। जो करना पड़े...।

मुल्ला नसरुद्दीन एक दिन घर आया और उसने देखा कि उसका मित्र उसकी पत्नी को चूम रहा है। वह एकदम सिर ठोक कर खड़ा हो गया। उसने कहा : 'मुझे तो करना पड़ता है, तू क्यों कर रहा है?' उसे भरोसा ही न आया।

कर्तव्य का अर्थ ही है : नहीं करना था, फिर भी करना पड़ा। मन से नहीं किया, हृदय से नहीं कियाह्नयह कोई कर्तव्य हुआ? तुम्हारा 'कर्तव्य' तो गंदा शब्द है। तो मैं तो तुमसे कहता हूं : वही करना, जो सहज हो। धोखा मत देना। अगर पैर न दबाने हों पिता के तो क्षमा मांग लेना; कहना कि भाव नहीं उठता, झूठ न करूंगा। हां, सहज उठता हो भाव, तो ही दाबना। मैं मानता हूं कि तुम्हारे पिता भी प्रसन्न होंगे, क्योंकि मेरा यह अनुभव है कि अगर तुम जबरदस्ती पिता के पैर दाब रहे हो तो पिता प्रसन्न नहीं

होते। जबरदस्ती से कोई प्रसन्नता कहीं नहीं फलती। जब तुम्हीं प्रसन्न नहीं हो तो तुम्हारे हाथ की ऊर्जा और गर्मी और तुम्हारे हाथ की तरंग-तरंग कहेगी कि तुम जबरदस्ती कर रहे हो; कर रहे हो, ठीक है! करना पड़ रहा है। उधर पिता भी पड़े देख रहे हैं कि ठीक है! मजबूरी है तो कर रहे हो। न तुम प्रसन्न हो, न पिता प्रसन्न हैं। न तुम आनंदित हो, न तुम उन्हें आनंदित कर पाते हो।

जो आनंद से पैदा नहीं होता, वह आनंद पैदा कर भी नहीं पाता। आनंद से बहेगी जो धार, उसी से आनंद फलता है। तो तुम कह देना साफ; भीतर कुछ, बाहर कुछ मत करना। बाहर पैर दाब रहे हैं और बड़े आज्ञाकारी पुत्र बने बैठे हैं और भीतर कुछ और सोच रहे हैं, विपरीत सोच रहे हैं, क्रोधित हो रहे हैं। सोच रहे हैं, समय खराब हुआ; विश्राम कर लेते, वह गया। लेकिन तुम अपने साथ झूठ हो रहे हो और तुम पिता के सामने भी सच नहीं हो। मैं नहीं कहता, ऐसा कर्तव्य करो। मैं कहता हूं, तुम क्षमा मांग लेना। कहना कि क्षमा करें।

ऐसा बचपन में मेरे होता था। मेरे दादा थे, उनको पैर दबवाने का बहुत शौक था। वे हर किसी को पकड़ लेते कि चलो, पैर दाबो। कभी-कभी मैं भी उनकी पकड़ में आ जाता। तो कभी मैं दाबता, जब मेरी मौज में होता; और कभी मैं उनसे कह देता, क्षमा करें, अभी तो भीतर मैं गालियां दूंगा। दबवाना हो दबवा लें, लेकिन मैं दाबूंगा नहीं। यह कर्तव्य होगा। अभी तो मैं खेलने जा रहा हूं।

धीरे-धीरे वे समझे। एक दिन मैंने सुना, वे मेरे पिता से कह रहे थे कि जब यह मेरे पैर दाबता है तो जैसा मुझे आनंद मिलता है, कभी नहीं मिलता। हालांकि यह सदा नहीं दाबता। मगर जब यह दाबता है तो इस पर भरोसा किया जा सकता है कि यह दाब रहा है और इसे रस है। कभी-कभी तो यह बीच दाबते-दाबते रुक जाता है और कहता है, बस क्षमा...।

'क्यों भाई, क्या हो गया, अभी तो तू ठीक दाब रहा था।'

'बस, अब बात खतम हो गई, अब मेरा इससे आगे मन नहीं है।'

वे जितने प्रसन्न मुझसे थे, कभी परिवार में किसी से भी नहीं रहे। हालांकि उनके बेटे तो उनके पैर दाबते थे, मगर वे उनसे प्रसन्न नहीं थे। मैं तो छोटा था, ज्यादा उनके पैर दाब भी नहीं सकता था। फिर तो धीरे-धीरे वे मुझसे पूछने लगे कि आज मन है? उन्होंने यह कहना बंद कर दिया कि चलो, पैर दाबो। फिर तो धीरे-धीरे मैं खुद भी जब कभी मुझे मन होता, मैं उनसे जाकर कहता : 'आपका मन है? आज मैं राजी हूं।'

जीवन को जितने दूर तक बन सके, छोटे से छोटे काम से ले कर, सहज करना उचित है, क्योंकि सहज ही धीरे-धीरे समाधि बन जाता है। वही करना जो तुम्हारे आनंद से हो रहा हो। और तुम लंबे अर्से में पछताओगे नहीं। हो सकता है, तत्क्षण

अड़चन मालूम पड़े। लेकिन झूठ झूठ है और तत्क्षण कितना ही सुविधापूर्ण मालूम पड़े, अंततः तुम्हें जाल में उलझा जाएगा। तुम साफ-साफ होना। इसको मैं प्रामाणिक होना कहता हूं।

पूछा है तुमने: 'मनुष्य फिर कैसे तय करेह्लक्या कर्तव्य, क्या अकर्तव्य?'

तय करने की बात ही नहीं है। जो सुखद, जो प्रीतिकरह्लवही कर्तव्य। जो प्रीतिकर नहीं, जो सुखद नहींह्लवही अकर्तव्य। तुम्हें उलटा सिखाया गया है, इसलिए उलझन पैदा हो रही है। तुम्हें सिखाया गया है प्रीतिकर-अप्रीतिकर का कोई सवाल नहीं है, सहज-असहज का कोई सवाल नहीं हैह्लदूसरे जैसा चाहते हैं, वैसा करो तो कर्तव्य; तुम जैसा चाहते हो, वैसा करो तो अकर्तव्य हो गया। तो हर व्यक्ति दूसरे के हिसाब से जी रहा है। इसलिए तो कम लोग जी रहे हैं, अधिक लोग तो मरे-मराए हैं, जी ही नहीं रहे हैं। यह कोई जीने का ढंग है? दूसरों की अपेक्षाएं पूरी करने में जीवन बिता रहे हो, फिर कैसे सुगंध होगी, फिर कैसे संगीत जन्मेगा, फिर तुम कैसे नाचोगे? सदा दूसरे की आकांक्षा पूरी कर रहे हो।

एक मां अपने बेटे को कह रही थी कि बेटा, सदा दूसरों की सेवा करनी चाहिए। उसने पूछा: 'क्यों?' उसकी मां ने कहा: 'क्यों! शास्त्र ऐसा कहते हैं। भगवान ने इसीलिए तो बनाया हमें कि हम दूसरों की सेवा करें।' उस बेटे ने कहा: 'और दूसरों को किसलिए बनाया है? इसका भी तो कुछ उत्तर होना चाहिए। हम उनकी सेवा करें, इसलिए बनाया है; और हमको इसीलिए बनाया है कि वे हमारी सेवा करें। तो सब अपनी-अपनी सेवा न कर लें? यह इतना जाल क्यों फैलाना?'

तुम अपेक्षा दूसरे की पूरी करो, दूसरे तुम्हारी अपेक्षाएं पूरी कर रहे हैं। न वे प्रसन्न हैं, न तुम प्रसन्न हो। जगत बिलकुल उदास हो गया है।

नहीं, यही मेरी मौलिक क्रांति है जो मैं तुम्हें देना चाहता हूं। तुम वही करो जो तुम्हारा आनंद है, चाहे कुछ भी कीमत हो। तुम कभी वह मत करो जो तुम्हारा आनंद नहीं है। चाहे उसके लिए तुम्हें कितना ही चुकाना पड़े, तुम आखिर में पाओगे कि तुम जीते, हारे नहीं। और मैं तुमसे यह भी कहता हूं कि चाहे शुरू-शुरू में लोग तुमसे परेशान हों; क्योंकि उनकी आदतें खराब कर ली हैं तुमने इसलिए, समाज विकृत हो गया है इसलिए, लेकिन धीरे-धीरे तुम्हारी प्रामाणिकता समझेंगे। तुम पर भरोसा किया जा सकता है, ऐसा मानेंगे, क्योंकि तुम प्रामाणिक हो।

सत्य अंततः किसी को भी नुकसान नहीं पहुंचाता। शुरू-शुरू में कई दफे लगता है कि नुकसान पहुंचाता है। असत्य मत होओ और भावों को तो कभी झुठलाओ मत। अगर इस प्रक्रिया में तुम पड़ गए झुठलाने की तो तुम धीरे-धीरे झूठ का एक संग्रह हो जाओगे, जिसमें से जीवन की आग बिलकुल खो जाएगी, राख ही राख रह जाएगी।

और अगर तुम सहज बनने लगो तो तुम अचानक पाओगे : परमात्मा को खोजने के लिए कुछ भी नहीं करना पड़ता; तुम्हारी सहजता के ही झरोखे से किसी दिन परमात्मा भीतर उतर आता है। क्योंकि परमात्मा यानी सहजता।

ज्ञात नहीं जाने किस द्वार से
कौन से प्रकार से मेरे गृह-कक्ष में
दुस्तर तिमिर दुर्ग दुर्गम विपक्ष में
उज्ज्वल प्रभामयी
एकाएक कोमल किरण एक आ गई
बीच से अंधेरे के हुए दो टूक
विस्मय-विमुग्ध मेरा मन पा गया अनंत धन!

तुम्हें पता भी न चलेगा कि कब किस अज्ञात क्षण में, बिना कोई खबर दिए अतिथि की भांति परमात्मा द्वार पर दस्तक दे देता है।

धर्म के इतने जाल की जरूरत नहीं है, अगर तुम सहज हो। क्योंकि सहज होना यानी स्वाभाविक होना, स्वाभाविक होना यानी धार्मिक होना। महावीर ने तो धर्म की परिभाषा ही स्वभाव की है : बत्थु सहावो धम्मो! जो वस्तु का स्वभाव है, वही धर्म है। जैसे आग का धर्म है जलाना, पानी का धर्म है नीचे की तरफ बहनाह्नऐसा अगर मनुष्य भी अपने स्वभाव में जीने लगे तो बस हो गई बात। कुछ करना नहीं है। सहज हो गए कि सब हो गया।

राम जी, भले आए
ऐसे ही आंधी की ओट में चले आए!
बिन बुलाए!
आए, पधारो!
सिर आंखों पर बंदना सकारो!
ऐसे ही एक दिन डोलता हुआ आ धमकूंगा मैं
तुम्हारे दरबार में
औचक क्या ले सकोगे अपनी करुणा के पसार में?
राम जी, भले आए!
ऐसे ही आंधी की ओट में चले आए!
बिन बुलाए!
आए, पधारो!
सिर आंखों पर बंदना सकारो!

परमात्मा ऐसे ही आता है, चुपचाप, पगध्वनि भी सुनाई नहीं पड़ती। कोई शोरगुल नहीं होता। योग, तप-जप, कोई जरूरत नहीं पड़तीह्नअगर तुम सहज हो जाओ; अगर तुम शांत, आनंदमग्न जीने लगो। और आनंदमग्न जीने का एक ही उपाय है : अपेक्षाएं पूरी करने मत लग जाना। जिनकी तुम अपेक्षाएं पूरी करोगे, उन्हें तुम कभी प्रसन्न न कर पाओगे, यह और एक मजा है। तुम अपने को विकृत कर लोगे और वे कभी प्रसन्न न होंगे। क्योंकि तुम्हारे प्रसन्न हुए बिना वे कैसे प्रसन्न हो सकते हैं?

तुमने देखा, तुम्हारी पत्नी तुमसे प्रसन्न है? हालांकि तुम सिर धुनते रहते हो कि तेरे लिए ही मरा जाता हूं, पिसा जाता हूं, सिर तोड़ता दिन-रातह्नऔर तू प्रसन्न नहीं है! तुम्हारे बच्चे तुमसे प्रसन्न हैं? हालांकि तुम छाती पीट-पीट कर यही कहते रहते हो कि तुम्हारे लिए ही जी रहा हूं, अन्यथा जीने में और क्या है? तुम पढ़-लिख जाओ, तुम बड़े हो जाओ, सुख-संपन्नता को उपलब्ध हो जाओह्नइसीलिए सब कुछ लुटाए जा रहा हूं। तुम्हारे लिए सब कुछ दांव पर लगाया है और तुम अनुगृहीत भी नहीं हो!

तुम अपेक्षाएं पूरी कर रहे हो तो तुम प्रसन्न तो हो ही नहीं सकते। जब तुम प्रसन्न नहीं हो तो तुम्हारे बच्चे प्रसन्न नहीं हो सकते। वे जानते हैं, जबरदस्ती तुम कर रहे हो। तुम्हारे ढंग से पता चलता है। बाप कहते हैं बच्चों के सामने कि तुम्हारे लिए घसिट रहे हैं, मर रहे हैं, खप रहे हैं! यह कोई बात हुई? यह कोई प्रेम हुआ? यह तुम्हारा आनंद हुआ? यह तो आलोचना हुई। यह तो शिकायत हुई। यह तो तुम यह कह रहे हो कि न हुए होते पैदा तो अच्छा था, तुम्हारी वजह से यह सब झंझट हो रही है कि अब कर ली है शादी तो अब ठीक है। लेकिन इससे तुम्हारी पत्नी प्रसन्न होगी? और ये बच्चे तुमसे यह सीख रहे हैं। ये अपने बच्चों के साथ यही करेंगे। ऐसे भूलें दोहराई जाती हैं पीढ़ी दर पीढ़ी। तुम प्रसन्न हो जाओ!

तुम अगर काम कर रहे हो तो एक बात ईमानदारी से समझ लो कि तुम अपने आनंद के लिए कर रहे हो। बच्चों का उससे हित हो जाएगा, यह गौण है, यह लक्ष्य नहीं है। तुम्हारी पत्नी को वस्त्र और भोजन मिल जाएगा, यह गौण है, यह लक्ष्य नहीं है। काम तुम अपने आनंद से कर रहे हो, यह तुम्हारा जीवन है। तुम आनंदित हो इसे करने में। और यह तुम्हारी पत्नी है, तुमने इसे चाहा है और प्रेम किया है, इसलिए तुम...। यह कोई सवाल ही नहीं है कहने का कि मैं खपा जा रहा हूं, मैं मरा जा रहा हूं। यह कोई भाषा है? यह तुम बच्चों से कह रहे हो, उनके मन में जहर डाल रहे हो। इन्होंने तुम्हारी कभी प्रसन्न मुद्रा नहीं देखी।

मुल्ला नसरुद्दीन एक दफा फोटो निकलवाने गया, तो बहुत तरह से कैमरा जमाया फोटोग्राफर ने, लेकिन उनकी शक्ल ठीक बने ही न। तो उसने कहा कि बड़े मियां, एक क्षण को मुस्कुरा दो, फिर आप अपनी स्वाभाविक मुद्रा में आ जाना!

मुस्कुराना लोग भूल गए हैं, हंसना भूल गए हैं! हंसना पाप जैसा मालूम पड़ता है। लोग रोती सूरतें बना लिए हैं। इन्हीं रोती सूरतों को लेकर परमात्मा के पास जाओगे? उस पर कुछ तो दया करो!

और इशारा समझ में आ जाए तो छोटा सा इशारा काफी है।

राह में एक सितारा भी बहुत होता है
आंखवाले को इशारा भी बहुत होता है
बीच मझधार में जाने की जरूरत क्या है
डूबना हो तो किनारा भी बहुत होता है

सहजता सूत्र है। जागना हो तो सहजता के सूत्र को पकड़ लो। और सब खो जाए, सहजता का धागा न खोए! तुम्हारे जीवन की सारी मणियां सहजता के धागे में पिरो जाएं! तुम गजरे बन जाओगे उसके गले के योग्य!

निहारिका से द्वंद्व कर रविकर-निकर विजयी बने
प्रत्यूष के पीयूष-कण पहुंचा रहे तुम तक घने
कोमल मलय के स्पर्श-सौरभ से हिमानी से सने
दुलरा तुम्हें जाते, जगाते, कूजते तरु के तने
भोले कुसुम, भूले कुसुम, जो आज भी जागे न तुम
तो और जागोगे भला किस जागरण-क्षण में कुसुम?
यह स्वप्न टूटेगा न क्या, भोले कुसुम, भूले कुसुम!
लो तितलियां मचलीं चलीं सतरंग चीनांशुक पहन
छवि की पुतलियों-सी मचलतीं, मदभरे जिनके नयन
हर एक कलि के कान में कहती हुईः ञ्जागो बहन!ड्ड
जागो बहन, दिन चढ़ गया, खोलो नयन, धो लो बदन,
अनमोल रे यह क्षण, न खोने का शयन बनमय कुसुम,
कब और जागोगे भला, भोले कुसुम, भूले कुसुम!

सब मौजूद है और तुम सोए हो। हवा चल उठी, सूरज निकल आया, तितलियां गूंजने लगीं, मलय बहार बहने लगी और कहने लगीः जागो कुसुम, भूले कुसुम! सब तैयार है, सुबह हो गई, तुम सोए पड़े! तुम बेहोश पड़े!

परमात्मा प्रतिपल तैयार है; लेकिन तुम ऐसे अंधेरे में और ऐसी उदासी में और ऐसे नर्क में घिरे हो! और नर्क तुम्हारा अपना बनाया हुआ है। तुम उसके कारण हो।

हजारों लोगों के जीवन में देख कर मैं यह पाता हूं कि तुम अपने नर्क के कारण हो। और मैं यह नहीं कहता कि अतीत जन्मों में तुमने कोई पाप किए थे, इसलिए तुम

नर्क में हो। मैं तुमसे कहता हूं: अभी तुम भ्रांतियां कर रहे हो, इसलिए तुम नर्क में हो। क्योंकि अतीत जन्मों में किए पापों को ठीक करने का कोई उपाय नहीं। अब तो पीछे जाने की कोई जगह नहीं। वह तो धोखा है। मैं तो तुमसे कहता हूं: अभी भी तुम वही कर रहे हो। उनमें एक बुनियादी बात है: सहजता को मत छोड़ना।

कबीर ने कहा है: साधो सहज समाधि भली!

तुम सहज और सत्य और सरल...फिर जो भी कीमत हो, चुका देना। यही संन्यास है। कीमत चुकाना तपश्चर्या है। तुम झूठ मत लादना। तुम झूठे मुखौटे मत पहनना।

झेन फकीर कहते हैं: खोज लो अपना असली चेहरा, ओरिजिनल फेस। सहजता असली चेहरा है। जीसस ने कहा: हो जाओ फिर छोटे बच्चों की भांति! सहजता छोटे बच्चों की भांति हो जाना है। और वही अष्टावक्र का संदेश है, देशना है, कि जैसे हो वैसे ही, इसी क्षण घटना घट सकती है; सिर्फ एक बात छोड़ दो, अपने को कुछ और-और बताना छोड़ दो। जो हो, बस वैसे...।

शुरू में निश्चित कठिनाई होगी, लेकिन धीरे-धीरे तुम पाओगे, हर कठिनाई तुम्हें नये-नये द्वारों पर ले आई और हर कठिनाई तुम्हारे जीवन को और मधुर कर गई और हर कठिनाई ने तुम्हें सम्हाला और हर कठिनाई ने तुम्हें मजबूत किया, तुम्हारे भीतर बल को जगाया! धीरे-धीरे कदम-कदम चल कर एक दिन आदमी परिपूर्ण सहज हो जाता है। तब उसके जीवन में कोई दुराव नहीं रह जाता, कोई कपट नहीं रह जाता। इस जीवन को ही मैं धार्मिक जीवन कहता हूं।

हरि ॐ तत्सत्!

* * *

प्रवचन : 35

अचुनाव में अतिक्रमण है

जनक उवाच।

अकिंचनभवं स्वास्थ्यं कौपीनत्वेऽपि दुर्लभम्।
त्यागदाने विहायास्मादहमासे यथासुखम्।।115।।
कुत्रापि खेदः कायस्य जिह्वा कुत्रापि खिद्यते।
मनः कुत्रापि तत्त्यक्त्वा पुरुषार्थे स्थितः सुखम्।।116।।
कृतं किमपि नैव स्यादिति संचिन्त्य तत्त्वतः।
यदा यत्कर्तुमायाति तत्कृत्वाऽसे यथासुखम्।।117।।
कर्मनैष्कर्म्यनिर्बंधभावा देहस्थ योगिनः।
संयोगायोगविरहादहमासे यथासुखम्।।118।।
अर्थानर्थौ न मे स्थित्या गत्या वा शयनेन वा।
तिष्ठन् गच्छन् स्वपंस्तस्मादहमासे यथासुखम्।।119।।
स्वपतो नास्ति मे हानिः सिद्धिर्यत्नवतो न वा।
नाशोल्लासौ विहायास्मादहमासे यथासुखम्।।120।।
सुखादिरूपानियमं भावेष्वालोक्य भूरिशः।
शुभाशुभे विहायास्मादहमासे यथासुखम्।।121।।

एक पुरानी यहूदी कथा है।

सिकंदर विश्व-विजय की यात्रा को निकला। अनेक देशों को जीतता हुआ,

एक पहाड़ी कबीले के पास आया। उसे भी सिकंदर ने जीतना चाहा। जब हमला किया तो चकित हुआ। कबीले के नग्न लोग बैंड-बाजे लेकर उसका स्वागत करने आए थे। थोड़ा सकुचाया भी। उसका इरादा तो हमले का था। वहां तो कोई लड़ने को तैयार ही न था। उस कबीले के लोगों के पास अस्त्र-शस्त्र थे ही नहीं। उन्होंने कभी अपने इतिहास में युद्ध जाना ही न था। वस्त्र भी उनके पास न थे। बड़े मकान भी उनके पास न थेह्लझोपड़े थे; उन झोपड़ों में कुछ भी न था। क्योंकि संग्रह की वृत्ति उन्होंने कभी पाली नहीं।

जहां संग्रह है वहां हिंसा होगी। जहां संग्रह है वहां युद्ध भी होगा। जहां मालकियत है वहां प्रतिस्पर्धा भी है।

वे सिकंदर को ले गए। सिकंदर सकुचाया। किंकर्तव्यविमूढ़! वह तो एक ही बात जानता थाह्ललड़ना। वे उसे अपने प्रधान के झोपड़े में ले गए। उसका बड़ा स्वागत किया गया फूलमालाओं से। फिर प्रधान ने उसके लिए भोजन बुलाया। सोने की थालीह्लसोने की ही रोटी! हीरे-जवाहरात जड़े हुए बर्तनह्लऔर हीरे-जवाहरातों की ही सब्जी! सिकंदर ने कहा : तुम पागल हुए हो? सोने की रोटी कौन खाएगा! हीरे-जवाहरातों की सब्जी! तुमने मुझे समझा क्या है? आदमी हूं।

उस बूढ़े प्रधान ने कहा। हम तो सोचे कि आप अगर साधारण रोटी से ही तृप्त हो सकते हैं तो अपने देश में ही मिल जाती। इतनी दूर, इतनी यात्रा करके न आना पड़ता! इतना संघर्ष, इतना युद्ध, इतनी हिंसा, इतनी मृत्युह्लगेहूं की रोटी खाने को? साधारण सब्जी खाने को? यह तो तुम्हारे देश में ही मिल जाता। फिर क्या तुम पागल हुए हो? इसलिए हमने तो जैसे ही खबर सुनी कि तुम आ रहे हो, बामुश्किल इकट्ठा करके किसी तरह खदानों से सोना, यह सब इंतजाम किया।

एक बातह्लवह बूढ़ा बोलाह्लमुझे पूछनी है फिर : तुम्हारे देश में वर्षा होती है? गेहूं की बालें पकती हैं? घास उगता है? सूरज चमकता है? चांद-तारे निकलते हैं रात में?

सिकंदर ने कहा : पागल हो तुम! क्यों न निकलेगा सूरज? क्यों न निकलेंगे चांद-तारे? मेरा देश और देश जैसा ही देश है।

वह बूढ़ा तो सिर हिलाने लगा और कहा कि मुझे भरोसा नहीं आता। तुम्हारे देश में पशु-पक्षी हैं? जानवर हैं?

सिकंदर ने कहा : निश्चित हैं।

वह हंसने लगा। उसने कहा : तब मैं समझ गया। तुम जैसे आदमियों के लिए तो परमात्मा सूरज को निकालना कभी का बंद कर दिया होताह्लपशु-पक्षियों के लिए

निकालता होगा। वर्षा कभी की बंद कर दी होती तुम जैसे आदमियों के लिए—पशु-पक्षियों के लिए करनी पड़ती होगी।

कहते हैं, सिकंदर इस तरह किसी पर हमला करके कभी न पछताया था।

जीवन की किसी न किसी घड़ी में तुम्हें भी ऐसा ही लगेगा। क्या करोगे सोने का?—खाओगे, पीयोगे? क्या करोगे धन का?—ओढ़ोगे, बिछाओगे? क्या करोगे प्रतिष्ठा का, सम्मान का, अहंकार का? कोई भी तो उपयोग नहीं है। हां, एक बात निश्चित है, सोने से घिर कर, सोने से मढ़ कर, अहंकार में बंद होकर, तुम पर परमात्मा का सूरज न चमकेगा; तुम पर परमात्मा का चांद न निकलेगा। तुम्हारी रातें अंधेरी हो जाएंगी; तारे विदा हो जाएंगे। तुम सूखे रेगिस्तान हो जाओगे। फिर उसके मेघ तुम्हारे ऊपर न घिरेंगे और वर्षा न होगी। तुम वंचित हो जाओगे इस भरे-पूरे जगत में। जहां सब है, वहां तुम ठीकरे बीनते रह जाओगे। फिर तुम खूब दुखी होओगे और सुख की आशाएं करोगे। सुख के सपने देखोगे और दुख भोगोगे।

यही हुआ है। महत्वाकांक्षा ने प्राण ले लिए हैं। और जब तक महत्वाकांक्षा न गिर जाए, कोई व्यक्ति धार्मिक नहीं होता।

आज के सूत्र बड़े अनूठे हैं। ऐसे तो अष्टावक्र की इस गीता के सभी सूत्र अनूठे हैं, पर कहीं-कहीं तो आखिरी ऊंचाई छू लेते हैं सूत्र; उनके पार जाना जैसे फिर संभव नहीं, ऐसे ही सूत्र हैं।

'नहीं है कुछ भी, ऐसे भाव से पैदा हुआ जो स्वास्थ्य है, वह कौपीन के धारण करने पर भी दुर्लभ है। इसलिए त्याग और ग्रहण दोनों को छोड़ कर मैं सुखपूर्वक स्थित हूं।'

पहुंचने दो इसे तुम्हारे प्राणों के अंतर्तम तक।

अकिंचनभवं स्वास्थ्यं कौपीनत्वेऽपि दुर्लभम्।

ऐसा जान कर कि नहीं कुछ भी है इस जगत में पाने योग्य; नहीं कुछ भी है इस जगत में मालिक बनने योग्य; नहीं कुछ भी है इस जगत में सिवाय सपनों के—ऐसा जान कर अकिंचन जो हो गया...अकिंचन का अर्थ होता है, ना-कुछ जो हो गया; ऐसा जान कर जिसने अपनी शून्यता को स्वीकार कर लिया। मैं हूं शून्य और इस जगत में भरने का इस शून्य को कोई उपाय नहीं है, क्योंकि यह जगत है सपना। मैं हूं शून्य, जगत है सपना—सपने से शून्य को भरा नहीं जा सकता। यह शून्य तो तभी भरेगा जब परमात्मा इसमें आविष्ठ हो, उतरे, पड़ें उसके चरण! अन्यथा यह मंदिर खाली रहेगा। इस मंदिर में तो प्रभु ही विराजे तो भरेगा।

तो तुम इस जगत की कितनी ही चीजों से भर लो स्वयं को, तुम धोखा ही दे रहे हो। अंततः तुम पाओगे, किसी और को तुमने धोखा दिया, ऐसा नहीं; खुद ही धोखा

खा गएह्नअपनी कुशलता से ही धोखा खा गए। ऐसा मुझे कहने दो : इस जगत में जो बहुत कुशल हैं, अंत में पाते हैं कि अपनी ही कुशलता से मारे गए। इस जगत में सीधे-सरल लोगों ने तो सत्य को कभी पा भी लिया है, लेकिन कुशल और चालाक लोग कभी नहीं पा सके।

तुम्हारा पांडित्य ही तुम्हारा पाप है। और तुम्हारी समझदारी ही तुम्हारी फांसी बनेगी।

अकिंचनभवं...।

जनक कहते हैं : मैं ना-कुछ हूं! और इसे भरने का इस जगत में कोई उपाय नहीं है। ऐसा मान कर मैं अपने ना-कुछ होने से राजी हो गया हूं।

यही क्रांति का द्वार है। जिस व्यक्ति ने समझ लिया कि बाहर कुछ भी नहीं है जो मुझे भर सके, मैं खाली हूं, और खाली हूं, और खाली हूं, तो अब इस खालीपन से राजी हो जाऊं...। जैसे ही तुम राजी हुए कि एक महत रूपांतरण होता है। जैसे ही तुम राजी हुए, तुम शांत हुए, चित्त की दौड़ मिटी, स्पर्धा गई, अकिंचन-भाव को तुम स्वीकार किए कि ठीक है, यही मेरा होना है, यही मेरा स्वभाव है, शून्यता मेरा स्वभाव हैह्नअकिंचनभवं स्वास्थ्यंह्नतत्क्षण तुम्हारे जीवन में एक स्वास्थ्य की घटना घटती है।

'स्वास्थ्य' शब्द बड़ा महत्वपूर्ण है। इसका अर्थ होता है : तुम स्वयं में स्थित हो जाते हो। स्व-स्थित हो जाना स्वास्थ्य है। अभी तो तुम दौड़ रहे हो। तुम विचलित हो, च्युत हो। अस्वास्थ्य का अर्थ है : जो अपने केंद्र पर नहीं है; जो स्वयं में नहीं है; जो इधर-उधर भटका है। कोई धन के पीछे दौड़ा हैह्नअस्वस्थ है; रुग्ण है। कोई पद के पीछे दौड़ा हैह्नअस्वस्थ है; रुग्ण है। कोई किसी और चीज के पीछे दौड़ा है। लेकिन जो दौड़ रहा है किसी और के पीछे, वह अस्वस्थ रहेगा। क्योंकि दौड़ में तुम च्युत हो जाते हो अपने केंद्र से। जैसे ही दौड़ गई, तुम अपने में ठहरे।

लोग पूछते हैं : 'स्वयं में कैसे जाएं?'

स्वयं में जाने में जरा भी कठिनाई नहीं है; इससे सरल कोई बात ही नहीं है। स्वयं में जाना कठिन होगा भी कैसे? क्योंकि तुम स्वयं तो हो ही। स्वयं में तो तुम हो ही। इसलिए असली सवाल यह नहीं है कि हम स्वयं में कैसे जाएं। असली सवाल यही है कि हम 'पर' से कैसे छूटें। छूटे नहीं कि पहुंचे नहीं। इधर 'पर' पर पकड़ छोड़ी कि स्वयं में बैठ गए। यह सवाल नहीं है कि हम अपने में कैसे आएं। इतना ही सवाल है कि हम जिन चीजों के पीछे दौड़ रहे हैं, उनकी व्यर्थता कैसे देखें!

हाय, क्या जीवन यही था!

एक बिजली की झलक में
स्वप्न औ्ञ रसरूप दीखा
हाथ फैले तो मुझे निज
हाथ भी दिखता नहीं था
हाय, क्या जीवन यही था!

एक झोंके में गगन के
तारकों ने जा बिठाया
मुट्ठियां खोलीं, सिवा कुछ
कंकड़ों के कुछ नहीं था
हाय, क्या जीवन यही था!

गीत से जगती न झूमी
चीख से दुनिया न घूमी
हाय लगते एक से अब
गान औ्ञ क्रंदन मुझे भी
छल गया जीवन मुझे भी
हाय, क्या जीवन यही था!

जिसे तुमने अब तक जीवन जाना है, उसे खुली आंख से देख लो। बस इतना काफी है। और तुम अकिंचन होने लगोगे। 'अकिंचन' शब्द का ठीक-ठीक अर्थ वही है जो जीसस के वचन का है। जीसस ने कहा है: 'ब्लैसेड आर दि पुअर। देअर्स इज दि किंगडम आफ गॉड।' धन्यभागी हैं दरिद्र, उनका ही है राज्य परमात्मा का! और खयाल करना, जीसस ने यह नहीं कहा कि धन्यभागी हैं दरिद्र, उनका होगा राज्य परमात्मा का। नहीं, जीसस कहते हैं: 'देअर्स इज दि किंगडम आफ गॉड।' उनका ही है राज्य परमात्मा का। है ही इसी क्षण! हो गया! धन्य हैं दरिद्र!

अकिंचन उसी दरिद्रता का नाम है। ऐसी दरिद्रता तो समृद्धि का द्वार बन जाती है। ऐसी दरिद्रता, कि एक बार उसे अंगीकार कर लिया तो फिर तुम कभी दरिद्र होते ही नहीं, क्योंकि फिर प्रभु का सारा राज्य तुम्हारा है।

अकिंचनभवं...।

ऐसा जान कर कि मैं कुछ भी नहीं हूं, ऐसे भाव से कि कुछ भी नहीं है इस जगत में, एक स्वप्न है्लएक स्वास्थ्य पैदा होता है; स्वयं में स्थिति बनती है; भागदौड़ जाती है, आपाधापी मिटती है; ज्वर छूटता है, बीमारी मिटती है; आदमी अपने घर लौट आता है, अपने में ठहरता है।

ऐसा अपने में ठहर जाना हीह्नजनक कहते हैंह्नवास्तविक संन्यास है। कुछ संन्यासी के वस्त्र धारण कर लेने से थोड़े ही कोई संन्यासी हो जाता है! कौपीन के धारण करने से ही तो कुछ नहीं हो जाता। संन्यास की दीक्षा लेने से ही तो नहीं कुछ हो जाता। संन्यास की दीक्षा शायद एक प्रतीक हो, एक शुभारंभ हो; शुभ मुहूर्त में एक संकल्प हो। पर संन्यास लेने से ही तो कुछ नहीं हो जाता। संन्यास ले कर यात्रा समाप्त नहीं होती, शुरू होती है। वह पहला कदम है। उसी पर जो अटक गए वे बुरी तरह भटक गए। वह तो तुम्हारी घोषणा थी। जिस दिन तुम संन्यासी होते हो उस दिन थोड़े ही तुम संन्यासी हो जाते। उस दिन तुमने घोषणा की कि अब मैं संन्यासी होना चाहता हूं; अब मैं संन्यास के मार्ग पर चलना चाहता हूं। तुम्हारी घोषणा से तुम संन्यासी थोड़े ही हो जाते हो।

'जो कौपीन धारण करने पर भी दुर्लभ है, वैसा परम संन्यास अकिंचन-भाव के पैदा होते ही उपलब्ध हो जाता है। इसलिए त्याग और ग्रहण दोनों को छोड़ कर मैं सुखपूर्वक स्थित हूं।'

त्यागदाने विहायास्मादहमासे यथासुखम्।

इसलिए अब न पकड़ता हूं, न छोड़ता हूं। न अब किसी चीज से मेरा लगाव है, न मेरा विरोध है। अगर विरोध रहा तो लगाव जारी है। विरोध होता ही उनसे है जिनसे हमारा लगाव जारी रहता है।

इसे समझना। क्योंकि यह बहुत आसान हैह्नलगाव को विरोध में बदल लेना। लगाव से मुक्त होना बड़ा कठिन है। लगाव को विरोध में बदल लेना बड़ा सुगम है। तुम धन के पीछे दौड़ते थे; बहुत दुख पाया, बहुत पीड़ा उठाई, कोई सुख न मिला, विफलता-विफलता हाथ लगीह्नतुम रोष से भर गए; तुम धन के दुश्मन बन गए; तुम कहने लगे: धन पाप है; छुऊंगा भी नहीं। लेकिन मन में अभी भी धन के प्रति कहीं न कहीं किसी गहरे तल पर कोई आकर्षण है। धन की तुम बात अभी भी किए चले जाओगे।

एक जैन मुनि के पास एक दफा मुझे ले जाया गया। उन्होंने एक भजन गाया। जो उनके पास बैठे थे, सब धनी लोग थे। उनके भक्तों के सिर हिलने लगे। भजन था कि 'मुझे सम्राटों के स्वर्ण-सिंहासनों में जरा भी रस नहीं; मुझे तो मेरी राह की धूल ही प्रिय है। गुझे तुम्हारे महलों में कोई रस नहीं है; मुझे तो धूल-भरी राह ही प्रिय है।' ऐसे ही भाव थे। सिर हिले लोगों के। लोग बड़े मगन थे। भजन सुना कर मुझे चुप देख कर उन्होंने पूछा: 'आपने कुछ कहा नहीं! आपको भजन पसंद नहीं पड़ा?'

मैंने कहा कि मैं जरा अड़चन में पड़ गया। अगर आपको सम्राटों के सिंहासनों में कोई रस नहीं है तो भजन लिखने का कष्ट क्यों उठाया? क्योंकि मैं सम्राटों से भी

मिला हूं, उनमें से किसी ने भी मुझे ऐसा भजन नहीं सुनाया कि रहे आओ मस्त तुम अपनी धूल में, हमें तुम्हारी धूल से न कोई लगाव है न ईर्ष्या है। मैंने सम्राटों को, संन्यासियों के साथ ईर्ष्या नहीं है, ऐसा कोई गीत गाते नहीं सुना। संन्यासी ही सदा यह गीत गाते हैं, यह जरा सोचने जैसा है। होना तो उल्टा चाहिए कि सम्राट को ईर्ष्या पैदा हो संन्यासी से। अपने को समझाने को वह कहे कि ङ्गनहीं, मैं तो अपने महल में ही ठीक हूं। तुम रहो मजे में अपने झोपड़ों में, रहो अकिंचन, मैं तो सम्राट ही ठीक हूं।ङ्ख लेकिन कोई सम्राट ऐसा कहता नहीं। संन्यासी सदियों से कहते रहे कि हमें तुम्हारे सिंहासन से कोई रस नहीं है। रस नहीं है तो इतना श्रम क्यों उठाया? रस है। तुम अपने को समझा रहे हो। तुम अपने को ही जोर-जोर से बोल कर भरोसा दिला रहे हो।

ऐसा होता है न कभी अंधेरी रात में, अकेले जा रहे हो तो जोर-जोर से गाना गाने लगते हो! डर लगता है, गाना गाते हो। हालांकि गाना गाने से कुछ स्थिति बदलती नहीं; लेकिन खुद की ही आवाज सुन कर हिम्मत आ जाती है। लोग सीटी बजाने लगते हैं। गली में से निकल रहे हैं, अंधेरा है, लोग सीटी बजाने लगते हैं। अपनी ही सीटी की आवाज सुन कर थोड़ी हिम्मत आ जाती है, गर्मी आ जाती है। कम से कम इतना तो हो जाता है कि हम कोई डरे हुए नहीं हैं, गाना गा रहे हैं! लेकिन यह गाना ही खबर देता है कि भय है।

मैंने कहा : 'आपको जरूर महलों में रस रह गया है, लगाव बाकी है। सिंहासन आपको दिखाई पड़ता है। अन्यथा संन्यासी को क्या चिंता! सम्राट ईर्ष्यालु हों, यह समझ में आता है; और सम्राट अपने को समझाने के लिए इस तरह के गीत गाएं, यह भी समझ में आता है।'

उनको कुछ समझ में न आया। वे बड़ी मुश्किल में पड़ गए। बात तो चोट कर गई। दूसरे दिन मुझे फिर बुलाया। जब दूसरे दिन मुझे बुलाया तो वहां कोई शिष्य न था। मैंने पूछा : 'शिष्यों की भीड़ क्या हुई?' उन्होंने कहा कि आज मैं एकांत में बात करना चाहता हूं, उनके सामने बात नहीं हो सकती। आपने कैसे पहचाना? बात आपने पते की कही। मुझे रस है। आपने मेरे घाव को छू दिया। मैं तिलमिला गया, वह भी सच है; रात भर सो न सका, सोचता रहा। धन में मुझे रस है; पहले भी था। धन पा न सका, इसलिए अंगूर खट्टे हो गए। मैंने छोड़ दिया संसार। और जब संसार छोड़ा तो मैं बड़ा चकित हुआ : जिन धनपतियों के द्वार पर मुझे द्वारपाल की नौकरी भी न मिल सकती थी, वे मेरे पैर छूने आने लगे। और तब से मैं निरंतर धन के खिलाफ बोल रहा हूं। यह कोई एक भजन नहीं जो मैंने गाया; मैंने जितने भजन गाए, सब धन के खिलाफ हैं। आपने बात पकड़ ली। बड़ी कृपा कि आपने संकोच न किया, शिष्टाचार का खयाल न किया और मेरे घाव को उघाड़ दिया। अब मैं क्या करूं?

ऐसी स्थिति में मैंने बहुत संन्यासियों को देखा है। कोई स्त्री से भाग गए हैं तो स्त्री की निंदा में लगे हैं; तब से उन्होंने स्त्री का पीछा नहीं छोड़ा, स्त्री की निंदा चल रही है। पहले प्रशंसा चलती थी, फिर निंदा चल रही है। पहले सौंदर्य-शतक चलता था, अब वैराग्य-शतक चल रहा है। लेकिन शतक का आधार स्त्री है। पहले उसके सौंदर्य के नख-शिख का वर्णन था; अब उसके शरीर में भरे मल-मूत्र का वर्णन चल रहा है। लेकिन बात वहीं अटकी है।

ध्यान रखना, जो स्त्री के नख-शिख का वर्णन कर रहा है कि आंखें कजरारी, कि आंखें मीन जैसी सुंदर, कि चेहरा गुलाब, कि कपोल गुलाब की पंखुरियों जैसे कोमलह्नइसमें; और जो कह रहा है कि भरा है मल-मूत्र, गंदगी, हड्डी, मांस-मज्जा, मवाद, खून, जो इसकी चर्चा कर रहा हैह्नइन दोनों में बहुत भेद नहीं। ये एक-दूसरे की तरफ पीठ किए खड़े हैं जरूर, मगर इन दोनों का रस स्त्री में उलझा है। इन दोनों से सावधान रहना। दोनों में से कोई भी संन्यस्त नहीं है। दोनों संसारी हैं।

'नहीं है कुछ भी, ऐसे भाव से पैदा हुआ जो स्वास्थ्य है...।'

न तो स्त्री गुलाब का फूल है और न मल-मूत्र का ढेर। नहीं है कुछ भी। न तो धन में जीवन है और न धन कोई जहर है कि छूने से घबड़ा जाओ। नहीं है कुछ भी। न तो यह संसार इस योग्य है कि इसमें भोगो और न यह इस योग्य है कि इसे त्यागो और इससे भागो। नहीं है कुछ भी। स्वप्नवत है।

'ऐसे भाव से पैदा हुआ जो स्वास्थ्य है वह कौपीन के धारण करने पर भी दुर्लभ। इसलिए त्याग और ग्रहण दोनों को छोड़ कर मैं सुखपूर्वक स्थित हूं।'

अकिंचनभवं स्वास्थ्यं कौपीनत्वेऽपि दुर्लभम्।

अस्मात् त्यागदाने विहाय...।

ह्नइसलिए मैंने त्याग को, ग्रहण को, दोनों को छोड़ दिया।

इसमें छोड़ना नहीं है, खयाल रखना। यह सिर्फ भाषा का उपयोग है। क्योंकि जब त्याग भी छोड़ दिया तो छोड़ना कैसा! इसका केवल इतना अर्थ है : मैं जाग गया। मुझे दिखाई पड़ गई बात कि त्याग भी वही है, भोग भी वही है। भोग ही जब शीर्षासन करने लगता है, त्याग मालूम पड़ता है। मगर बात वही है, जरा भी भेद नहीं है। दिखाई पड़ गया कि भोग और त्याग एक ही सिक्के के दो पहलू हैं। मौलिक भेद नहीं है। जड़-मूल से क्रांति नहीं होती त्यागी की। त्यागी वही करने लगता है जो भोगी कर रहा हैह्नउससे विपरीत करने लगता है।

तुम जरा त्यागी को देखो! तुम जो कर रहे हो वह उससे विपरीत कर रहा है। और तुम इसलिए उससे प्रभावित भी होते हो कि वह कांटों पर सोया है, तुम फूल बिछाते

शैया पर। इसी से तुम प्रभावित भी होते हो कि अरे, एक मैं हूं कि फूल बिछाता शैया पर, तब भी नींद नहीं आती और एक देखो यह धन्यभागी, कांटों की शैया पर सोया है! तुम जाकर चरण में सिर रखते हो। तुम्हारा सिर त्यागी के चरणों में झुकता है, क्योंकि त्यागी की भाषा तुम्हें समझ में आती है; वह तुम्हारी ही भाषा है। भेद नहीं है। तुम धन के लिए दीवाने हो, किसी ने धन को लात मार दी, तुम उसके चरण में गिर गएह्लतुमने कहा: 'अरे हद हो गई, यह मुझे करना था, मैं तो नहीं कर पाया। मैं कमजोर, दीन-हीन, पापी! मगर तुमने कर दिखाया, तुम धन्यभागी!'

तुम जहां-जहां त्यागी को पाओगे वहां-वहां भोगी को उसके चरण दबाते पाओगे। यह चमत्कार है। लेकिन यह गणित के हिसाब से चलता है। संन्यासी से त्यागी भी प्रभावित नहीं होगा और भोगी भी प्रभावित नहीं होगा। त्यागी से भोगी प्रभावित होता है और त्यागी भोगी से प्रभावित रहता है। गहरे में वह भी यही चाहता है, इसलिए तो स्वर्ग में आकांक्षा कर लेता है उस सबकी जो तुम्हें यहां मिला है, तुम यहां स्त्रियां भोग रहे हो; त्यागी अपने मन में सांत्वना कर लेता है कि इन स्त्रियों में क्या रखा है, अरे दो दिन में कुम्हला जाएंगी! भोगेंगे हम स्वर्ग में अप्सराएं जिनकी उम्र सोलह साल पर ठहर जाती है, फिर कभी आगे नहीं बढ़ती। तुम यहां शराब पी रहे हो चुल्लू-चुल्लू; हम पीएंगे स्वर्ग में, बहिश्त में, जहां शराब के चश्मे बहते हैं; डुबकी लगाएंगे, कूदेंगे, फांदेंगे, पीएंगे! कोई ऐसा दूकान पर क्यू लगा कर लायसेंस से थोड़े ही मिलती है! तुम क्षुद्र में उलझे हो, हम भोगेंगे वहां! यहां हम त्यागते हैं ताकि हम वहां भोग सकें।

त्यागी भोग के बाहर नहीं है। तुम उनके स्वर्ग की कथाएं देखो। तुम उनके स्वर्ग की कथा से समझ जाओगे कि त्यागी अगर त्याग भी कर रहा है तो किसलिए कर रहा है। आकांक्षा भोग की है। और अगर यहां भोग से बच रहा है तो इसी आशा में कि मिलेगा कल, फल मिलेगा; आज कर लो उपवास, रहो धूप में, तपाओ शरीर को; और यह शरीर तो जाने ही वाला है, एक दिन जलेगा चिता में, इसको कब तक बचाओगे! कुछ ऐसा कमा लो जो फिर सदा-सदा, शाश्वत तक साथ रहेगा।

लेकिन त्यागी भी भोग के लिए ही त्याग कर रहा है। जब तक तुम किसी चीज को पाने के लिए त्याग करते हो तब तक तुम भोगी ही हो। यह त्याग किसी ज्ञान से नहीं घट रहा है। और जिसको तुम भोगी कहते हो, वह भी त्याग की सोचता है; उसको भी समझ में आता है, लेकिन देखता है कि मैं कमजोर हूं, अभी इतनी सामर्थ्य नहीं, बल नहीं, होगा कभी बल बुढ़ापे में, अगले जन्म में कभी बल होगा, छोड़ूंगा-छोड़ूंगा जरूर। इस बात की आशा को जगाए रखने के लिए वह त्यागी के चरणों में सिर रख आता हैह्लस्मरण दिलाने को कि आना तो इसी राह पर मुझे भी है। तुम जरा आगे चले गए हो, मैं जरा पीछे आता हूं, पर आऊंगा जरूर! आज तो नहीं संभव है,

कल आऊंगा। तो आज कम से कम इतना तो करूं कि तुम्हारे चरणों में सिर झुका जाऊं, याददाश्त बनी रहे।

त्यागी-भोगी एक ही भाषा बोलते हैं। उनकी भाषा में अंतर नहीं है; दोनों समझते हैं एक-दूसरे को। इसलिए अक्सर तुम देखोगे, जितना भोगी समाज होगा, उतनी ही त्याग की प्रशंसा होगी। इससे बड़ी उलझन पैदा होती है।

अब जैन हैं, उनकी त्याग की परिभाषा भारत में सबसे ज्यादा कठिन है, लेकिन सबसे ज्यादा धनी समाज वही है। महावीर नग्न खड़े हो गए और सबसे ज्यादा कपड़े की दूकानें जैनियों की हैं। मैं कभी-कभी सोचता हूं...।

मैं जबलपुर में रहता था तो एक मेरे निकट के रिश्तेदार हैं, उनकी दूकान का नाम है: 'दिगंबर शाप'! कपड़े की दूकान! दिगंबर का मतलब: नग्न। मैंने उनसे कहा: कुछ तो शर्म खाओ! महावीर को तो न उलझाओ! 'दिगंबर शाप'! तुम्हें पता है दिगंबर का अर्थ क्या होता है? और कपड़ा बेच रहे हो?

यह जरा सोचने जैसा है कि जिनका गुरु नग्न हुआ, वे सब कपड़े क्यों बेच रहे हैं! कुछ लगाव होगा नग्नता में और कपड़े में, कुछ संबंध होगा, कुछ विपरीत जोड़ होगा।

जैनों ने त्याग की बड़ी प्रगाढ़ धारणा बनाई है, लेकिन सारा समाज भोगी है, धन-लोलुप है। जैन मुनि त्याग की पराकाष्ठा लिए बैठा है और जैन श्रावक भोग की पराकाष्ठा लिए बैठा है। पर दोनों में बड़ा मेल है। दोनों एक-दूसरे को सम्हाले हुए हैं।

विपरीत में आकर्षण होता है, इसे खयाल रखना। इसलिए तो पुरुष स्त्री में आकर्षित होता है; स्त्री पुरुष में आकर्षित होती है। विपरीत में आकर्षण होता है। अपने ही जैसे व्यक्ति में आकर्षण थोड़े ही होता है, क्योंकि वह तो प्रतिछबि मालूम होती है, तुम्हारी ही कापी मालूम होती है। अपने से विपरीत में बुलावा होता है, चुनौती होती है कि यह तो रह कर देख लिए, भोगी तो होकर देख लिया, अब त्यागी रहना बच गया है। तो उसमें आकर्षण है। जो हम हैं, उसमें तो रस नहीं मिल रहा हैह्नतो जो हम नहीं हुए अब तक, जो हमसे बिलकुल विपरीत है शायद रस वहां हो। आज हिम्मत नहीं है; जुटाएंगे हिम्मत, धीरे-धीरे चलेंगे, पहले अणुव्रत लेंगे, फिर महाव्रत लेंगे, फिर ऐसा धीरे-धीरे किसी दिन दिगंबरत्व को उपलब्ध होंगे। और एकदम से तो कोई होता नहीं। क्रमशः जन्मों-जन्मों में यात्रा कर-कर के हम भी कभी हो जाएंगे।

भोगी के मन में भी त्याग का सपना है और त्यागी के मन में भी भोग का स्वर्ग है। ये दोनों एक ही सिक्के के दो पहलू हैं। जनक जैसे व्यक्ति को पहचानना बड़ा कठिन हो जाता है। क्योंकि न वे त्यागी हैं न वे भोगी। वे कुछ ऐसी भाषा बोलते हैं जो न त्यागी को समझ में आती है न भोगी को समझ में आती है।

इसलिए जनक अष्टावक्र के ये महामूल्यवान सूत्र ऐसे ही पड़े रह गए; इन्हें कभी भारत ने अपने सिर पर न उठाया; इन्हें लेकर भारत कभी नाचा नहीं। क्योंकि यह भाषा ही बहुत अपरिचित हो गई। न भोगी समझा इस भाषा कोहृक्योंकि जनक को अगर भोगी देखने जाएगा तो कहेगा, 'इनमें रखा क्या है, ये हमारे ही जैसे महल में रहते हैं, बल्कि हमसे बेहतर महल में रहते हैं; राज्य है, सब कुछ है। तो फर्क क्या है!' तो भोगी नमस्कार नहीं करेगा। और त्यागी तो करेगा कैसे! त्यागी तो भोग के विरोध में खड़ा है। वह कहेगा, यही तो पाप है। जनक को कौन समझेगा!

ऐसा उल्लेख है कि कबीर का एक बेटा था : कमाल। कमाल का ही रहा होगा, इसलिए कबीर ने उसे नाम 'कमाल' दिया था। और कबीर जब नाम दें तो ऐसे ही नाम नहीं दे देते; कुछ सोच कर दिया होगा। लेकिन कमाल के संबंध में और शिष्यों को बड़ी ईर्ष्या थी। एक तो वह कबीर का बेटा था, तो उसकी प्रतिष्ठा थी, इसलिए शिष्यों को ईर्ष्या भी थी। और यह डर भी था कि कहीं आखिर में वही उत्तराधिकारी न हो जाए। इसलिए उस बेटे को खिसकाने के लिए उसके विरोध में हजार बातें लाने में लगे रहते थे।

आखिर कबीर ने कहा कि ठीक, शिकायत क्या है तुम्हारी? तो उन्होंने कहा कि आप और इसमें बड़ा फर्क है, यह आपसे बिलकुल विपरीत है। हमें शक है कि यह त्याग की बातें ऊपर-ऊपर से करता है, भीतर यह भोगी है। इसे आप अलग कर दें, इसके कारण आपकी बदनामी होती है। देखें, कल ही एक धनपति आपको हजार मुद्राएं भेंट करने आया था; आपने तो इनकार कर दिया; यह बाहर बैठा था दरवाजे पर, इसने पूछा : 'अरे क्या लिए जाते हो?' तो उस धनपति ने कहा कि भेंट करने आया था कबीर को, वे तो लेते नहीं। तो कमाल ने क्या कहा? कमाल ने कहा कि अब यहां तक बोझ ढोया है, फिर वापस बोझ ढो कर घर ले जाएगा! डाल दे यहीं!

तो शिष्यों ने कहा कि यह तो बेईमानी है, चालबाजी है। कबीर तो समझते होंगे। उन्होंने कहा कि ठीक, तो कमाल को अलग कर देते हैं। कमाल का झोपड़ा अलग कर दिया गया। काशी-नरेश कभी-कभी आते थे कबीर के पास। उन्होंने देखा कि कमाल दिखाई नहीं पड़ता। उन्हें कमाल में रुचि थी, रस था। पूछा : 'कमाल दिखाई नहीं पड़ता?' कबीर ने कहा कि शिष्य उसके बड़े पीछे पड़े थे, अलग कर दिया, पास के झोपड़े में है। कारण पूछा तो कारण बताया।

तो सम्राट गया। उसने अपनी जेब से एक बहुमूल्य हीरा निकाला और कहा कि आपको भेंट करने आया हूंहृकमाल से कहा। कमाल ने कहा : 'लाए भी तो पत्थर! खाएंगे कि पीएंगे इसको? इसका करेंगे क्या!' यह सुन कर सम्राट ने मन में सोचा कि

अरे! और लोग कहते हैं कि भोगी और यह तो...इससे और महात्यागी क्या होगा! इतना बहुमूल्य हीरा, शायद भारत में उस जैसा दूसरा हीरा न हो उस समय! तो जेब में रखने लगे। तो कमाल ने कहा: 'अब ले आए, अब कहां वापस ले जाते हो! पत्थर ही है, डाल दो यहां!' तब जरा सम्राट को भी शक हुआ। तो उसने पूछा: 'कहां डाल दूं?' तो कमाल ने कहा: 'अगर पूछते हो कहां डाल दूं, तो फिर ले ही जाओ। क्योंकि फिर तुमने इसे पत्थर नहीं समझा, इसका मूल्य है तुम्हारे मन में। अरे कहीं भी डाल दोह्लपत्थर ही है!' लेकिन सम्राट कैसे मान ले कि पत्थर ही है। है तो बहुमूल्य हीरा। तो कहा: 'यहां झोपड़े में खोंस जाता हूं।' वह भी परीक्षा के लिए। सनौलियों की छप्पर थी, उसमें खोंस गया। सोचा कि मेरे जाते ही कमाल उसे निकाल लेगा। आठ दिन बाद वापस आया। पूछा कमाल से कि मैं एक हीरा लाया था...। कमाल ने कहा कि हीरा होता ही नहीं, लाओगे कहां से? सब पत्थर हैं!

सम्राट ने कहा: चलो पत्थर सही! मैं यहां लगा गया था झोपड़े में उसका क्या हुआ? कमाल ने कहा: अगर किसी ने न निकाला हो तो वहीं होगा, तुम देख लो।

वह हीरा वहीं खोंसा था।

अब कमाल को समझना मुश्किल हो जाएगा। न तो भोगी इसे समझ पाएगा और न त्यागी इसे समझ पाएगा। यह परम अवस्था है। कबीर ने ठीक ही कहा कि इसका नाम कमाल है। लेकिन शिष्यों ने बड़े अर्थ लगाए। उन्होंने तो इसका यह अर्थ निकाला कि कमाल का तिरस्कार कर दिया। कबीर का एक वचन है: 'बूड़ा वंश कबीर का, उपजा पूत कमाल!' तो शिष्य कहते हैं कि कमाल की निंदा में है यह वचन। कबीरपंथी कहते हैं निंदा में है, कि इस कमाल के पैदा होने से मेरा वंश नष्ट हो गया। 'बूड़ा वंश कबीर का, उपजा पूत कमाल।' और यह कहा गया है बड़ी प्रशंसा में! वंश तो तभी समाप्त होता है जब कोई कमाल जैसा बेटा पैदा हो, नहीं तो श्रृंखला जारी रहती है। फिर कमाल का कोई बेटा नहीं पैदा हुआ। इसलिए वंश उजड़ गया। जीसस का कोई बेटा पैदा नहीं हुआ।

बाइबिल में कहानी है कि अदम और हव्वा को ईश्वर ने बनाया, फिर उनका फलां बेटा हुआ, फिर फलां बेटा हुआ, फिर फलां बेटा हुआह्लऐसी चलती है वंशावली। फिर मरियम और जोसेफ को जीसस पैदा हुआ और फिर और कोई नहीं; जीसस पर आकर सब बात रुक गई। 'बूड़ा वंश कबीर का, उपजा पूत कमाल!' वे जो एक के बाद एक पैदा होते रहे, श्रृंखला जारी रही, जीसस पर आकर झटके से श्रृंखला टूट गई। शिखर आ गया। आखिरी ऊंचाई आ गई। अब और आगे जाने को कोई जगह न रही। यात्रा समाप्त हो गई, मंजिल आ गई।

वही अर्थ है कबीर का : 'बूड़ा वंश कबीर का, उपजा पूत कमाल।' किसी बड़े अहोभाव में कहा है। लेकिन शिष्यों ने उसका मतलब पकड़ा कि कबीर ने नाराजगी में कहा है। नाराजगी में तो कबीर कह नहीं सकते। कमाल को अगर कबीर न समझेंगे तो और कौन समझेगा! उन्हीं का बेटा था—उनसे भी दो कदम आगे गया। कबीर का तो वंश थोड़ा चला, लेकिन कमाल का कोई वंश नहीं। आ गई आखिरी ऊंचाई!

लेकिन ऐसे व्यक्ति को समझना मुश्किल हो जाता है; क्योंकि वह भोगी को भोगी जैसा लगता है, त्यागी को त्यागी जैसा नहीं लगता। उसका त्याग परम है—जहां भोग और त्याग दोनों छूट जाते हैं।

'त्याग और ग्रहण दोनों को छोड़ कर मैं सुखपूर्वक स्थित हूं।'

और जब तक तुम एक को पकड़ोगे, दुख में रहोगे। जिसने पकड़ा, दुखी हुआ। इसलिए कृष्णमूर्ति बार-बार कहते हैं : च्वाइसलेस अवेयरनेस। चुनना मत! चुनना ही मत! चुनाव-रहित हो जाना। इसको चुन लूं उसके विपरीत, ऐसा मत करना, अन्यथा उलझे ही रहोगे। यही तो उलझाव है। तुम इन दोनों के साक्षी हो जाना-चुनना मत। अचुनाव में अतिक्रमण हो जाता है।

'कहीं तो शरीर का दुख है, कहीं वाणी दुखी है और कहीं मन दुखी होता है। इसलिए तीनों को त्याग कर मैं पुरुषार्थ में, आत्मानंद में सुखपूर्वक स्थित हूं।'

कुत्रापि खेदः कायस्य जिा कुत्रापि खिद्यते।
मनः कुत्रापि तत्त्यक्त्वा पुरुषार्थे स्थितः सुखम्।।

कुत्र अपि कायस्य खेदः...।

दुख हैं शरीर के—हजार दुख हैं। शरीर में सब बीमारियां छिपी पड़ी हैं। समय पाकर कोई बीमारी प्रकट हो जाती है, लेकिन पड़ी तो होती ही है भीतर। सब बीमारियां ले कर हम पैदा हुए हैं। शरीर को तो व्याधि कहा है ज्ञानियों ने। सब व्याधियों की जड़ वहां है, क्योंकि शरीर पहली व्याधि है।

इसे समझना। शरीर में होना ही व्याधि में होना है। शरीर में होना उपाधि में होना है। उलझ गए—फिर और उलझनें तो अपने आप आती चली जाती हैं। तो शरीर का दुख है कहीं। कहीं कोई दुखी है बीमारी से, कहीं कोई दुखी है बुढ़ापे से, कहीं कोई दुखी है कि कुरूप है। और मजा यह है कि जो स्वस्थ हैं वे सुखी नहीं हैं। जो सुंदर हैं वे भी सुखी नहीं हैं। तो ऐसा लगता है कि शरीर के साथ सुख संभव ही नहीं है। बीमार दुखी है, समझ में आता है; लेकिन स्वस्थ क्या कर रहा है? वह भी कोई सुखी नहीं दिखाई पड़ता।

तुमने कभी खयाल किया? जब तुम बीमार होते हो तब तुम और ज्यादा दुखी हो जाते हो, बस। जब तुम स्वस्थ होते हो तब तुम उतने दुखी नहीं होते, लेकिन होते तो

दुखी ही हो। सिर्फ कभी तुम इसलिए नाचे हो सड़क पर कि स्वस्थ हूं, आज कोई बीमारी नहीं। नहीं, तब पता ही नहीं चलता। अगर स्वस्थ हो तो स्वास्थ्य का पता नहीं चलता; भूल ही जाते हो। बीमार हो तो बीमारी का पता चलता है और पीड़ा होती है।

जो कुरूप हैं वे दुखी हैं। प्रतिपल उनको एक ही अड़चन लगी है कि कुरूप हैं। सजाते-संवारते हैं, फिर भी सम्हलता नहीं। जो सुंदर हैं, उनसे पूछो। वे कुछ सुखी हों, ऐसा मालूम नहीं पड़ता।

अमरीका की बहुत बड़ी अभिनेत्री मनरो ने आत्महत्या कर ली। सुंदरतम स्त्री थी। प्रेसीडेंट कैनेडी भी उसके लिए दीवाने थे। और बड़े-बड़े प्रेमी थे उसके। अमरीका में शायद ही कोई धनपति हो जो उसके लिए दीवाना न था। वह जिसको चाहती उसको पा सकती थी; जो चाहती पा सकती थी। आत्महत्या कर ली! हुआ क्या? सुखी न थी। सुंदर होने से कोई सुखी नहीं होता; असुंदर होने से दुखी जरूर होता है।

इस जीवन में कुछ ऐसा मालूम पड़ता है कि शरीर के साथ सुखी होना संभव ही नहीं है। शरीर के साथ सुख का कोई संबंध नहीं है। कहीं तो शरीर का दुख है, कहीं वाणी दुखी है। कोई इसलिए दुखी है कि उसके पास बुद्धि नहीं है, विचार नहीं, वाणी नहीं। और जिनके पास बुद्धि है, वाणी है, विचार है, उनसे पूछो। उनमें से अनेक आत्महत्या कर लेते हैं, पागल हो जाते हैं।

पश्चिम में जितने बड़े विचारक पिछले पचास वर्षों में हुए, उनमें से करीब-करीब आधे पागल हुए। वे बड़े बुद्धिमान थे। नीत्शे! प्रगाढ़ प्रतिभा थी वाणी की। सदियों में कभी नीत्शे जैसी वाणी और विचार की क्षमता किसी को मिलती है। नीत्शे की कोई किताब पढ़ेंह्नदस स्पेक जरथुस्त्रा पढ़ेंह्नतो ऐसा लगता है, कोई प्रॉफेट, कोई पैगंबर, कोई तीर्थंकर बोल रहा है। लेकिन पागल होकर मरा नीत्शे। और जीवन भर दुखी रहा। मामला क्या था?

जिनके पास वाणी नहीं है, वे गूंगे हैं। और जिनके पास वाणी है, वे विक्षिप्त हो जाते हैं। जिनके पास विचार नहीं है, वे दीन-हीन हैं, वे तड़पते हैं कि काश, हमारे पास बुद्धि होती। जिनके पास है, वे बुद्धि का क्या करते हैं? खुद के लिए और झंझटें खड़ी कर लेते हैं, हजार उलझनें खड़ी कर लेते हैं, चिंताओं का जाल, संताप का जाल फैला लेते हैं।

कहीं वाणी दुखी है और कहीं मन दुखी है। अगर कुछ भी न हो, शरीर स्वस्थ हो, विचार कुशल हो, अभिव्यक्ति की क्षमता हो, जीवन में सब भरा-पूरा हो, तो भी मन दुखी है। क्योंकि मन का एक नियम हैह्नजो नहीं है, उसकी मांग मन का नियम है। जो है, उसमें मन को कोई रस नहीं है; जो नहीं है, उसी में रस है। अभाव में रस

है। तो मन तो दुखी रहेगा ही। मन को सुखी करने का कोई उपाय नहीं कर पाया। इसलिए तो ज्ञानी मन के बाहर होने का उपाय करने लगे। समझदार मन के बाहर हो गए, क्योंकि उन्होंने देख लिया कि मन का स्वभाव ही सुखी होना नहीं है।

जनक कहते हैं: बड़े अदभुत दुख हैंह्नशरीर के, वाणी के, मन के! इसलिए मैं तीनों को त्याग कर, अपने में डूब कर, वहां खड़ा हो गया हूं न जहां मैं वाणी हूं, न शरीर, न मन। उस साक्षी-भाव में सुखपूर्वक स्थित हूं।

'किया हुआ कर्म कुछ भी वास्तव में आत्मकृत नहीं होता। ऐसा यथार्थ विचार कर मैं जब जो कुछ कर्म करने को आ पड़ता है, उसको करके सुखपूर्वक स्थित हूं।'

आदमी धोखे दे रहा है अपने को। धोखों से कुछ बात मिटती नहीं, वहीं की वहीं बनी रहती है, धोखे देने की प्रक्रिया छोड़नी पड़े, तो ही बदलाहट होती है।

मैंने सुना, सुरता भाई रास्ता भूल गए। रात पड़ गई। एक पेड़ पर चढ़ कर देखा कि दूर एक दीया जल रहा है। सीधे वहीं पहुंचे। देखा कि खेतों में एक मकान है, बाहर एक चारपाई पड़ी है। वहीं बैठ गए। घर में पति-पत्नी बेहद कंजूस, बाहर मेहमान को देख कर भिन्नाए। योजना बनाई कि नकली लड़ाई करेंगे। पत्नी रोएगी पति मारेगा। सो भीतर नकली लड़ाई शुरू हुई। एक हंगामा खड़ा कर दिया दोनों ने। सुरता भाई डर गए। कहीं उनकी पिटाई न हो जाए, सो चारपाई के नीचे जा छिपे। पति-पत्नी बाहर आए, मेहमान को वहां न देख कर बहुत खुश हुए। पति बोला: 'देख्या मन्ने कै मारा!' पत्नी ने कहा: 'मैं कै रोई, देख्या!' और चारपाई के नीचे से निकल कर सुरता भाई ने कहा: 'देख्या, मैं कै गया!'

कुछ फर्क नहीं पड़ता, धोखाधड़ी में चीजें वहीं की वहीं रहती हैं। तुम जरा लौट कर अपनी जिंदगी पर देखो। सब तरह के उपाय तुमने किए, सब तरह की धोखाधड़ियां कींह्नकहीं कुछ बदला? आखिर में पाओगे, सुरता भाई निकल कर कहते हैं: ञ्जदेख्या, मैं कै गया!ञ्ज कुछ कहीं गया नहीं। सब वहीं का वहीं है। अधिक लोग जैसे पैदा होते हैं वैसे ही मर जाते हैं। उनके जीवन में रत्ती भर क्रांति घटित नहीं होती, कुछ बदलता नहीं। जीवन का पूरा अवसर ऐसे ही व्यर्थ चला जाता है।

ये सूत्र तो आत्मक्रांति के सूत्र हैं।

ञ्जकिया हुआ कर्म कुछ भी वास्तव में आत्मकृत नहीं है।ञ्ज

समझना। कठिन बात है। जनक कह रहे हैं: तुम जो भी करते हो, वह तुम्हारा किया हुआ नहीं है। प्रकृति कर रही है। यह बड़ी कठिन बात है, लेकिन बड़ी सत्य है। इससे बड़ा और कोई सत्य नहीं। और इस सत्य को किसी न किसी दिन तुम्हें समझना ही पड़ेगा। भूख लगी तो शरीर को लगती है। फिर भोजन की जो खोज होती है वह भी

शरीर ही करता है। बहुत से बहुत मन साथ देता है। मन तो शरीर का ही अंग है। मन और शरीर दो नहीं हैं। मन यानी सूक्ष्म शरीर और शरीर यानी स्थूल मन। वे एक ही चीज के दो हिस्से हैं। तो भूख लगी तो मन उपाय करता हैङ्करोटी लाओ, भोजन बनाओ! मांग लो कि कमाओ, हजार उपाय कर सकते हो। लेकिन जहां तक तुम्हारा संबंध है, तुम्हारे चैतन्य का संबंध है, तुम बाहर ही हो।

ङ्किया हुआ कर्म कुछ भी वास्तव में आत्मकृत नहीं है। ऐसा यथार्थ विचार कर मैं जब जो कुछ कर्म करने को आ पड़ता है उसको करके सुखपूर्वक स्थित हूं।ङ्क

यह सुनो, यह वचन बड़ा मीठा है। और मीठा ही नहीं, उतना ही सत्य भी कि जो आ पड़ा, कर लेता हूं। भूख लगी तो भोजन कर लेता हूं। नींद आई तो सो जाता हूं। कोई बोला तो उत्तर दे लेता हूं। लेकिन एक बात के प्रति जागा रहता हूं कि इसमें मैं कर नहीं रहा हूं। जो आ पड़ता है, कर लेता हूं।

लौटती है लहर सागर को अगम
गंभीर क्षण है, शांति रखो, मौन धारो!
और जो होना यही है, हो
क्योंकि सारा भूत ही इसकी गवाही है
कि जो होना हुआ है, वही हो कर रहा है।
हुई की लंबी पुरानी आदिहीन कथा-व्यथा है
लिखी, सुधियों में संजोई
जान या अनजान, भूली या भुलाई
लौटती है लहर सागर को अगम
शांति रखो, मौन धारो!
और जो होना यही है, हो
क्योंकि सारा भूत ही इसकी गवाही है
कि जो होना हुआ है, वही हो कर रहा है।

पीछे लौट कर देखो। जरा अपने जीवन की कहानी के पन्ने पलटो। जरा अतीत में खोजबीन करो, खोदो। तुम पाओगे : जो होना है वही होकर रहा है। तुम नाहक ही बीच में परेशान हो लिए। तुम्हारे बिना भी होकर रहता। तुम इतने परेशान न होते तो भी होकर रहता। हार हुई, तुम परेशान न होते, तो भी हो जाती। होनी थी तो हो जाती। तुम परेशानी बचा सकते थे, हार नहीं बदल सकते थे। आदमी के हाथ में बस इतना ही है कि परेशानी बचा ले, दुख बचा ले, पीड़ा बचा ले, संताप बचा ले। जो होना है, होकर रहेगा। जो होना है, होता ही रहा है। लेकिन हमारा मन इससे बगावत करना चाहता

है। क्योंकि जब हम कुछ करते हैं, तभी हमें मजा आता है, नशा आता है; तभी लगता है : मैं हूं!

एक गीत कल मैं पढ़ रहा था :

प्रार्थना करनी मुझे है
और इसे स्वीकारना, संभव बनानाह्न
सरल उतना ही तुम्हें है!

परमात्मा से प्रार्थना कर रहा है भक्त :

प्रार्थना करनी मुझे है
और इसे स्वीकारना, संभव बनानाह्न
सरल उतना ही तुम्हें है
यह कि तुम जिस ओर आओ, चलूं मैं भी
यह कि तुम जो राह थामो, रहूं थामे हुए मैं भी
यह कि कदमों से तुम्हारे कदम अपना मैं मिलाए रहूं
यह कि तुम खींचो जिधर को, खिंचूं
जिससे तुम मुझे चाहो बचाना, बचूं,
यानी कुछ न देखूं, कुछ न सोचूं
कुछ न अपने से करूंह्न
मुझसे यह न होगा।
छूटने को, विलग जाने, ठोकरें खाने, लुड़कने
गरज अपने आप करने के लिए कुछ विकल
चंचल आज मेरी चाह है।

प्रार्थना भी आदमी करता है कि हे प्रभु, तू जैसा कराए वैसा ही हम करें। तेरी जैसी मर्जी, वही पूरी हो। कहते हैं लोग : 'उसकी मर्जी के बिना पत्ता भी नहीं हिलता।' लेकिन फिर भी कहीं भीतर अहंकार घोषणा करता है :

मुझसे न होगा
छूटने को, विलग जाने, ठोकरें खाने, लुड़कने
गरज अपने आप करने के लिए कुछ विकल
चंचल आज मेरी चाह है।

अहंकार निरंतर कोशिश करता है : 'कुछ अपने से करके दिखा दूं! कर्ता होकर दिखा दूं!' यह कर्ता होने की चाह समस्त नरक का आधार है, स्रोत है।

तुम कितना ही करो, जो होना है वही होता है। कभी सफलता होती है जरूर, कभी असफलता भी होती है जरूरह्नलेकिन संयोगवशात। न तो तुम सफलता अपने

हाथ से ला सकते हो और न तुम विफलता अपने हाथ से ला सकते हो। तुम्हारी लाख चेष्टा करने पर भी कभी तुम विफल हो जाते हो और कभी निश्चेष्ट पड़े रहने पर भी सफल हो जाते हो। कभी इस पर तुमने देखा?

मैं विश्वविद्यालय में एम.ए. का विद्यार्थी था। मेरे जो प्रोफेसर थे, अब तो चल बसे, अभी-अभी कुछ वर्ष पहले चल बसे। उनका मुझ पर बड़ा लगाव था। और वे कहते, तुम जरा मेहनत करो तो गोल्ड मैडल तुम्हारा है; तुम घंटा भर भी दे दो पढ़ने को तो गोल्ड मैडल तुम्हारा है। मैं उनसे कहता, मिलना होगा तो मिल कर रहेगा। उनको यह बात जंचती न। वे कहते, ऐसे कैसे मिल कर रहेगा? तुम कुछ करोगे तो ही मिलेगा; कुछ न करोगे तो कैसे मिलेगा?

परीक्षा के तीन महीने पहले उन्होंने मुझसे कहा: 'तो अब इसकी परीक्षा हो ले। तो तुम मेरे घर आ जाओ। और मेरे घर ही रहो, ताकि मैं देखूं तुम कुछ करते हो या नहीं।'

तीन महीने मैं उनके घर रहा। मैंने सब किताबें वगैरह बांध कर रख दीं। वे थोड़े डरे भी। पांच-सात दिन बाद वे मुझसे बोले कि 'छोड़ो, इस झंझट में क्या रखा है! यह जिद ठीक नहीं। इसमें कहीं ऐसा न हो कि तुम नाहक खो बैठो।' मैंने कहा: 'खोना है तो खोएंगे। पाना है तो पाएंगे। मगर अब इसको बदलेंगे नहीं। अब ये किताबें मैं खोलने वाला नहीं।' महीना बीतते-बीतते तो वे बहुत घबड़ाने लगे। वे कहने लगे कि मुझे क्षमा करो; मैं अपनी बात वापस लेता हूं, लेकिन तुम पढ़ोह्नलिखो। मैंने कहा: आपके बात लेने न लेने का कोई सवाल नहीं है; वैसे भी मैं पढ़ने वाला नहीं था। कोई आपकी वजह से नहीं पढ़ रहा हूं, यह सवाल नहीं है। जो मुझे करना था वही करने वाला था। और जो होना है, होगा।

परीक्षा जब बिलकुल करीब आ गई तो वे तो इतने घबड़ाने लगे कि मुझसे बोले कि 'ऐसा करो, मैं तुम्हें बताए देता हूं कि क्या-क्या आ रहा है, कम से कम उतना...। मैंने अपने जीवन में ऐसा कभी नहीं किया। लेकिन तुम पर मुझे दया आती है और हैरानी होती है कि तुम पागल तो नहीं हो।' क्योंकि मैं पड़ा रहता घास पर उनके लान में; सोया रहता धूप में या वृक्षों की छाया में। तीन महीने मैंने किताब छुई नहीं। मैंने कहा कि नहीं, आप बताओ भी तो भी कोई सार नहीं, क्योंकि मैं किताब उठाने वाला नहीं। मैं बिना किताब छुए ही परीक्षा में आ रहा हूं।

आखिरी दिन रात तो उनसे न रहा गया। मैं कमरे में सोया था, कोई ग्यारह बजे रात उन्होंने खटका किया और कहा: 'सुनो, यह रहा पेपर।' अब मैंने कहा कि देखो, आप अपने हाथ से सब खराब किए ले रहे हैं। अब तीन महीने गुजर गए, अब रात बची है; कल सुबह जो होगा, होगा। और इस पेपर का मैं करूंगा भी क्या? यह जान

भी लूं कि क्या आ रहा है...यह तो सुबह मैं जान ही लूंगा, इसमें क्या ऐसी जल्दी है? पढ़ने वाला मैं नहीं हूं। तो अभी जान लूं कि सुबह जान लूं, फर्क क्या पड़ेगा? बीच में मैं पढ़ने वाला नहीं हूं।

और जब मुझे गोल्ड मैडल मिला तो उनकी हालत देखने जैसी थी। वे नाचने लगे खुशी में। उन्होंने कहा कि हद हो गई! तो शायद तुम ठीक ही कहते हो कि जो होने वाला था, होकर रहेगा। मगर मुझे अब भी भरोसा नहीं आता। यह हो गया, यह भी ठीक...।

फिर वर्ष बीत गए, जब भी वे मुझे मिलते, कहते : 'कहो, बताओ तो, किया कैसे? इसके पीछे राज क्या था?' मैं उनको कहता : 'आपके घर रहा तीन महीने, आप जानते हैं, चौबीस घंटे आपकी आंख के सामने रहा। किताबें मैंने बंद करके चाबी आपको दे दी थी। किताबें कभी फिर आपके घर से मैं दुबारा लेने गया भी नहीं; वे अब भी आपके पास पड़ी हैं। फिर मैंने उन्हें उठा कर देखा भी नहीं। मैंने भी एक प्रयोग किया, मैंने भी एक दांव खेला कि जो होना होगा, होगा।'

मगर उन्हें भरोसा न आया।

आप भी बहुत बार बिना कुछ किए सफल हो जाएंगे, तो भी भरोसा न आएगा; तो भी ऐसा लगेगा : 'संयोग होगा; हो गया होगा संयोगवशात।'

लेकिन जीवन का सत्य यही है : जो होना है वही हो रहा है। जो होता है वही होता है। ऐसे सत्य को जान कर अगर पीछे सरक गए तो तुम्हारे जीवन में शांति के मेघ बरस जाएंगे। फिर अशांति कैसी? फिर सुख ही सुख है।

'किया हुआ कर्म कुछ भी वास्तव में आत्मकृत नहीं है। ऐसा यथार्थ विचार कर मैं जब जो कुछ कर्म करने को आ पड़ता है, उसको करके सुखपूर्वक स्थित हूं।'

'जो करने को आ पड़ता है।'

आ ही गया द्वार तो ठीक, निपटा लेता हूं; बाकी न करने में कोई रस है, न न-करने का कोई आग्रह है।

कृतं किमपि नैव स्यादिति संचिन्त्य तत्त्वतः।
यदा यत्कर्तुमायाति तत्कृत्वाऽसे यथासुखम्।।
कृतं किमपि एव न आत्मकृतं स्यात्...।

नहीं, अपने किए कुछ नहीं होता। अपना किया कुछ भी नहीं है। सब किए पर परमात्मा के हस्ताक्षर हैं। तुम अपने हस्ताक्षर हटा लो और तुमने नर्क बनाना बंद कर दिया। तुम अपने हस्ताक्षर बड़े करते जाओ और तुम्हारा नर्क उतना ही बड़ा होता जाएगा।

इति तत्वतः संचिन्त्य...।

ऐसा जान कर, ऐसा अनुभव करके, ऐसे तत्व का साक्षात करके।

यदा यत् कर्तुं आयाति तत् कृत्वा।

जो आ गया, जो सामने पड़ गया।

आयाति तत् कृत्वा।

उसे कर लेते हैं। इनकार भी नहीं है। आलस्य भी नहीं है। करने की कोई दौड़ भी नहीं है। करने का कोई पागलपन भी नहीं है। न तमस है न रजस हैह्नवहीं सत्व का उदय है।

तमस का अर्थ होता है : आलस्य से पड़े हैं। आग लग गई घर में, तो भी पड़े हैं।

रजस का अर्थ होता है : घर में अभी आग नहीं लगी, इंश्योरेंस कराने गए हैं; कुआं खोद रहे हैं; इंतजाम कर रहे हैं, क्योंकि आग जब लगेगी तब थोड़े ही इंतजाम कर पाओगे। सारा इंतजाम कर रहे हैं। आग लगे या न लगे, इंतजाम में मरे जा रहे हैं। मकान तो बच जाएगा, इंतजाम करने वाला मर जाएगाह्नइंतजाम करने में ही।

सत्व का अर्थ है : न रजस, न तमस; दोनों का जहां संतुलन हो गया। घर में आग लग गई तो निकलेंगे, पानी भी लाएंगे, बुझाएंगे भी। जो आ पड़ा, कर लेंगे। लेकिन उसके लिए कोई चिंतना, आयोजना, कल्पना कुछ भी नहीं है। जो वर्तमान दिखाएगा, करवाएगाह्नकर लेंगे।

यथासुखं आसे...।

इसलिए सुखपूर्वक स्थित हूं।

आदमी कर्ता तो बना रहता है, फिर भी कहीं तो किसी चेतना के तल पर पता चलता रहता है कि अपना किया कुछ होता नहीं। कितनी चेष्टा तुम करते हो सफल होने की और असफलता हाथ लग जाती है। और कभी-कभी अनायास छप्पर फोड़ कर धन बरस जाता है।

मैंने सुना है, एक यहूदी कथा है कि एक सम्राट ऐसा ही भरोसा करता था कि जो होना है होता है। गांव में एक भिखमंगा थाह्नबस एक ही भिखमंगा था। पूरी राजधानी धन-संपन्न थी। अंधा था भिखमंगा। नहीं कि आंख से अंधा था; बस कुछ ऐसा अंधापन था कि जो भी करता गलत हो जाता, कि गलत ही चुनता, कि गलत दिशा में ही जाता। जब सारे लोग बाजार में बेच रहे होते, तब वह खरीदता; जब चीजों के दाम गिर रहे होते, तब वह फंस जाता। जो करता, गलत हो जाता। वजीरों को उस पर दया आई। उन्होंने सम्राट से कहा कि गांव पूरा धनी है; यह एक आदमी बेचारा उलझन में पड़ा रहता है, इसका कुछ भाग्य विपरीत है, इसकी बुद्धि उल्टी है। जब सारी दुनिया कुछ कर रही है, वह न करेगा। जब सब सफल हो रहे हैं, धन कमा रहे हैं, तब न कमाएगा। जब सारे लोग फसल बो रहे हैं तब वह बैठा रहेगा। जब मौसम

है बीज डालने का तब बीज न डालेगा; जब मौसम चला जाएगा तब बीज डालेगा। तब बीज भी सड़ जाते हैं; वे फिर पैदा नहीं होते हैं। फसल तो आती नहीं, हाथ का भी चला जाता है। इस पर कुछ दया करें।

सम्राट ने कहा : 'दया करने से कुछ भी न होगा, लेकिन तुम कहते हो तो एक प्रयोग करें।'

तो वह आदमी रोज सांझ को बाजार से लौटता अपने घर, तो एक पुल को पार करता है। सम्राट ने कहा : 'पुल खाली कर दिया जाए।' और अशर्फियों से भरा हुआ एक हंडा, बड़ा हंडा बीच पुल पर रख दिया। सम्राट और वजीर दूसरे किनारे बैठे हैं। पुल खाली कर दिया गया। कोई दूसरा जा न सकेगा।

वही आदमी निकला अपनी धुन में, अपने सोच-विचार में, गुनगुनाता, ओंठ फड़फड़ाता। वजीर चकित हुए कि पुल पर पैर रखते ही उसने आंख बंद कर ली। वे बड़े हैरान हुए कि हद हो गई। अब यह मूर्ख आंख क्यों बंद कर रहा है पुल पर! लेकिन वह आंख बंद करके और टटोल-टटोल कर पार हो गया और घड़े को वहीं छोड़ गया, क्योंकि अंधे को अब घड़ा क्या दिखाई पड़ता! जब वह उस तरफ पहुंच गया तो सम्राट ने कहा कि देखो...। उसे पकड़ा। उससे पूछा कि महापुरुष, आंख क्यों बंद की? उसने कहा कि कई दिन से मेरे मन में यह खयाल था कि एक दफे आंख बंद करके पुल पार करें। आज खाली देख कर कि पुल पर कोई भी नहीं है, मैंने सोचा कर लो, यह मौका फिर न मिलेगा। राह खाली है, गुजर जाओ। यह अनुभव के लिए कि आंख बंद करके चल सकते हैं कि नहीं।

'आज ही सूझा तुम्हें यह?'

'नहीं, योजना तो पुरानी थी, लेकिन रास्ता कभी खाली नहीं होता था। लोग आ रहे जा रहे, धक्का-धुक्की हो जाए।'

सम्राट ने कहा : 'जो होना होता है, होता है।'

तुम कोई उपाय खोज लोगे असफल होने का या सफलता तुम्हें खोजती आ जाएगी। यह बहुत कठिन तत्व है, क्योंकि अहंकार के विपरीत इससे बड़ी और कोई बात नहीं हो सकती। तो सिर्फ जो अकिंचन है, जिसने अहंकार छोड़ा, वही इसे समझ पाएगा।

यह कि अपना लक्ष्य निश्चित मैं न करता
यह कि अपनी राह मैं चुनता नहीं हूं
यह कि अपनी चाल मैंने नहीं साधी
यह कि खाई-खंदकों को आंख मेरी देखने से चूक जाती
यह कि मैं खतरा उठाने से हिचकता-झिझकता हूं

यह कि मैं दायित्व अपना ओढ़ते घबड़ा रहा हूं
ह्नकुछ नहीं ऐसा
शुरू में भी कहीं पर चेतना थी
भूल कोई बड़ी होगी
तुम सम्हाल तुरंत लोगे
अंत में भी आश्वासन चाहता हूं
अनगही मेरी नहीं है बांह!

कहीं ऊपर-ऊपर तो वह सब खेल चलता रहता हैह्नहार का, जीत का, पराजय का, सफलता- विफलता, सुख-दुख काह्नलेकिन भीतर कहीं अचेतन की गहराई में ऐसा भी प्रतीत होता रहता है:

भूल कोई बड़ी होगी
तुम सम्हाल तुरंत लोगे
अंत में भी आश्वासन चाहता हूं
अनगही मेरी नहीं है बांह!

वह भी बना रहता है। मनुष्य एक विरोधाभास है। एक तल पर कर्ता होने की कोशिश करता रहता है और एक तल पर जानता भी रहता है कि अकर्ता हूं और तुमने मेरी बांह पकड़ी है, इसलिए सम्हाल लोगे। अपनी तरफ से सम्हलने की चेष्टा भी करता रहता है और भीतर कहीं जानता भी रहता है कि सम्हाल लोगे अगर भटकूंगा बहुत। इन दोनों दुविधाओं के बीच आदमी टूट जाता है। तो इस लिहाज से वे लोग भले जैसे पश्चिम के लोग, उन्होंने पहली बात छोड़ ही दी। वे मानते ही नहीं कि तुम सम्हाल लोगे, तुम हो ही नहीं! ईश्वर मर चुका। वह बात खतम हुई। वह बात आई-गई, अब पुराण-कथा हो गई। अब तो अपने से ही करना है जो करना है। आदमी ही कर्ता है और कोई नहीं।

तो पश्चिम के आदमी में तुम एक तरह की सरलता पाओगे, दुविधा नहीं। वह कर्ता मानता है अपने को। जनक में एक तरह की सुविधा पाओगे, वे अपने को कर्ता नहीं मानते, साक्षी मानते हैं। लेकिन पूरब का आदमी, कम से कम भारत का आदमी, बड़ी दुविधा में हैह्नएक तल पर जानता है कि साक्षी हूं और एक तल पर मानता है कि कर्ता हूं। इसलिए बड़ी खिंचावट है।

पश्चिम के लोग आते हैं; उनमें मुझे एक तरह की सरलता और साफ-सुथरापन दिखाई पड़ता है। दो और दो चार! जब भारतीय कोई आता है, उसके भीतर गौर से देखो तो कभी दो और दो पांच होते दिखाई पड़ते हैं और कभी दो और दो तीन होते दिखाई पड़ते हैं। दो और दो चार कभी नहीं होते। कुछ अड़चन है। उसने महासत्य भी

सुन लिए हैं। खुद तो नहीं जानाह्लसुन लिए हैं। महासत्यों की उदघोषणा इतनी बार हुई इस देश मेंह्लकभी बुद्ध, कभी महावीर, कभी कृष्ण, कभी अष्टावक्रह्लउसने सुन लिए हैं। उनको इनकार भी नहीं कर सकता। भारत की चेतना ने इन महापुरुषों को देखा। सदियों-सदियों में वे आते रहे। उनको इनकार भी नहीं किया जा सकता। उनकी मौजूदगी प्रगाढ़ छाप छोड़ गई। उनकी वाणी गूंजती है, गूंजती चली जाती है। वह हमारे खून में मिल गई है। हम भुलाना भी चाहें तो भूल नहीं सकते। और हमारा अहंकार भी है; उसको भी हम झुठलाना नहीं चाहते। हम अपने अहंकार की मान कर भी चले जाते हैं। ऐसी दुविधा है। इस दुविधा में बड़ी टूट हो जाती है; आदमी खंड-खंड हो जाता है।

पूरब का आदमी मुझे ज्यादा चालबाज मालूम पड़ता है बजाय पश्चिम के आदमी के। पश्चिम का आदमी एक बात पर तय है कि आदमी कर्ता है। पूरब का आदमी दो बातों में डोल रहा है। उसकी नाव दो तरफ एक साथ जा रही है। उसने अपनी बैलगाड़ी में दोनों तरफ बैल जोत लिए हैं। हड्डी-पसली टूटी जा रही है, अस्थि-पंजर उखड़े जा रहे हैं। और बड़ी बेईमानी पैदा हुई है। कैसी बेईमानी पैदा हुई है? पूरब का आदमी जीतता है तो कहता है, मैं जीता; हारता है तो वह कहता है, भाग्य में लिखा था। यह बेईमानी पैदा हुई है। जब हार तो वह एक तरफ की बात कहता है कि ज्ञभाग्य में लिखा, क्या कर सकते हो! होना नहीं था।ङ्क जब जीत होती है तब भूल जाता है यह। तब वह कहता है, मैं जीता।

'देहासक्त योगी हैं जो कर्म और निष्कर्म के बंधन से संयुक्त भाव वाले हैं। मैं देह के संयोग और वियोग से सर्वथा पृथक होने के कारण सुखपूर्वक स्थित हूं।'

सुनो! जनक कहते हैं, देहासक्त हैं योगी! भोगी तो देहासक्त हैं ही, योगी भी देहासक्त हैं। उनकी आसक्तियां अलग-अलग ढंग की हैं, लेकिन हैं तो आसक्तियां। भोगी फिकर करता है कि खूब सजा ले अपने जीवन को। भोगी फिकर करता है देह के लिए सब सुख-साधन जुटा ले, शैया बना ले मखमल की। और त्यागी फिकर करता है कि आसन जमा कर बैठ जाए, सिद्धासन सीख ले, योगासन सीख ले, हठयोग लगा ले, श्वास पर काबू पा ले। मगर चेष्टा दोनों की शरीर पर ही लागू है। होगी योगी की चेष्टा शायद भोगी से बेहतर, लेकिन भिन्न नहीं। तल एक ही है, आयाम एक ही है।

कर्मनैष्कर्म्यनिर्बंधभावा देहस्थ योगिनः।
संयोगायोगविरहादहमासे यथासुखम्।।

योगी भी देहासक्त हैंह्लजो कर्म और निष्कर्म के बंधन से जुड़े हुए हैं; जो सोचते हैं, न करूं। योगी का अर्थ होता है : जिसने करना छोड़ दिया। भोगी का अर्थ होता है :

जो करने में उलझा है। लेकिन दोनों ही, कर्म और अकर्म, एक ही ऊर्जा की भिन्न-भिन्न अभिव्यक्तियां हैं। तो जनक कहते हैं कि मैं देह के संयोग और वियोग से सर्वथा पृथक होने के कारण सुखपूर्वक स्थित हूं।

'मुझको ठहरने से, चलने से या सोने से अर्थ और अनर्थ कुछ नहीं है...।'

सुनो!

'मुझको ठहरने से, चलने से या सोने से अर्थ और अनर्थ कुछ भी नहीं है। इस कारण मैं ठहरता हुआ, जाता हुआ और सोता हुआ भी सुखपूर्वक स्थित हूं।'

सुना है कभी इससे ज्यादा कोई क्रांतिकारी सूत्र!

अर्थानर्थौ न मे स्थित्या गत्या वा शयनेन वा।

जनक कहते हैं: सो कर भी मैं वही हूं और जाग कर भी मैं वही हूं। भेद नहीं है। और न मुझे अर्थ और अनर्थ में कोई भेद है।

तिष्ठन् गच्छन् स्वपंस्तस्मादहमासे यथासुखम्।

मैं तो नींद आ जाती है तो सो जाता हूं; चलना होता है तो चल लेता हूं; बैठना होता है तो बैठ जाता हूं।

झेन फकीर निरंतर यही कहते रहे हैं। इसलिए मैं कहता हूं कि झेन फकीरों को अष्टावक्र की गीता पर ध्यान देना चाहिए। इससे बड़ा झेन वक्तव्य और दूसरा नहीं है।

बोकोजू से किसी ने पूछा कि तुम करते क्या हो? तुम्हारी साधना क्या है? क्योंकि न हम तुम्हें कभी ध्यान में बैठे देखते, न कभी तुम्हें प्राणायाम करते देखते, न तुम्हें हम कभी योगासन लगाते देखते, न पूजा, न पाठ। तुम करते क्या हो? तुम्हारी साधना क्या है?

बोकोजू ने कहा: जब नींद आती है तब मैं सो जाता हूं और जब भूख लगती है तब भोजन कर लेता हूं। जब चलने का होता है भाव तो चल लेता हूं। जब बैठने का होता है भाव तो बैठ जाता हूं। यही मेरी साधना है।

ऋमुझको ठहरने से, चलने से या सोने से अर्थ और अनर्थ कुछ नहीं है। इस कारण मैं ठहरता हुआ, जाता हुआ, और सोता हुआ भी सुखपूर्वक स्थित हूं।ऋ

अब कोई चुनाव न रहा।

एक युवक को मेरे पास लाया गया। उसका दिमाग खराब हुआ जा रहा था। विश्वविद्यालय का विद्यार्थी था। मैंने पूछा: 'तुझे हुआ क्या? तुझ पर कौन सी मुसीबत आ गई है? यह दिमाग को इतना अस्तव्यस्त क्यों कर लिया है?' उसने कहा कि मैं स्वामी शिवानंद का शिष्य हूं। उनकी ही किताबें पढ़-पढ़ कर योगसाधन कर रहा हूं। तो स्वामी शिवानंद ने लिखा है कि पांच घंटे से ज्यादा मत सोना। तो मैं पांच घंटे सोता हूं। और लिखा है, तीन बजे रात उठ आना तो मैं तीन बजे रात उठ आता हूं।

अब तीन बजे रात जो उठेगा उसे दिन में नींद आएगी। और वह विश्वविद्यालय का विद्यार्थी था।

'तो दिन में मुझे नींद आती है। तो किताबों में खोजबीन की तो शिवानंद ने लिखा है कि दिन में नींद आए तो उसका अर्थ है कि तुम्हारा भोजन तामसी है, तो भोजन को शुद्ध करो। तो मैं सिर्फ दूध पीता हूं।'

तो वह कमजोर होने लगा। इधर सिर्फ दूध पीने लगा तो कमजोर होने लगा, उधर रात नींद कम कर ली तो नींद से जो विश्राम मिलता था वह समाप्त होने लगा। मन के तंतु टूटने लगे। तो विक्षिप्तता की हालत आने लगी। उन्हीं किताबों में लिखा है कि साधक को ऐसी असुविधाएं भी आती हैं। तपश्चर्या में ऐसी कठिनाइयां भी आती हैं। तो उसके लिए भी सांत्वना मिल गई।

अब यह जाल खुद खड़ा किया हुआ है। पांच घंटे सोना सभी के लिए ठीक नहीं हो सकता। हां, बुढ़ापे में ठीक हो सकता है। बुढ़ापे में नींद अपने से कम हो जाती है। और अक्सर लोग शास्त्र बुढ़ापे में लिखते हैं। तो वे जो अपने अनुभव से लिखते हैं, ठीक ही लिखते हैं। बुढ़ापे में भोजन भी कम हो जाता है। सच तो यह है कि बुढ़ापे के लिए दूध ठीक भोजन है। क्योंकि बूढ़ा फिर बच्चे जैसा हो आता है। फिर उसका जीवन उतना ही सीमित हो जाता है जैसे छोटे बच्चे का। अब कुछ जीवन में निर्माण तो होता नहीं; दूध काफी है। और नींद कम हो जाती है अपने आप।

बच्चा मां के पेट में चौबीस घंटे सोता है। अब वह कहीं शिवानंद को पढ़ ले तो मरा। पैदा होने के बाद बाईस घंटे सोता है। वह शिवानंद को पढ़ ले तो गए! फिर बीस घंटे सोएगा, फिर सोलह घंटे सोएगा। जवान होते-होते आठ घंटे सोएगा, सात घंटे सोएगा। यह स्वाभाविक है। बूढ़ा जैसे-जैसे होने लगेगा, नींद कम होने लगेगी। क्योंकि नींद की जरूरत है एकह्नवह है शरीर के भीतर टूट गए तंतुओं का निर्माण। बूढ़े आदमी के तंतुओं का निर्माण होना बंद हो गया है, इसलिए नींद की जरूरत न रही। बच्चा चौबीस घंटे सोता है मां के पेट में, क्योंकि हजार चीजें निर्मित हो रही हैं, नींद चाहिए। गहरी नींद चाहिए ताकि कोई बाधा न पड़े, सब काम चुपचाप होता रहे। नींद के अंधेरे में निर्माण होता है। इसलिए तो बीज जमीन में अंदर चला जाता है, वहां फूटता है। रोशनी में नहीं फूटता चट्टान पर रखा हुआ। अंधेरा चाहिए। इसलिए तो वीर्य-कण मां के गर्भ में चला जाता है अंधेरे में, वहां जाकर विकसित होता है। अंधेरा चाहिए। गहरी नींद चाहिए। विश्राम चाहिए।

बूढ़े आदमी की तो अपने आप नींद खतम होने लगती है। मेरे पास बूढ़े आ जाते हैं। वे दूसरे, वही उपद्रव में पड़े हैं। वे कहते हैं कि पहले हम आठ घंटे सोते थे, अब सिर्फ तीन घंटे नींद आती है। अब बड़े परेशान हैं, अनिद्रा के रोग ने पकड़ लिया है।

यह रोग नहीं है, बुढ़ापे में स्वभावतः नींद कम हो जाएगी। अब तुम चाहो कि आठ घंटे सोओ, संभव नहीं है। बुढ़ापे में भोजन भी कम हो जाएगा। उसकी जरूरत ही न रही। जवानी में भोजन ज्यादा था।

अब यह जवान लड़का है। अभी इसका जीवन बढ़ रहा है। अब यह पांच घंटे सोएगा, दिन भर नींद आएगी। नींद आने से तामसी होने का खयाल उठता है। भोजन के कारण नहीं कोई फर्क हो रहा है, नींद कम ले रहा है तो नींद आ रही है। और शास्त्र में पढ़ता है तो तामसी भोजन हैह्नतो भोजन बदलो। फिर कमजोरी बढ़ने लगी। अब मस्तिष्क के तंतु टूटने लगे, उनका बनना बंद होने लगा। तो अब विक्षिप्त हो रहा है। तो सोचता है कि परमहंस होने की अवस्था करीब आ रही है।

इन जालों से सावधान रहना।

जनक के सूत्र बड़े महत्वपूर्ण हैं। न ठहरने से, न चलने से, न सोने से अब कोई लगाव है। जो होता है, जितना होता है, उतने से राजी हूं। अर्थ-अनर्थ कुछ भी नहीं है। कारणह्नठहरता हुआ, जाता हुआ, सोता हुआ मैं सुखपूर्वक स्थित हूं।

खोल दो नाव
जिधर बहती है, बहने दो
नाव तो तिर सकती है मेरे बिना भी
मैं बिना नाव भी डूब सकूंगा
चलो खोल दो नाव
चुपचाप जिधर बहती है, बहने दो
मुझे रहने दो
अगर मैं छोड़ पतवार निस्सीम पारावार तकता हूं
खोल दो नाव
जिधर बहती हो, बहने दो।

जनक के सूत्र तो समर्पण के सूत्र हैं। यह तो अष्टावक्र ही जनक के भीतर से जगमगा रहे हैं। यह तो गुरु ही शिष्य से बोला है। यह तो गुरु ने ही शिष्य के हृदय में उठाई हैं ये तरंगें। और तुम एक बात खयाल करोगे कि अष्टावक्र कुछ बोलते हैं, फिर चुप हो जाते हैं; फिर जनक को बोलने देते हैं। सुनते हैं कि जो अष्टावक्र ने बोला, वह जनक के हृदय तक पहुंच गया, पल्लवित होने लगा, उसमें फूल खिलने लगे; और एक बात तुम खयाल करना : अष्टावक्र जो बोलते हैं वह बीज जैसा है और जनक जो बोलते हैं वह फूल जैसा है। इसलिए जनक के वचन और भी सुंदर मालूम होते हैं, अष्टावक्र से भी ज्यादा सुंदर मालूम होते हैं। लेकिन वे वचन अष्टावक्र के ही हैं। अष्टावक्र बीज की तरह गिर जाते हैं जनक के हृदय में; वहां अंकुरित होते, पल्लवित होते, फूल खिलते हैं। उन फूलों की सुवास इन वचनों में है।

अष्टावक्र अपूर्व आनंद को उपलब्ध हुए होंगे जनक की ये बातें सुन कर। जैसे कोई मां, पहली दफे जब उसका बेटा बोलता है तो आह्लादित हो जाती है, ऐसे जनक के ये वचन सुन कर अष्टावक्र खूब आह्लादित हुए होंगे। शायद ही कभी शिष्य ने किसी गुरु को इतना तृप्त किया हो!

मैंने सुना है, एक हसीद फकीर हुआ। वह बड़ा प्रसिद्ध पंडित था। बड़ा ज्ञानी था। और जैसा ज्ञानियों को अक्सर झंझट हो जाती है, उसको भी हुई। जब वह कोई पचास वर्ष का था तो नास्तिक हो गया। तब तक उसने न मालूम कितने लोगों को धर्म की शिक्षा दी। फिर वह नास्तिक हो गया। इन पचास वर्षों में न मालूम कितने लोग उसके कारण संतत्व को उपलब्ध हुए। और फिर वह नास्तिक हो गया। सबने उसका साथ छोड़ दिया, लेकिन उसका एक शिष्य रबी मेयर उसके पास आता रहा। वह अपने गुरु को बार-बार कहता रहा कि वापस लौट आओ, यह तुमने क्या रंग पकड़ा आखिर में? लेकिन शिष्य गुरु को समझाए भी तो कैसे समझाए! गुरु बड़ा तर्कशास्त्री था; वह सारी बातें खंडित कर देता था। वह बड़ा बगावती हो गया था। मरने के दिन भी उसका शिष्य आया और उसने कहा कि अब तो कृपा करो, अब वापस लौट आओ, तर्क इत्यादि छोड़ो। मैं तुम्हें जानता हूं।

गुरु ने आंख खोली और कहा कि क्या अब प्रभु मुझे क्षमा कर सकेगा? रोया और मर गया। दफनाने के दूसरे दिन ही लोग भागे आए और उसके शिष्य को कहा कि हद हो गई, जिस बात से हम डरे थे वही हो रहा है, तुम्हारे गुरु की कब्र से लपटें निकल रही हैं। जैसे कि गुरु नरक में पड़ा होऌकब्र से लपटें निकल रही हैं!

तो मेयर गया और उसने जाकर कहा कि देख...। एक चादर कब्र के ऊपर ढांक दी और कहा कि सुनो, अब बहुत हो गई बगावत, अब आखिर तक परेशान न करो। रात भर शांति से सोए रहो; परमात्मा क्षमा कर देगा; परमात्मा मुक्ति देगा, शांति देगा। और अगर सुबह तक परमात्मा कुछ न करे तो मैं तुम्हें मुक्ति दूंगा, मैं तुम्हें शांत करूंगा!

कहते हैं ऊपर से एक आवाज आई कि मेयर, यह तू क्या कह रहा है? गुरु को और शिष्य मुक्त करेगा!

तो मेयर ने कहा: हां, मैं मुक्त करूंगा! क्योंकि मैं जो भी हूं, गुरु की ही छाया हूं। और अगर मैं इतना शुद्ध हृदय हूं तो मैं यह मान नहीं सकता कि मेरा गुरु अशुद्ध हो गया है। वह खेल खेल रहा है। उसने ही मुझे जगाया तो मैं यह तो मान ही नहीं सकता हूं कि वह सो गया है। वह खेल खेल रहा है। इसलिए मैं कहता हूं: या तो प्रभु तुझे समझ लेगा और अगर प्रभु की करुणा सूख गई हो तो फिकर मत कर सुबह आकर मैं तुझे मुक्त करूंगा और शांत करूंगा।

जब एक शिष्य खिलता है तो गुरु फिर से मुक्त होता है। एक बार तो मुक्त हुआ

था अपने कारण; अब हर शिष्य में जब भी फूल खिलता है तो गुरु फिर-फिर मुक्त होता है। जितने शिष्यों के फूल खिलने लगते हैं, गुरु उतनी बार मोक्ष का आस्वादन करने लगता है, उतनी बार मोक्ष का स्वाद लेने लगता है।

परम आह्लाद को उपलब्ध हुए होंगे अष्टावक्र। क्योंकि ये सूत्र बड़े अनूठे हैं।

'सोते हुए मुझे हानि नहीं है और न यत्न करते हुए मुझे सिद्धि है। इसलिए मैं हानि और लाभ दोनों को छोड़ कर सुखपूर्वक स्थित हूं।'

स्वपतो नास्ति मे हानिः सिद्धिर्यत्नवतो न वा।
नाशोल्लासौ विहायास्मादहमासे यथासुखम्।।

'सोते हुए मुझे हानि नहीं है...!'

सुनो! जनक कहते हैं: सोया हुआ भी मैं हूं तो वही, हानि कैसी! भटका हुआ भी मैं हूं तो वही, हानि कैसी! अंधेरी से अंधेरी रात में मैं हूं तो प्रकाश का ही अंग, हानि कैसी! संसार में खड़ा हुआ भी मैं हूं तो परमात्मा से जुड़ा, हानि कैसी!

'सोते हुए मुझे हानि नहीं है और न यत्न करते हुए मुझे सिद्धि है।'

प्रयत्न करने से सिद्धि का कोई संबंध नहीं, क्योंकि सिद्धि कोई बाहर से मिलने बाली बात थोड़े ही है; सिद्ध तो तुम पैदा हुए हो; सिद्ध बुद्ध तुम पैदा हुए हो। वह तुम्हारा स्वरूप है, स्वभाव है।

'इसलिए मैं हानि और लाभ दोनों को छोड़कर सुखपूर्वक स्थित हूं।'

स्वप्न में तुम होह्नतुम्हीं हो जागरण में।

कब उजाले में मुझे कुछ और भाया
कब अंधेरे ने तुम्हें मुझसे छिपाया
तुम निशा में और तुम्हीं प्रातः-किरण में
स्वप्न में तुम होह्नतुम्हीं हो जागरण में।

ध्यान है केवल तुम्हारी ओर जाता
ध्येय में मेरे नहीं कुछ और आता
चित्त में तुम होह्नतुम्हीं हो चिंतवन में
स्वप्न में तुम होह्नतुम्हीं हो जागरण में।

रूप बन कर घूमता जो वह तुम्हीं हो
राग बन कर गूंजता जो वह तुम्हीं हो
तुम नयन में और तुम्हीं अंतःकरण में
स्वप्न में तुम होह्नतुम्हीं हो जागरण में।

प्रतिपल एक ही है। वह कभी दो नहीं हुआ, अनेक नहीं हुआ। वह अनेक भासता है। जैसे रात चांद हो पूर्णिमा का और जितनी झीलें हैं जगत में, सभी में झलकता है और अनेक-अनेक मालूम होता है। डबरों में, झीलों में, सागर में, नदियों में, सरोवरों मेंह्नकितने प्रतिबिंब बनते हैं! चांद एक है। उपर आंख उठा कर देखो तो एक है; नीचे प्रतिबिंबों में भटक जाओ तो अनेक है। लेकिन तुम जब सोचते हो कि अनेक है, तब भी चांद तो एक ही है। तुम्हारे सोचने से सिर्फ तुम्हीं भ्रांत होते हो, चांद अनेक नहीं होता; चांद तो एक ही है।

'सोते हुए मुझे हानि नहीं, न यत्न करते हुए मुझे सिद्धि है।'

ऐसा जिसने जान लिया, क्या उसके जीवन में तनाव हो सकता है? बेचैनी हो सकती है? यह तो ध्यानातीत, समाधिह्नअतीत अवस्था हो गई।

'इसलिए अनेक परिस्थितियों में सुखादि की अनित्यता को बारंबार देख कर और शुभाशुभ को छोड़ कर मैं सुखपूर्वक स्थित हूं।'

सुखादिरूपानियमं भावेष्वालोक्य भूरिशः।

बहुत-बहुत बार देख लिया सुख-दुख, लाभ-हानि, सब अनित्य है।

शुभाशुभे विहायास्मादहमासे यथासुखम्।

बहुत बार शुभ करके देख लिया, अशुभ भी करके देख लिया, सब क्षणभंगुर है; पानी पर खींची गई लकीरें हैं, बन भी नहीं पातीं और मिट जाती हैं। इसलिए अब न शुभ में कोई आकांक्षा है न अशुभ में कोई रस है। न राग में कोई रस है न विराग में। न अब चाहता हूं कि दुख न हो, न अब चाहता हूं कि सुख हो। अब दोनों से छुटकारा है। दोनों से मुक्त हुआ।

यथासुखं आसे...।

अब सुख में हूं। यह महासुख की अवस्था ही मोक्ष की, निर्वाण की अवस्था है।

कोई धड़कन है न आंसू न उमंग
वक्त के साथ ये तूफान गए।

गया समय, बीत गया समय! बचपन गया, जवानी गई, बुढ़ापा गया। शरीर की तरंगें गईं, मन की तरंगें गईं। अब न कोई तूफान उठते हैं, न कोई उमंग।

कोई धड़कन है न आंसू न उमंग
वक्त के साथ ये तूफान गए।

सब जा चुका! और जब सब चला जाता हैह्नसब आंधी-तूफानह्नतब जो शेष रह जाता है, वही तुम हो। तत्वमसि श्वेतकेतु! वही तुम हो! वही तुम्हारा ब्रह्मस्वरूप है। हे ब्रह्मन्, वही तुम हो!

हरि ॐ तत्सत्!

* * *

प्रवचन : 36

संन्यासः अभिनव का स्वागत

पहला प्रश्न: क्या प्रेम के द्वारा सत्य को उपलब्ध हुआ जा सकता है?

प्रेम और सत्य दो घटनाएं नहीं हैं, एक ही घटना के दो पहलू हैं। सत्य को पा लो तो प्रेम प्रकट हो जाता है। प्रेम को पा लो तो सत्य का साक्षात हो जाता है। या तो सत्य की खोज पर निकलो; मंजिल पर पहुंच कर पाओगे, प्रेम के मंदिर में भी प्रवेश हो गया। खोजने निकले थे सत्य, मिल गया प्रेम भी साथ-साथ। या प्रेम की यात्रा करो। प्रेम के मंदिर पर पहुंचते ही सत्य भी मिल जाएगा। वे साथ-साथ हैं। प्रेम और सत्य परमात्मा के दो नाम हैं।

लेकिन दो तरह के व्यक्ति हैं जगत में। एक हैं, जिन्हें सत्य को पाना सुगम है; प्रेम परिणाम में मिलेगा। दूसरे हैं, जिन्हें प्रेम पाना सुगम, सत्य परिणाम में मिलेगा। इसलिए ज्ञान और भक्ति दो मौलिक मार्ग हैं। स्त्री और पुरुष दो मौलिक विभाजन हैं।

और जब मैं कहता हूं स्त्री और पुरुष, तो बहुत रूढ़ अर्थों में मत पकड़ना। बहुत पुरुष हैं, जिनके पास स्त्रियों जैसा प्रेम से भरा हृदय है। बहुत स्त्रियां हैं, जिनके पास पुरुष जैसा सत्य को खोजने वाला तर्क है। अपनी पहचान ठीक से कर लेना। परमात्मा की पहचान तो पीछे होगी। अपनी पहचान ठीक से कर लेना। ऐसा कुछ मार्ग मत चुन लेना, जो तुम्हारे साथ रास न आता हो। जो तुम्हें सहज मालूम पड़े, वही तुम्हारा मार्ग है।

सत्य की खोज में जो अंतिम फल है, वहां 'तू' मिट जाता है, ञमैंङ्क का विस्फोट होता हैह्नअहं ब्रह्मास्मि, मैं ही ब्रह्म हूं, और कोई ब्रह्म नहीं! सत्य की खोज में ञपरङ्क से मुक्त होना उपाय है।

ध्यान से सुनना, क्योंकि जो सत्य की खोज में उपाय है, वही प्रेम की खोज में बाधा है। और जो प्रेम की खोज में उपाय है, वही सत्य की खोज में बाधा है। दोनों भिन्न-भिन्न जगह से चल रहे हैंह्नजा रहे एक तरफ। जैसे कोई पश्चिम से चला भारत आने को, कोई पूरब से चला भारत आने को। तो जो इंग्लैंड से चला वह पूरब की तरफ आ रहा है, जो जापान से चला वह पश्चिम की तरफ जा रहा है। दोनों भारत आ रहे हैं। दोनों एक जगह पहुंचेंगे; लेकिन जहां से चले हैं वह स्थान बड़ा भिन्न-भिन्न है।

सत्य का खोजी 'तू' को गिरा देता है। इसलिए तो महावीर और बुद्ध परमात्मा को स्वीकार नहीं करते। परमात्मा यानी तू, परमात्मा यानी पर। परमात्मा यानी जिसके चरणों में पूजा करनी है, अर्चना करनी है, जिसके सामने नैवेद्य चढ़ाना है। परमात्मा यानी पर। इसलिए बुद्ध और महावीर परमात्मा को इनकार कर देते हैं। पतंजलि भी बड़े संकोच से स्वीकार करते हैं। और स्वीकार ऐसे ढंग से करते हैं कि वह इनकार ही है। पतंजलि कहते हैं, ईश्वर प्रणिधान भी सत्य को पाने का एक उपाय, एक विधि है; आवश्यक नहीं है, अनिवार्य नहीं है। ईश्वर है या नहीं, यह बात विचारणीय नहीं है। यह भी एक विधि है। मान लो, काम करती है। मानी हुई बात है।

समस्त ज्ञानी ईश्वर को किसी न किसी तरह इनकार करेंगे। शंकर कहते हैं, ईश्वर भी माया का हिस्सा है। अहं ब्रह्मास्मि! मेरा जो आत्यंतिक रूप है, वह ब्रह्म-स्वरूप है। लेकिन वह जो ईश्वर है मंदिर में विराजमान, वह तो माया का ही रूप है, वह तो संसार ही है। संसार यानी पर, दूसरा। स्वयं से बाहर गए कि संसार। फिर चाहे मंदिर ही क्यों न जाओ या दुकान जाओ या बाजार जाओ, कोई फर्क नहीं पड़ताह्नस्वयं से बाहर गए तो संसार में गए। मंदिर भी उसी संसार का हिस्सा है जहां दूकान है। मंदिर और दुकान बहुत अलग-अलग नहीं हैं।

सत्य का खोजी कहता है, पर को भूलो। पर के कारण ही तरंग उठती है। कोई भागा जा रहा है स्त्री को पाने, कोई भागा जा रहा है धन को पाने, कोई भागा जा रहा है प्रभु को पाने। सत्य का खोजी कहता है, भाग-दौड़ छोड़ो। जिसे पाना है, वह तुम्हारे भीतर बैठा है।

अष्टावक्र का मार्ग भी सत्य का मार्ग है। इसलिए साक्षी पर जोर है। साक्षी हो जाओ। ऐसे गहन रूप से साक्षी हो जाओ कि तुम्हारे साक्षीत्व की अग्नि में 'पर' जल जाए, समाप्त हो जाए, राख रह जाए 'पर' कीह्नबचे 'मैं'। तभी तो नमस्कार कर सकोगे स्वयं को। जहां कोई नहीं बचा, अब किसको नमस्कार करें? अब किसके चरणों में सिर झुकाएं? स्वयं ही बचा तो स्वयं को ही नमस्कार।

प्रेम का खोजी ठीक विपरीत दिशा से चलता है। वह कहता है, स्वयं को मिटाना

है। सब कुछ समर्पित कर देना है परमात्मा को। तू ही बचे। तू ही तू बचे, मैं न बचूं। मैं गल जाऊं, पिघल जाऊं, खो जाऊं, तुझमें लीन हो जाऊं। तू ही बचे!

इसलिए इस्लामह्णइस्लाम प्रेम की खोज हैह्णमंसूर को बरदाश्त न कर सका। क्योंकि मंसूर ने कहा, अनलहक! मैं ही ब्रह्म हूं, मैं ही सत्य हूं! इस्लाम बर्दाश्त न कर सका। इस्लाम है भक्ति-मार्ग। यह घोषणा भक्ति के विपरीत है। अगर तुम्हीं हो ब्रह्म, तो फिर भक्ति कैसी, फिर भगवान कैसा? फिर न भक्ति है न भगवान है, न भजन है, स्मरण नहीं। किसका करोगे स्मरण? स्मरण तो 'पर' का ही होता है। सब स्मरण 'पर' का है। इस्लाम मंसूर को बर्दाश्त न कर सका। मंसूर भारत में पैदा होता, तो हम उसकी गणना महर्षियों में करते। ब्रह्म ऋषियों में करते। अरब में पैदा हुआ, फांसी लगी।

यहूदी भी जीसस को बर्दाश्त न कर सके। क्योंकि जीसस ने कहा कि मैं और मेरा पिता, जिसने मुझे बनाया, हम दोनों एक हैं। वह जो ऊपर है और नीचे हैह्णएक है। यह घोषणा यहूदियों को पसंद न पड़ी। प्रेम के मार्गी को यह बात कठिन मालूम पड़ेगी। यह तो प्रेम के मार्गी को अहंकार की घोषणा मालूम पड़ेगी। यह तो हद दर्जे का कुफ्र, यह तो आखिरी काफिरता है। इससे बड़ा और कोई पाप नहीं हो सकता।

समझने की कोशिश करना, क्योंकि भक्ति की पूरी व्यवस्था और है। वहां तो ङ्कमैंङ्ख को गलाना है। वहां तो कहना है किसी दिन कि मैं नहीं हूं, तू ही है।

जलालुद्दीन रूमी की प्रसिद्ध कथा है। प्रेमी आया प्रेयसी के द्वार पर, दस्तक दी। भीतर से पूछा प्रेयसी ने, 'कौन है? कौन खटखटाता है द्वार?' प्रेमी ने कहा, 'मैं हूं तेरा प्रेमी। पहचाना नहीं?' भीतर सन्नाटा हो गया। बड़ा उदास सन्नाटा हो गया। कोई उत्तर न आया। प्रेमी जोर से खटखटाने लगा कि 'क्या तू मुझे भूल गई?' प्रेयसी ने कहा, 'क्षमा करो, इस घर में दो के रहने के लायक जगह नहीं। दो यहां न समा सकेंगे। प्रेम गली अति सांकरी, तामें दो न समाएं। और तुम कहते हो, मैं हूं तेरा प्रेमी! लौट जाओ अभी! जब पक जाओ, लौट आना।'

प्रेमी चला गया, जंगल पहाड़ों में भटकता, ध्यान करता, पूछता, रोता, गाता, सोचता, विचार करताह्णकैसे? कैसे पाऊं प्रवेश? अनेक दिन आए-गए, चांद ऊगेह्णबुझे, सूरज निकला-डूबा, महीने-वर्ष बीतेह्णतब एक दिन प्रेमी वापस लौटा। द्वार पर दस्तक दी। प्रेयसी ने पूछा, 'कौन!' प्रेमी ने कहा, 'अब मत पूछो, अब तू ही तू है।' कहते हैं, द्वार खुल गए, तत्क्षण द्वार खुल गए! ये द्वार परमात्मा के द्वार हैं।

तो प्रेम में समर्पण मार्ग हैह्णस्वयं को जला डालना, राख कर डालना। सत्य में निखारना है, संघर्ष है, सब बुराई काटनी है और आत्यंतिक रूप से 'पर' से सारे संबंध तोड़ लेने हैं, असंबंधित, असंग हो जाना है। लेकिन चमत्कार तो यही है कि

दोनों एक ही जगह पहुंच जाते हैं। कैसे पहुंच जाते हैं? जब 'तू' गिर जाता है ज्ञानी का, तो 'मैं' बच नहीं सकता। क्योंकि 'मैं' और 'तू' साथ-साथ बचते हैं। 'मैं' और 'तू' एक ही सिक्के के दो पहलू हैं। तुम कैसे कहोगे कि मैं हूं जब तू न रहा? जब ज्ञानी का 'तू' गिर गया, तो 'मैं' को कैसे बचाएगा? 'मैं' बच नहीं सकता। बिना 'तू' के सहारे 'मैं' बच नहीं सकता। 'मैं' का कोई अर्थ ही नहीं रह जाता। जब 'तू' है ही नहीं, तो 'मैं' का क्या अर्थ है? क्या प्रयोजन है? किसे कहोगे 'मैं'? 'मैं' हम उसी को कहते हैं न, जो 'तू' के विपरीत है, जो 'तू' से भिन्न है, जो 'तू' से अलग है।

तुमने अपने घर के आस-पास बागुड़ लगा रखी है, दीवाल बना रखी है, लेकिन वह पड़ोसी के कारण है। अगर पड़ोसी है ही नहीं तो किसके लिए बागुड़ लगाते हो? अगर सोचो, तुम अकेले होते पृथ्वी पर, तो घर की सीमा बनाते? किसके लिए बनाते? किससे बनाते? सीमा के लिए दो चाहिए। एक से सीमा नहीं बनतीह्नपड़ोसी चाहिए, अन्य चाहिए, पर चाहिए। जब 'तू' ही गिर गया, तो 'मैं' कैसे बचेगा?

तो ज्ञानी गिराता है 'तू' को। और अंत में जब 'तू' बिलकुल गिर जाता है, बैसाखी गिर जाती है, तब अचानक देखता है कि उसी के साथ 'मैं' भी गिर गयाह्नशून्य रह जाता है।

और यही घटना घटती है प्रेमी को। वह मिटाता है 'मैं' को। एक दिन 'मैं' पूरा गिर जाता है। जिस दिन 'मैं' पूरा गिर जाता है, 'तू' कैसे बचेगा? जब 'तू' को कहने वाला न बचा, जब पुजारी न बचा, जब आराधक न बचा तो आराध्य कैसे बचेगा? जब भक्त न बचा तो भगवान कैसे बचेगा? भक्त के साथ ही भगवान बच सकता है। भक्त तो गया, शून्य हो गयाह्नतो भगवान का क्या अर्थ, क्या प्रयोजन? जिस दिन भक्त शून्य हो जाता है, उसी दिन भगवान भी विदा हो जाता है।

सब खेल दो का है, दो के बिना खेल नहीं। सब संसार द्वि है, द्वैत है। तुम एक को गिरा दो किसी भी तरह, दूसरा अपने से गिरेगा। एक को तुम मिटा दो, दूसरा अपने से मिटेगा। दोनों साथ-साथ चलते हैं। जैसे एक आदमी दो पैरों पर चलता है; तुम एक तोड़ दो, फिर चलेगा? फिर कैसे चलेगा? पक्षी दो पंखों पर उड़ता है; तुम एक काट दो, फिर उड़ेगा? एक से कैसे उड़ेगा?

स्त्री-पुरुष, दो से संसार चलता है। तुम सारी स्त्रियों को मिटा डालो, पुरुष बचेंगे? कितनी देर? तुम सारे पुरुषों को मिटा डालो, स्त्रियां बचेंगी? कितनी देर? यह खेल दो का है। यह संसार एक से नहीं चलता। जहां एक बचा, वहां तो समझ लेना दोनों नहीं बचे।

इसलिए तो ज्ञानियों ने, भक्तों ने, प्रेमियों ने, जानने वालों ने परमात्मा को एक नहीं कहा, अद्वैत कहा। अद्वैत का मतलबह्नदो न रहे। एक कहने में खतरा है। क्योंकि एक का तो अर्थ ही होता है कि दूसरा भी होगा। अगर कहें एक ही बचा, तो एक की परिभाषा कैसे करोगे, सीमा कैसे खींचोगे? एक की सीमा दो से बनती है, दो की सीमा तीन से बनती है, तीन की सीमा चार से बनती हैह्नयह फैलाव फैलता चला जाता है। इसलिए हमने एक अनूठा शब्द चुनाह्नअद्वैत; दो नहीं। पूछो परम ज्ञान को उपलब्ध व्यक्ति को, परमात्मा एक है या दो? तो वह यह नहीं कहेगा एक या दो; वह कहेगा, दो नहीं। बस इतना ही कह सकते हैं, इसके पार कहा नहीं जा सकता। न एक है, न दो है। दो नहीं है, इतना पक्का है। इससे ज्यादा वाणी सार्थक नहीं, समर्थ नहीं।

तो चाहे प्रेम से चलो, चाहे सत्य की खोज करोह्नएक घड़ी आएगी, न दूसरा बचता, न तुम बचते। तब जो बच रहता है, वही सार है, वही पूर्ण है। भक्त उसे भगवान कहेगा जो बच रहता है, ज्ञानी उसे आत्मा कहेगा। यह सिर्फ अलग-अलग भाषा, परिभाषा की बात है; बात वही है।

इसलिए सबसे महत्वपूर्ण है यह खोज लेना कि तुम कहां हो? तुम क्या हो? तुम कैसे हो? कहीं गलत मार्ग पर मत चल पड़ना। जो मार्ग तुमसे मेल न खाए, वह तुम्हें पहुंचा न सकेगा। जो मार्ग तुमसे न निकलता हो वह तुम्हें पहुंचा न सकेगा। तुम्हारा मार्ग तुम्हारे हृदय से निकलना चाहिए। जैसे मकड़ी जाला बुनती है, खुद ही निकालती है, अपने ही भीतर से बुनती हैह्नऐसा ही साधक भी अपना जीवनपथ अपने ही भीतर से बुनता है।

अगर प्रेम का जाल बुनने में समर्थ हो तो भक्ति तुम्हारा मार्ग है। फिर अष्टावक्र कुछ भी कहें, तुम फिकर मत करना; तुम नारद की सुनना; तुम चैतन्य, मीरा को गुनना। लेकिन अगर तुम पाओ कि यहां हृदय से प्रेम के धागे निकलते नहीं, प्रेम का जाल बनता नहीं, तो घबड़ा मत जाना, रोने मत बैठ जाना। कोई अड़चन नहीं है। प्रत्येक के लिए उपाय है। तुम जिस क्षण पैदा हुए, उसी क्षण तुम्हारा उपाय तुम्हारे साथ पैदा हुआ है; तुम्हारे भीतर पड़ा है; तुम्हारे अंतस्तल में प्रतीक्षा कर रहा है। तो शायद सत्य का मार्ग तुम्हारा मार्ग होगा। तब नारद के पास फड़कना मत। मीरा कितने ही गीत गाए, तुम अपने कान बंद कर लेना, उसमें उलझना मत। क्योंकि वह उलझाव महंगा पड़ जाएगा। जो तुम्हारे भीतर से आए, सहजस्फूर्त होह्नबस वही।

जो जहां भी है।
समर्पित है सत्य को।
ये फूल और यह धूप,

लहलहाते खेत, नदी का कूल
क्या प्रार्थनाएं नहीं हैं?
यह व्यक्तित्व निवेदित
ऊर्ध्व के प्रति क्या नहीं है?

गौर से देखना फूल को वृक्ष परह्नवृक्ष की प्रार्थना है। यह वृक्ष का ढंग है प्रार्थना करने का। आदमी ही थोड़े प्रार्थना करता है। तुम तभी मानोगे जब वृक्ष जाएगा मंदिर में और गंगाजल चढ़ाएगा? तभी तुम मानोगे? जब वृक्ष पानी भर कर लाएगा और शंकर जी पर चढ़ाएगा, तभी तुम मानोगे? और वृक्ष रोज अपने फूल झराता रहा शंकर पर, अपने पत्ते गिराता रहा, अपने प्राणों से पूजा करता रहा, इसे तुम स्वीकार न करोगे? जो जहां है...।

जो जहां भी है
समर्पित है सत्य को।
ये फूल और यह धूप,
लहलहाते खेत, नदी का कूल
क्या प्रार्थनाएं नहीं हैं?

प्रार्थनाएं अलग-अलग होंगी, अलग-अलग ढंग हैं। वैविध्य है जगत में। और सुंदर है जगतह्नवैविध्य के कारण।

तो जब मुसलमान मस्जिद में झुके तो तुम यह मत सोचना कि गलत है। और मंदिर में जब हिंदू घंटियां बजाए तो तुम नाराज मत होना। और चर्च में जब ईसाई गुनगुनाए या बौद्ध अपने पूजागृह में बैठ कर ध्यान करे, तो तुम जानना: जो जहां है, वहीं समर्पित है सत्य को। और धूप और फूल भी प्रार्थना कर रहे हैं। सारा जगत प्रार्थना-मग्न है। झरने अपना गीत गुनगुना रहे हैं।

स्त्रियां स्त्रियों के ढंग से जाएंगी, पुरुष पुरुष के ढंग से जाएंगे। और एक बार तुम्हें यह समझ में आ जाए कि मेरा ढंग मुझे खोज लेना है तो तुम दूसरी बात छोड़ दोगे, तुम दूसरों को घसीटने की आदत छोड़ दोगे।

दुनिया में बड़ा अहित हुआ है। पत्नी जिस मंदिर में जाती है, पति को भी ले जाती है। बाप जिस मंदिर में जाता है, बेटे को भी ले जाता है। इससे दुनिया में इतना अधर्म है। क्योंकि लोगों को स्वभाव के अनुकूल सुविधा नहीं है। मैंने वर्षों घूम कर देश में देखा। किसी को पाया जैन घर में पैदा हुआ है, वह उसका दुर्भाग्य हो गया। उसके पास हृदय था भक्ति का, लेकिन जैन घर में भक्ति के लिए कोई उपाय नहीं। वहां तो ध्यान की ही गूंज, एकमात्र गूंज है। किसी को मैंने देखा कि भक्ति के पंथ में

पैदा हो गया है, वल्लभ संप्रदाय में पैदा हो गया है; लेकिन उसका कोई रस भक्ति में नहीं है। ध्यान से सुगंध उठती, लेकिन ध्यान से दुश्मनी है पैदाइश के कारण। कहीं पैदाइश से कोई धर्म होता है? स्वभाव से धर्म होता है। स्वभाव यानी धर्म। पैदाइश तो सांयोगिक घटना है। तुम किस घर में पैदा हुए, इससे थोड़े ही धर्म तय होता है!

दुनिया अगर सच में धार्मिक होना चाहती हो, तो हमें बच्चों को धर्म में जबर्दस्ती प्रवेश करवाने की पुरानी प्रवृत्ति छोड़ देनी चाहिए। हमें बच्चों को, सारे द्वार खुले छोड़ देने चाहिए। उन्हें कभी मस्जिद भी जाने दो, कभी मंदिर भी, कभी गुरुद्वारा भी। उन्हें खोजने दो। सिर्फ उन्हें तुम एक रस दे दो कि खोजना है परमात्मा को, बस इतना काफी है। फिर तुम कैसे खोजोह्लकुरान से तुम्हें धुन मिलेगी कि गीता सेह्लतुम्हारी मर्जी। पहुंच जाना परमात्मा के घर। कुरान की आयत दोहराते पहुंचोगे कि गीता के मंत्र पाठ करते, कुछ लेना-देना नहीं। तुम पहुंच जाना, अटक मत जाना कहीं। शुभ होगा वह दिन, जिस दिन एक ही घर में कई धर्मों के लोग होंगेह्लपत्नी मस्जिद जाती, पति गुरुद्वारा जाता, बेटा चर्च में। और जब तक ऐसा न हो जाए, तब तक दुनिया में धर्म नहीं हो सकता, असंभव है। क्योंकि धर्म का पैदाइश से कोई भी संबंध नहीं है। तो तुम अपनी खोज करो।

मेरे पास जो लोग हैं, यही मेरी देशना है उन्हें। इसलिए मैं सब पर बोल रहा हूं। तुम कभी-कभी चौंकते हो। मेरे पास लोग आते हैं। वे कहते हैं, आप एक ही धारा पर बोलें, तो हम निश्चिंत होकर लग जाएं काम में। कभी आप भक्ति पर बोलते हैं, कभी आप ज्ञान पर बोलते हैं। कभी आप कहते हैं, डूब जाओ; कभी कहते हैं, साक्षी हो जाओ; कभी अष्टावक्र, कभी नारदह्लहम बड़ी बिबूचन में पड़ जाते हैं।

तुम बिबूचन में मेरे बोलने के कारण नहीं पड़ रहे हो। तुम बिबूचन में पड़ रहे हो, क्योंकि तुम अभी तक यह नहीं पहचान पाए कि तुम्हारा रस क्या है? तुम्हें अपना रस समझ में आ जाए, इसलिए बोल रहा हूं। ये सारे शास्त्र तुम्हारे सामने खोल रहा हूं कि तुम्हें अपना रस पहचान में आ जाए।

ऐसा हुआ, इंग्लैंड में एक आदमी दूसरे महायुद्ध में, चोट खाया युद्ध में, गिर पड़ा, स्मृति खो गई। बड़ी मुश्किल हो गई। स्मृति खो गई थी तो कोई अड़चन न थी। उसे नाम तक याद न रहा, तो भी अड़चन न थी। लेकिन युद्ध के मैदान से लौटते वक्त उसका नंबर का बिल्ला भी कहीं गिर गया। वह कौन है, यही समझ में न आए। किसी मनोवैज्ञानिक ने सलाह दी कि इसे इंग्लैंड में गांव-गांव घुमाया जाए, शायद अपने गांव को देख कर पहचान ले, शायद भूली सुध आ जाए, जहां पैदा हुआ, बचपन बीता, जिन वृक्षों के नीचे खेला, जिस नदी के किनारे नहाया, शायद उस गांव की हवा, उस गांव का ढंग इसकी भूली स्मृति को खींच लाए।

तो उसे इंग्लैंड में गांव-गांव घुमाया गया। यह खड़ा हो जाता स्टेशनों पर जा कर, उसकी आंखें कोरी की कोरी रहतीं। सौभाग्य और संयोग की बात कि एक स्टेशन पर गाड़ी रुकी, जहां रुकना नहीं था गाड़ी को। संयोगवशात रुकी, आमतौर से वहां रुकती न थी। कोई दूसरी ट्रेन निकलती थी, इसलिए रुक जाना पड़ा।

उस आदमी ने खिड़की से नीचे झांक कर देखा और उसके चेहरे पर रोशनी आ गई। उसकी आंखें जो अब तक खाली थीं, भर गईं। वह तो बिना कहे अपने साथियों को उतर गया नीचे। वह तो भागने लगा। उसके साथी उसके पीछे भागे। बोले, पागल हो गए हो? उसने कहा, पागल नहीं हो गया। अब तक पागल था, होश आ गया! यही मेरा गांव है। यह वृक्ष, यह स्टेशन...। मेरे पीछे आओ।

वह ठीक भागता हुआ गली-कूचों में से अपने घर के द्वार पर पहुंच गया। उसने कहा, यह मेरा घर है, वह मेरी मां रही।

ऐसा तुम्हारे सामने मैं शास्त्र खोलता चलता हूं। कभी अष्टावक्र, कभी नारद, कभी महावीर, कभी बुद्ध, कभी सूफी, कभी हसीद, कभी झेनह्लसिर्फ इस आशा में कि जहां भी तुम्हारे स्वभाव का तालमेल खाएगा, किसी स्टेशन पर, तो तुम कहोगे: 'आ गया घर'। किसी स्टेशन पर तो तुम्हारी आंखों में रोशनी आ जाएगी, तुम दौड़ने लगोगे, तुम नाचने लगोगे। किसी जगह तो तुम्हें एकदम से पुलक, उमंग होगी।

इसलिए बोल रहा हूं इतने पर, क्योंकि मेरी मान्यता है कि दुनिया में जितने मार्ग हैं, उतने ही तरह के लोग हैं। ये दो तो मूल धाराएं हैंह्लज्ञान की और प्रेम की। फिर प्रेम की छोटी धाराएं हैं, ज्ञान की छोटी धाराएं हैं।

प्रेम से निश्चित ही मार्ग जाता है; उतना साफ-सुथरा नहीं जैसा सत्य का मार्ग है। प्रेम का मार्ग तो बड़ा धुंधला-धुंधला है। वही उसका मजा भी है, वही उसका स्वाद भी है। सत्य का मार्ग तो ऐसा है जैसे दोपहर में सूरज सिर पर खड़ा है, सब साफ-सुथरा। प्रेम का मार्ग तो ऐसा है, जैसे सांझ होने लगी, सूरज ढल गया, अभी तारे भी नहीं निकले, संध्याबेला है। इसलिए तो भक्त अपनी प्रार्थना को संध्या कहते हैं, पूजा को संध्या कहते हैं। भक्तों की भाषा का नाम संध्या-भाषा हैह्लधुंधली-धुंधली, प्रेमरस पगी!

सांझ के धुंधलके में
एक राह खुलती है।
एक राह, जिसकी उस
छोर पर मंदिम-मंदिम
एक दीप जलता है,
एक लौ मचलती है।

सांझ के धुंधलके में
एक राह खुलती है।
दबे पांव आ मुझको
रोशनी बुलाती है
हाथ थाम लेती है,
साथ ले टहलती है
साझ के धुंधलके में
एक राह खुलती है।
भीतर बाहर कुछ
जगमग-जगमग होता है
दिनभर की थकन-घुटन
वेदना पिघलती है
सांझ के धुंधलके में
एक राह खुलती है।
पद-पद होता प्रयाग,
क्षण-क्षण होता संगम,
प्रीति तुम्हारी मेरे
प्राणों में पलती है।
सांझ के धुंधलके में
एक राह खुलती है।

प्रेम का मार्ग तो धुंधला है। रस का मार्ग तो मस्ती का मार्ग है। ज्ञान का मार्ग साक्षी का; प्रेम का मार्ग, बेहोशी का। ज्ञान का मार्ग समझ का, प्रज्ञा का; प्रेम का मार्ग मदमस्तों का, मस्ती का। ज्ञान के मार्ग पर ध्यान उपाय है; प्रेम के मार्ग पर प्रार्थना, भजन, नृत्य, गान। ज्ञान का मार्ग मरुस्थल से निकलता है; प्रेम का मार्ग कुंज, वनों से, वृंदावन से।

ज्ञान का मार्गी या सत्य का खोजी बड़ी प्रखर बुद्धि का प्रयोग करता है; तलवार की धार की तरह काटता चलता है। निषेध का मार्ग है सत्य का मार्ग। असत्य को काटते चलो, असार को तोड़ते चलो; फिर जो बच रहेगा अनटूटा, वही सार है। प्रेम का मार्ग कुछ भी तोड़ता नहीं, काटता नहीं। प्रेम के मार्ग में त्याग नहीं है, विराग नहीं है। प्रेम के मार्ग में तो जो तुम्हारे भीतर राग पड़ा ही हुआ है, उसी राग के सहारे सेतु बना लेना है; जो तुम्हारे भीतर प्रेम की छोटी सी रोशनी जल रही है, उसी को प्रगाढ़ कर लेना है। प्रेम का मार्ग तो आस्था का मार्ग है।

मैं गाता हूं
हर गीत मधुर विश्वास लिए।
लहराती अंबर पर
तारों से टकराती,
ध्वनि पास तुम्हारे
एक समय गूंजेगी ही।
मैं रखता हूं
हर पांव सुदृढ़ विश्वास लिए।
ऊबड़-खाबड़
तम की ठोकर खाते-खाते,
इनसे कोई
रक्ताभ किरण फूटेगी ही।

भक्त तो ऐसा टटोल-टटोल कर चलता है। वह तो कहता है, आस्था है, कभी पहुंच जाऊंगा। जल्दी भी नहीं है भक्त को, बेचैनी भी नहीं है। त्वरा से हो जाए कुछ, ऐसी आकांक्षा भी नहीं है। भक्त तो कहता है, यह खेल चले, जल्दी क्या है? भक्त तो कहता है, प्रभु! यह छिया-छी चले। तुम छिपो, मैं खोजूं! मैं तुम्हारे पास आऊं, तुम फिर-फिर छिप जाओ। खोजूं, खोजूं और खोज न पाऊं। यह रास चले, यह लीला चले। क्योंकि भक्त के लिए यह लीला है, रास है, खेल है। ज्ञानी के लिए यह बड़ा दुर्गम मार्ग है। ज्ञानी के लिए यह खेल नहीं, लीला नहीं, बड़ी गंभीर बात है, उलझन है, जंजाल है, आवागमन है; इससे छुटकारा पाना है।

ये अलग-अलग भाषाएं हैं; दोनों सही हैं। और एक के सही होने से दूसरी गलत नहीं होती, यह खयाल रखना। अक्सर मन में ऐसा होता है, अगर एक सही तो दूसरी गलत होगी। जीवन बहुत बड़ा है, विरोधों को भी सम्हाल लेता है। जीवन इतना छोटा और संकीर्ण नहीं जैसा तुम सोचते हो। देखने की बात है। ज्ञानी को तो लगता है जंजालह्नकब छूटूं इससे, कैसे मुक्ति हो? तो ज्ञानी के लिए जो आत्यंतिक चरण है, वह मुक्ति है। भक्त मुक्ति की बात नहीं करता। मोक्ष शब्द ही भक्त की भाषा में नहीं हैह्नबैकुंठ। वह कहता है, खेले यहां, वहां भी खेलेंगे। यहां बजाई तुमने बांसुरी की धुन, वहां भी बजाना। यहां हम नाचे, वहां भी नाचेंगे।

नहीं, भक्त कहता है, मुक्ति मुझे नहीं चाहिए, तुम मुझे अनंत-अनंत पाशों में बांध लो। तुम मुझे जितने पाशों में बांध सको बांध लो, मैं तुमसे बंधना चाहता हूं।

ये दोनों सही हैं। अब बात इतनी ही है कि तुम्हें जो सही लगे। तुम दूसरे को छोड़ देना, भूल जाना, उलझन में मत पड़ना। फिर तुम्हें जो सही लग जाए, जो तुम्हारे

स्वभाव के अनुकूल आ जाए, जो तुम्हारे हृदय पर चोट करे, फिर उसी का जाला तुम बुन लेना। मगर मकड़ी की याद रखना।

पुराने शास्त्र कहते हैं : परमात्मा ने संसार को भी मकड़ी के जाले की तरह बुना, अपने भीतर से निकाला। और तो कहां से निकालेगा! और तो कुछ था भी नहीं निकालने को। अपने भीतर से ही निकाला होगा।

और हर चीज भीतर से ही निकलती है। एक बीज को तुम देखो, इस बीज में छिपा है बड़ा वृक्ष। जरा बो दो इसे जमीन में, आने दो ठीक मौसम, पड़ने दो वर्षा, और एक दिन तुम पाओगे वृक्ष फूट पड़ा, कोंपलें आ गईं। इस बीज में छिपा पड़ा था वृक्ष। भीतर से ही निकल रहा है।

एक वैज्ञानिक ने जापान में एक प्रयोग कियाह्लचमत्कार जैसा प्रयोग है। उसे प्रयोग करते-करते पौधों पर, यह खयाल आया कि पौधा बीज में से ही पूरा आता है या कि बहुत कुछ तो जमीन से लेता होगा? तो उसने एक प्रयोग किया। एक गमले में उसने सब तरह से जांच-परख कर ली कि कितनी मिट्टी डाली है। एक-एक रत्ती-रत्ती नाप कर सब काम किया। कितना पानी रोज डालता है, उसका भी हिसाब रखा। वृक्ष बड़ा होने लगा, खूब बड़ा हो गया। फिर उसने वृक्ष को निकाल लिया। जड़ें धो डालीं। एक मिट्टी का कण भी उस पर न रहने दिया। और जब मिट्टी तोली तो बड़ा चकित हुआ, मिट्टी उतनी की उतनी है। मिट्टी में कोई फर्क नहीं पड़ा। उस बीज से ही आया है यह पूरा वृक्ष, उस शून्य से ही प्रकट हुआ है। ऐसे ही एक दिन परमात्मा से सारा अस्तित्व प्रकट हुआ।

तुम भी अपना सारा अस्तित्व अपने भीतर बीज की तरह छिपाए बैठे हो। मगर पहचान तो करनी ही होगी कि तुम्हारे भीतर प्रेम का बीज पड़ा है कि सत्य का! और ये दो ही बीज हैं मौलिक रूप सेह्लतुम या तो संकल्प करो या समर्पण करो। संकल्प दुर्धर्ष मार्ग है। इसलिए तो वर्धमान को जैनों ने महावीर कहा। बड़ा गहन संघर्ष है। महावीर उनका नाम ही हो गया धीरे-धीरे, वर्धमान तो लोग भूल ही गए। इतना संघर्ष किया; समर्पण नहीं है वहां, संकल्प है। महावीर कहते हैं : अशरण, किसी की शरण मत जाना!

बुद्ध ने मरते वक्त कहा : अप्प दीपो भव! अपना प्रकाश ख़ुद बन, आनंद! कोई दूसरा तेरा मार्गद्रष्टा नहीं है।

कृष्णमूर्ति कहते हैं : मैं किसी का गुरु नहीं और तुम किसी को भूल कर गुरु बनाना मत। ठीक कहते हैं। सहारे की जरूरत नहीं है सत्य के खोजी को। सत्य का खोजी बड़ा अकेला चलता है। अकेला चलता है, इसलिए मरुस्थल जैसा होगा ही। वहां से काव्य नहीं फूटता।

बहुत बार मुझसे जैनों ने कहा कि कुंदकुंद पर आप कुछ बोलें। मैं नहीं बोलता। कई बार कुंदकुंद का शास्त्र उठा कर देखता हूं, सोचता हूं बोलना तो चाहिए। कुंदकुंद प्यारे हैं! मगर बात मरुस्थल की है। उसमें काव्य बिलकुल नहीं है। काव्य का उपाय ही नहीं है। काव्य के जन्म के लिए प्रेम की थोड़ी सी धारा तो चाहिए। नहीं तो फूल नहीं खिलते, हरियाली नहीं उमगती, गीत नहीं गूंजते। सब सूखा-सूखा है।

सुखा लेना ही सत्य के खोजी का मार्ग है। इतना सुखा लेना कि सब रस सूख जाए। उसी को तो हम विराग कहते हैं, जब सब रस सूख जाए।

तो अपने भीतर खोज लेना है। अगर तुम्हें लगे कि मरुस्थल ही तुम्हें निमंत्रण देता है, मरुस्थल में आमंत्रण मालूम पड़े, पुकार मालूम पड़े, चुनौती मालूम पड़े, तो हर्ज नहीं है। फिर मरुस्थल ही तुम्हारे लिए उद्यान है। लेकिन अपने भीतर कस लेना, अपने भीतर देख लेना।

और एक बात कसौटी में काम पड़ेगी : जब भी तुम पाओगे कोई मार्ग तुम्हारे अनुकूल पड़ने लगा, तुम तत्क्षण खिलने लगोगे, तत्क्षण शांति मिलने लगेगी; जैसे अचानक स्वरों में मेल बैठ गया, तुम्हें अपनी भूमि मिल गई, तुम्हारा मौसम आ गया, तुम्हारी ऋतु आ गईह्नफलने की, फूलने की!

कभी-कभी ऐसा होता है, किसी की वाणी सुनते ही तत्क्षण तुम्हारे भीतर एक खटके की तरह कुछ हो जाता है, द्वार खुल जाते हैं। किसी को देखते ही किसी क्षण अचानक प्रेम उमग आता है। किसी के पास पहुंचते ही अचानक बड़ी गहन शांति घेर लेती है, आनंद के स्रोत फूटने लगते हैं। यह अकारण नहीं होता। जहां भी तुम्हारा मेल बैठ जाता है, जहां भी तुम्हारी तरंग मेल खा जाती है, वहीं यह हो जाता है।

यहां मैं बोलता हूं; साफ दिखाई पड़ जाता हैह्नकौन तरंगित हुआ, कौन नहीं तरंगित हुआ। कुछ पत्थर के रोड़े की तरह बैठे रह जाते हैं, कुछ डोलने लगते हैं। किसी के हृदय को छू जाती है बात, कोई बुद्धि में ही उलझा रह जाता है।

तुम मेरे पथ के बीच लिए
काया भारी भरकम
क्यों जम कर बैठ गए
कुछ बोलो तो!
क्यों तुमको छूता है
मेरा संगीत नहीं?
तुम बोल नहीं सकते
तो झूमो, डोलो तो!
रागों की रोकी

जा सकती है राह नहीं,
रोड़ो, हठधर्मी छोड़ो
मुझसे मन जोड़ो।
तुमसे भी मधुमय
शब्द निकल कर गूंजेंगे,
तुम साथ जरा
मेरी धारा के हो लो तो!

जब भी तुम्हारा कहीं मेल खा जाए, तब तुम और सब चिंताएं छोड़ देना। जहां तुम्हारा मन का रोड़ा पिघलने लगे, जहां तुम्हारे सदा के जमे हुए, चट्टान जैसे हो गए हृदय में तरंगें उठने लगें, तुम डोलने लगो, जैसे बीन को सुन कर सांप डोलने लगता है...तो तुम चकित होओगे, सांप के पास कान नहीं होते। वैज्ञानिक बड़ी मुश्किल में पड़े जब पहली दफे यह पता चला कि सांप के पास कान होते ही नहीं, वह बीन सुन कर डोलता है। सुन तो सकता नहीं तो डोलता कैसे है? तो या तो बीन-वादक कुछ धोखा दे रहा है, सांप को किसी तरह से प्रशिक्षित किया है। तो बीन-वादकों को दूर बिठाया गया, बीच में पर्दा डाला गया, कि हो सकता है बीन-वादक डोलता है, उसको देख कर सांप डोलता है। आंख है सांप के पास, कान तो है नहीं। तो बीच में पर्दे डाल दिए गए, बीन-वादक को दूर कर दिया; लेकिन फिर भी सांप डोलता है। तब एक अनूठी बात पता चली और वह यह कि सांप के पास कान तो नहीं है, लेकिन बीन से जो तरंग पैदा होती है, उससे उसके पूरे शरीर पर तरंग पैदा होती है। कान नहीं है। उसकी पूरी काया डोल जाती है।

जब कोई बात छूती है, तो सब डोल जाता है। तो जिस बात से तुम डोलने लगो, वही तुम्हारा मार्ग है। जिस बात से रस घुलने लगे तुम्हारे भीतर, वही तुम्हारा मार्ग है। फिर तुम सुनना मत, और क्या कोई कहता है। तुम अपने हृदय की सुनना और अपने रस के पीछे चल पड़ना।

दूसरा प्रश्न: जब आपका प्रवचन पढ़ता हूं तो आश्चर्य होता है। लेकिन उसे ही जब सुनता हूं तब सिर्फ ध्वनि ही ध्वनि गूंजती रह जाती है। अंत में रह जाती है केवल शून्यता और भीनी-भीनी मस्ती। क्या यही आपका स्वाद है प्रभु?

निश्चित ही।

तुम्हारी बुद्धि को समझाने को मैं कुछ भी नहीं कह रहा हूं। यहां मेरा प्रयास तुम्हारी बुद्धि को राजी करने के लिए नहीं है। या तो कभी बोलता हूं भक्ति पर, तब प्रयास होता है कि तुम्हारा हृदय तरंगित हो; या कभी बोलता हूं ज्ञान पर, तब प्रयास

होता है कि तुम हृदय, बुद्धि दोनों का अतिक्रमण करके साक्षी बनो। लेकिन बुद्धि के लिए तो बोलता ही नहीं। बुद्धि तो खाज जैसी है, जितना खुजलाओ...। खुजलाते वक्त लगता है सुख, पीछे बड़ी पीड़ा आती है।

तुम्हारी बुद्धि के लिए नहीं बोल रहा हूं, तुम्हारे सिर के लिए नहीं बोल रहा हूं। या तो बोलता हूं हृदय के लिए कभी, या बोलता हूं उसके लिए जो सब के पार हैह्नहृदय, बुद्धि दोनों के। या तो साक्षी के लिए या तुम्हारे भाव के लिए। या तुम्हारे प्रेम के लिए या सत्य का तुम्हारे भीतर जागरण हो, उसके लिए।

और अधिकतम लाभ उन्हीं को होगा, जो बुद्धि को छोड़ कर सुनेंगे। बुद्धि से सुना कुछ खास सुना नहीं। शब्दों का सुन लेना कुछ सुनना नहीं है।

मैं जो बोल रहा हूं, उसकी ध्वनि तुम्हें गुंजाने लगे, तुम सांप की तरह डोलने लगो। यह कोई तर्क नहीं है जो मैं यहां दे रहा हूंह्नएक उपस्थिति है। इस उपस्थिति से तुम आंदोलित हो जाओ!

शुभ हो रहा है, फिक्र मत करो। जब होता है ऐसा तो बड़ी चिंता होती है; क्योंकि आए थे सुनने, और यह क्या होने लगा, ध्वनि ही ध्वनि गूंजती रह गई! हाथ तो कुछ आया नहीं, ऐसा लगता है। सोचा था, कुछ ज्ञान लेकर लौटेंगे, कुछ पोथी थोड़ी और बड़ी हो जाएगी बुद्धि की, थोड़ा और भार लेकर लौटेंगे, यह क्या हुआ जा रहा है? सिद्धांत तो हाथ नहीं आ रहे, संगीत हाथ आ रहा है। संगीत लेने तो आए भी नहीं थे, यह तो सोचा भी नहीं था। तो मन में चिंता भी व्यापती है। और ऐसा भी लगता है, कहीं ऐसा तो नहीं हम गंवाए दे रहे हैं? क्योंकि सदा तो केवल हमने जीवन में शब्द ही जोड़े, सिद्धांत ही जोड़े। इसलिए स्वभावतः हमारा अतीत कहता है, यह क्या कर रहे हो? कुछ संगृहीत कर लो, कुछ ज्ञान पकड़ लो, कुछ जुटा लो, काम पड़ेगा पीछे।

इस मन की बातों में मत पड़ना। अगर तुम्हें संगीत सुनाई पड़ने लगा, अगर ध्वनि सुनाई पड़ने लगी, अगर भीतर लहर आने लगी, तो शब्द से तुम पार निकले। शब्द से पार जाता है संगीत। इसलिए तो संगीत सभी को आंदोलित कर देता है। संगीत की कोई भाषा सीमित नहीं है। हिंदी बोलो; जो हिंदी समझता है, समझेगा। चीनी बोलो; जो चीनी समझता है, समझेगा। जो चीनी नहीं समझता, उसके लिए तो सब व्यर्थ है। लेकिन वीणा बजाओ, सारे जगत में कहीं भी वीणा बजाओ...।

स्विटजरलैंड में एक विश्व कवि-सम्मेलन था। उसमें भारत से दो कवि भाग लेने गएह्नएक हिंदी के कवि और एक उर्दू के। उर्दू के कवि थेह्नसागर निजामी। हैरानी हुई कि हिंदी के कवि को तो लोगों ने सुन लिया सौजन्यतावश, लेकिन कोई मांग न आई कि फिर-फिर सुनाओ। लेकिन सागर निजामी के लिए तो लोग पागल हो

गए। खूब मांग आने लगी कि फिर से सुनाओ, फिर से सुनाओ। खुद सागर निजामी हैरान हुआ कि मामला क्या है! इनको समझ में तो कुछ आता नहीं। लेकिन तरन्नुम, गीत तो पकड़ में आता था। शब्द पकड़ में नहीं आते थे। हिंदी कविता तो आधुनिक कविता थी। उसमें न कोई तुक न कोई छंद न कोई लयबद्धता। सुन ली; अगर भाषा समझ में आती तो शायद कुछ समझ में भी आ जाता, भाषा समझ में नहीं आती तो फिर तो कुछ बचा नहीं। छह घंटे तक सागर निजामी को लोगों ने बार-बार सुना। थका डाला, मगर सागर निजामी चकित! पीछे पूछा लोगों से कि बात क्या है? तुम्हारी समझ में तो कुछ आता नहीं?

उन्होंने कहा, समझ का कोई सवाल भी नहीं। वह जो तुम गाते हो, वह जो धुन है, वह पकड़ लेती है, वह हृदय को मथ जाती है। हम समझे नहीं, फिर भी समझ गए।

यहां जो मैं तुमसे बोल रहा हूं, उसमें अगर तुम्हें शब्द ही समझ में आएं तो परिधि समझ में आई। अगर संगीत पकड़ में आ जाए तो केंद्र पकड़ में आ गया। अगर शब्द ही ले कर गए तो तुम थोड़े और बुद्धिमान हो जाओगे; वैसे ही तुम बुद्धिमान थे, और बीमारी बढ़ी। अगर संगीत पकड़ में आया, तो तुम सरल होकर जाओगे। वह जो तुम बुद्धिमानी लाए थे, वह भी यहीं छोड़ जाओगे।

मैं भरा, उमड़ा-भरा, उमड़ा गगन भी।
आज रिमझिम मेघ, रिमझिम हैं नयन भी।
कौन कोना है गगन का आज सूना
कौन कोना प्राण मन का आज सूना
पर बरसता मैं, बरसता है गगन भी
आज रिमझिम मेघ, रिमझिम हैं नयन भी।
मौन मुखरित हो गया, जय हो प्रणय की
पर नहीं परितृप्त है तृष्णा हृदय की।
पा चुका स्वर, आज गायन खोजता हूं
पा चुका स्वर, आज गायन खोजता हूं
मैं प्रतिध्वनि सुन चुका, ध्वनि खोजता हूं
पा गया तन, आज मैं मन खोजता हूं
मैं प्रतिध्वनि सुन चुका, ध्वनि खोजता हूं।

जो शब्द हैं, वे तो तन की भांति हैं, देह की भांति; उनके भीतर छिपा हुआ जो रस है, वह शब्दों की आत्मा है। जब तुम डोलने लगो, जब तुम्हें मेरी ध्वनि घेरने लगे, तुम मेरी ध्वनि में खोने लगो, मेरी ध्वनि जब तुम्हें नशे की तरह मदमस्त कर दे तब तुमने प्राण को छुआ; तब तुमने मूल स्वर को छुआ!

वेणुधारी! वेणु तुम ऐसी बजाना
विस्मरणकारी कि गत वनप्रांत निर्गत
मैं चलूं पीछे तुम्हारे
मुग्ध अवनत चेतनाहत।
तत्सत्, तत्सत् सतत्
वेणुधारी! तुम वेणु ऐसी बजाना
विस्मरणकारी कि गत वनप्रांत निर्गत
मैं चलूं पीछे तुम्हारे
मुग्ध अवनत चेतनाहत।

जो कह रहा हूं, वह तो ऊपर-ऊपर है; जो तुम्हें दे रहा हूं, वह कहने से बहुत भिन्न और बहुत गहरे है। शब्द तो तुम्हें उलझाए रखने को हैं, ताकि तुम शब्दों में उलझे रहो और मैं तुम्हारे हृदय के पात्र को भर दूंह्णभर दूं तत्सत् से!

शब्द तो तर्कजाल है; जीवन के द्वार वहां से नहीं खुलते। वस्तुतः तर्क के कारण ही बहुत लोग भटके रह जाते हैं।

सुनो मेरे शब्दों को, पर जरा गहरे झांकना। सतह पर ही मत अटके रहना। सतह पर तरंगें हैं, तुम जरा गहरे उतरना, डुबकी लगाना। अगर तुमने मेरे शब्दों में डुबकी लगाई, तो तुम शून्य का रस पाओगे। वही उनकी ध्वनि है। और यह तुम्हारे बस में नहीं है कि तुम इसे जबर्दस्ती कर लो। यह सहज होता है तो ही होता है; होता है तो ही होता है।

तो जिसने पूछा है, उसे हो रहा है। ज्ञआनंदतीर्थङ्ग का प्रश्न है। तो अब इसकी आकांक्षा मत करने लगना, अन्यथा अड़चन पड़ जाएगी। अब ऐसा मत करना कि कल तुम बिलकुल जम कर बैठ जाओ कि आज और हो, और गहरा होह्णतो चूक जाओगे। यह तो हो ही रहा है। तुम इसमें बीच में मत आना; तुम इसकी आकांक्षा भी मत करना; तुम इसकी प्रतीक्षा भी मत करना, अपेक्षा भी मत करनाह्णतो यह गहरा होता जाएगा। अगर तुमने इसकी अपेक्षा की और तुम प्रतीक्षा करने लगे, तो बुद्धि आ गई, हिसाब आ गया, अड़चन आ गई। फिर तुम अचानक पाओगे कि अब वह बात नहीं घटती। तुम्हारे घटाए घटती ही नहीं थी।

यह प्रश्न तो तीन-चार दिन पुराना है, मैंने उत्तर नहीं दिया था। जान कर रोक रखा था कि होने दो कुछ देर और, रस और थोड़ा प्रगाढ़ हो जाने दो।

क्योंकि कहीं ऐसा न हो कि मेरे कहने से तुम्हारे भीतर वासना जग जाए कि यह तो ठीक, अब और हो! जहां ज्ञऔरङ्ग आया, मन आया। जहां मांग आई, मन आया। और जहां मांग आई, वहीं तुम भिखमंगे हुए; वहीं भिखारी हुए; वहीं दीन-दुर्बल!

होते हैं क्षण
जो देशकाल मुक्त हो जाते हैं।
होते हैं,
पर ऐसे क्षण हम कब दोहराते हैं?
या क्या हम लाते हैं?
उनका होना, जीना, भोगा जाना
है स्वैर्सिद्ध, सब स्वतःपूर्त
हम इसीलिए तो गाते हैं।

तो जब गुनगुन आ जाए, गा लेना। जब ध्वनि पकड़ ले, डूब लेना, डुबकी ले लेना। जब न आए, तो तने बैठे प्रतीक्षा मत करना। हवा के झोंके हैं; जब आते हैं, आते हैं। ऐसे ही प्रभु के झोंके भी आते हैं। मनुष्य के हाथ में नहीं है खींच लाना। प्रसाद-रूप आते हैं।

बस इतना खयाल रहे। सब शुभ हो रहा है। मांग भर न बने। अन्यथा मनुष्य के मन की पुरानी आदत है, जिसमें सुख मिलता है उसकी मांग पैदा हो जाती है। बस वहीं सब अड़चन हो जाती है। दोहराने की बात ही मत करना। जीवन में कोई अनुभव दोहराया नहीं जा सकता। होगा, बार-बार होगा; लेकिन तुम दोहराने की आकांक्षा मत करना। ज्यादा-ज्यादा होगा, लेकिन तुम दोहराने की आकांक्षा मत करना।

तुम तो जो प्रभु दे दे, उसे स्वीकार कर लेना। जिस दिन दे दे, धन्यवाद। जिस दिन न दे, उस दिन भी धन्यवाद। क्योंकि जिस दिन न दे, समझना कि आज आवश्यकता न थी, जरूरत न थी। जिस दिन दे, समझना जरूरत थी।

तीसरा प्रश्नः आपसे संबंधित होने के लिए क्या संन्यास अनिवार्य है? मैंने अभी संन्यास नहीं लिया है और न व्यक्तिगत रूप से आपसे मिला ही हूं। फिर भी आपके प्रति अजीब अनुभूतियों से भर जाता हूं; कभी रोता हूं और कभी आपको निहारता ही रह जाता हूं। प्रभु, ऐसा क्यों होता है? और यह कि मैं क्या करूं?

पहली बात, पूछा हैः 'आपसे संबंधित होने के लिए क्या संन्यास अनिवार्य है?' यह ऐसे ही पूछना है, जैसे कोई पूछे कि क्या आपसे संबंधित होने के लिए संबंधित होना अनिवार्य है?

संन्यास तो केवल ढंग है, बहाना है संबंधित होने का। यह तो एक उपाय है संबंधित होने का। किसी व्यक्ति का हाथ आप अपने हाथ में ले लेते हैं, तो क्या हम पूछते हैं कि प्रेम प्रकट करने के लिए क्या हाथ में हाथ लेना अनिवार्य है? किसी को

हम छाती से लगा लेते हैं, तो क्या हम पूछते हैं कि क्या प्रेम के होने के लिए छाती से लगाना अनिवार्य है? अनिवार्य तो नहीं है। प्रेम तो बिना छाती से लगाए भी हो सकता है। लेकिन जब प्रेम हो, तो बिना छाती से लगाए रह सकोगे?

फिर से सुनो।

प्रेम तो हाथ हाथ में पकड़े बिना भी हो सकता है। लेकिन जब प्रेम होगा, तो हाथ हाथ में लिए बिना रह सकोगे? साथ साथ आते हैं। अभिव्यक्तियां हैं। जिससे तुम्हें प्रेम है, उसके पास कुछ भेंट ले जाते होह्नफूल ही सही, फूल नहीं तो फूल की पांखुरी ही सही। क्या प्रेम के लिए भेंट ले जाना अनिवार्य है? जरा भी नहीं। लेकिन जब प्रेम होता है तो देने का भाव होता है।

संन्यास क्या है? संन्यास है इस बात की घोषणा कि मैं अपने को देने को तैयार हूं! संन्यास है इस बात की घोषणा कि आप मेरा हाथ अपने हाथ में ले लो! संन्यास है इस बात की घोषणा कि आप अगर हाथ मेरा अपने हाथ में लोगे, तो मैं छुड़ा कर भागूंगा नहीं। संन्यास तो केवल एक भाव-भंगिमा हैह्नऔर बड़ी बहुमूल्य है। मैं आपके संग-साथ हूं, आप भी मेरे संग-साथ रहनाह्नइस बात की एक आंतरिक अभिव्यक्ति है।

पूछते हैं, 'आपसे संबंधित होने के लिए क्या संन्यास अनिवार्य है?'

और जिसने पूछा है, वे ज्यादा देर संन्यास से बच न सकेंगे। पूछा ही इसीलिए है कि अब बात खड़ी हो गई है प्राण में। अब मुश्किल खड़ी हो गई है। अब संन्यास लिए बिना रहा न जाएगा; चुनौती आ गई है। भय भी है, इसलिए प्रश्न उठा है। लेकिन जब जीवन में कभी कोई विधायक का जन्म होता है, जब भी कोई विधायक दिशा खुलती है, तो फिर कितने ही भय हों, उनके बावजूद आदमी को जाना ही पड़ता है।

पुकार तुमने सुन ली है। इसीलिए तो रो रहे हो, इसीलिए तो निहार रहे हो। अब कब तक रोते रहोगे, कब तक निहारते रहोगे? द्वार खुले हैं, प्रवेश करो।

'अभी संन्यास नहीं लिया है और न व्यक्तिगत रूप से आपसे मिला ही हूं।'

शायद व्यक्तिगत रूप से मिलने में भी डर होगा। और सम्हल कर ही मिलना, कि आए कि मैंने संन्यास दिया! तुम छिपा न सकोगे। प्रेम कहीं छिपा? तुम लाख उपाय करोगे, छिपा न सकोगे। मेरे सामने आए कि मैं पहचान ही लूंगा, कि यही हो तुम जो रो रहे थे, कि यही हो तुम जो निहार रहे थे। तो सोच कर ही आना!

वस्तुतः मेरे सामने तुम आते ही तब हो, जब तुम्हारे जीवन में समर्पण की तैयारी हो गई; तुम छोड़ने को राजी हो; तुम नत होने को तैयार हो; तुम मेरे शून्य के साथ गठबंधन करने को तैयार हो। यह भी एक भांति का विवाह है। ये भी सात फेरे हैं। यह जो माला तुम्हारे गले में डाल दी है, यह कोई फांसी से कम नहीं है। यह तुम्हें मिटाने का उपाय है।

ये जो वस्त्र तुम्हारे गैरिक अग्नि के रंगों में रंग दिए, ये ऐसे ही नहीं हैं, यह तुम्हारी चिता तैयार है। तुम मिटोगे तो ही तुम्हारे भीतर परमात्मा का आविर्भाव होगा।

संन्यास साहस हैह्नअदम्य साहस है। और मेरा संन्यास तो और भी। क्योंकि इसके कारण तुम्हें कोई समादर न मिलेगा। इसके कारण तुम्हें कोई पूजा, शोभा-यात्रा, कोई जुलूस, कुछ भी न होगा। इसके द्वारा तो तुम जहां जाओगे वहीं अड़चन, वहीं झंझट होगी; पत्नी, बच्चे, पिता, मां, परिवार, दूकान, ग्राहकह्नजहां तुम जाओगे वहीं अड़चन होगी। यह तो मैं तुम्हारे लिए सतत उपद्रव खड़ा कर रहा हूं। लेकिन इस उपद्रव को अगर तुम शांतिपूर्वक झेल सके, तो इसी से साक्षी का जन्म हो जाएगा। इस उपद्रव को अगर तुम मेरे प्रेम के कारण झेलने को राजी रहे, तो इसी से भक्ति का जन्म हो जाएगा।

मेघ गरजा,
घोर नभ में मेघ गरजा।
गिरी बरखा
प्रलय रव से गिरी बरखा।
तोड़ शैलों के शिखर
बहा कर धारें प्रखर
ले हजारों घने धुंधले निर्झरों को
कह रही है वह नदी से
उठ, अरी उठ!
कई जन्मों के लिए
तू आज भर जा
मेघ गरजा।

यह जो मैं तुमसे निरंतर पुकार कर रहा हूं कि उठो, भर लो अपने को...

उठ, अरी उठ!
कह रही है वह नदी से
ले हजारों घने धुंधले निर्झरों को
बहा कर धारें प्रखर
तोड़ शैलों के शिखर
उठ, अरी उठ!
कई जन्मों के लिए
तू आज भर जा
मेघ गरजा।

बुद्ध ने तो समाधि की अवस्था को 'धर्म-मेघ' समाधि कहा है, कि जब कोई समाधि को उपलब्ध होता है, तो मेघ बन जाता है। धर्म-मेघ समाधि! धर्म का जल उससे झरने लगता है, जैसे मेघ से वर्षा गिरती है।

अरी उठ!
कई जन्मों के लिए
तू आज भर जा
मेघ गरजा।

यह समय तुम छोड़ो मत। यह पुकार उठी है, इसे दबाओ मत। यह संन्यास का आकर्षण पैदा हुआ है, चूको मत।

क्योंकि शुभ करना हो तो देर मत करना। और अशुभ करना हो तो जल्दी मत करना। क्रोध आए, तो कहना कल कर लेंगे। प्रेम आए, तो अभी कर लेना, कल का क्या भरोसा है! दुश्मनी करनी हो, कल-परसों टालते जाना, टालते जाना। लेकिन दोस्ती बनानी हो, तो क्षण भर नहीं टालना। अभी यहीं। अभी, तो ही होगी दोस्ती। अगर सोचा फिर कभी, तो कभी नहीं।

मैं भी तुमसे मिलने को आतुर हूं। मेघ जब बरसता है पृथ्वी पर तो ऐसा मत सोचना कि पृथ्वी ही प्यासी हैह्नमेघ भी आतुर है। पृथ्वी ही प्रसन्न नहीं होती जब जल की बूंदें उसके सूखे कंठ को गीला कर जाती हैं, मेघ भी आनंदित होता है।

कौन मिलनातुर नहीं है!
आ क्षितिज फैली हुई मिट्टी
निरंतर पूछती है
कब मिटेगा, कब कटेगा
बोल तेरी चेतना का शाप?
और तू हो लीन मुझमें
फिर बनेगा शांत।
कौन मिलनातुर नहीं है!
गगन की निर्बंध बहती वायु
प्रतिपल पूछती है:
कब गिरेगी टूट तेरी
देह की दीवार
और तू हो लीन मुझमें
फिर बनेगा मुक्त?
कौन मिलनातुर नहीं है!

सर्वव्यापी विश्व का व्यक्तित्व
प्रतिक्षण पूछता है :
कब मिटेगा बोल तेरा
अहं का अभिमान
और तू हो लीन मुझमें
फिर बनेगा पूर्ण?
कौन मिलनातुर नहीं है!

परमात्मा भी मिलने को आतुर है। तुम्हीं नहीं खोज रहे हो उसे; वह भी खोज रहा है। तुम्हीं नहीं दौड़ रहे उसकी तरफ; वह भी दौड़ रहा है। अगर यह आग एक ही तरफ से लगी होती तो मजा ही न था। यह आग दोनों तरफ से लगी है। तो ही तो मजा है, तो ही तो इतना रस है।

संन्यास का मैंने निमंत्रण दिया है; क्योंकि जो मेरे पास है, मैं वह बांटना चाहता हूं। तुम ले लोगे, तो मैं तुम्हारा कृतज्ञ! तुम ले लोगे, तो मेरा धन्यवाद तुम्हें। जब कभी मन में ऐसा भाव उठे छलांग लगाने का, तो झिझकना मत, क्योंकि कभी-कभी ऐसे हिम्मत के क्षण आते हैं। उस हिम्मत के क्षण में घटना घट जाए तो घट जाए; अन्यथा तुम टाल गए; सोचा, कल कर लेंगे...। कल का क्या भरोसा है!

बुद्ध एक गांव से तीस बार निकले चालीस वर्षों की यात्रा में। और एक आदमी बार-बार सोचता था : जाना है! लेकिन कभी घर मेहमान आ गए, कभी पत्नी बीमार हो गई। अब पत्नियों का कोई भरोसा थोड़े ही है, कब बीमार हो जाएं! ऐन वक्त पर हो जाती हैं। कभी दूकान पर ज्यादा ग्राहक, कभी खुद को सिरदर्द हो गया। कभी जा ही रहा था, दूकान बंद ही कर रहा था कि कोई मित्र आ गया वर्षों के बाद। ऐसे अड़चन आती रही, आती रही। सोचा, अगली बार जब आएंगे...। ऐसा तीस बार बुद्ध आए गांव और तीस बार वह आदमी चूक गया।

चौंकना मत, सोचना मत कि तीस बार बहुत हो गया। तुम भी कम से कम तीन हजार बार चूके हो। कितने जन्मों से तुम यहां हो, कितने बुद्धों से तुम्हारा मिलना न हुआ होगा! जीवन के पथों पर बहुत बार बुद्धों के आस-पास गुजर गए होओगे, लेकिन तुमने कहा : 'कल! फिर मिल लेंगे, अभी जल्दी क्या? अभी और दूसरे काम जरूरी हैं, वह पहले निपटा लेना है।'

परमात्मा को तो हम फेहरिस्त पर आखिर में रखते हैं; जब कुछ करने को न होगा, तब परमात्मा को सूझ-बूझ लेंगे।

फिर एक दिन अचानक गांव में खबर आई कि बुद्ध ने घोषणा की कि आज वे देह छोड़ रहे हैं, तब वह आदमी घबराया। तब उसने फिक्र न कि पत्नी बीमार है, कि

बच्चे का विवाह करना है, कि दूकान पर ग्राहक हैंह्नवह भागा। दूकान बंद भी नहीं की और भागा। लोगों ने कहा, पागल हो गए हो, कहां जा रहे हो? उसने कहा, अब बहुत हो गया। वह भाग कर पहुंचा, लेकिन देर हो गई थी। बुद्ध ने अपने भिक्षुओं से पूछा था घड़ी भर पहलेः कुछ पूछना तो नहीं? अन्यथा मैं अब विलीन होऊं, मेरा समय आ गया है; मेरी नाव आ लगी किनारे, अब मैं जाऊं?

भिक्षुओं ने कहाः आपने बिना पूछे इतना कहा, बिना मांगे इतना दिया हैह्नअब पूछने को कुछ भी नहीं। जो आपने दिया है, उसे ही हम कहां समझ पाए? जो आपने कहा है, उसे ही हम अभी कहां गुन पाए? जन्म-जन्म लगेंगे हमें, तब कहीं हम उसका सार निकाल पाएंगे।

भिक्षु तो रोने लगे। बुद्ध वृक्ष के पीछे जाकर बैठ गए। उन्होंने शरीर का साक्षी-भाव साधा, शरीर से अलग हो गए। मन का साक्षी-भाव साध रहे थे, मन से अलग होते जाते थे, तभी वह आदमी भागता हुआ पहुंचा। उसने कहाः कहां हैं? बुद्ध कहां हैं? अब और नहीं चूक सकता। अब कल नहीं बचा, क्योंकि अब वे जा रहे हैं।

भिक्षुओं ने कहाः अब तुम चुप रहो, तुम चूक ही गए। हम तो उनसे विदा भी ले चुके। अब तो वे धीरे-धीरे जीवन की पर्तों को छोड़ कर अनंत की यात्रा पर जा रहे हैं। उनकी नाव तो किनारे से छूटने के करीब है। अब नहीं, अब बहुत देर हो गई।

लेकिन कहते हैं, बुद्ध ने जैसे ही यह सुना...। वे मन से छूट ही रहे थे। मन से छूट गए होते, तब तो सुन भी नहीं सकते थे। मन की आखिरी जगह से नाव की रस्सी खोल रहे थे कि सुन लिया, कि वापस लौट आए। उठ कर आए और कहाः मत रोको, मेरे नाम पर लांछन रह जाएगा कि मैं जीवित था, कोई मेरे द्वार आया था, झोली लेकर आया था और खाली हाथ लौट गया। नहीं, ऐसा मत करो। उसे क्या पूछना है, पूछ लेने दो। उसने तीस साल तक भूल की, इससे क्या मैं भूल करूं? और जब भी आ गया वह, तभी जल्दी है। तीस साल में भी कौन आता है! अनेक लोग हैं जो तीस-तीस जन्मों तक नहीं आते हैं।

जब ऐसा भाव जगे तो हिम्मत करना।
जग के कीचड़ कांदों से
लथपथ मटमैली
काल कंटकित झंखाड़ों में
अटकी-झटकी
चित चिरबत्ती
जीवन के श्रम ताप स्वेद से
बुसी कुचैली
चादर का अब मोह निवारो।

दलदल, जंगल, पर्वत
मरुथल मारी-मारी फिरी
शिथिल विकथित काया से
जीर्ण-शीर्ण यह वसन उतारो।
तारक सिकता फूलों में
अविरत बहती
शुभ्र गगन गंगाधारा में
मल-दल नहला
नव निर्मल कर
जलन थकन हर
अपने तन पर
वत्सलता करुणा अनुरंजित
सतरंगा परिधान संवारो।
सतह पर अस्तित्व का उत्थान
किरणावली समुज्ज्वल
मोतियों की मुक्त कर बौछार
कल-कल गान
शत-शत लहरियों के संग
उमगित अंग
तट को प्रथम छूने के लिए
प्रतियोगिता अभियान
अब सब वह बिसारो।
अब लहर नत शीश
तिमिराच्छन्न अंतर
सन्न अंग-अंग
सर्वथा निस्संग निर्धन
हर तरह से हार
अपना रिक्त हस्त पसार
अपने मूक नयनों से
किनारा देख अंतिम बार
पारावार से असहाय एकाकार
भूलो लहर को
प्रभु को पुकारो!

जब आ जाए घड़ी, मन जब राजी हो—चूक मत जाना उस क्षण को।

बुद्ध कहते थे, एक राजमहल में एक अंधा आदमी बंद था। उस राजमहल में बहुत द्वार थे। लेकिन सब द्वार बंद थे, सिर्फ एक द्वार राजा ने खुला छोड़ा था। वह अंधा आदमी निकलने के प्रयास करता है। वह टटोलता, टटोलता, टटोलता—लेकिन सब द्वार बंद। और जब वह खुले द्वार के करीब आया, तो उसके सिर में खुजलाहट आ गई तो वह सिर खुजलाने लगा, निकल गया। फिर टटोलने लगा। फिर महीनों के श्रम के बाद फिर उस द्वार पर आया, बड़ा महल, तब एक मक्खी उसके मुंह पर आ गई, तो वह मक्खी उड़ाने में लग गया, तब तक वह द्वार निकल गया। एक ही खुला द्वार, ऐसे हजार-हजार द्वार थे राजमहल में। लेकिन खुले द्वार पर जब आया, तभी कोई निमित्त, कारण बन गया।

जीवन में करोड़ों क्षण हैं, किसी एक क्षण में तुम संन्यास के करीब होते हो। उस वक्त मक्खी मत उड़ाने लगना। उस वक्त सिर मत खुजलाने लगना। फिर वह द्वार दुबारा आए न आए।

अब लहर नत शीश
तिमिराच्छन्न अंतर
सन्न अंग अंग
सर्वथा निस्संग निर्धन
हर तरह से हार
अपना रिक्त हस्त पसार
अपने मूक नयनों से
किनारा देख अंतिम बार
पारावार से असहाय एकाकार
भूलो लहर को
प्रभु को पुकारो!

पूछा है, 'व्यक्तिगत रूप से आपसे अभी तक मिला नहीं, फिर भी आपके प्रति अजीब अनुभूतियों से भर जाता हूं। कभी रोता हूं, कभी आपको निहारता रह जाता हूं।'

शुभ लक्षण हैं। कहीं तालमेल बैठ रहा है। कहीं तुम्हारी धारा मेरी धारा के साथ बहने के लिए तैयार हो रही है। तुम राजी हो रहे हो पंख खोल कर उड़ने को। इसलिए नई-नई अनुभूतियों का उन्मेष होगा। डर मत जाना, क्योंकि नये से बड़ा भय लगता है। पुराने से तो हम परिचित होते हैं। परिचित से भय नहीं लगता। परिचित से चाहे दुख मिले, मगर भय नहीं लगता। इसलिए तो लोग इतने दुखी रहते, फिर भी दुख को बदलते नहीं। दुख से परिचय हो जाता है, संबंध जुड़ जाता है। अगर अचानक सुख

तुम्हारे द्वार पर आ जाए, तो तुम मेरी मानो, पक्की मानो, तुम द्वार बंद कर लोगे। तुम कहोगे : सुख, पहली तो बात होता ही नहीं सुख दुनिया में। दूसरी बात, धोखा होगा। और तीसरी बात, अब बामुश्किल तो दुख से राजी हो पाए हैं, अब मत उखाड़ो। किसी तरह जम पाए हैं। किसी तरह संबंध बन गया है, अब यह नया और झंझट कौन ले! फिर से कौन शुरुआत करे!

लोग कारागृह में भी आदी हो जाते हैं रहने को, फिर उन्हें बाहर अच्छा नहीं लगता।

मैं मध्य-प्रदेश में कुछ वर्षों तक था, तो वहां की सेंट्रल जेल में जाता था। गवर्नर मेरे एक मित्र थे, तो उन्होंने कहा कि आप बाहर के कैदियों को कब तक समझाएंगे, भीतर के कैदियों को भी समझाएं। मैंने कहा, ठीक, मैं आऊंगा। तो वहां पहली बार गया जेल में, तो मैंने जो लोग देखे; दुबारा गया कुछ महीने बाद, वही लोग, वही लोग। बरस बीतते गए। कभी कोई छूट जाता, फिर महीने दो महीने के भीतर वापस जेल में आ जाता। मैंने एक बूढ़े कैदी से पूछा, तू कितनी बार जेल में आया है? उसने कहा, यह मेरा तेरहवां...तेरहवीं बार आया हूं।

'तो बाहर रहने में अड़चन क्या है तुझे?'

कहता, बाहर अच्छा नहीं लगता। सब मित्र-प्रियजन यहीं हैं। अपने वाले सब यहीं हैं। बाहर बड़ा अजनबीपन सा लगता है। किससे बोलो? किससे बात करो? फिर कहा, हजार झंझटें हैं बाहर। रोटी-रोजी कमाओ, मकान ढूंढो, रहने का इंतजाम करो। यहां सब सुविधा है। न रोटी-रोजी की फिकर, न राशन लेने लाइन में खड़े होना पड़ता है, न सुबह चार बजे से पानी भरने के लिए नल पर खड़े रहो। सब यहां सुविधा है। यह तो लाखों का महल है, वह कहने लगा। डाक्टर, जब जरूरत तो डाक्टर आता है। इतनी सारी सुविधा के लिए ये थोड़ी सी जंजीरें सहना कुछ महंगा सौदा नहीं। फिर शुरू-शुरू में आया था तो बुरा भी लगता था, अब तो सबसे दोस्ती भी हो गई है। पुलिसवाले भी पहचानते हैं, अपने वाले हैं, जेलर भी जानता है। यह अपना घर है। अब कहां जाना? छोड़ देते हैं, तो मैं महीने दो महीने में फिर उपाय करके भीतर आ जाता हूं।

कारागृह में भी तुम ज्यादा देर रह गए, तो घर बन जाता है। और तुम जिस कारागृह में हो, इसमें कई जन्मों से हो। इसलिए अगर कभी तुम्हें बाहर के पक्षियों के गीत बुलाएं, जो मुक्त हैं, अगर उनकी वाणी तुम्हें पुकारे, तो तुम इन जंजीरों को तोड़ने की हिम्मत करना।

और मजा तो यह है कि इस कारागृह में कोई दूसरा जंजीरों पर पहरा नहीं दे रहा है; तुम ही पहरा दे रहे हो। कोई दूसरा तुम्हें रोक नहीं रहा है, कोई संतरी तुम्हारे सिर पर नहीं खड़ा है, तुम्हीं रोक रहे हो। यहां तुम्हारे दुख का कारण तुम हो। कभी अगर

तुम्हें आकाश में उड़ते पक्षियों का इशारा मिल जाए, तो मैं तुमसे कहता हूं: द्वार खुले हैं तुम्हारे पिंजरे के, किसी ने बंद किया नहीं।

संन्यास का इतना ही अर्थ है कि तुम नये को प्रयोग करने को तैयार हो। संन्यास का इतना ही अर्थ है कि तुम पुराने दुख के साथ संबंध तोड़ने की हिम्मत रखते हो। संन्यास का इतना ही अर्थ है कि तुम जीवन को एक नई शैली, एक नया परिधान देने को राजी हो; तुम एक प्रयोग करने को राजी हो।

संन्यास साहस है।

और तुम्हारे भीतर जो नई-नई अनुभूतियों की तरंगें बह रही हैं, वे तरंगें खो न जाएं। क्योंकि तरंगें आती हैं; अगर तुम उन तरंगों को जीवन में स्वीकार न करो तो खो जाती हैं। तरंगें उठती हैं; अगर उन तरंगों के साथ तुम अपने जीवन को रूपांतरित न करो, तो तरंगें सदा नहीं उठेंगी। आएंगी, खो जाएंगी। धीरे-धीरे उन तरंगों के भी आदी हो जाओगे। अगर तुम किसी मुक्तपुरुष की वाणी को बार-बार सुनते रहो, सुनते रहो और कुछ न करो, तो धीरे-धीरे तुम सुनने के आदी हो जाओगे। फिर चोट न पड़ेगी। फिर तुम्हारे भीतर कोई हलन-चलन न होगा, आंख से आंसू न बहेंगे।

जो मित्र पूछे हैं, अभी नया-नया संपर्क है। इस नये संपर्क में नई अनुभूतियां उठ रही हैं। इसके पहले कि ये अनुभूतियां अपना अर्थ खो दें, इसके पहले कि ये तरंगें जड़ हो जाएं, इसके पहले कि तुम इन तरंगों को भी धीरे-धीरे स्वीकार कर लो, और ये भी पुरानी पड़ जाएंह्नछलांग ले लेना।

'कभी रोता हूं, कभी आपको निहारता रह जाता हूं।'

रोना खबर है इस बात की कि संबंध हृदय से बन रहा है। बुद्धि से बने तो कभी रोना नहीं आता। बुद्धि से अगर संबंध बने तो व्यक्ति ज्यादा से ज्यादा सिर हिलाता है कि ठीक; या गलत, तो सिर हिलाता है कि गलत। बस खोपड़ी थोड़ी सी हिलती है। आंसुओं का कोई संबंध सिर से नहीं है। आंसू तुम्हारी खोपड़ी के भीतर से नहीं आते। आंखों से बहते हैंह्नआते हृदय से हैं, आते अंतस्तल से हैं। आंसू ज्यादा सार्थक हैंह्नबजाय धारणाओं के, विचारों के, संप्रदायों के। आंसू ज्यादा सार्थक हैं। आंसू खबर दे रहे हैं इस बात की, हृदय पर चोट पड़ी, कोई भीतर कंप गया है। इसके पहले कि आंसू सूख जाएं, इसके पहले कि तुम्हारी आंखें सूख जाएंह्नकुछ करना। आंसुओं को शुभ संकेत मानो, और उनके इशारों पर चलो। अगर तुम आंसुओं के इशारे पर चल सके, आंसुओं को तुमने अंगीकार किया, आंसुओं का इंगित समझा, उनकी भाषा पहचाने और कुछ तुमने कियाह्नतो जल्दी ही तुम पाओगे, आंसुओं के पीछे छिपी हुई एक अनूठी हंसी तुम्हारे पूरे जीवन पर फैल जाएगी।

संन्यास मेरे लिए कोई उदास बात नहीं है। संन्यास तो हंसता-फूलता, आनंद-मग्न, जीवन का एक नया वितान, एक नया विकास है। तुम बंद हो, कुंद हो, छोटे

हो, पड़े हो कारागृह मेंह्नशरीर के, मन के! संन्यास तो इस बात की खबर है कि पूरा आकाश तुम्हारा, सब तुम्हारा! भोगो! जागो! यह जो रस बरस रहा है जगत में, यह तुम्हारा है, तुम्हारे लिए बरस रहा है। ये चांद-तारे तुम्हारे लिए चलते हैं। ये फूल तुम्हारे लिए खिलते हैं! तुम इन्हें भोगो! तुम इस रस में डूबो।

अगर प्रेम का मार्ग पकड़ो, तो भोगो। अगर ज्ञान का मार्ग पकड़ो, तो जागो। दोनों सही हैं, दोनों पहुंचा देते हैं। और मेरे संन्यासियों में दोनों तरह के संन्यासी हैं।

वस्तुतः मेरा संन्यास कोई संप्रदाय नहीं है। सारे जगत के धर्मों से लोग आए हैं। ऐसी घटना कभी पृथ्वी पर घटी नहीं है। तुम ऐसा कोई स्थान न पा सकोगे जहां तुम्हें हिंदू मिल जाएं, मुसलमान मिल जाएं, ईसाई मिल जाएं, यहूदी मिल जाएं, बौद्ध मिल जाएं, जैन मिल जाएं, सिक्ख मिल जाएं, पारसी मिल जाएं; और जहां आकर सबने अपनी जीवन-धारा को एक गंगा में डुबा लिया है; जहां कुछ भेद नहींह्नऐसी सार्वभौमता! और यहां कोई सार्वभौमता की बात नहीं कर रहा है और यहां कोई सर्व-धर्म-समन्वय की बकवास नहीं कर रहा है। कोई समझा नहीं रहा है कि 'अल्ला ईश्वर तेरे नाम' रटो, 'अल्ला ईश्वर तेरे नाम!' कोई समझा नहीं रहा है। इसकी कोई बात ही क्या उठानी, यह बात ही बेहूदी है। जिस दिन तुमने कहा अल्ला ईश्वर तेरे नाम, उस दिन तुमने मान ही लिया कि दो नाम विपरीत हैं, तुम मिलाने की राजनीति बिठा रहे हो। मान ही लिया कि भिन्न हैं। यहां कोई समझा नहीं रहा है कि अल्ला ईश्वर तेरे नाम।

यहां तो अनजाने अनायास ही यह घटना घट रही है। अल्ला पुकारो तो, ईश्वर पुकारो तोह्नएक ही को तुम पुकार रहे हो। और इसकी कोई चेष्टा नहीं है।

चकित होते हैं लोग जब पहली दफा आते हैं। देख कर हैरान हो जाते हैं कि मुसलमान भी गैरिक वस्त्रों में! 'कृष्ण मुहम्मद' को देखा? 'राधा मुहम्मद' को देखा? एक सज्जन मुझसे आकर बोले कि राधा हिंदू है कि मुसलमान?

मैंने कहा, क्या करना है? राधा राधा है, हिंदू-मुसलमान से क्या लेना-देना?

नहीं, उन्होंने कहा, नाम से तो हिंदू लगती है, लेकिन कृष्ण मुहम्मद के साथ जाते देखी।

यूं कृष्ण मुहम्मद की पत्नी है वह। कृष्ण मुहम्मद हो गए हैं! फासले बिना किसी के गिराए, बिना किसी की चेष्टा के, बिना किसी तालमेल बिठाने का उपाय किए, अपने आप घट रही है बात। अपने आप जब घटती है तो उसका मूल्य बहुत है, उसका सौंदर्य अनूठा, उसमें एक प्रसाद होता है।

ऐसा संन्यास पृथ्वी पर पहले कभी घटा नहीं। तुम एक अनूठे सौभाग्य से गुजर रहे हो। समझोगे, तो चूकोगे नहीं। नहीं समझे, तो पीछे बहुत पछताओगे। तुम एक

अनूठे स्रोत के करीब हो जहां से बड़ी धाराएं निकलेंगीह्नगंगोत्री के करीब हो। पीछे बहुत पछताओगे। पीछे गंगा बहुत बड़ी हो जाएगी। सागर पहुंचते-पहुंचते सागर जैसी बड़ी हो जाएगी। लेकिन अभी गोमुख से जल गिर रहा है, अभी गंगोत्री पर है। अभी जिन्होंने इस जल को पी लिया, फिर दुबारा नहीं ऐसा मौका मिलेगा। फिर काशी में भी गंगा है, लेकिन फिर गंदी बहुत हो गई है। फिर न मालूम कितने नाले आ गिरे। गंगोत्री पर जो मजा है, जो स्वच्छता है, फिर दुबारा नहीं।

तो जितने जल्दी तुम संन्यास ले सको उतना शुभ है। यह संन्यास की गंगा तो बड़ी होगीह्नयह पूरी पृथ्वी को घेरेगी। ये गैरिक वस्त्र अब कहीं एक जगह रुकने वाले नहीं हैंह्नये सारी पृथ्वी को घेरेंगे। पीछे तुम आओगेह्नकहीं प्रयाग में, काशी मेंह्नतुम्हारी मर्जी है। लेकिन मैं तुमसे कहता हूं, अभी गंगोत्री पर आ जाओ तो अच्छा है।

मैं एक विश्वविद्यालय में विद्यार्थी था। तो मेरे जो वाइस चांसलर थे, वे बुद्धजयंति पर एक दफा बोले कि मैं कई बार विचार करता हूं कि कैसा धन्यभागी होता मैं अगर बुद्ध के समय में होता, उनके चरणों में जाता! धन्यभागी थे वे लोग जो बुद्ध के पास उठे-बैठे; जिन्होंने बुद्ध के साथ सांस ली; जिन्होंने बुद्ध की आंखों में झांका; जो बुद्ध के चरणों पर चले; जो बुद्ध की छाया में बैठे। धन्यभागी थे वे लोग। काश, मैं उनके समय में होता!

मैं तो विद्यार्थी था, लेकिन जैसी मेरी आदत थी, मैं बीच में उठ कर खड़ा हो गया। मैंने उनसे कहा, आप शब्द वापस ले लो। उन्होंने कहा, क्यों?

मैंने कहा, यह आपकी लफ्फाजी है, क्योंकि मैं आपसे कहता हूं कि आप उस समय में भी थे और आप बुद्ध के पास नहीं गए।

वे थोड़े घबराए। वे थोड़े बेचैन भी हुए कि यह मामला क्या हो गया?

मैंने कहा, मैं निश्चित कहता हूं कि आप उस समय में भी थे। रहे तो होंगे कहीं न! पुनर्जन्म को मानते हैं?

वे हिंदू ब्राह्मण थेह्नकहा कि मानता हूं।

मैंने कहा : कहीं तो रहे होंगे न! पशु-पक्षी थे कि आदमी, आप क्या कहते हैं?

अब पशु-पक्षी कहने को वे भी राजी नहीं थे, तो कहा कि आदमी रहा होऊंगा।

लेकिन तब आप बुद्ध के पास गए नहीं, क्योंकि गंगोत्री में गंगा दिखाई कहां पड़ती है! तो गंगा तो तब दिखाई पड़ती है जब बहुत बड़ी हो जाती है, लेकिन तब स्रोत से बहुत दूर निकल जाते हैं। आज बुद्ध का इतना बड़ा नाम आपको दिखाई पड़ रहा है, क्योंकि हजारों-करोड़ों मूर्तियां हैं, करोड़ों मानने वाले हैंह्नइसलिए आप प्रभावित हैं। आप बुद्ध से प्रभावित नहीं हैं; आप, बुद्ध का यह जो बड़ा नाम है, इससे प्रभावित हैं। मैं आपसे कहता हूं कि आप इस जिंदगी में कभी किसी संत के पास गए?

मैं उन्हें जानता था। संत वगैरह तो दूर, वे छाया न संत की पड़ने दें। मांसाहारी, शराबी, वेश्यागामी...मैं उन्हें भलीभांति जानता था। मैंने कहा कि आप सच-सच कह दो। आपको मैंने और जगहों में तो देखाह्नक्लबघरों में देखा है, शराब पीते देखा है। और मुझे शक है कि अभी भी आप पीए हुए हैं। नहीं तो इतनी बात आप कह नहीं सकते थेह्नबेहोशी में कह रहे होंगे कि बुद्ध के समय में अगर होता धन्यभाग! यह नशे में कह रहे होंगे आप। क्योंकि आपमें मैंने धर्म की तरफ तो कभी कोई झुकाव नहीं देखा, आप पक्के राजनीतिज्ञ हैं! बिना राजनीतिज्ञ हुए कोई वाइस चांसलर आजकल हो ही नहीं सकता। गधे से गधे राजनीतिज्ञ वाइस चांसलर होकर बैठे हैं।

तो मैंने उनसे कहा कि आप वापस ले लो ये शब्द। आप बुद्ध को पहचान सकेंगे?

उन्हें कोई राह न सूझी। तो उन्होंने कहा कि बात तो समझ में आती है कि शायद मैं न गया होता अगर बुद्ध होते भी। शायद यह बात भी ठीक है कि उनका नाम ही अब इतना बड़ा है...।

पीछे मुझे बुलाया और कहा कि कुछ भी कहना हो तो एकांत में आकर कह दिया करो। ऐसा बीच भीड़ में खड़े हो गए...!

मैंने कहा कि आप भी सोच-समझ कर, जब तक मैं इस विश्वविद्यालय में हूं, वक्तव्य सोच-समझ कर देना। क्योंकि वक्तव्य आप जब लोगों के सामने दे रहे हैं, तो वहीं मुझे भी कुछ कहना पड़ेगा।

अभी स्रोत के करीब हो तुम। यह स्रोत गंगा बनेगा। अभी गंगोत्री में शायद तुम पहचान भी न पाओ। पीछे तुम पछताओगे।

तो अगर ऐसी सौभाग्य की किरण तुम्हारे भीतर उठी हो कि भाव उठता हो कि डूब लें, मस्त हों लेंह्नतो रुको मत! लाख भय हों, किनारे सरका कर उतर जाओ। और भय मिटते ही हैं, जब तुम उन्हें सरका कर आगे बढ़ते हो, अन्यथा वे कभी मिटते नहीं।

दाना तू, खेती भी तू,
बारां भी तू, हासिल भी तू।
राह तू, रहरव भी तू,
रहबर भी तू, मंजिल भी तू।
नाखुदा तू, डेहर तू,
कश्ती भी तू, साहिल भी तू।
मय भी तू, मीना भी तू,
साकी भी तू, महफिल भी तू।

यहां तो कुछ और तुम्हें थोड़े ही सिखा रहा हूं। संन्यास यानी तुम्हारी याद तुम्हें दिलानी है। और तुम सब कुछ हो।

मय भी तू, मीना भी तू।
साकी भी तू, महफिल भी तू।

मेरे पास सिर्फ तुम्हें वही दे देना है जो तुम्हारे पास है ही। मैं तुम्हें वही देना चाहता हूं जो तुम्हारे पास है। जो तुम लिए बैठे हो, और भूल गए हो और जिसका तुम्हें विस्मरण हो गया है। तुम्हें तुम्हारा स्मरण दिला देना है। संन्यास उस स्मरण की तरफ एक व्यवस्थित प्रक्रिया है।

इस चक्की पर खाते चक्कर
मेरा तन-मन, जीवन जर्जर
हे कुंभकार, मेरी मिट्टी को
और न अब हैरान करो,
अब मत मेरा निर्माण करो!

संन्यास इस बात की घोषणा है कि हे प्रभु! बहुत चक्कर हो गए इस चाक पर।

इस चक्की पर खाते चक्कर
मेरा तन-मन, जीवन जर्जर
हे कुंभकार, मेरी मिट्टी को
और न अब हैरान करो,
अब मत मेरा निर्माण करो।

इस अंधेरी रात से जागना हैह्नतो संन्यास! इस दुख भरे नर्क से बाहर निकलना हैह्नतो संन्यास। सुबह को पास लाना हैह्नतो संन्यास। जीवन को परमात्मा की सुगंध से भरना हैह्नतो संन्यास।

संन्यास का अर्थ है: तुमने तैयारी दिखला दी कि तुम मंदिर बनने को तैयार हो, अब परमात्मा की मौज हो तो आ विराजे तुम्हारे हृदय में।

हरि ॐ तत्सत्!

***

प्रवचन : 37

जगत उल्लास है परमात्मा का

जनक उवाच।

प्रकृत्या शून्यचित्तो यः प्रमादाद्भावभावनः।
निद्रितो बोधित इव क्षीणसंसरणे हि सः।।122।।
क्व धनानि क्व मित्राणि क्व मे विषयदस्यवः
क्व शास्त्रं क्व च विज्ञानं यदा मे गलिता स्पृहा।।123।।
विज्ञाते साक्षिपुरुषे परमात्मनि चेश्वरे।
नैराश्ये बंधमोक्षे च न चिंता मुक्तये मम।।124।।
अंतर्विकल्पशून्यस्य बहिः स्वच्छंदचारिणः।
भ्रांतस्येव दशास्तास्तास्तादृशा एव जानते।।125।।

आज के सूत्र महावाक्य हैं; साधारण वक्तव्य नहीं हैं, असाधारण गहराई में पाए गए मोती हैं। बहुत ध्यानपूर्वक समझोगे तो ही समझ पाओगे। और फिर भी समझ बौद्धिक ही रहेगी। जब तक जीवन में प्रयोग न हो तब तक ऊपर-ऊपर से समझ लोगे, लेकिन अंतःकरण तक इन शब्दों की ध्वनि नहीं गूंज पाएगी। ये शब्द ऐसे हैं कि तभी जान सकोगे जब अनुभव में आ जाएं।

लेकिन फिर भी बौद्धिक रूप से समझ लेना भी उपयोगी होगा। बौद्धिक रूप से भी तभी समझ सकोगे जब बहुत ध्यान से, बारीकी से...। नाजुक हैं ये वक्तव्य। जरा यहां-वहां चूके कि भूल हो जाएगी। और इनकी गलत व्याख्या बड़ी सरल है।

पहला सूत्रः 'जो स्वभाव से शून्यचित्त है, पर प्रमाद से विषयों की भावना करता है और सोता हुआ भी जागते के समान है, वह पुरुष संसार से मुक्त है।'

न केवल डर है कि तुमसे भूल हो जाए, अष्टावक्र की गीता में अनेक जगह गलत पाठ उपलब्ध है इस पहले सूत्र का। यह जो मैंने अभी अनुवाद किया, यह गलत अनुवाद है। 'प्रमाद' जहां कहा गया है वहां 'प्रमोद' होना चाहिए। लेकिन जिसने ये संग्रह किए होंगे उसे लगा होगा कि प्रमोद तो ठीक शब्द नहीं, प्रमाद ठीक शब्द है। प्रमाद गलत शब्द है यहां। जो स्वभाव से शून्यचित्त है उसे प्रमाद कहां!

प्रमाद का अर्थ होता हैः मूर्च्छा। प्रमाद का अर्थ होता हैः तंद्रा। प्रमाद का अर्थ होता हैः बेहोशी। जो शून्यचित्त को अनुभव कर लिया है उसे प्रमाद कहां, बेहोशी कहां? वह तो परम साक्षित्व को उपलब्ध हो गया है।

प्रकृत्या शून्यचित्तो यः प्रमादाद्भावभावनः।

ऐसा पाठ मिलता है अनेक जगह। कहीं-कहीं बहुत मुश्किल से ठीक पाठ मिलता है। ठीक पाठ हैः

प्रकृत्या शून्यचित्तो यः प्रमोदाद्भावभावनः।

खेल-खेल में जो भाव में डूबता है; प्रमाद के कारण नहीं, प्रमोद के कारण।

'जो स्वभाव से शून्यचित्त है वह प्रमोद से विषयों की भावना करता है और सोता हुआ भी जागते के समान है, वह पुरुष संसार से मुक्त है।'

प्रमोद ठीक है। प्रमोद का अर्थ हैः लीला; खेल-खेल में। यही तो पूरब की बड़ी से बड़ी खोज है। दुनिया में बहुत धर्म हुए पैदा, जैसा पूरब ने परमात्मा को समझा वैसा किसी ने नहीं समझाह्नवैसी गहराई पर। पूछोः 'परमात्मा ने जगत क्यों बनाया?' तो सिर्फ पूरब के पास ठीक-ठीक उत्तर हैः 'खेल-खेल में! लीलावशात!' परमात्मा किसी कारण से जगत बनाए तो गलत बात हो जाएगी। क्योंकि कारण का अर्थ हुआः कोई कमी हुई। कारण का अर्थ हुआ कि परमात्मा खाली था, कुछ अड़चन हुई; अकेला था।

कुछ धर्म कहते हैंः परमात्मा अकेला था, इसलिए संसार बनाया। तो परमात्मा भी अकेला नहीं रह सकता! तो फिर मनुष्य का तो वश क्या है! तो फिर परमात्मा ही जब द्वैत खोजता है तो मनुष्य की क्या क्षमता है अद्वैत को पाने की? फिर अद्वैत असंभव है। तो जो धर्म कहते हैं, 'परमात्मा अकेला था, अकेलेपन से ऊबा, इसलिए संसार बनाया', गलत बात कहते हैं। वे आदमी के मन को परमात्मा पर आरोपित कर लेते हैं। उन्होंने अपने ही मन को फैला कर परमात्मा का मन समझ लिया। हम अकेले में परेशान होते हैंह्नक्या करें, क्या न करें! कुछ चाहिए व्यस्तता, कुछ उलझाव; कहीं, जहां मन लग जाए! तो हम सोचते हैं कि परमात्मा ने भी ऐसे ही एकांत से ऊब कर जगत का निर्माण किया होगा।

कुछ हैं जो कहते हैं : परमात्मा ने जगत बनाया, ताकि मनुष्य मुक्त हो सके। यह बात बड़ी मूढ़ता की मालूम पड़ती है। आदमी को बंधन में डाला ताकि आदमी मुक्त हो सके! बंधन में ही क्यों डाला?ह्णआदमी मुक्त था ही! संसार को बनाया ताकि तुम मुक्त हो सको! यह तो बड़ी अजीब बात हुई कि कारागृह बनाया कि तुम मुक्त हो सको! मुक्त तो तुम थे ही, कारागृह में डालने की जरूरत क्या थी? नहीं, इस बात में भी बहुत अर्थ नहीं है।

कारण में कोई अर्थ नहीं हो सकता, क्योंकि परमात्मा अकारण है; पूरा है, कोई कमी नहीं है; कोई अभाव नहीं है। सच्चिदानंद है। अकेलापन उसे खलता नहीं। निश्चित ही ऐसा होगा, क्योंकि हमने तो पृथ्वी पर भी ऐसे लोग देखे जो अकेले हैं और परम आनंद में हैं।

बुद्ध अपने बोधिवृक्ष के नीचे बैठे हैंह्णएकदम अकेले हैं! लेकिन कोई कमी नहीं है, सब पूरा है! महावीर एकांत में नग्न खड़े हैं पहाड़ों में, बिलकुल अकेले हैं। महावीर ने तो उस आखिरी दशा का नाम ही कैवल्य रखा। कैवल्य का अर्थ है : जहां बिलकुल अकेलापन बचा; केवल चेतना बची; कोई और न बचा; कोई दूसरा न रहा। बुद्ध ने उस एकांत का नाम रखा है : निर्वाण। न केवल दूसरा नहीं बचा; तुम भी बुझ गए। निर्वाण का अर्थ होता है : बुझ गए! जैसे दीया जलता हो, कोई फूंक मार दे और दीया बुझ जाए तो हम कहते हैं : दीए का निर्वाण हो गया। न केवल दूसरे चले गए, तुम भी चले गए। इतना एकांत कि तुम भी वहां नहीं हो! शून्य बचा। फिर भी बुद्ध परम आनंद में हैं, महावीर परम आनंद में हैं। तो परमात्मा की तो बात ही क्या कहनी!

इसलिए तो हमने बुद्ध और महावीर को परमात्मा कहा। असल में जिसने एकांत को आनंद जाना, उसी को हमने परमात्मा कहा है। वह परमात्मा का लक्षण है।

अकेले में सुखी होने का अर्थ है : अब दूसरे की जरूरत न रही। अब तुम पूर्ण हुए। जब तक दूसरे की जरूरत है तब तक पीड़ा है। इसलिए तो प्रेमी एक-दूसरे को क्षमा नहीं कर पाते। क्षमा करना संभव नहीं है। क्योंकि जब तक दूसरे की जरूरत है, दूसरे से बंधन है। और जिससे बंधन है, उस पर नाराजगी है। पति पत्नी पर नाराज है, पत्नी पति पर नाराज है। प्रेयसी प्रेमी पर नाराज है। नाराजगी का बड़ा गहरा कारण है। ऊपर-ऊपर मत खोजना कि यह पत्नी दुष्ट है, कि यह पति दुष्ट है, कि यह मित्र ठीक नहीं। नाराजगी का कारण बड़ा गहरा है। कारण यह है कि जिस पर हमारा सुख निर्भर होता है उसके हम गुलाम हो जाते हैं। गुलामी कोई चाहता नहीं। स्वतंत्रता चाही जाती है। गहरी से गहरी चाह स्वातंत्र्य की है।

तो जिससे हम सुखी होते हैं...अगर तुम पत्नी के कारण सुखी हो तो तुम पत्नी पर नाराज रहोगे। भीतर-भीतर एक कांटा खलता रहेगा कि सुख इसके हाथ में है,

चाबी इसके हाथ में हैह्नकभी खोले दरवाजा, कभी न खोले दरवाजा। तो इसके गुलाम हुए। गुलामी पीड़ा देती है।

मोक्ष हम उसी अवस्था को कहते हैं जब चाबी तुम्हारे हाथ में है। खोलने, बंद करने की भी जरूरत नहीं। खोले ही बैठे रहो, कौन बंद करेगा, किसलिए बंद करेगा! आनंद में डूबे रहो निशि-वासर!

परमात्मा ने किसी दुख, किसी पीड़ा, किसी अभाव के कारण संसार नहीं बनाया। फिर क्यों बनाया? सिर्फ पूरब ने ठीक-ठीक उत्तर दिया है। पूरब ने उत्तर दिया है: 'खेल-खेल में! लीलावश! उमंग में। जैसे छोटे बच्चे खेलते हैं, रेत का घर बनाते हैं, लड़ते-झगड़ते भी हैं...।'

बुद्ध ने कहा है: गुजरता था एक नदी के किनारे से, कुछ बच्चे खेलते थे, रेत के घर बनाते थे। उनमें बड़ा झगड़ा भी हो रहा था। क्योंकि कभी किसी बच्चे का घर किसी के धक्के से गिर जाता, किसी का पैर पड़ जाता, तो मार-पीट भी हो जाती। बुद्ध खड़े होकर देखते रहे, क्योंकि उन्हें लगा: ऐसा ही तो यह संसार भी है। यहां लोग मिट्टी के घर बनाते हैं, गिर जाते हैं तो रोते हैं, तकलीफ, नाराज...अदालत-मुकदमा करते हैं। यही तो बच्चे कर रहे हैं, यही बड़े करते हैं। फिर सांझ हो गई, सूरज ढलने लगा और किसी ने नदी के किनारे से आवाज दी कि बच्चो, अब घर जाओ, सांझ हो गई। और सारे बच्चे भागे। अपने ही घरों पर, जिनकी रक्षा के लिए लड़े थे, खुद ही कूदे-फांदे, उनको मिटा कर सब खाली कर दिया और खूब हंसे, खूब प्रफुल्लित हुए और घर की तरफ लौट गए।

बुद्ध अपने भिक्षुओं को कहते: ऐसी ही परम ज्ञानी की अवस्था है। वह देख लेता है कि अपना ही खेल था; खेलना चाहे खेलता रह सकता था। लेकिन तब खेल बांधता नहीं; अपने ही घरों को अपने ही हाथ से भी गिराया जा सकता है; जिनके लिए लड़े थे, उनको खुद ही गिराया जा सकता है।

परमात्मा खेल रहा है। पूछो: 'क्यों खेल रहा है?' तो पूरब कहता है: ऊर्जा का लक्षण ही यही है। ऊर्जा अभिव्यक्त होती है। ऊर्जा प्रकट होती है। गीत पैदा होता है, नाच पैदा होता है, फूल पैदा होते, पक्षी पैदा होते। यह परमात्मा के जीवित होने का लक्षण है। ये फूल नहीं हैं, ये वृक्ष नहीं हैं, यह तुम नहीं हो यहांह्नयह परमात्मा अनेक-अनेक ऊर्मियों में, अनेक-अनेक लहरों में प्रकट हुआ है। यह उसके होने का लक्षण है। किसी कारण से यह नहीं हो रहा है। अगर फूल न हों, वृक्ष न हों, पौधे न हों, पक्षी न हों, आदमी न हों, चांद-तारे न हों, तो परमात्मा मरा हुआ होगा; उसमें जीवन न होगा। ये जो सागर पर लहरें उठती हैं, यह सागर के जीवित होने का लक्षण है।

परमात्मा महाजीवन है। इसलिए तो वह अनंत रूपों में प्रकट हुआ। यह प्रगटीकरण किसी कारण से नहीं है। पक्षी सुबह गीत गाते हैंह्नअकारण। वृक्षों में फूल खिल जातेह्नअकारण। कभी तुम्हें भी लगता है कि तुम कुछ अकारण करते हो। जब तुम कुछ अकारण करते हो, तब तुम परमात्मा के निकटतम होते हो।

इसलिए मैं निरंतर कहता हूं: ध्यान अकारण करना। यह मत सोचना कि मन की शांति मिलेगी। बस मन की शांति मिलेगी, ऐसे खयाल से किया कि चूक गए; व्यवसाय हो गया, धर्म न रहा। अकारण करना! करने के मजे से करना! स्वांतः सुखाय तुलसी रघुनाथ गाथा! गाना स्वांतः सुखाय।

तुलसी से किसी ने पूछा होगा: क्यों कही यह राम की कथा? तो तुलसी ने कहा: किसी कारण नहींह्नस्वांतः सुखाय तुलसी रघुनाथ गाथा। यह गाथा कहीं अपने आनंद के लिए।

कवि गीत गाता है, क्योंकि बिना गाए नहीं रह सकता। गीत उमड़ रहा है! जैसे मेघ से वर्षा होती है, ऐसा कवि बरसता है। संगीतज्ञ वीणा बजाता है, नर्तक नाचता हैह्नऊर्जा है!

रूस के एक बहुत प्रसिद्ध नर्तक निजिन्सकी से किसी ने पूछा कि तुम नाचते-नाचते थकते नहीं? उसने कहा: जब नहीं नाचता तब थक जाता हूं। जब नाचता हूं तब तो पर लग जाते हैं। जब नाचता हूं तभी तो मैं होता हूं। तभी मैं प्रगाढ़ रूप से होता हूं! जब नहीं नाचता तब उदास हो जाता हूं। तब जीवन-ऊर्जा क्षीण हो जाती है। जब जीवन-ऊर्जा प्रकट होती है, तभी होती है।

ध्यान करनाह्नस्वांतः सुखाय! कल कुछ मिलेगा, इसलिए नहीं; अभी करने में मजा है, प्रमोदवश!

यह पहला सूत्र है: 'जो स्वभाव से शून्यचित्त है, वह प्रमोद से विषयों की भावना करता है।'

खेल-खेल में! जनक यह कह रहे हैं कि वह भाग नहीं जाता संसार से। और अगर भागे भी तो भी प्रमोद में ही भागता है; गंभीर नहीं होता है। यह साधु का परम लक्षण है कि वह गंभीर नहीं होता। और तुम साधु-महात्मा को पाओगे सदा गंभीर, जैसे कोई भारी काम कर रहा है। तुमने परमात्मा को कहीं गंभीर देखा है? मगर महात्मा को सदा गंभीर पाओगे। महात्मा ऐसा कर रहा है जैसे कि भारी काम कर रहा है! तप कर रहा है, पूजा कर रहा है, प्रार्थना कर रहा है। सब कर्तव्य मालूम होता है, स्वांतः सुखाय नहीं। परमात्मा को तुमने कहीं उदास देखा? जहां देखो, वहीं किलकारी है। जहां देखो वहीं उल्लास है। जहां देखो वहीं झरने की तरह फूटा पड़ रहा है। जरा आंख खोल कर चारों तरफ देखोह्नचांद-तारों में, सूरज में, वृक्षों में, पहाड़ों में, पर्वतों

में, खाई-खंदकों मेंह्नसब तरफ हंसी है, खिलखिलाहट है, मधुर मुस्कान है, एक नृत्य चल रहा है, एक अहर्निश नृत्य चल रहा है।

इसलिए तो हिंदुओं ने परमात्मा को नटराज कहा है। वह नाच रहा है। और इस नटराज में भी बड़ा अर्थ है। अगर मूर्तिकार मूर्ति बनाता है तो मूर्ति अलग हो जाती है, मूर्तिकार अलग हो जाता है। मूर्तिकार मर जाए तो भी मूर्ति रहेगी। लेकिन नर्तक के मरने पर नृत्य नहीं बचता। नर्तक और नृत्य अलग किए ही नहीं जा सकते। नर्तक गया कि नृत्य भी गया। परमात्मा को मूर्तिकार नहीं कहा। जिन्होंने कहा उन्होंने जाना नहीं।

कुछ हैं जो कहते हैं, परमात्मा कुंभकार जैसा है, कुम्हार जैसा है। जिन्होंने कहा, कुम्हार ही रहे होंगे; ज्यादा बुद्धि न रही होगी। परमात्मा मटके नहीं बना रहा है। परमात्मा नटराज हैह्ननाच रहा है। नृत्य बंद हुआ, परमात्मा हटा कि फिर तुम बचा न सकोगे कुछ।

इसको यूं समझो : न तो तुम नृत्य को नर्तक से अलग कर सकते हो और न तुम नर्तक को नृत्य से अलग कर सकते हो। क्योंकि जैसे ही नृत्य बंद हुआ, नर्तक नर्तक न रहा। नर्तक तभी तक है जब तक नृत्य है। दोनों संयुक्त हैं। दोनों एक ही लहर के दो हिस्से हैं, अलग-अलग नहीं हैं। परमात्मा नाच रहा है। यह सारा जगत उसका नृत्य है। प्रमोद में, अहोभाव में, स्वांतः सुखाय!

इसलिए इस पहले सूत्र में प्रमाद की जगह प्रमोद कर लेना। प्रमाद तो बड़ा ही गलत शब्द है। प्रमाद के दो अर्थ हो सकते हैं। एक तो जैनों और बौद्धों का अर्थ है : प्रमाद यानी मूर्च्छा। तो महावीर निरंतर अपने भिक्षुओं को, अपने संन्यासियों को कहते हैं : 'अप्रमाद में जीयो! अप्रमत्त!' बुद्ध अपने भिक्षुओं को कहते हैं : ज्ञप्रमाद में मत रहो! जागो! मूर्च्छा तोड़ो।ज्ञ हिंदुओं का अर्थ है प्रमाद का : प्रारब्ध कर्मों के कारण।

'जो स्वभाव से शून्यचित्त हैं, वे प्रमाद के कारण अर्थात अपने पिछले जन्मों के कर्मों के कारण विषय-वासनाओं में उलझे रहते हैं। फिर भी सोते हुए में जैसे जागरण हो, ऐसे वे पुरुष संसार से मुक्त हैं।'

लेकिन यह बात भी ठीक नहीं है। क्योंकि जिसने यह जान लिया कि मैं कर्ता नहीं हूं, उस पर पीछे-आगे, बर्तगान, अतीत, भविष्य सारे कर्मों का बंधन छूट जाता है। बंधन तो कर्ता होने में था। सुबह तुम जाग गए और तुमने जान लिया कि जो रात देखा वह सपना था; फिर क्या सपने का प्रभाव तुम पर रह जाता है? जाग गए कि सपना समाप्त हो गया। कोई यह कहे...कभी-कभी छोटे बच्चों में रहता है : रात सपना देखा, खेल-खिलौने खूब थे, फिर नींद खुली, हाथ खाली पाए, तो बच्चा रोने लगता है कि मेरे खिलौने कहां गए! क्योंकि छोटे बच्चे को अभी सपने में और जागरण में सीमा-रेखा नहीं, भेद-रेखा नहीं। अभी उसे पक्का पता नहीं है कि कहां

सपना समाप्त होता है, कहां जागरण शुरू होता है। मुक्तपुरुष को पता नहीं होगा कि कहां सपना टूटा और कहां जागरण शुरू हुआ! हमको पता होता है। साधारण जन को पता होता है। सुबह उठ कर तुम कहते होः 'अरे, खूब सपना देखा!' बात खतम हो गई। फिर ऐसा थोड़े ही है कि सपने में देखी चीजों का तुम अभी भी हिसाब रखते हो!

मैंने सुना है कि मुल्ला नसरुद्दीन ने एक रात सपना देखा। सपना देखा कि कोई उससे कह रहा हैः कितने रुपए चाहिए, ले ले! मुल्ला ने कहाः सौ रुपए। वह आवाज आई। उसने कहा कि निन्यानबे दूंगा। मुल्ला जिद पर अड़ गया कि सौ ही लूंगा। ऐसी जिदमजिद में नींद खुल गई। नींद खुल गई तो मुल्ला घबराया। देखा कि यह तो सपना था। जल्दी से आंख बंद की और बोलाः 'अच्छा निन्यानबे ही दे दो।' मगर अब तो बात गई। अब तुम लाख उपाय करो, अब तो बात गई। न कोई देने वाला है, न कोई लेने वाला है। अब लाख बंद करो, सपना टूटा सो टूटा।

तो न तो जैनों-बौद्धों की परिभाषा के अनुसार प्रमाद अर्थ हो सकता है, क्योंकि जो जाग गया, शून्यचित्त का जिसने अनुभव कर लिया, उस पर अब कोई छाया भी नहीं रह जाती सपने की, मूर्च्छा की, तंद्रा की। न हिंदू-अर्थों से अर्थ हो सकता है कि प्रारब्ध कर्मों के कारण...। जागा हुआ पुरुष जान लेता है कि अब तक जो हुआ जन्मों-जन्मों में, एक लंबा सपना था। अब तक जागे न थे तो था; अब जाग गए तो नहीं है। दोनों साथ-साथ नहीं होते।

यह तो ऐसा ही हो जाएगा जैसे कि मुल्ला किसी के घर नौकरी करता था। और मालिक ने कहाः 'बाहर जाकर देख नसरुद्दीन, सुबह हुई या नहीं?' नसरुद्दीन बाहर गया, फिर अंदर आया और लालटेन लेकर बाहर जाने लगा। तो मालिक ने पूछाः 'यह क्या कर रहा है?' उसने कहाः 'बाहर बहुत अंधेरा है, दिखाई नहीं पड़ता कि सुबह हुई कि नहीं। तो लालटेन ले जा रहा हूं।'

अब सुबह हो गई हो तो अंधेरा कहां रहता है? और लालटेन से कैसे देखोगे? सुबह हो गई तो हो गई। सुबह होने का अर्थ ही है कि अब अंधेरा नहीं है। सूरज उग आया, अंधेरा गया। तुम एक दीया जलाओ, फिर तुम कमरे में दीया जला कर खोजो अंधेरे को कि अभी तो था, अभी तो था; अब कहां गया! तुम द्वार-दरवाजे भी बंद कर रखो, तुम दरवाजे पर पहरेदार बिठा दो कि अंधेरे को निकलने मत देना, बाहर मत जाने देना। तुम सब तरफ से बिलकुल रंध्र-रंध्र बंद कर दो। लेकिन जैसे ही तुम दीया जलाओगे कि देखें, अंधेरा कहां हैह्नअंधेरा नहीं है। दीया और अंधेरा साथ-साथ तो नहीं हो सकते। रोशनी और अंधेरा साथ-साथ तो नहीं हो सकते।

जैसे ही कोई जागा, सब सपने गए। कितने ही सपने देखे हों जन्मों-जन्मों मेंह्नकभी तुम सिंह थे और कभी बकरे थे, और कभी आदमी और कभी घोड़े और

कभी पौधे—सब सपने थे; सब तुम्हारी मान्यताएं थीं। तुम उन में से कोई भी न थे। तुम तो द्रष्टा थे। कभी देखा कि घोड़े, कभी देखा कि वृक्ष, कभी देखा कि आदमी, कभी औरत—ये सब रूप थे सपने में बने। कभी देखा चोर, कभी देखा साधु, कभी बैठे हैं बड़े शांत, कभी देखा कि बड़े अशांत हत्यारे—लेकिन ये सब सपने थे। जैसे ही जागे, एक ही झटके में सारे सपने समाप्त हो गए। तो अब कैसा प्रमाद! नहीं।

प्रकृत्या शून्यचित्तो यः प्रमोदाद्भावभावनः।
निद्रितो बोधित इव क्षीणसंसरणे हि सः।।

'जो स्वभाव से शून्यचित्त है, पर प्रमोद से, खेल-खेल में...।'

कभी-कभी तुम अपने छोटे बच्चे के साथ भी खेल-खेल में कुछ करते हो। तुम्हारा बेटा है, कुश्ती लड़ना चाहता है, बाप बेटे से कुश्ती लड़ता है जानते हुए कि यह बेटा जीत तो सकता नहीं, फिर भी बेटे को जिता देता है। झट लेट जाता है, बेटा छाती पर बैठ जाता है—और देखो उसका उल्लास! तुम खेल-खेल में हो और बेटा खेल-खेल में नहीं है; बेटा सच में मान रहा है कि जीत गया। वह चिल्लाता फिरेगा, घर भर में झंडा घुमाता फिरेगा कि पटका, चारों खाने चित कर दिया पिताजी को! उसके लिए बड़े गौरव की बात है। तुम खुद ही लेट गए थे। तुमने उसे जिता दिया था। तुम्हारे लिए खेल था।

मैंने सुना है कि एक जर्मन विचारक जापान गया। वह एक घर में मेहमान था। घर के लोगों ने, घर के बूढ़े मेजबान ने, जिसकी उम्र कोई अस्सी साल की थी, कहा कि आज सांझ एक विवाह हो रहा है मित्र के परिवार में, आप भी चलेंगे? उसने कहा: 'जरूर चलूंगा, क्योंकि मैं आया ही इसलिए हूं कि जापानी रीति-रिवाज का अध्ययन करूं; यह मौका नहीं छोडूंगा।'

वह गया। वहां देख कर बड़ा हैरान हुआ कि वहां गुड्डे-गुड्डी का विवाह हो रहा था छोटे-छोटे बच्चों ने विवाह रचाया था और बड़े-बड़े बूढ़े भी सम्मिलित हुए थे। और बड़ी शालीनता से विवाह का कार्यक्रम चल रहा था। वह जरा हैरान हुआ। उसने कहा: 'बच्चे तो सारी दुनिया में खेलते हैं, गुड्डा-गुड्डी का विवाह रचाते हैं; मगर बड़ी उम्र के लोग सम्मिलित हुए, फिर जुलूस निकला, बारात निकली, उसमें भी सब सम्मिलित हुए।' वह रोक न पाया अपने को। घर आते से ही उसने कहा कि 'क्षमा करें! यह मामला क्या है? बच्चे तो ठीक हैं, बच्चे तो सारी दुनिया में ऐसा करते हैं; मगर आप सब बड़े-बूढ़े इसमें सम्मिलित हुए!'

तो उस बूढ़े ने हंस कर कहा: 'बच्चे इसे असलियत समझ कर कर रहे हैं, हम इसे खेल-खेल में...। बच्चे इतने प्रसन्न हैं, साथ देना जरूरी है। कभी वे भी जागेंगे। और हमारे साथ रहने से उनका खेल उन्हें बड़ा वास्तविक मालूम पड़ता है।'

फिर उस बूढ़े ने कहा: 'और बाद में जिनको तुम असली विवाह कहते हो, असली दूल्हा-दुल्हन, वह भी कहीं खेल से ज्यादा है क्या? वह भी खेल है। यह भी खेल है। यह छोटों का खेल है, वह बड़ों का खेल है।'

जागा हुआ पुरुष भी खेल में सम्मिलित हो सकता है। जब स्वयं परमात्मा खेल में सम्मिलित हो रहा है तो जागा हुआ पुरुष भी खेल में सम्मिलित हो सकता है।

बोधिधर्म जब चीन गयाह्नएक महान बौद्ध भिक्षु! बुद्ध के बाद महानतम!ह्नतो चीन का सम्राट उसका स्वागत करने आया था। लेकिन देखा तो बड़ा हैरान हो गया। यह बोधिधर्म तो पागल मालूम हुआ। वह एक जूता सिर पर रखे था और एक पैर में पहने हुए था। सम्राट थोड़ा विचलित भी हुआ। यह तो फजीहत की बात है। सम्राट का पूरा दरबार मौजूद था। अनेक मेहमान, प्रतिष्ठितगण मौजूद थे। सब जरा परेशान हो गए कि यह किस आदमी का स्वागत करने हम आए हैं, यह तो पागल मालूम होता है! और बोधिधर्म खिलखिला कर हंसा।

सम्राट ने पूछा: 'यह क्या आप कर रहे हैं? आपका मन तो स्वस्थ है? कहीं यह लंबी यात्रा भारत से चीन तक की आपको विक्षिप्त तो नहीं कर गई? क्योंकि मैंने तो ऐसी खबरें सुनी हैं कि आप महानतम जाग्रत पुरुष हैंह्नऔर यह क्या कर रहे हैं!'

बोधिधर्म ने कहा: यही जानने को किया कि तुम खेल को खेल समझ सकते हो या नहीं! जूता जूता है, पैर में हो कि सिर पर हो, सब बराबर है। यही जांचने को कि तुम मुझे पहचान सकोगे या नहीं...। मुझे देखो, मेरा कृत्य नहीं। कृत्य में मत उलझो, क्योंकि मैं कृत्य के पार गया। तुम मुझे देखो! तुम यही देख रहे हो कि आदमी सिर पर जूता रखे आ रहा है। यह सिर तो आज नहीं कल गिरेगा और हजारों लोगों के जूते इस सिर पर पड़ेंगे। फिर? और कभी-कभी क्रोध में सम्राट वू-'वू' उसका नाम थाह्नतुमने भी किसी के सिर पर जूता मार देना चाहा है या नहीं?

कभी खयाल किया तुमने? आदमी का मनोविज्ञान बड़ा अदभुत है। जब तुम किसी पर श्रद्धा करते हो तो अपना सिर उसके जूतों में रखते हो, उसके पैर में रख देते हो। और जब तुम्हें किसी पर क्रोध आता है तो अपना जूता निकाल कर उसके सिर पर मारते हो। इच्छा तो यही होती थी कि उचक कर अपना पैर उसके सिर पर रख दें, वह जरा कठिन काम है और सर्कस में रहना पड़े, तब कर पाओह्नतो प्रतीकवत, प्रतीक-स्वरूप जूता निकाल कर उसके सिर पर रख देते हो।

बोधिधर्म ने कहा: इसलिए एक पैर में रखा है, एक सिर पर रखा हैह्नतुम्हें तुम्हारी खबर देने को!

और वू तो और भी परेशान हुआ, क्योंकि कल सांझ ही एक घटना घटी थी, जब उसने अपने नौकर को, उठा कर जूता उसके सिर में मार दिया था। वह तो बड़ा

विचलित हो गया। उसे तो पसीना आ गया। उसने कहा : 'महाराज, क्या आपको कुछ अंदाज मिल गया, कुछ पता चल गया? आप ऐसा व्यंग्य न उड़ायें।'

बोधिधर्म एक खेल कर रहा है। यह कृत्य सिर्फ लीला-मात्र है, लेकिन बच्चों के लिए उपयोगी हो सकता है।

एक दूसरा बौद्ध भिक्षु जापान के गांव-गांव में घूमता रहता था। होतेई उसका नाम था। वह एक झोला अपने कंधे पर टांगे रखता; उसमें खेल-खिलौने, मिठाइयां इत्यादि रखे रहता था। और जो भी उससे पूछता, 'धर्म के संबंध में कुछ कहो होतेई,' वह एक खिलौना पकड़ा देता या मिठाई दे देता। पूछने वाला कहता कि तुमने हमें क्या बच्चा समझा है? होतेई कहता : मैं खोज रहा हूं, प्रौढ़ तो कोई दिखता नहीं, सब खेल में उलझे हैं। छोटे बच्चे भी छोटे बच्चे हैं, बड़े बच्चे भी बस बच्चे हैं। बड़े होंगे उम्र से, बच्चे ही हैं।

इस होतेई से किसी बड़े समझदार आदमी ने पूछा कि होतेई, धर्म का अर्थ क्या है? तो उसने अपना झोला नीचे गिरा दिया। पूछने वाले ने पूछा : और फिर धर्म का जीवन में आचरण क्या है? उसने झोले को उठा कर कंधे पर रखा और चल दिया। उसने कहा : पहले त्याग दो, सब व्यर्थ है; फिर खेल-खेल में सब सिर पर रख लो; क्योंकि जब व्यर्थ ही है तो न तो भोग में अर्थ है न त्याग में अर्थ है। फिर जिनकी बस्ती में तुम हो, उनके साथ सम्मिलित हो जाओ।

एक बड़ी प्रसिद्ध कहानी है खलील जिब्रान की। एक गांव में एक जादूगर आया। उसने गांव के कुएं में मंत्र पढ़ कर कोई एक चीज फेंक दी और कहा : जो भी इसका पानी पीएगा, पागल हो जाएगा। गांव में दो ही कुएं थेह्लएक राजा के घर में था और एक गांव में था। सारा गांव तो पागल हो गया, राजा बचा और उसका वजीर बचा। राजा बड़ा खुश था कि हम अच्छे बचे, अन्यथा पागल हो जाते। लेकिन जल्दी ही खुशी दुख में बदल गई, क्योंकि सारे गांव में यह खबर फैल गई कि राजा पागल हो गया। सारा गांव पागल हो गया था। अब पागलों का गांव, उसमें राजा भर पागल नहीं थाह्लस्वाभाविक था कि सारा गांव सोचने लगा, इसका दिमाग कुछ ठीक नहीं है, कुछ गड़बड़ है। राजा ने अपने वजीर से कहा कि : 'यह तो बड़ी मुसीबत हो गई! ये पगले खुद तो पागल हुए हैं...।' लेकिन इन्हीं में उसके सिपाही भी थे, सेनापति भी थे, उसके रक्षक भी थे। उसने वजीर से पूछा : 'हम क्या करें? यह तो खतरा है।'

सांझ होते-होते पूरी राजधानी उसके महल के आस-पास इकट्ठी हो गई और उन्होंने कहा : 'हटाओ इस राजा को! हम स्वस्थ-चित्त राजा चाहते हैं।' राजा ने कहा : 'जल्दी करो कुछ! क्या करना है?' वजीर ने कहा : 'मालिक, एक ही उपाय है कि चल कर उस कुएं का पानी पी लें।' भागे, जाकर कुएं का पानी पी लिया। उस रात

गांव में जलसा मनाया गया और लोग खूब नाचे कि अपना राजा स्वस्थ हो गया। वे भी पगला गए।

यह जो दुनिया है, पागलों की है। यहां सब मूर्च्छित हैं। यहां जाग्रत पुरुष भी तुम्हारे बीच जीए तो तुम्हारी भाषा के अनुसार चलना होता है। तुम्हारे बीच जीता है, तुम्हारे नियमों को पालना पड़ता है। तुम तो पालते हो अपने नियमों को बड़ी गंभीरता से, वह उन नियमों का पालन करता है बड़े खेल-खेल में, प्रमोदवशात!

'जो स्वभाव से शून्यचित्त है, विषयों की भावना भी करता है तो प्रमोद से, और सोता हुआ भी जागते के समान है।'

तुम उसे सोता हुआ भी पाओ तो सोया हुआ मत समझना। तुम जब जागे हो, तब भी सोए हो। वैसा पुरुष जब सोया है, तब भी जागा है।

इसलिए तो कृष्ण ने गीता में कहा है: 'या निशा सर्वभूतायां, तस्यां जागर्ति संयमी।' जो सबके लिए रात है, जहां सब सो गए हैं, वहां भी संयमी जागा हुआ है। तुम्हारे साथ सो भी गया हो, तुम्हारी नींद में खलल न भी डालनी चाही हो, तो भी जागा हुआ है। किसी अंतःलोक में उसका प्रकाश का दीया जल ही रहा है।

जनक कहते हैं: वह पुरुष सोया हुआ भी जागते के समान है।

एक बात तो हम जानते हैं कि हम जागते हुए भी सोए हुओं के समान हैं, तो दूसरी बात भी बौद्धिक रूप से कम से कम समझ में आ सकती है कि इसका विपरीत भी हो सकता है।

तुम्हारी आंखें खुली हैं, पर तुम जागे हुए नहीं हो। तुम्हें जरा सी बात मूर्च्छा में डाल देती है। कोई आदमी धक्का मार दे, बस होश खो गया! दौड़ पड़े, पकड़ ली उसकी गर्दन! कोई तुम्हारी बटन दबा दे जैसे बस! बिजली के पंखे की तरह हो तुम, कि बिजली के यंत्र की तरह। दबाई बटन कि पंखा चला। पंखा यह नहीं कह सकता कि अभी मेरी चलने की इच्छा नहीं। पंखा मालिक कहां अपना! पंखा तो यंत्र है। जब तुम्हारी कोई बटन दबा देता है, जरा सी गाली दे दी, धक्का मार दिया कि तुम बस हुए क्रोधितह्नतो तुम भी यंत्रवत हो, जाग्रत नहीं अभी।

बुद्ध को कोई गाली देता है तो बुद्ध शांति से सुन लेते हैं। वे कहते हैं कि बड़ी कृपा की, आए; लेकिन जरा देर कर दी। दस साल पहले आते तो हम भी मजा लेते और तुम्हें भी मजा देते! जरा देर करके आए, हमने गाली लेनी बंद कर दी है। तुम लाए, जरा देर से लाए, मौसम जा चुका। अब तुम इसे घर ले जाओ। दया आती है तुम पर। क्या करोगे इसका? क्योंकि हम लेते नहीं हैं। देना तुम्हारे हाथ में है, देने के तुम मालिक हो; लेकिन लेना हमारे हाथ में है। तुमने गाली दी, हम नहीं लेते, तो तुम क्या करोगे?

लेकिन तुमने कभी देखा कि जब कोई गाली देता है तो लेने का खयाल आता है, न लेने का खयाल भी आता है? नहीं आता! इधर दिया नहीं कि उधर गाली पहुंच नहीं गई। एक क्षण भी बीच में नहीं गिरता। तीर की तरह चुभ जाती है बात। वहीं तत्क्षण तुम बेहोश हो जाते हो, मूर्च्छित हो जाते हो। उस मूर्च्छा में तुम मार सकते हो, पीट सकते हो, हत्या कर सकते हो। लेकिन तुमने की, ऐसा नहीं है। तुम मूर्च्छित हो।

एक आदमी, अकबर की सवारी निकलती थी, छप्पर पर चढ़ कर गाली देने लगा। पकड़ लाए सैनिक उसे। अकबर के सामने दूसरे दिन उपस्थित किया। अकबर ने पूछा कि 'तूने ये गालियां क्यों बकीं, क्या कारण है? यह अभद्रता क्यों की?' उस आदमी ने कहा: 'माफ करें, मैंने कुछ भी नहीं किया। मैं शराब पी लिया था। मैं होश में नहीं था। अगर आप मुझे दंड देंगे उस बात के लिए तो कसूर किसी ने किया, दंड किसी को दियाह्नऐसी बदनामी होगी। शराब पीने के लिए चाहें तो मुझे दंड दे लेंह्नशराब पीना कोई कसूर न थाह्नलेकिन गाली देने के लिए मुझे दंड मत देना, क्योंकि मैंने दी ही नहीं, मुझे पता ही नहीं। आप कहते हैं तो जरूर गाली मुझसे निकली होगी; लेकिन शराब ने निकलवाई है। मुझे कुछ पता नहीं है। मैं कैसे गाली दे सकता हूं!'

और अकबर को भी बात समझ में आई। छोड़ दिया गया वह आदमी।

इसलिए छोटे बच्चों पर अदालत में मुकदमे नहीं चलते, पागलों पर मुकदमे नहीं चलते। अगर पागल हत्या कर दे और मनोवैज्ञानिक सर्टिफिकेट दे दें कि यह पागल है तो मुकदमा चलाने का कोई अर्थ नहीं है। क्योंकि जो अपने होश में नहीं है, उस पर क्या मुकदमा चलाना; उसने तो बेहोशी में किया है।

लेकिन तुम अगर गौर करो तो तुम सब जो कर रहे हो वह बेहोशी में ही है। चोर तो बेहोश हैं ही, मजिस्ट्रेट भी बेहोश हैं। चोर तो बेहोश हैं ही, चोर को पकड़ने वाला सिपाही भी उतना ही बेहोश है।

होश और बेहोशी का अर्थ ठीक से समझ लेना। बेहोशी का अर्थ है: तुमने निर्णयपूर्वक नहीं किया; तुमने विमर्शपूर्वक नहीं किया; तुमने जाग कर, सोच कर, पूरी स्थिति को समझ कर नहीं किया। मजबूरी में हो गया। बटन दबा दी किसी ने और हो गया।

तुम अपने मालिक नहीं हो। तुमसे कुछ भी करवाया जा सकता है। एक आदमी आया, जरा तुम्हारी खुशामद की, तुम पानी-पानी हो गए; फिर तुमसे वह कुछ भी करवा ले।

डेल कारनेगी ने लिखा है कि वह एक गांव में इंश्योरेंस का काम करता था और एक धनपति बूढ़ी महिला थी जिसने इंश्योरेंस तो करवाया नहीं था, और यद्यपि प्रत्येक इंश्योरेंस एजेंट की नजर उस पर लगी थी। वह इतनी नाराज थी इंश्योरेंस एजेंटों पर कि

जैसे ही किसी ने कहा कि मैं इंश्योरेंस का आदमी हूं कि वह उसे धक्के दे कर बाहर निकलवा देती। भीतर ही न घुसने देती! जब डेल कारनेगी उस गांव में पहुंचा, तो उसके साथियों ने कहा कि अगर तुम इस औरत का इंश्योरेंस करके दिखा दो तो हम समझें। उसने बड़ी प्रसिद्ध किताब लिखी है : 'हाऊ टू विन फ्रेंड्स एंड इन्फ्लूएंस पीपुल।' तो लोगों ने कहा : 'किताब लिखना एक बात हैह्नकि लोगों को कैसे जीतो, लोगों को कैसे मित्र बनाओह्नइस बुढ़िया को जीतो तो जानें।' तो उसने कहा : 'ठीक, कोशिश करेंगे।'

वह दूसरे दिन सुबह पहुंचा। मकान के अंदर नहीं गया, ऐसा बगीचे के किनारे घूमता रहा। बुढ़िया अपने फूलों के पास खड़ी थी। उसके गुलाब के फूल सारे देश में प्रसिद्ध थे। वह बाहर खड़ा है और उसने कहा कि आश्चर्य, ऐसे फूल मैंने कभी देखे नहीं। बुढ़िया पास आ गई। उसने कहा : 'तुम्हें फूलों से प्रेम है! भीतर आओ!' इंश्योरेंस एजेंट को भीतर नहीं आने देती थी, लेकिन फूलों से कोई प्रेम करने वाला...। वह भीतर आया। वह एक-एक फूल की प्रशंसा करने लगा। ऐसे कुछ खास फूल थे भी नहीं। मगर प्रशंसा के उसने पुल बांध दिए। वह बुढ़िया तो बाग-बाग हो गई। बुढ़िया तो उसे घर में ले गई, उसे और चीजें भी दिखाईं।

ऐसा वह रोज ही आने लगा। एक दिन बुढ़िया ने उससे पूछा कि तुम काफी समझदार, बुद्धिमान आदमी हो, इंश्योरेंस के संबंध में तुम्हारा क्या खयाल है? क्योंकि बहुत लोग आते हैं : 'इंश्योरेंस करवा लो, इंश्योरेंस करवा लो।' अभी तक उसने बताया नहीं था कि मैं इंश्योरेंस का एजेंट हूं और उसने समझाया कि इंश्योरेंस तो बड़ी कीमत की चीज है, जरूर करवा लेनी चाहिए। तो बुढ़िया ने पूछा : 'कोई तुम्हारी नजर में हो जो कर सकता हो, तो तुम ले आओ।ङ्ख उसने कहा : ङ्कमैं खुद ही हूं!'

वह धीरे-धीरे गया! खुशामद! कई बार तुम जानते भी हो कि दूसरा आदमी झूठ बोल रहा है। तुम्हें पता है अपनी शक्ल का, आईने में तुमने भी देखा है। कोई कहता है : 'अहा, कैसा आपका रूप!' जानते हो कि अपना रूप खुद भी देखा है, लेकिन फिर भी भरोसा आने लगता है कि ठीक ही कह रहा है। जो सुनना चाहते थे, वही कह रहा है, 'कि आपकी बुद्धिमानी, कि आपकी प्रतिभा, कि आपका चरित्र, कि आपकी साधुता...!' पता है तुम्हें कितनी साधुता है, लेकिन जब कोई कहने लगता है तो गुदगुदी होनी शुरू होती है। फिर जब कोई आदमी इस तरह की थोड़ी बातें कह लेता है...।

डेल कारनेगी ने लिखा है कि अगर किसी आदमी से किसी बात में ङ्कहांङ्ख कहलवानी हो तो पहले तो ऐसी बातें कहना जिसमें वह ङ्कनाङ्ख कह ही न सके। अब जब कोई तुम्हारे रूप की प्रशंसा करने लगे तो तुम ङ्कनाङ्ख कैसे कह सकोगे! इसी

आदमी की जिंदगी भर से तलाश थी, अब ये मिलेह्लतुम 'ना' कैसे कह सकोगे? तुम 'हां' कहने लगोगे। जब तुम दो-चार बातों में 'हां' कह दो, तब डेल कारनेगी कहता है, फिर वह बात छेड़ना जिसमें कि तुम्हें डर है कि यह आदमी 'ना' कह दे। तीन-चार-पांच बातों में 'हां' कहने के बाद 'हां' कहना सुगम हो जाता है। वह रपटने लगता है। तुमने रास्ता बना दिया। इसलिए तो कहते हैं, मक्खन लगा दिया! रपटने लगता है। फिसलने लगा। अब तुम उसे किसी गड्ढे में ले जाओ, वह हर गड्ढे में जाने को राजी है। अब ले जाने की जरूरत नहीं है; वह तत्पर है, खुद ही जाने को राजी है। किसी को गाली दे दो, किसी को नाराज कर दो, वह तत्क्षण क्रोध से भर गया, आग पैदा हो गई। ये घटनाएं तत्क्षण घट रही हैं। इन घटनाओं में विवेक नहीं है।

गुरजिएफ कहता था : 'मेरे पिता ने मरते वक्त मुझे कहा, अगर कोई गाली दे तो उससे कहना, चौबीस घंटे का समय चाहिए; मैं आऊंगा चौबीस घंटे बाद, जवाब दे जाऊंगा।' और गुरजिएफ ने कहा है कि फिर जीवन में ऐसा मौका कभी नहीं आया कि मुझे जवाब देने जाना पड़ा हो, चौबीस घंटे काफी थे। या तो बात समझ में आ गई कि गाली ठीक ही है और या बात समझ में आ गई कि गाली व्यर्थ है, जवाब क्या देना! तो या तो सीख लिया गाली से कुछ कि अपने में कोई कमी थी जो गाली जगा गई, चौंका गई, चोट कर गई, बता गईह्लधन्यवाद दे लिया; और या समझ में आ गया कि यह आदमी पागल है, अब इस पागल के पीछे अपने को क्या पागल होना!

गुरजिएफ कहता था कि बाप के मरते वक्त की इस छोटी सी बात ने मेरा सारा जीवन बदल दिया। चौबीस घंटा मांगना क्रोध के लिए बड़ी अदभुत बात है। चौबीस सेकेंड काफी हैं, चौबीस घंटा तो बहुत हो गया। क्रोध तो हो सकता है तत्क्षण, क्योंकि क्रोध हो सकता है केवल बेहोशी में। चौबीस घंटे में तो काफी होश आ जाएगा। चौबीस घंटे में तो समय बीतेगा, जागृति होगी।

इसलिए मैं तुमसे कहता हूं : शुभ करना हो, तत्क्षण कर लेना; अशुभ करना हो, थोड़ी प्रतीक्षा करना, रुकना, कहना : कल, परसों! क्योंकि डर यह है कि साधारणतः तुम शुभ को तो कल पर टालते हो, अशुभ को अभी कर लेते हो। शुभ को कल पर टाला कि गया। क्योंकि शुभ तभी हो सकता है जब तुम्हारे भीतर प्रगाढ़ भाव उठा हो। और अशुभ भी तभी हो सकता है जब तुम्हारे भीतर प्रगाढ़ तंद्रा घिरी हो। अगर तुम रुक गए तो प्रगाढ़ भाव भी चला जाएगा। अगर रुक गए तो प्रगाढ़ तंद्रा भी चली जाएगी। इसलिए शुभ तत्क्षण और अशुभ कभी भी कर लेना, कभी भी टाल देना।

'जो स्वभाव से शून्यचित्त है, पर प्रमोद से विषयों की भावना करता है वह सोता हुआ भी जागते के समान है। वह पुरुष संसार से मुक्त है।'

संयोग, वियोग, प्रतिक्रियाएं
नहीं है उनका अपना कोई अस्तित्व
संवेदना, मरीचिका पुदगल की
आत्मा का गुण निर्वेद है।

आत्मा किसी भी चीज से छुई हुई नहीं, अछूती है, कुंआरी है। और जो भी हो रहा है खेल, सब पुदगल में है, सब पदार्थ में है। ऐसा जाग कर जो देखने लगता है उसके जीवन में क्रांति घटित होती है। फिर वह जो भी करता हैह्लप्रमोदवश। बोलता है तो प्रमोदवश, चलता है तो प्रमोदवश। लेकिन कोई भी चीज की अनिवार्यता नहीं रह जाती। किसी भी चीज की मजबूरी नहीं रह जाती, असहाय अवस्था नहीं रह जाती।

एक व्यक्ति मित्र के घर से जाना चाहता था, लेकिन मित्र बातचीत में लगा है। तो उसने कहा : 'अब मुझे जाने दो। मुझे मेरे मनोवैज्ञानिक के पास जाना है और देर हुई जा रही है।' उस मित्र ने कहा कि अगर दस-पंद्रह मिनट की देर भी हो गई तो ऐसे क्या परेशान हुए जा रहे हो! उसने कहा : 'तुम जानते नहीं मेरे मनोवैज्ञानिक को। अगर मैं न पहुंचा ठीक समय पर तो वह मेरे बिना ही मनोविश्लेषण शुरू कर देता है।' अनिवार्यता!

मैं एक विश्वविद्यालय में विद्यार्थी था तो मेरे एक अध्यापक थे, बंगाली थे। ऐसे खूबी के आदमी थे, लेकिन अक्सर जैसे दार्शनिक होते हैंह्लझक्की थे। अकेला ही मैं उनका विद्यार्थी था, क्योंकि कोई उनकी क्लास में भरती भी न होता था। लेकिन मुझे वे जंचे। मुझे पता चला कि तीन-चार साल से कोई उनकी क्लास में आया ही नहीं है। मैं गया तो उन्होंने कहा : देखो, एक बात समझ लो। साधारणतः मुझे रस नहीं है विद्यार्थियों में, इसलिए तुम देखते हो कि विद्यार्थी आते भी नहीं हैं। लेकिन अब तुम आ गए हो कई साल बाद, ठीक; मगर एक बात खयाल रखना : जब मैं बोलना शुरू करता हूं तो घंटे के हिसाब से शुरू करता हूं, लेकिन अंत घंटे के हिसाब से नहीं कर सकता। क्योंकि अंत का क्या हिसाब! घड़ी कैसे अंत को ला सकती है! जब मैं चुक जाता हूं, तभी अंत होता है। तो कभी मैं दो घंटे भी बोलता हूं, कभी तीन घंटे भी बोलता हूं। तुम्हें अगर बीच-बीच में जाना हो, कि तुम्हें बाथरूम जाना हो कभी या बाहर कुछ काम आ गया या थक गए, तो तुम चले जाना और चुपचाप चले आना। मैं जारी रखूंगा। मुझे बाधा मत देना। यह मत पूछना कि मैं बाहर जाना चाहता हूं इत्यादि। यह बीच में मुझे बाधा मत देना।

मैं बड़ा चकित हुआ। पहले ही दिन मैंने जानने के लिए देखा कि क्या होता है। मैं चुपचाप उठ कर चला गया, वे बोलते ही रहे। मैं खिड़की के बाहर खड़े होकर सुनता रहा। वहां कोई नहीं क्लास में अब, लेकिन उन्होंने जारी रखा। वे जो कह रहे

हैं, कहे चले जा रहे हैं। वह एक अनिवार्यता थी। धीरे-धीरे उनके मैं बहुत करीब आया तो मुझे पता चला कि जीवन भर वे अकेले रहे हैंह्नअविवाहित, मित्र नहीं, संगी-साथी कोई बनाए नहीं। अपने से ही बात करने की उन्हें आदत थी। बोलना एक अनिवार्यता हो गई, एक बीमारी हो गई। वे किसी के लिए नहीं बोल रहे थे। जब मैं भी वहां बैठा था तब मुझे साफ हो गया कि वे मेरे लिए नहीं बोल रहे हैं। उन्हें मुझसे कुछ लेना-देना नहीं है। वे टेबल-कुर्सी से भी इसी तरह बोल सकते हैं। मैं निमित्त मात्र हूं, बोलना अनिवार्यता है।

तुम जरा गौर करना। तुम्हारे जीवन में अगर अनिवार्यताएं ही हों तो तुम मुक्त नहीं हो। अगर तुम चुप न हो सको तो तुम शब्द से बंध गए, शब्द की कारा में पड़ गए। अगर तुम बोल न सको तो तुम मौन की कारा में पड़ गए, तो तुम मौन के गुलाम हो गए।

जीवन मुक्त होना चाहिएह्नसब दिशाओं में, सब आयामों में। और कोई अनिवार्यता न हो। तब भी जीवन के काम जारी रहते हैं; उनके करने का कारण प्रमोद हो जाता है। तब एक आब्सैशन, अनिवार्यता नहीं रहती कि करना ही पड़ेगा; नहीं किया तो मुश्किल हो जाएगी; नहीं किया तो बेचैनी होगी। नहीं किया तो ठीक है, किया तो ठीक है। करना और न करना अब गंभीर कृत्य नहीं हैं।

'जब मेरी स्पृहा नष्ट हो गई तब मेरे लिए कहां धन, कहां मित्र, कहां विषय-रूपी चोर हैं? कहां शास्त्र, कहां ज्ञान है?'

जनक राजमहल में बैठे हैं, सम्राट हैं और कहते हैं: 'जब मेरी स्पृहा नष्ट हो गई, जब आकांक्षा न रही, अभीप्सा न रही, तो अब कहां धन, कहां मित्र, कहां विषय-रूपी चोर, कहां शास्त्र, कहां ज्ञान?'

इसे समझने की कोशिश करना। धन छोड़ना सरल है; मगर धन छोड़ने से धन नहीं छूटता है। इधर धन छूटा तो कुछ और धन बना लोगेह्नपुण्य को धन बना लोगे। वही तुम्हारी संपदा हो जाएगी। स्पृहा छूटने से धन छूटता है। फिर पुण्य भी धन नहीं। स्पृहा छूटने से, वासना छूटने से सब छूट जाता हैह्नन कोई मित्र रह जाता है न कोई शत्रु।

तुम किसे मित्र कहते हो? जो तुम्हारी वासना में सहयोगी होता है, उसी को मित्र कहते हो न! शत्रु किसे कहते हो? जो तुम्हारी वासना में बाधा डालता है, तुम्हारे विस्तार में बाधा डालता है, तुम्हारे जीवन में अड़चनें खड़ी करता हैह्नवह शत्रु; और जो सीढ़ियां लगाता है, वह मित्र। और तुम्हारा जीवन क्या है?ह्नवासना की एक दौड़!

इसलिए तो कहावत है कि जो वक्त पर काम आए वह दोस्त। वक्त पर काम आने का क्या मतलब? जब तुम्हारी वासना की दौड़ में कहीं अड़चन आती हो तो वह सहारा दे, कंधा दे। वक्त पर काम आए तो दोस्त। काम ही क्या है? कामना ही तो काम है।

जनक कहते हैं: 'जब मेरी स्पृहा नष्ट हो गई...।'

क्व धनानि क्व मित्राणि क्व मे विषयदस्यवः।

क्व शास्त्रं क्व च विज्ञानं यदा मे गलिता स्पृहा।।

यदा मे स्पृहा गलितः...।

जब मेरी गल गई वासना, स्पृहा की दौड़, पाने की आकांक्षा; कुछ हो जाऊं, कुछ बन जाऊं, कुछ मिल जाए, ऐसा जब कुछ भी भाव न रहा; जो हूं, उसमें आनंदित हो गया; जैसा हूं, उसमें आनंदित हो गया; तथ्य ही जब मेरे लिए एकमात्र सत्य हो गया; कुछ और होने की वासना न रही, तबह्लतदा मे क्व धनानिह्लफिर धन क्या? हो तो ठीक; न हो तो ठीक। है, तो खेल; न हो, तो खेल। क्व मित्राणिह्लफिर मित्र कैसे? कोई पास हुआ तो ठीक; नहीं हुआ पास तो ठीक। निर्धन होकर भी स्पृहा से शून्य व्यक्ति बड़ा धनी होता है। बिना मित्रों के होकर भी सारा जगत उसका मित्र होता है। जिसकी स्पृहा नहीं रही उसका सभी कोई मित्र है-वृक्ष मित्र हैं, पशु-पक्षी मित्र हैं। स्पृहा से शत्रुता पैदा होती है। उसका परमात्मा मित्र है जिसकी स्पृहा न रही।

अब तुम देखना, हमारी सारी शिक्षण-व्यवस्था स्पृहा की है। छोटा सा बच्चा स्कूल में जाता है, हम जहर भरते हैं उसमें: 'स्पृहा! दौड़ो! प्रथम आओ!' और हम कहते हैं बच्चों से: 'मैत्री रखो, शत्रुता मत करो।' और शत्रुता सिखा रहे हैंह्लकह रहे हैं, प्रथम आओ! अब तीस बच्चे हैं, एक ही प्रथम आ सकता है। तो हर बच्चा उनतीस के खिलाफ लड़ रहा है और ऊपर-ऊपर धोखा दे रहा है मित्रता का। लेकिन जिनसे स्पर्धा है उनसे मित्रता कैसी! उनसे तो शत्रुता है। वे ही तो तुम्हारे बीच में बाधा हैं। फिर यही दौड़ बढ़ती चली जाती है। फिर हम कहते हैं: 'यह तुम्हारा देश, ये तुम्हारे बंधु, यह तुम्हारा समाज, यह मनुष्य-जातिह्लइन सबको प्रेम करो!' लेकिन खाक प्रेम संभव है! स्पृहा तो भीतर काम कर रही है, दौड़ तो पीछे चल रही है। तो आदमी शत्रु से तो डरा रहता ही है; जिनको तुम मित्र कहते हो, उनसे भी डरा रहता है।

मुल्ला नसरुद्दीन एक दिन नमाज पढ़ कर प्रार्थना कर रहा था मैं उसके घर पहुंच गया, तो वह कह रहा था, ङ्गहे प्रभु, शत्रुओं से तो मैं निपट लूंगा, मित्रों से तू बचाना।ङ्ग बात जंची। मित्रों से बचना बड़ा कठिन है। मित्र यहां कौन हैं!

अडोल्फ हिटलर ने कभी किसी से मित्रता नहीं बनाई। कभी एक व्यक्ति को ऐसा मौका नहीं दिया कि उसके कंधे पर हाथ रख ले। इतने पास कभी किसी को नहीं

आने दिया। कोई राजनीतिक बर्दाश्त नहीं करता किसी का पास आना। क्योंकि जो बहुत पास आ गया वही खतरनाक है। जो नंबर दो हो गया वही खतरनाक है।

माओत्से तुंग ने कभी किसी को नंबर दो नहीं होने दिया। तुम चकित होओगे। जो आदमी भी माओत्से तुंग के निकट आ गया उसी का पतन करवा दिया उसने। जैसे ही पता चला कि वह नंबर दो हुआ जा रहा है...क्योंकि जो नंबर दो हुआ, वह जल्दी ही नंबर एक होना चाहेगा। खतरा नंबर दो से है। इसलिए जो व्यक्ति नंबर दो हुआ, माओत्से तुंग ने तत्क्षण उसको गिरवा दियाह्नइसके पहले कि वह नंबर एक होने की चेष्टा करे।

इसलिए जितने महत्वपूर्ण व्यक्ति माओ के करीब थे, सब गिर गए; अब बिलकुल एक गैर-महत्वपूर्ण व्यक्ति माओ की जगह बैठ गया है, जिसका कोई मूल्य कभी न था।

यह आश्चर्य की बात है, लेकिन सभी राजनीतिज्ञ यही करते हैं। जितने करीब कोई आया है उतना ही खतरा है, उतनी ही तुम्हारी गर्दन दबा लेगा; किसी मौके बे मौके खींच लेगा। इसलिए कोई राजनीतिज्ञ अपने नीचे किसी को बड़ा नहीं होने देताह्नदूर रखता है। बताए रखता है कि तुम्हारी हैसीयत को खयाल रखना; जरा गड़बड़ की कि हटाए गए, कि बदले गए। राजनीतिक बदलते रहते हैं, कैबिनेट में वे हमेशा बदली करते रहते हैंह्नइधर से हटाया उधर; किसी को कहीं जमने नहीं देते, कि कहीं कोई जम गया तो पीछे झंझट खड़ी होगी। इसलिए जमने किसी को मत दो। जब तक कोई गैर-जमा जमा है तब तक वह तुम पर निर्भर है; जैसे ही जम गया, तुम उस पर निर्भर हो जाओगे। इस जगत में स्पृहा के रहते मित्रता कहां संभव है!

जनक कहते हैं: 'यहां तो कोई स्पृहा न रही, अब क्या धन, क्या मित्र? और विषय-रूपी चोरों का अब क्या डर?'

यहां कुछ है ही नहीं जिसको तुम चुरा ले जाओगे। यहां तो जो चुराया जा सकता है, हमने जान ही लिया कि व्यर्थ है। लेकिन स्पृहा के रहते हुए लोग अगर धर्म की दुनिया में भी आते हैं तो भी उनका पुराना संसार जारी रहता है।

सुना है मैंनेह्न
नहीं थी कबीर की चादर में कहीं कोई गांठ
खुले थे चारों छोर, फिर भी संध्या-भोर
टटोलती रही भक्तों की भीड़ कि कहीं होगा
जरूर कहीं होगा चिंतामणि-रतन
नहीं तो बाबा काहे को करते इतना जतन!

कबीर ने कहा है नः

खूब जतन कर ओढ़ी चदरिया, झीनी-झीनी बीनी

खूब जतन कर ओढ़ी चदरिया, ज्यों की त्यों धरि दीन्हीं।

तो भक्तों को लगा रहा होगा कि इतने जतन से ओढ़ रहे हैं चादर, बाबा इतना जतन कर रहे हैंह्नमतलब? कहीं कुछ बांध-बूंध लिया है? कोई रतन!

नहीं थी कबीर की चादर में कहीं कोई गांठ

खुले थे चारों छोर, फिर भी संध्या-भोर

टटोलती रही भक्तों की भीड़

कि होगा कहीं चिंतामणि रतन

नहीं तो बाबा काहे को करते इतना जतन!

तुम धर्म की दुनिया में भी जाते हो तो स्पृहा छोड़ कर थोड़े ही जाते हो। स्पृहा के कारण ही जाते हो। इसलिए तो मंदिर में जाते हो, पहुंच कहां पाते हो! पटकते हो सिर मूर्तियों के सामने, लेकिन भगवान कहां प्रकट हो पाता है! स्पृहा से भरे चित्त में भगवान के लिए जगह नहीं है। स्पृहा से खाली चित्त शून्य चित्त है। समाधिस्थ! वहीं प्रभु विराजमान होता है। स्पृहा की गंदगी और धुएं में तुम उसे निमंत्रण न दे सकोगे।

और एक न एक दिन तुम अपनी स्पृहा में दौड़ कर जो इकट्ठा कर लोगे, तुम्हीं पर हंसेगा। धन धनी पर हंसता है एक दिन, क्योंकि जाना पड़ता है खाली हाथ। जीवन भर भरने की कोशिश की, भरने की कोशिश में ही खाली रह गए। तुम्हारे महल तुम्हारी ही ठिठोली करेंगे। तुम्हारे पद तुम्हारा ही व्यंग्य करेंगे।

तब रोक न पाया मैं आंसू

जिसके पीछे पागल हो कर
मैं दौड़ा अपने जीवन भर
जब मृग-जल में परिवर्तित हो
मुझ पर मेरा अरमान हंसा;
जिसमें अपने प्राणों को भर
कर देना चाहा अजर-अमर
जब विस्मृति के पीछे छिप कर
मुझ पर मेरा मधु-गान हंसा;

मेरे पूजन-आराधन को
मेरे संपूर्ण समर्पण को

जब मेरी कमजोरी कह कर
मेरा पूजित पाषाण हंसा।

एक दिन तुम पाओगे : जो तुमने बसाया है वही तुम पर हंस रहा है; जो घर तुमने बसाया है वही तुम्हारा व्यंग्य कर रहा है। यह सारा संसार तुम्हारी ठिठोली करेगा। क्योंकि यहां दौड़ो, मगर पहुंच कौन पाता है!

स्पृहा झूठी दौड़ है, मृग-मरीचिका है। चेष्टा होती है, फल कुछ भी हाथ नहीं लगता है; जैसे कोई रेत से तेल निकालने की कोशिश में लगा हो। थकते हैं लोग, मरते हैं लोग। छोटे बड़े गरीब-अमीर सभी स्पृहा से भरे हैं। यह बहुत कठिन नहीं है कि तुम धन छोड़ कर गरीब हो जाओ, तुम धन छोड़ कर भिखारी हो जाओ। यह बहुत कठिन नहीं है। क्योंकि जिसके पास धन है उसको दिखाई पड़ जाता है कि धन व्यर्थ है तब वह दूसरे छोर पर चला; वह गरीब होने लगा। लेकिन फिर भी स्पृहा जारी रहती है।

मैंने सुना है, एक यहूदी कथा है। एक आदमी ने धर्मगुरु के प्रवचन के बाद खड़े होकर कहा कि जब आपके वचन सुनता हूं तो मैं ना-कुछ हो जाता हूं। जब आया था, मेरे पास कुछ नहीं था; आज मेरे पास करोड़ों डालर हैं। फिर भी जब तुम्हारे वचन सुनता हूं तो ना-कुछ हो जाता हूं।

दूसरे आदमी ने खड़े होकर कहा : मैं भी जब आया था इस देश में तो एक कौड़ी पास न थी; आज अरबों डालर हैं। पर मेरे मित्र ने ठीक कहा। जब मैं सुनता हूं तुम्हारे वचन, तुम्हारे अमृत बोल, तो एकदम शून्यवत हो जाता हूं, कुछ भी नहीं बचता। मैं कुछ भी नहीं हूं तुम्हारे सामने। तुम्हारा धन असली धन है।

एक तीसरे आदमी ने खड़े होकर कहा कि मेरे दोनों साथियों ने जो कहा, ठीक ही कहा है। मैं भी जब आया था तो कुछ भी न था; अब मैं पोस्ट-आफिस में पोस्टमैन हो गया हूं। लेकिन जब तुम्हारे वचन सुनता हूं, अहा! शून्य हो जाता हूं।

पहले धनपति ने क्रोध से देखा और दूसरे धनपति से कहा : 'सुनो, कौन ना-कुछ होने का दावा कर रहा है?'

ना-कुछ होने में भी दावे रहते हैं! 'कौन ना-कुछ होने का दावा कर रहा है? पोस्टमैन! ना-कुछ हो ही, दावा क्या कर रहे हो?'

जिन्होंने धन छोड़ा है, फिर निर्धनता में स्पृहा शुरू होती है कि कौन बड़ा त्यागी। कौन बड़ा त्यागी! कौन ज्यादा विनम्र! अगर तुम किसी विनम्र साधु को जाकर कह दो कि आपसे भी ज्यादा विनम्र एक आदमी मिल गया, तो तुम देखना उसकी आंख में, लपटें जल उठेंगी! 'मुझसे विनम्र! हो नहीं सकता!' वही स्पर्धा, वही दौड़, वही अहंकार! कोई फर्क नहीं पड़ता।

तुम साधुओं में जाकर थोड़ा घूमो तो तुम चकित होओगेह्नवही अहंकार, वही दौड़! जरा भेद नहीं है। वही अकड़। अकड़ का नाम बदल गया, अब अकड़ का नाम विनम्रता है। अकड़ का नाम बदल गया, अकड़ नहीं बदली। रस्सी जल भी जाती है तो भी ऐंठन नहीं जाती।

'स्पृहा मेरी नष्ट हो गई है, तब मेरे लिए कहां धन, कहां मित्र, कहां विषय-रूपी चोर हैं? कहां शास्त्र और कहां ज्ञान?'

बहुत अनूठा वचन है! जब स्पृहा ही चली गई तो अब ज्ञान की भी कोई चिंता नहीं है; नहीं तो ज्ञान में भी स्पृहा हैह्न'कौन ज्यादा जानता है! तुम ज्यादा जानते हो कि मैं ज्यादा जानता हूं?'

तुमने देखा, जब तुम बात करते हो लोगों से तो हरेक अपना ज्ञान दिखलाने की कोशिश करता है! उसी में विवाद खड़ा होता है। कोई यह मानने को राजी नहीं होता कि तुमसे कम जानता है। प्रत्येक ज्यादा जानने का दावेदार है। और कोई यह मानने को तैयार नहीं कि अज्ञानी हूं। ज्ञान अहंकार को खूब भरता है। ज्ञान भोजन बनता है अहंकार का।

लेकिन स्पृहा चली गई तो कैसा ज्ञान और कैसा शास्त्र? फिर गए कुरान, बाइबिल, वेद, गीताह्नसब गए; वह सब भी अहंकार की दौड़ हैह्नबड़ी सूक्ष्म दौड़ है। एक आदमी धन इकट्ठा करता है, एक आदमी ज्ञान इकट्ठा करता है; लेकिन दोनों का इकट्ठा करने में मोह है।

तुमने देखा, स्कूलों-कालेजों में वचन लिखे हैं! मैं एक संन्यासी के आश्रम में गया तो दीवाल पर, जहां वे बैठे थे, पीछे एक वचन लिखा था कि ज्ञानी की सर्वत्र पूजा होती है! मैंने उनसे पूछा ये वचन लिखे किसलिए बैठे हो? ज्ञानी की सर्वत्र पूजा होती है? जिसको पूजा की आकांक्षा है वह तो ज्ञानी ही नहीं। और जब आकांक्षा चली गई, फिर पूजा हो या न हो, फर्क क्या पड़ता है? यह किसके लिए लिखा है? यह तो कुछ फर्क न हुआ। कुछ लोग धन इकट्ठा कर रहे हैं, तो धनी की कहीं पूजा होती है। राजा की अपने देश में पूजा होती है। ज्ञानी की सर्वत्र पूजा होती है! मतलब वही रहा। कोई धन इकट्ठा करके पूजा पाना चाहता है, लेकिन ज्ञानी कह रहा है : तुम्हें कुछ ज्यादा पूजा नहीं मिलने वाली। कोई राजा होकर पूजा इकट्ठी करना चाहता है; ज्ञानी कह रहा है : तुम भी अपने देश में ही पा लो पूजा, दूसरी जगह न मिलेगी। लेकिन ज्ञानी सर्वत्र, सर्व लोक में, जहां चला जाए वहीं पूजा होती है। लेकिन पूजा की आकांक्षा! पूजा हो, इसका भाव! तो फिर अहंकार की ही सूक्ष्म दौड़ है।

और जो ज्ञान को संग्रह करने में लग गया वह ज्ञान से वंचित रह जाता है। क्योंकि ज्ञान तुम्हारे भीतर है, बाहर से संग्रह नहीं करना है। जो बाहर से आता है,

ज्ञान नहींह्नउधार, कूड़ा-कर्कट, कचरा है। तुम्हारा शास्त्र तुम्हारे भीतर है, बाहर के शास्त्र मत ढोना।

खड़े हैं दिग्भ्रमित से कब से कुछ प्रश्न
दुखते हैं बेचारों के पांव
याद है इन्हें पूरब, पश्चिम, दक्षिण
भूल गए उत्तर का गांव।

प्रश्न तो तुम्हारे खड़े हैं जन्मों से, उनके पैर भी दुखने लगे खड़े-खड़े।

याद है इन्हें पूरब, पश्चिम, दक्षिण
भूल गए उत्तर का गांव।

बस एक जगह भूल गए हैंह्नउत्तर का गांव। उत्तर तुम्हारे भीतर है। ये पूरब जाते, पश्चिम जाते, दक्षिण जातेह्नभीतर कभी नहीं जाते। जहां से प्रश्न उठा है, वहीं उत्तर है, वहीं जाओ।

एक झेन फकीर बोकोजू बोल रहा था। एक आदमी बीच में खड़ा हो गया और उसने कहा कि मैं कौन हूं, इसका उत्तर दें। बोकोजू ने कहा : 'रास्ता दो।' बोकोजू बड़ा शक्तिशाली आदमी था। भीड़ हट गई, वह बीच से उतरा। वह आदमी थोड़ा डरने भी लगा कि यह उत्तर देगा कि मारेगा या क्या करेगा! और साथ में उसने अपना सोटा भी रखा हुआ था। वह उसके पास पहुंचा। उसने जाकर उसका कालर पकड़ लिया और सोटा उठा लिया और बोला कि आंख बंद कर और जहां से प्रश्न आया है वहीं उतर। और अगर न उतरा तो यह सोटा है।

तो घबड़ाहट में उस आदमी ने आंख बंद की। शायद घबराहट में एक क्षण को उसकी विचारधारा बंद हो गई। कभी-कभी अत्यंत कठिन घड़ियों में विचार बंद हो जाते हैं। अगर अचानक कोई तुम्हारी छाती पर छुरा रख दे, विचार बंद हो जाते हैं। क्योंकि विचार के लिए सुविधा चाहिए। अब सुविधा कहां! ऐसी असुविधा में कहीं विचार होते हैं! कभी तुम कार चला रहे हो, अचानक दुर्घटना होने का मौका आने लगे, लगे कि गए, सामने से कार आ रही है, अब बचना मुश्किल हैह्नविचार बंद हो जाते हैं। ये विचार तो सुख-सुविधा की बातें हैं। ऐसे खतरे में जहां मौत सामने खड़ी हो, कहां का विचार!

वह सोटा लिए सामने खड़ा था तगड़ा संन्यासी, वह मार ही देगा! वह बेचारा खड़ा हो गया। एक क्षण को विचार बंद हो गए। विचार क्या बंद हुए, एक आभा उसके चेहरे पर आ गई, एक मस्ती छा गई! वह तो डोलने लगा। उस फकीर ने कहा : 'अब खोल आंख और बोल!' उसने कहा कि आश्चर्य, तुमने मुझे वहां पहुंचा दिया जहां मैं कभी अपने भीतर न गया था! पूछता फिरता था। मैं कौन हूं? मैं कौन हूं? और

हैरानी कि दूसरों से पूछता था! मैं कौन हूं, इसका उत्तर तो मेरे भीतर ही हो सकता है। तुमने बड़ी कृपा की कि सोटा उठा लिया।

झेन फकीरों के संबंध में कहा जाता है कि कभी-कभी तो वे साधक को उठा कर भी फेंक देते हैं, छाती पर भी चढ़ जाते हैं।

इसी बोकोजू के संबंध में कथा है कि जब भी वह कुछ बोलता था तो वह एक अंगुली ऊपर उठा लेता थाह्नउस एक अद्वय को बताने के लिए। तो इसकी मजाक भी चलती थी उसके शिष्यों में। उसके शिष्यों का कोई बड़ा समूह था, कोई पांच सौ उसके भिक्षु थे, बड़ा आश्रम था। एक छोटा बच्चा, जो उसके लिए पानी इत्यादि लाने की सेवा करता था, वह भी सीख गया था उसकी भाव-मुद्रा। कोई कुछ कहता तो वह बच्चा भी एक अंगुली उठा कर जवाब देता। यह मजाक ही थी। बच्चा पीछे खड़ा था और बोकोजू समझा रहा था। बोकोजू ने अंगुली उठाई, उस बच्चे ने भी पीछे मजाक में अंगुली उठाई। बोकोजू लौटा पीछे, बच्चे की अंगुली उठा कर छुरे से उसने काट दी।

यह लगेगा कि बड़ा क्रूर कृत्य है। लेकिन एक सदमा लगा। अंगुली का काटा जाना, तीर की तरह चुभ जाना उस पीड़ा काह्नऔर एक क्षण को बच्चा किंकर्तव्यविमूढ़ हो गया! सोचा भी न था यह। अनसोचा हुआ। लेकिन उसी क्षण घटना घट गई। वह बड़ी छोटी उम्र में अपने अंतस में प्रवेश कर गया, समाधिस्थ हो गया।

तो ऐसे सदगुरुओं की घटनाओं को ऊपर से देखा नहीं जा सकता। अब यह अंगुली काट देना साधु-संत के लिए उचित नहीं मालूम पड़ता। लेकिन कौन तय करे! जो घटा, अगर उसको हम देखें तो बड़ी करुणा थी बोकोजू की कि काट दी अंगुली। शायद यह मौका फिर न आता, शायद यह बच्चा बिना जाने मर जाता। यह बच्चा बड़े ज्ञान को उपलब्ध हुआ। यह अपने समय में खुद एक बड़ा सदगुरु हुआ। और वह सदा अपनी टूटी अंगुली उठा कर कहता था फिर कि मेरे गुरु की कृपा, अनुकंपा! एक चोट में विचार बंद हो गए! झटके में!

'जब मेरी स्पृहा नष्ट हो गई, तब मेरे लिए कहां धन, कहां मित्र, कहां विषय-रूपी चोर, कहां शास्त्र, कहां ज्ञान?'

सब तब भीतर है, धन भी भीतर है, शास्त्र भी भीतर है, ज्ञान भी भीतर है। तुम जब तक बाहर से कचरा बटोरते रहोगे, सूचनाएं इकट्ठी करते रहोगे, अज्ञानी ही रहोगे। शास्त्र तुम्हें जगा न पाएगा। तुम ढोते रहो शास्त्र का बोझ, इससे तुम चमकोगे न; इससे तुम्हारे भीतर का दीया न जलेगा। शायद इसी के कारण दीया नहीं जल रहा है।

मैं बहुत लोगों के भीतर देखता हूं, उनके दीये की ज्योति किसी की वेद में दबी है, किसी की कुरान में दबी है, किसी की बाइबिल में दबी है और मर रही है। और वह सम्हाले हुए है अपने वेद-कुरान-बाइबिल को, पकड़े हुए है छाती से कि कहीं छूट न

जाए, कहीं ज्ञान न छूट जाए। कोई हिंदू होने के कारण मर रहा है, कोई मुसलमान होने के कारण, कोई जैन होने के कारण मर रहा है। ज्ञान न हिंदू है, न मुसलमान है, न जैन है। जो ज्ञान हिंदू, मुसलमान, जैन हैह्नज्ञान ही नहीं है। ज्ञान तो तुम्हारे स्वभाव का दर्शन है। वह तुम्हारे भीतर छिपा है। कहीं और खोजने की जरूरत नहीं है।

उतर कर गहरे में बन गया तट
तल ऊपर उद्वेलित लहरें, नीचे शांत जल
छूट गए शंख-सीप, विद्रुम दीप
हाथ लगे मुक्ता फल
जैसे-जैसे भीतर गहरे जाओगे, हाथ लगेंगे मुक्ता-फल।
आकाश का मौन ही ध्वनि है।
ध्वनि की गति ही शब्द है
शब्द की रति ही स्वर है
स्वर की यति ही भास्वर है
भास्वर की प्रतीति ही ईश्वर है।

आकाश का मौन। मौन को पकड़ो। जैसा आकाश का मौन बाहर है वैसा ही आकाश का मौन भीतर है। जैसा एक आकाश बाहर है वैसा भीतर है।

आकाश का मौन ही ध्वनि है।
उसी को हमने ओंकार कहा, नाद कहा, अनाहत नाद कहा।
आकाश का मौन ही ध्वनि है।
सुनो मौन को!
ध्वनि की गति ही शब्द है
शब्द की रति ही स्वर है
स्वर की यति ही भास्वर है
भास्वर की प्रतीति ही ईश्वर है।

मौन ही सघन होते-होते ईश्वर बन जाता है। शास्त्रों में तो शब्द हैं। मौन तो स्वयं में है। अगर शास्त्र ही पढ़ो तो पंक्तियों के बीच-बीच में पढ़ना। अगर शास्त्र ही पढ़ो तो शब्दों के बीच-बीच खाली जगह में पढ़ना। अगर शास्त्र ही पढ़ना हो तो सूफियों के पास एक अच्छी किताब है वह खाली किताब है, उसमें कुछ लिखा हुआ नहीं हैह्नउसे पढ़ना। और उसे खोजने की कोई जरूरत नहीं, खाली किताब कहीं से भी उठा लेना और रख लेना, उसको पढ़ना। खाली पन्ने को देखते-देखते शायद तुम भी खाली पन्ने हो जाओ। उस खालीपन में ही ईश्वर का अनुभव है।

'साक्षी-पुरुष, परमात्मा, ईश्वर, आशा-मुक्ति और बंध-मुक्ति के जानने पर मुझे मुक्ति के लिए चिंता नहीं है।'

विज्ञाते साक्षिपुरुषे परमात्मनि चेश्वरे।
नैराश्ये बंधमोक्षे च न चिंता मुक्तये मम।।

कहते हैं: साक्षी-पुरुष को जान लिया तो परमात्मा जान लिया, ईश्वर जान लिया। साक्षी-पुरुष को जान लिया तो आशा से मुक्ति हो गई। बंध-मुक्ति को जान लिया साक्षी-पुरुष को पहचानते ही, कि बंधन भी भ्रांति थी और मुक्ति भी भ्रांति है। जब बंधन ही भ्रांति थी तो मुक्ति तो भ्रांति होगी ही। जब हम कभी बंधे ही न थे तो मुक्ति का क्या अर्थ? रात तुमने सपना देखा कि जेल में पड़े हो, हाथों में हथकड़ियां हैं, पैरों में बेड़ियां हैं। सुबह उठ कर जागे, पाया कि सपना देखा था। तो तुम यह थोड़े ही कहोगे कि अब जेल से छुटकारा हो गया कि हथकड़ियों-बेड़ियों से छुटकारा हो गया। वे तो कभी थीं ही नहीं।

'बंध-मुक्ति के जानने पर मुझे मुक्ति के लिए भी चिंता नहीं।'

अब चिंता क्या!

ध्यान रखना, पहले लोग संसार की चिंता में उलझे रहते हैं, फिर किसी तरह संसार की चिंता से छूटे तो दूसरी चिंता शुरू होती है, मगर चिंता नहीं छूटती। अब मोक्ष की चिंता पकड़ लेती है कि अब मुक्त कैसे हों! मोक्ष कैसे मिले! और चिंता के कारण ही मुक्ति नहीं हो पाती है। चिंतित चित्त, उद्वेलित चित्त, कंपता हुआ चित्त प्रभु का दर्पण नहीं बन पाता। सब चिंता जाए...।

इसलिए मैं तुमसे कहता हूं कि मोक्ष की भी फिकर छोड़ो। मोक्ष अपनी फिकर खुद कर लेगा। तुम परमात्मा को भी मत खोजो। परमात्मा तुम्हें खोज लेगा। तुम कृपा करके बैठे रहो। तुम अब कुछ भी मत खोजो। क्योंकि सब खोज में आशा है। सब आशा में निराशा छिपी है। सब खोज में सफलता का अहंकार है और विफलता की पीड़ा है। सब खोज में भविष्य आ जाता है, वर्तमान से संबंध टूट जाता है और जो है, अभी है, यहां है, वर्तमान में है। तुम जैसे हो ऐसे ही...जनक ने कहा: तुम जैसे हो ऐसे ही बैठे रहो, शांत हो रहो। देखो जो हो रहा है। साक्षी हो जाओ।

विज्ञाते साक्षिपुरुषे परमात्मनि चेश्वरे।

जान लोगे ईश्वर को भी, परमात्मा को भी, क्योंकि तुम्हारा जो साक्षी-भाव है वह ईश्वर का अंश है। तुम्हारे भीतर जो साक्षी है वह ईश्वर की ही किरण है।

लेकिन लोग एक बीमारी से दूसरी बीमारी पर चले जाते हैं। बीमारी से ऐसा मोह है कि बीमारी छूटती ही नहीं।

शूल तो जैसे विरह वैसे मिलन में
थी मुझे घेरे बनी जो कल निराशा
आज आशंका बनी, कैसा तमाशा!
एक से हैं एक बढ़ कर पर चुभन में
शूल तो जैसे विरह वैसे मिलन में
स्वप्न में उलझा हुआ रहता सदा मन
एक ही उसका मुझे मालूम कारण
विश्व सपना सच नहीं करता किसी का
प्यार से प्रिय, जी नहीं भरता किसी का।

तो पहले सांसारिक चीजों से प्यार चलता है, फिर किसी तरह वहां से ऊबे, हटे, तो परलोक से प्यार बन जाता है।

प्यार से प्रिय, जी नहीं भरता किसी का
शूल तो जैसे विरह वैसे मिलन में।

पहले तुम किसी को पाना चाहते, तब परेशानी; फिर पा लेते, तब परेशानी।

मैंने सुना है कि एक आदमी पागलखाने गया था। एक कोठरी में एक आदमी बंद था, अपना सिर पीट रहा था और अपने हाथ में उसने एक तस्वीर ले रखी थी। तो पूछा: इस आदमी को क्या हुआ? तो सुपरिन्टेंडेंट ने कहा कि यह आदमी पागल हो गया है। हाथ में तस्वीर देखते हो, इस स्त्री को पाना चाहता था, नहीं पा सकाह्लउसी की पीड़ा में पागल हो गया है।

सामने ही दूसरे कटघरे में बंद एक दूसरा पागल था। वह सीखचों से सिर तोड़ रहा था, अपने बाल नोंच रहा था। उसने पूछा: और इसे क्या हुआ? उस सुपरिन्टेंडेंट ने कहा कि अब यह मत पूछो। इसने उस स्त्री से शादी कर ली, इसके कारण पागल हो गया है।

एक उस स्त्री को नहीं पा सका, इसलिए पागल हो गया; एक उसको पा गया, इसलिए पागल हो गया।

मुल्ला नसरुद्दीन एक स्त्री के प्रेम में था। उससे बोला: 'रानी, मुझसे शादी करोगी?' उसे आशा थी कि वह इनकार करेगी। अनुभवी आदमी है, लेकिन धोखा खा गया। उसने तत्क्षण हां भर दी। फिर एकदम उदासी छा गई और सन्नाटा हो गया। थोड़ी देर स्त्री चुप रही। उसने कहा कि अब कुछ कहते नहीं? मुल्ला ने कहा: अब कहने को कुछ बचा ही नहीं। अब तो जो है, भोगने को बचा है। अब तो भूल हो गई।

शूल तो जैसे विरह वैसे मिलन में!

गरीब रो रहा है, क्योंकि धन नहीं है। अमीर रो रहा है क्योंकि धन है अब क्या करे! जो प्रसिद्ध नहीं है, वह रो रहा है; जो प्रसिद्ध है, वह रो रहा है।

कल इंग्लैंड के एक फिल्म-अभिनेता ने संन्यास लियाह्नप्रसिद्ध फिल्म अभिनेता था। पीड़ा क्या है? एक तो पीड़ा होती है, तुम राह से गुजरते हो, कोई तुम्हें पहचानता भी नहीं, कोई नमस्कार भी नहीं करता, मन में बड़ी पीड़ा होती है कि ना-कुछ हो तुम! न अखबार में फोटो छपते, न रेडियो पर खबर आती, न टेलिविजन पर चेहरा तुम्हारा दिखाई पड़ता। कोई तुम्हें जानता भी नहीं, तुम हुए न हुए बराबर हो। एक दिन मर जाओगे तो किसी को पता भी न चलेगा, शायद कोई रोएगा भी नहीं, शायद कोई स्मृति भी न छूट जाएगी। एक दिन तुम मर जाओगे तो ऐसे मर जाओगे जैसे कभी थे ही नहीं, कोई फर्क ही न पड़ेगा। इससे बड़ी पीड़ा होती है। आदमी प्रसिद्ध होना चाहता है कि दुनिया जाने कि मैं हूं। दुनिया जाने कि मैं कौन हूं! फिर एक दिन आदमी प्रसिद्ध हो जाता है, तब फिर मुसीबत। अब कहीं निकलो तो मुसीबत। जहां जाओ वहां भीड़ घेर लेती है। अब आदमी सोचता है कि यह तो बड़ा मुश्किल हो गया, कहीं एकांत मिल जाए, कहीं ऐसी जगह चला जाऊं जहां कोई पहचानता न हो; जहां मैं स्वयं हो सकूं! हर जगह नजर लगी है लोगों की। गुजरो तो नजर, बैठो तो नजर। जहां खड़े हो जाओ, वहां नजर।

फिल्म-अभिनेता की तकलीफ तुम समझते हो! जहां जाए वहीं धक्के-मुक्के! घबड़ाहट होती है कि यह क्या हुआ! यह दुनिया ने तो जान लिया, मगर यह जानना तो मुसीबत बन गई, फांसी लग गई!

अप्रसिद्ध आदमी प्रसिद्ध होना चाहता है। प्रसिद्ध आदमी चाहता है कि किसी तरह लोग भूल जाएं, मुझे मुझ पर छोड़ दें, अकेला छोड़ दें।

इंग्लैंड से कोई यहां आए, प्रसिद्ध हो, सब छोड़कर आए, तो समझो, क्या तकलीफ है? तकलीफ यही है कि आदमी हारे तो मुसीबत, जीते तो मुसीबत। इधर गिरो तो कुआं, उधर गिरो तो खाई। और बीच में सम्हलना आता नहीं, क्योंकि बीच में सम्हलने के लिए बड़ी जागरूकता चाहिए। भोग में पड़ो तो झंझट, त्याग में पड़ो तो झंझट।

इधर मैं देखता हूं, जो भोगी हैं वे परेशान हो रहे हैं, रो रहे हैं। किसी को ज्यादा खाने का पागलपन है, तो वह परेशान हो रहा है, कि शरीर थकता जाता है, कि शरीर बढ़ता जाता है, पेट में दर्द रहता है, यह तकलीफ है, वह तकलीफ है!

तुम जरा जैन मुनि के पास जाकर देखो। उधर तकलीफ है। वह उपवास से परेशान है। बीच में तो रुकना जैसे आता ही नहीं। सम्यक भोजन तो जैसे किसी को आता ही नहीं; या तो ज्यादा खाओगे या बिलकुल न खाओगे। या तो सांस भीतर लोगे या बाहर ही रोक रखोगे। यह कोई बात हुई! फिर मुसीबत पैदा होती है।

जनक का सूत्र सम्यकत्व का है, संतुलन का है।

साक्षी-पुरुष का अर्थ होता है : जीवन के इन द्वंद्वों के बीच खड़े हो जाना; न इधर न उधर, कोई चुनाव नहीं; न त्याग न भोग; जो आ जाए, सहज कर लेना; जो हो जाए उसे हो जाने देना; जो घटेह्नप्रमोद से, प्रफुल्लता से, स्वांतः सुखाय उसे कर लेना और भूल जाना।

'जो भीतर विकल्प से शून्य है और बाहर भ्रांत हुए पुरुष की भांति है, ऐसे स्वच्छंदचारी की भिन्न-भिन्न दशाओं को वैसे ही दशा वाले पुरुष जानते हैं।'

यह सूत्र अति कठिन है। समझने की कोशिश करो।

'जो भीतर विकल्प से शून्य है...।'

जिसके भीतर अब कोई विचार न रहे, कोई चुनाव न रहाह्नऐसा हो वैसा होह्नकोई निर्णय न रहा, जो भीतर सिर्फ शून्य मात्र है, देखता है, साक्षी है।

'और बाहर भ्रांत हुए पुरुष की भांति है...।'

ऐसा व्यक्ति भी बाहर तो भ्रांत पुरुष जैसा ही लगेगा, क्योंकि उसे भी भूख लगेगी तो वह भोजन करेगा। वह भी शरीर थकेगा तो लेटेगा और सो जाएगा। बाहर से तो तुममें और उसमें क्या फर्क होगा? कोई फर्क नहीं होगा।

अगर तुम बुद्ध के पास जाकर बाहर से जांच-पड़ताल करो तो क्या फर्क होगा? तुम्हारे ही जैसा भ्रांत! धूप पड़ेगी तो बुद्ध भी तो उठ कर छाया में बैठेंगे न, जैसे तुम बैठते हो। कांटा गड़ेगा तो बुद्ध भी तो पैर से निकालेंगे न, जैसा तुम निकालते हो। प्यास लगेगी तो बुद्ध भी तो पानी मांगेंगे न, जैसे तुम मांगते हो। भूख लगती है तो भिक्षा को मांगने जाते हैं। रात हो जाती है तो सोते हैं। अगर तुमने बाहर से ही जांचा तो बुद्ध में और तुम में क्या फर्क लगेगा? कोई फर्क न लगेगा। तुम जैसे भ्रांत, वैसे ही भ्रांत बुद्ध भी मालूम पड़ेंगे।

जनक कहते हैं: 'जो भीतर विकल्प से शून्य है और बाहर भ्रांत हुए पुरुष की भांति है, ऐसे स्वच्छंदचारी की भिन्न-भिन्न दशाओं को वैसी ही दशा वाले पुरुष जानते हैं।'

अगर तुम्हें बुद्ध को जानना हो तो बाहर से जानने का कोई उपाय नहीं है, जब तक वैसी ही दशा तुम्हारी न हो जाए; जब तक तुम भी बुद्धत्व को उपलब्ध न हो जाओ और भीतर से न देखने लगो। बाहर से तो सब तुम्हारे जैसा है। वे भी हड्डी-मांस-मज्जा के बने हैं। शरीर की जो जरूरतें तुम्हारी हैं, उनकी भी हैं। देह जीर्ण होगी, शीर्ण होगी, बुढ़ापा आएगा, मृत्यु भी होगी।

झूठी बातों में मत पड़ना। ऐसा मत सोचना कि बुद्ध तुमसे भिन्न हैं। दावा करते हैं लोग। बुद्धों ने दावा नहीं किया है, शिष्यों ने दावा किया है। क्योंकि शिष्य सिद्ध करना

चाहते हैं कि बुद्ध तुमसे भिन्न हैं; तुम कंकड़-पत्थर, वे हीरे-मोती! पर हीरे-मोती भी कंकड़-पत्थर हैं। भेद तो जरूर है, लेकिन भेद भीतर का है, बाहर का नहीं है। बाहर तो सब वैसा ही है जैसा तुम्हारा है। और जो बाहर से भेद दिखाने की कोशिश करे, वह तुम जैसे ही धोखे में पड़ा है। बाहर से भेद दिखाने की बात ही नहीं है। और भीतर का भेद तुम तभी देख पाओगे जब तुम्हारे भी भीतर थोड़ा प्रकाश हो जाएगा।

ये वचन सोचोह्ल

अंतर्विकल्पशून्यस्य बहिः स्वच्छंदचारिणः।
भ्रांतस्येव दशास्तास्तास्तादृशा एव जानते।।

जिसकी वैसी ही दशा हो जाएगी, वही जानेगा। कृष्ण हो जाओ तो गीता समझ में आए; बुद्ध हो जाओ तो धम्मपद; मुहम्मद की तरह गुनगुनाओ तो कुरान समझ में आए। अन्यथा तुम कंठस्थ कर लो कुरान, कुछ भी न होगा। जो भीतर की चैतन्य की दशा है, वह तो तुम्हारे ही अनुभव से तुम्हें समझ में आनी शुरू होगी।

जिसने प्रेम किया है वह प्रेमी को देख कर समझ पाएगा कि भीतर क्या हो रहा है। जिसने कभी प्रेम नहीं किया, वह मजनू को खाक समझेगा! मजनू को पागल समझेगा। पत्थर फेंकेगा मजनू पर। कहेगा, तुम्हारा दिमाग खराब है। लेकिन जिसने प्रेम किया है वह मजनू को समझेगा।

जिसने कभी भक्ति का रस लिया है, वह मीरा को समझेगा। अब जिसने भक्ति का कभी रस नहीं लिया, उससे मीरा के बाबत पूछना ही मत। फ्रायड से मत पूछना मीरा के बाबत, अन्यथा तुम्हारी फजीहत होगी, मीरा तक की फजीहत हो जाएगी। फ्रायड तो कहता है कि यह मीरा...। ठीक-ठीक मीरा के लिए फ्रायड ने नहीं कहा, क्योंकि फ्रायड को मीरा का कोई पता नहीं; लेकिन मीरा की जो पर्यायवाची स्त्री-संत पश्चिम में हुई, थैरेसा, उसके बाबत फ्रायड ने जो कहा वही मीरा के बाबत कहता। और थैरेसा कहती है: 'मैं तो तुम्हारी वधू हूं, क्राइस्ट!' और फ्रायड कहता है, इसमें तो सेक्सुअलिटी है, कामुकता है; यह बात गड़बड़ है। वधू! 'तुमसे मेरा विवाह हुआ! तुम मेरे पति हो, मैं तुम्हारी पत्नी!'

एक यहूदी की लड़की ईसाई नन हो गई, साध्वी हो गई। यहूदी बड़ा नाराज था। एक तो ईसाई हो जाना, फिर साध्वी हो जाना! वह बहुत नाराज था। उसने उसका फिर चेहरा नहीं देखा। तीन साल बाद अचानक साध्वियों के आश्रम से फोन आया कि 'तुम्हारी लड़की की मृत्यु हो गई है। तो आप क्या चाहते हैंह्लकिस तरह दफनाएं, क्या करें?' तो उसने क्या कहा? उसने कहा: 'मैंने सुना है कि ईसाई साध्वियां कहती हैं कि वे तो क्राइस्ट की वधुएं हैं! क्या सच है?' स्वभावतः, आश्रम की प्रधान ने

कहा : 'यह सच है। साध्वियां क्राइस्ट की वधुएं हैं, उनकी पत्नियां हैं। हमने सब कुछ उन्हीं पर छोड़ दिया है; वे ही हमारे एकमात्र पति हैं।' तो उस यहूदी ने कहा : 'फिर ऐसा करो, मेरे दामाद से पूछ लो। क्राइस्ट से पूछ लो कि क्या करना है। मुझसे क्यों पूछती हो? मेरे दामाद से पूछ लो।'

फ्रायड तो कहता है, यह कामुकता हैह्नदबी हुई कामुकता! फ्रायड तो एक ही बात समझता है : दबी हुई कामुकता। उसने प्रेम का और कोई बड़ा रूप तो जाना नहीं। उसने तो रुग्ण बीमार लोगों के मन की चिकित्सा की, बीमार मन को पहचाना। वही उसकी भाषा, वही उसकी समझ। यह तो अच्छा हुआ कि कबीर के वचन उसके हाथ नहीं पड़े कि 'मैं तो राम की दुलहनियां!'! नहीं तो वह कहता कि ये होमोसेक्सुअल हैं। स्त्री हो और कहे कि मैं दुलहन, चलो, क्षमा करो; यह कबीर को क्या हुआ कि मैं राम की दुलहनियां! हद हो गई! फ्रायड तो निश्चित कहता कि यह मामला गड़बड़ है। यह तो मीरा से भी ज्यादा गड़बड़ हालत है। पुरुष होकर और दुलहनियां! तुम्हारा दिमाग खराब है?

लेकिन कबीर को समझने का यह रास्ता नहीं है। एक ऐसा भाव है, एक ऐसी जगह है, जहां परमात्मा ही एकमात्र पुरुष रह जाता है और भक्त स्त्रैण हो जाता है।

स्त्री और पुरुष शरीर के तल पर एक बात है, चैतन्य के तल पर एक दूसरी बात है। तो कबीर ठीक कहते हैं : 'मैं तो राम की दुलहनियां!' वहां चेतना के तल पर परमात्मा देने वाला है और हम लेने वाले हैं; जैसा पुरुष देने वाला है शरीर के तल पर और स्त्री लेने वाली है; जैसे स्त्री ग्राहक है, गर्भ है। पुरुष देता है, स्त्री अंगीकार कर लेती है, स्वीकार कर लेती है। ऐसे ही उस तल पर परमात्मा देता है; भक्त स्वीकार करता है, अंगीकार करता है; भक्त तो गर्भ-रूप हो जाता है। परमात्मा उसके गर्भ में प्रवेश कर जाता है।

मगर इस बात को तो तभी समझोगे जब यह बात तुम्हारे जीवन में कभी घटी हो; कहीं किसी क्षण में तुम्हारे अंधकार में परमात्मा की किरण उतरी हो। तब तुम जानोगे 'मैं राम की दुलहनियां' का क्या अर्थ है? ऐसा हुआ न हो तो तुम तो वही अर्थ निकालोगे जो तुम निकाल सकते हो। तुम्हारा अर्थ तुम्हारा अर्थ है। तुम्हारा अर्थ तुमसे बड़ा नहीं हो सकता। होगा भी कैसे? अपेक्षा भी नहीं की जा सकती।

भ्रांतस्येव दशास्तास्तास्तादृशा एव जानते।

जो जैसा है, जिसकी जैसी दशा है, उतना ही जानता है।

तुम भ्रांत हो, तुम जानते हो कि शरीर भोजन मांगता है। तुम जानते हो शरीर कामवासना के लिए आतुर होता है, शरीर प्यासा होता है। रात सो गए, सुबह उठे, फिर दौड़े। तुम बुद्ध को भी ऐसा ही देखते हो। इतना ही तुम्हारा जानना है। तुम्हारे

भीतर कोई जागा नहीं अभी, दीया जला नहीं। तुम्हारे भीतर तो अंधेरा है; तुम कैसे मान लो कि बुद्ध कहते हैं, मेरे भीतर दीया जला है! कबीर तो कहते हैं: मेरे भीतर हजार-हजार सूरज उतर आए हैं। तुम कैसे मान लो!

तुम तो आंख बंद करते हो तो अंधेरा ही अंधेरा है, आंख खुली रहे तो थोड़ी रोशनी मालूम पड़ती है। तुम तो बाहर की रोशनी से परिचित हो; भीतर की रोशनी तो अभी दिखाई पड़ी नहीं; भीतर की आंख तो अभी खुली नहीं; अंतस-चक्षु तो अभी अंधे हैं। वहां तो अंधेरा है, घनघोर अंधेरा है। तुम कैसे मानो कि हजार-हजार सूरज जलते हैं! भीतर तो तुम जाते हो तो विचार, वासना, इन्हीं का ऊहापोह चलता है। विचार भाग रहे हैं, भीड़ चल रही है।

अंग्रेज विचारक डेविड ह्यूम ने कहा है: जब भी मैं भीतर जाता हूं तो सिवाय विचारों के कुछ भी नहीं पाता। और ये सब ज्ञानी कहते हैं कि भीतर आत्मा मिलेगी। सिवाय विचार के कुछ नहीं मिलता।

अब इसको कौन समझाए कि ऋकिसको विचार मिलते हैं?ङ्क जिसको विचार मिलते हैं वह तो विचार नहीं है। यह कहता है, जब मैं भीतर जाता हूं तो सिवाय विचार के कुछ भी नहीं मिलता। तो एक बात तो पक्की है कि तुम विचार से अलग हो, तुम भिन्न हो, तुम देखते हो कि विचार चल रहे हैं! लेकिन ह्यूम को किसी ने मालूम होता है, कहा नहीं। वह लिख गया है कि साक्रेटीज कहें कि उपनिषद कहें कि भीतर आत्मा है, मैंने तो बहुत प्रयोग करके देखा, सिवाय विचारों के वहां कुछ भी नहीं। मगर किसने देखा? यह किसने जाना कि सिर्फ विचार ही विचार हैं।

तुम कमरे के भीतर गए और लौट कर आकर कहने लगे कि मैं तो नहीं मिलता कमरे में, फर्नीचर भरा है। लेकिन तुम कमरे के भीतर गए तो एक बात तो पक्की है कि तुम फर्नीचर नहीं हो। तुमने भीतर जाकर फर्नीचर भरा देखा, एक बात तो पक्की है कि तुम देखने वाले हो। कुर्सी तो नहीं देखती और कुर्सियों को। दीवालें तो नहीं देखतीं दीवालों को। तुम द्रष्टा हो। जो तुम्हारी दशा होगी उतना ही तुम्हारा अनुभव होगा।

'जो भीतर विकल्प से शून्य है और बाहर भ्रांत हुए पुरुष की भांति मालूम होता है, ऐसे स्वच्छंदचारी की भिन्न-भिन्न दशाओं को वैसी ही दशा वाले पुरुष जानते हैं।'

यह शब्द 'स्वच्छंदचारी' समझ लेना। यह बड़ा अनूठा शब्द है। स्वच्छंद का अर्थ होता है: जो अपने स्वभाव के छंद को उपलब्ध हो गया। इसका तुमने जो अर्थ सुना है वह ठीक अर्थ नहीं है। तुम तो समझते हो कि स्वच्छंद का मतलब होता है कि जिसने सब नियम इत्यादि तोड़ दिए, मर्यादाहीन, भ्रष्ट! लेकिन स्वच्छंद शब्द को तो सोचो। इसका अर्थ होता है: स्वयं के छंद को उपलब्ध; जो एक ही छंद जानता

हैह्नस्वभाव का; जो अपने स्वभाव के अनुकूल चलता है। ञ्सहजञ्ञ् अर्थ होता है स्वच्छंद का। 'स्व-स्फूर्त' अर्थ होता है स्वच्छंद का।

स्वच्छंदता स्वतंत्रता से भी ऊपर है। लोग तो अक्सर समझते हैं कि स्वतंत्रता ऊंची बात है, स्वच्छंदता नीची बात है, स्वच्छंदता तो विकृति है। लेकिन स्वच्छंदता बड़ी ऊंची बात है।

तीन तरह की स्थितियां हैं। परतंत्र...परतंत्र का अर्थ होता है: जो दूसरे के हिसाब से चलता है; जिसको दूसरे चलाते हैं; परतंत्र; जिसका तंत्र दूसरे में है। तुम उसे कहो उठो, तो उठता है; तुम कहो बैठो तो बैठता है। स्वतंत्र का अर्थ होता है: जिसका तंत्र स्वयं के पास है; जो उठना चाहता है तो योजना करके उठता है; बैठना चाहता है तो योजना करके बैठता है; जिसकी अपनी जीवन-पद्धति है; जिसका अपना एक जीवन-अनुशासन है।

स्वच्छंद का अर्थ होता है: न तो तुम्हारी मान कर उठता है, न अपनी मान कर उठता है; परमात्मा के उठाए उठता है, परमात्मा के बैठाए बैठता है; न तो तुम्हारी फिकर करता है, न अपनी फिकर करता है; न तो बाहर देखता है कि कोई मुझे चलाए, न भीतर से इंतजाम करता चलाने का; इंतजाम ही नहीं करता, योजना ही नहीं बनाताह्नसहज, जो हो जाए, जैसा हो जाए...।

तो जनक कहते हैं: जो हो जाता है वैसा कर लेते हैं; जो परमात्मा करवाता है वैसा कर लेते हैं।

स्वच्छंद का अर्थ होता है: जो स्वभाव के साथ इतना लीन हो गया कि अब योजना की कोई जरूरत नहीं पड़ती; प्रतिपल, जो स्थिति होती है उसके उत्तर में जो निकल आता है निकल आता है, नहीं निकलता तो नहीं निकलता; न पीछे देख कर पछताता है और न आगे देख कर योजना बनाता है। वर्तमान के क्षण में समग्रीभूत भाव से जो जीता है, वही स्वच्छंद है।

कैसे समझोगे तुम स्वच्छंदचारी को? जब तक तुम्हारे भीतर का स्वच्छंद, तुम्हारे भीतर का गीत तुम गुनगुनाने न लगो, जब तक तुम्हारी समाधि के फूल न लगें, तब तक असंभव है।

कथ्य का प्रेय अकथ
पंथ का ध्येय अपथ
कहने की सारी चेष्टा उसके लिए है जो कहा नहीं जा सकता।
कथ्य का प्रेय अकथ

उल्टा लगता है; लेकिन कहने की सारी चेष्टा उसी के लिए है जिसे कहने का कोई उपाय नहीं है।

पंथ का ध्येय अपथ

और सारे पंथ इसीलिए हैं कि एक दिन ऐसी घड़ी आ जाए कि कोई पंथ न रह जाए। अपथ! अपथचारी स्वच्छंद है। फिर कोई मार्ग नहीं है, फिर कोई पथ नहीं। पाथलेस पाथ!

सभी मार्ग इसीलिए आदमी स्वीकार करता है कि किसी दिन मार्ग-मुक्त हो जाए।

वर्ष नव, हर्ष नव, जीवन-उत्कर्ष नव
नव उमंग, नव तरंग, जीवन का नव प्रसंग
नवल चाल, नवल राह, जीवन का नव प्रवाह
गीत नवल, प्रीत नवल, जीवन की रीति नवल
जीवन की नीति नवल, जीवन की जीत नवल!

तब फिर सब नया है प्रतिपल। जो स्वच्छंदता से जीता है उसके लिए कुछ भी कभी पुराना नहीं। क्योंकि अतीत तो गया, भविष्य आया नहींह्नबस यही वर्तमान का क्षण है! इस क्षण में जो होता है, होता है; जो नहीं होता, नहीं होता। नहीं किए के लिए पछतावा नहीं है; जो हो गया, उसकी कोई स्पर्धा, स्पृहा, उसकी कोई आकांक्षा नहीं। दर्पण की भांति साक्षी बना जाग्रत पुरुष देखता रहता है; कर्ता नहीं बनता है। कर्म का प्रवाह आता-जाता; जैसे दर्पण पर प्रतिबिंब बनते हैं।

गंदे से गंदा आदमी भी दर्पण को गंदा थोड़े ही कर पाता है! तुम यह थोड़े ही कहोगे कि गंदा आदमी, देखो शूद्र सामने से निकल गयाह्नतब दर्पण गंदा हो गया, क्योंकि शूद्र की छाया पड़ गई दर्पण में! दर्पण तो स्वच्छ ही रहता है। प्रतिबिंबों से कोई दर्पण गंदे नहीं होते।

साक्षी सदा स्वच्छ है। ऐसी अवस्था को हम परमहंस अवस्था कहते रहे हैं। जैसे हंस धवल, स्वच्छ, मानसरोवर में तिरताह्नऐसे मन के सागर में साक्षी परमहंस हो जाता है।

अमल धवल गिरि के शिखरों पर
बादल को घिरते देखा है!
छोटे छोटे मोती जैसे
अतिशय शीतल वारि-कणों को
मानसरोवर के उन स्वर्णिम
कमलों पर गिरते देखा है!
तुंग हिमाचल के कंधों पर

छोटी-बड़ी कई झीलों के
श्यामल शीतल अमल सलिल में
समतल देशों से आ-आ कर
पावस की उमस से आकुल
तिक्त-मधुर विषतंतु खोजते
हंसों को तिरते देखा है!

जैसे दूर से दूर देशों से उड़ा हुआ हंस आए, मानसरोवर पहुंचे, तिरने लगे मानसरोवर पर, स्वच्छ धवल-ऐसी ही साक्षी की दशा है।

शरीर-घाट! मनह्नसरोवर! और वह साक्षीह्नहंस, परमहंस!

अमल धवल गिरि के शिखरों पर
बादल को घिरते देखा है!
छोटे छोटे मोती जैसे
अतिशय शीतल वारि-कणों को
मानसरोवर के उन स्वर्णिम
कमलों पर गिरते देखा है!
तुंग हिमाचल के कंधों पर
छोटी-बड़ी कई झीलों के
श्यामल शीतल अमल सलिल में
समतल देशों से आ-आ कर
पावस की उमस से आकुल
तिक्त-मधुर विषतंतु खोजते
हंसों को तिरते देखा है!

ऐसा ही परमहंस तुम्हारे भीतर विराजमान है। जागो तो मिले। और कोई उपाय मिलने का नहीं है। और जिसे मिल गया उसे सब मिल गया। और जिसे यह परमहंस-दशा न मिली, वह कुछ भी पा ले, उसका सब पाया व्यर्थ है।

हरि ॐ तत्सत्!

* * *

प्रवचन : 38

जागते-जागते जाग आती है

पहला प्रश्न : आपने शास्त्र-पाठ की महिमा बताई। लेकिन ऐसे कुछ लोग मुझे मिले हैं जिन्हें गीता या रामायण कंठस्थ है और जो प्रायः नित्य उसका पाठ करते हैं, लेकिन उनके जीवन में गीता या रामायण की सुगंध नहीं। तो क्या पाठ और पाठ में फर्क है? और सम्यक पाठ कैसे हो?

निश्चय ही पाठ और पाठ में फर्क है। यंत्रवत दोहरा लेना पाठ नहीं। कंठस्थ कर लेना पाठ नहीं। हृदयस्थ हो जाए तो ही पाठ। और हृदय तक पहुंचाना हो तो अत्यंत जागरूकता से ही यह घटना घट सकती है। कंठस्थ कर लेना तो जागने से बचने का उपाय है।

जिस काम को करने में तुम कुशल हो जाते हो उसमें जागरूकता की जरूरत नहीं रह जाती। नये-नये कार चलाओ, नया-नया तैरने जाओ, नई-नई साइकिल चलानी सीखो, तो बड़ा होश रखना पड़ता है; जरा चूके कि गिरे। चूक महंगी पड़ती है। होश रखना जरूरी हो जाता है। लेकिन जैसे ही साइकिल चलानी आ गई, कार चलानी आ गई, तैरना आ गया, फिर वैसे-वैसे होश मद्धिम हो जाता है, फिर कोई जरूरत नहीं रहती। फिर तुम सिग्रेट पीयो, गाना गाओ, रेडियो सुनो और कार चलाओ; मित्र से बात करो, हजार बातें सोचो...। धीरे-धीरे कार चलाना इतना यंत्रवत हो जाता है कि मनोवैज्ञानिक कहते हैं कि कभी-कभी ड्राइवर आंख भी झपका कर क्षण भर को सो लेता है और गाड़ी चलती रहती है। करीब अधिकतम दुर्घटनाएं तीन और चार बजे के

बीच होती हैं रात में। मनोवैज्ञानिक कहते हैं कि उस क्षण गहरी नींद का क्षण हैः ड्राइवर की आंख झपक जाती है और वह सोचता है सपने में कि उसे राह दिखाई पड़ रही है, तब दुर्घटना घट जाती है।

जैसे-जैसे व्यक्ति कुशल हो जाता है किसी काम में वैसे-वैसे होश की जरूरत नहीं रह जाती। तो पाठ कुशलता के लिए नहीं कहा है मैंने कि तुम कंठस्थ कर लेना। उसी कुशलता में तो यह देश मरा। यहां ऐसे लोग थे जिन्हें वेद कंठस्थ था, लेकिन जीवन में कोई वेद का प्रस्फुटन न हुआ, फूल न खिले, सुगंध न आई।

कहते हैं, सिकंदर वेद की एक संहिता को यूनान ले जाना चाहता था और उसने पंजाब के एक गांव में पता लगाने की कोशिश की कि वेद की प्रति कहां मिल सकेगी। पता चल गया। एक वृद्ध ब्राह्मण के पास ऋग्वेद की संहिता थी। उसने घर घेर लिया। और उसने ब्राह्मण से कहा कि वेद की संहिता मुझे सौंप दो अन्यथा घर, तुम, संहिता, सबको जला डाला जाएगा। ब्राह्मण ने कहाः इतने परेशान होने की जरूरत नहीं है, कल सुबह सौंप दूंगा, पहरा आप रखें।

रात भर का समय क्यों चाहते हो? सिकंदर ने पूछा। उसने कहा कि रात भर का समय चाहता हूं ताकि पूजा-पाठ कर लूं, पीढ़ियों से यह संहिता हमारे घर में रही है तो इसे ठीक से सम्मान से विदा देना होगा न! सुबह आप को भेंट कर देंगे। रात भर हम पूजा-पाठ कर लें, सुबह आप ले लेंगे। सिकंदर ने सोचाः हर्ज भी कुछ नहीं है। पहरा तो लगा था, भाग कहीं सकता न था ब्राह्मण। लेकिन सिकंदर ने यह सोचा भी न था कि भागने के और कोई सूक्ष्म उपाय भी हो सकते हैं। यज्ञ की वेदी पर हवन किया और उसने ऋग्वेद का पाठ करना शुरू किया।

सुबह जब सिकंदर पहुंचा तो ऋग्वेद की संहिता का आखिरी पन्ना ब्राह्मण के हाथ में था। वह एक-एक पन्ना पढ़ता गया और आग में डालता गया। उसका बेटा बैठा सुन रहा था। जब सिकंदर पहुंचा तो उसने कहाः 'मेरे बेटे को ले जाएं, इसे ऋग्वेद कंठस्थ करवा दिया है। यह संहिता है। शास्त्र तो मैं दे नहीं सकता था, उसकी तो गुरु से मनाही थी; लेकिन बेटा मैं दे सकता हूं, इसकी कोई मनाही नहीं है!'

सिकंदर को तो भरोसा न आया कि सिर्फ एक बार दोहराने से और पूरा ऋग्वेद बेटे को कंठस्थ हो गया होगा! उसने और पंडित बुलवाए, परीक्षा करवाईह्नचकित हुआः वेद कंठस्थ हो गया था।

स्मृति को व्यवस्थित करने के बहुत उपाय खोजे गए थे, इसलिए बहुत दिनों तक तो भारत में हमने वेद को लिखे जाने के लिए स्वीकृति नहीं दी; जरूरत न थी। मनुष्य का मन इस भांति हमने व्यवस्थित किया था, ऐसी प्रणालियां खोजी थीं कि जरूरत नहीं थी कि किताब लिखी जाए; मन पर अंकित हो सकता था।

मन छोटी चीज नहीं है। मस्तिष्क बड़ी घटना हैह्नसंसार में सबसे बड़ी घटना है। जितने परमाणु हैं पूरे जगत में उतनी सूचनाएं तुम्हारे छोटे से मस्तिष्क में समा सकती हैं। जितने पुस्तकालय हैं सारे जगत के, सुविधा और समय मिले तो एक आदमी के मस्तिष्क में सब समा सकते हैं। तुम अपने मस्तिष्क का कोई उपयोग थोड़े ही करते हो। श्रेष्ठतम दार्शनिक, विचारक, मनीषी, वैज्ञानिक भी दस-पंद्रह प्रतिशत हिस्से का उपयोग करता है, पच्चासी प्रतिशत तो ऐसे ही चला जाता है। इस पूरे मन को व्यवस्थित करने के उपाय थे, इस पूरे मन का उपयोग करने के उपाय थे। स्मृति का विज्ञान पूरा खोजा गया था। वेद कंठस्थ हो जाते थे यंत्रवत। जैसे टेप पर रिकार्ड हो जाता है, ऐसे ही स्मृति पर रिकार्ड हो जा सकते हैं। लेकिन इससे कोई ज्ञानी नहीं हो गया। वेद कंठस्थ हो गया, इसका अर्थ इतना ही हुआ कि मनुष्य यंत्रवत दोहरा सकता है; तोता हो गया, ज्ञानी नहीं हो गया।

उद्दालक ने अपने बेटे श्वेतकेतु को कहा है कि बेटा एक बात स्मरण रखना, तू जा रहा है गुरु के घर, उसको जान कर लौटना जिसको जानने से सब जान लिया जाता है। बेटा बहुत परेशान हुआ। उसने सब जान लिया, लेकिन उसका तो कोई पता न चला जिसको जानने से सब जान लिया जाता है। वह निष्णात होकर, वेद में पारंगत होकर, सभी शास्त्रों का ज्ञाता होकर घर लौटा। बाप ने आते ही पहला प्रश्न कियाह्नवह डरा भी था मन में कि कहीं वही बात न पूछेह्न'उसे जान लिया जिसे जानने से सब जान लिया जाता है?'

श्वेतकेतु ने कहा: क्षमा करें, गुरु जो भी जानते थे, सब जान कर आ गया हूं। जितने भी शास्त्र उपलब्ध हैं सब जान कर आ गया हूं, आप परीक्षा ले लें। परीक्षा देकर आया हूं। उत्तीर्ण हुआ तो लौट सका हूं। लेकिन उसका तो कोई पता नहीं चल सका कि जिसको जानने से सब जान लिया जाता है।

तो उसके बाप ने कहा: फिर से जा वापिस; क्योंकि हमारे घर में नाममात्र के ब्राह्मण नहीं हुए। हमारे परिवार में सदा से वस्तुतः ब्राह्मण होते रहे हैं; नाममात्र के ब्राह्मण नहीं। जो ब्रह्म को जाने, वही वस्तुतः ब्राह्मण है। नाममात्र का ब्राह्मण वेद को जानता है, ब्रह्म को नहीं। और ब्रह्म को न जाना तो वेद को जानने का कोई भी अर्थ नहीं। तू वापस जा, कूड़ा-कर्कट लेकर आ गया! उसको जान कर आ जिसको जानने से सब जान लिया जाता है।

कंठस्थ कर लेना एक बात है, इसमें कुछ बहुत गुण नहीं है; जागना बिलकुल दूसरी बात है। कंठस्थ करने से तुम्हारी सूचनाओं का संग्रह बढ़ जाता है, जागने से तुम्हारे चैतन्य में क्रांति घटती है। जागने से दीया जलता है। जागने से तुम प्रकाशित,

आलोकित होते हो। जागने से तुम बुद्ध होते हो। जागने से वेद कंठस्थ हो या न हो; तुम जो कहते हो वही वेद हो जाता है, तुम्हारा शब्द-शब्द वेद बन जाता है।

तो पाठ पाठ में भेद है। तुम पढ़ सकते हो गीता, कुरान, बाइबिल; और ऐसे पढ़ते रहो रोज-रोज तो लकीर पर लकीर पड़ती रहेगी। रसरी आवत जात है, सिल पर पड़त निशान। वह तो कुएं पर भी, पत्थर पर भी निशान बन जाता हैह्लकोमल सी रस्सी के आने-जाने से। रोज-रोज दोहराओगे तो निशान बन जाएंगे, तुम्हारे मस्तिष्क में धारे खिच जाएंगे, उन धारों के कारण स्मृति पैदा हो जाएगी।

स्मृति बोध नहीं है, ज्ञान नहीं है। तो फिर कैसे पाठ करोगे? पाठ ऐसे करना कि जब दोहराओ वेद को तो दोहराना न बने। यह दोहराना न हो। जब आज फिर पढ़ो तुम गीता या कुरान को तो ऐसे पढ़ना जैसे फिर नया, जैसे कभी जाना ही नहीं। और जाना है भी नहीं। जान ही लेते तो पढ़ने की आज जरूरत क्या पड़ती! अब तक नहीं जाना, इसीलिए तो पाठ की जरूरत है। जाना नहीं है। कल तक चूक गए, आज फिर प्रयास करते हो। प्रयास नया हो। प्रयास बहुत जागरूक हो। वेद को दोहराओ या कुरान को, दोहराते वक्त पीछे साक्षी खड़ा रहे। दोहराने में खो मत जाना। साक्षी पीछे खड़ा रहे और देखता रहे कि तुम वेद पढ़ रहे, कुरान पढ़ रहे, दोहरा रहे। साक्षी पीछे खड़ा देखता रहे तो कभी जब पढ़ते-पढ़ते साक्षी पूरा होता है...।

तो तुम जो पढ़ते हो, उससे थोड़े ही ज्ञान होने वाला है। तो पढ़ना तो बहाना था, निमित्त था; वह जो पीछे जाग कर खड़ा है, उसके जागते-जागते ज्ञान होता है। इसलिए जरूरी नहीं है कि तुम वेद ही पढ़ो, पक्षियों के गीत भी सुन लोगे अगर जाग कर रोज, पाठ हो जाएगा; झरने की कल-कल सुन लोगे अगर बैठ कर रोज तो पाठ हो जाएगा।

खयाल रखना, वेद के पढ़ने से थोड़े ही ज्ञान का जन्म होता है। पढ़ना तो एक निमित्त है। कोई निमित्त तो बनाना ही होगा, ताकि साक्षी बने। साक्षी को जगाने के लिए निमित्त है। और वेद से प्यारा निमित्त कहां खोजोगे! कुरान से और ज्यादा मधुर निमित्त कहां खोजोगे! क्योंकि कुरान आया किसी ऐसे व्यक्ति के चैतन्य से जो ज्ञान को उपलब्ध हो गया था; कुरान के उन वचनों में मोहम्मद की चेतना थोड़ी न थोड़ी लिपटी रह गई है। मोहम्मद का स्वाद इनमें होगा ही। मोहम्मद के शून्य से उठे हैं ये स्वर। मुहम्मद का संगीत इनमें होगा ही। वेद उठे हैं ऋषियों की अंतःप्रज्ञा से, तो जहां से उठती है चीज, वहां की कुछ खबर तो रखती ही होगी। गंगा कितनी ही गंदी हो जाए तो भी गंगोत्री के जल का कुछ हिस्सा तो शेष रहता ही है।

अच्छे उपकरण हैं, लेकिन ध्यान रखना : उपकरण हैं। असली काम जागने का है। इधर गीत दोहराते रहना, वेद का, कुरान का, बाइबिल का। उधर पीछे जाग कर देखते रहना। डूब मत जाना, बेहोश मत हो जाना, नहीं तो पाठ हो जाएगा, स्मृति भी

बन जाएगी, एक दिन ऐसी घड़ी आ जाएगी कि तुम बिना किताब को सामने रखे दोहरा सकोगेह्नलेकिन उससे तुम्हारे जीवन में क्रांति घटित न होगी।

पाठ पाठ में निश्चित ही भेद है। बेहोशी में जो भी बीत रहा है वह बेहोशी को मजबूत कर रहा है। जो होश में बीतता है वह होश को मजबूत करता है। इसलिए जितने ज्यादा से ज्यादा क्षण होश में बीतें उतना शुभ है। भोजन करो तो होश पूर्वक।

इसलिए तो कबीर कहते हैं: 'उठूं-बैठूं, सो परिक्रमा!' अब मंदिर जाने की और परिक्रमा करने की भी कोई बात न रही। अब तो उठता-बैठता हूं तो वह भी परिक्रमा है। 'खाऊं-पीऊं सो सेवा!' अब कोई परमात्मा की उपासना करने की जरूरत नहीं, मंदिर में जाकर भोग लगाने की भी कोई जरूरत नहीं। खुद भी खाता-पीता हूं, वह भी सेवा हो गई है। क्योंकि जो खुद भी खा-पी रहा हूं, वहां भी जाग कर देख रहा हूं कि यह भी परमात्मा को ही दिया गया। यहां परमात्मा के अतिरिक्त कुछ और है ही नहीं। जाग कर देखने लगोगे तो प्रत्येक कृत्य पूजा हो जाता है और प्रत्येक विचार और प्रत्येक तरंग उसी के चरणों में समर्पित हो जाती है। सभी उसका नैवेद्य बन जाता है और सारा जीवन अर्चना हो जाती है।

लो एक क्षण और बीता
हम हारे, युग जीता।
बेहोशी में गया क्षण तो हार गए।
लो एक क्षण और बीता
हम हारे, युग जीता।
होश में गया क्षण कि तुम जीते, युग हारा।
लो एक क्षण और बीता
हम हारे, युग जीता
होंठों के सारे गम
आंखों में कैद
चांदनी के सिर का
एक बाल और हुआ सफेद
धूप की नजर का
एक अंग और बढ़ गया
सपने के पैरों में
एक कांटा और गड़ गया
रोते रहे राम
अतीत में समा गई सीता

खतम हुई रामायण
अब शुरू करो गीता।
लो एक क्षण और बीता
हम हारे, युग जीता।

लेकिन चाहे रामायण खतम करो और चाहे गीता शुरू करो, सोए-सोए चला तो सब व्यर्थ चला जाएगा। सोया सो खोया, जागा सो पाया।

तो जब मैं पाठ की महिमा के लिए कहता हूं तो ध्यान रखना। मैं तो चाहता हूं तुम्हारा पूरा जीवन पाठ बने। गीता, कुरान, बाइबिल सुंदर हैं, लेकिन उतने से काम न चलेगा। जीवन तो एक अविच्छिन्न धारा है, घड़ी भर सुबह पाठ कर लिया और फिर तेईस घंटे भटके रहे, भूले रहे, बेहोश रहेह्लयह पाठ काम न आएगा। यह तो ऐसा हुआ कि घर का एक कोना साफ कर लिया और सारा घर गंदा रहा, कूड़ा-कर्कट उड़ता रहाह्लयह कोना कहीं साफ रहेगा? यह तो ऐसा हुआ कि सारा शरीर तो गंदा रहा, मुंह पर पानी के छींटे मार लिए, मुंह साफ-सुथरा कर लिया। यह कुछ धोखा दूसरे को दे रहे हो वह दे दो; यह खुद को धोखा काम न आएगा।

धर्म तो अविच्छिन्न धारा बननी चाहिए। सुबह उठे तो उठने में होश। स्नान किया तो स्नान में होश। फिर बैठ कर पूजा की, पाठ किया तो पाठ में, पूजा में होश। सुंदर कृत्य है। फिर दूकान गए तो दुकान पर होश। बाजार में रहे तो बाजार में होश। घर आए तो घर में होश। सोने लगे तो सोते आखिरी-आखिरी क्षण तक होश।

शुरू-शुरू में तो ऐसा रहेगा कि जागने में भी होश खो-खो जाएगा। कई बार पकड़ोगे, छूट-छूट जाएगा। मुट्ठी बंधेगी न, बिखर-बिखर जाएगा। पारे जैसा है होश; बांधो कि छितर-छितर जाता है। लेकिन धीरे-धीरे मुट्ठी बंधेगी। तब तुम चकित होओगे कि जागने में तो होश बना ही रहता है; एक दिन अचानक तुम चौंक कर पाओगे कि नींद लग गई और होश बना है। उस दिन ऐसा अभूतपूर्व आनंद होता है! उस दिन बांसुरी बज उठी! उस दिन बैकुंठ के द्वार खुले! उस दिन स्वर्ग तुम्हारा हुआ। जिस दिन तुम सो जाओगे रात में और होश की धारा बहती ही रही; तुमने देखा अपनी देह को सोए हुए, अपने मन को शलथ, थका हुआ, हारा हुआ, पड़े हुए; जिस दिन तुम नींद में भी जाग जाओगेह्लबस फिर कुछ करने को न रहा, परिक्रमा पूरी हो गई। जागने में तो अब जाग ही जाओगे, जब सोने में जाग गए...। साधारणतः तो हम जागे भी जागे नहीं, सोए हैं। होना इससे उल्टा चाहिए।

कहता हूंः रे मन, अब नीरव हो जा
ससर सर्प के सदृश्य
जहां है उत्स वहीं पर सो जा

साखी बन कर देख
देह का धर्म सहज चलने दे
जो तेरा गंतव्य
वहां तक चल कर कौन गया है
गल जाने दे स्वर्ण
रूप में उसे स्वयं ढलने दे।

जाना कहीं है भी नहीं। कब कौन गया है! अगर तुम सहज साक्षी बन जाओ तो स्वर्ण खुद ढल जाता है, आभूषण बन जाते हैं। परमात्मा खुद ढल आता है, सरक आता है और तुम दिव्य हो जाते हो, तुम बुद्ध हो जाते हो।

कहता हूं: रे मन अब नीरव हो जा
ससर सर्प के सदृश्य
जहां है उत्स वहीं पर सो जा।

और उत्स तो तुम्हारा चैतन्य है। उत्स तो तुम्हारा जागरण भाव है। आए हो तुम गहन जागृति से, उतरे हो परमात्मा से। वहीं है तुम्हारी जड़ों का फैलाव।

जहां है उत्स वहीं पर सो जा
साखी बन कर देख
देह का धर्म सहज चलने दे।

साखी तुम बन जाओ। ये दो शब्द समझ लेने जैसे हैं: साखी और सखी। बस दो ही मार्ग हैंह्नया तो सखी बन जाओ, वह प्रेम का मार्ग है; या साखी बन जाओ, साक्षी बन जाओ, वह ज्ञान का मार्ग है। और जरा ही सा फर्क है सखी और साखी में, एक मात्रा का फर्क है, कुछ बड़ा फर्क नहीं।

तो जो मैंने कहा पाठ के लिए, वह साक्षी बनने को कहा। साक्षी बन जाओ। और तब तुम चकित होओगे। तब तुम्हारा कोई झगड़ा न रह जाएगा कि कोई गीता पढ़ रहा है, कोई कुरान, कोई धम्मपद, कोई झगड़ा न रहा। अगर तीनों ही साखी को साध रहे तो कोई झगड़ा न रहा, क्योंकि घटना तो साखी से घटने वाली है; कुरान पढ़ने से नहीं, न गीता पढ़ने से। फिर क्या झगड़ा है? अभी तक झगड़ा रहा है। झगड़ा रहा है, क्योंकि गीता वाला कहता है, गीता पढ़ने से ज्ञान होगा; और कुरान वाला कहता है, कुरान पढ़ने से होगा, गीता पढ़ने से कभी हुआ? कैसे हो सकता है! मैं तुमसे कहता हूं: न तो गीता से ज्ञान होता है न कुरान से; ज्ञान होता है साक्षी-भाव से पाठ करने से। फिर बात बदल गई। फिर तुम अगर गीता को साक्षी-भाव से पढ़ो तो गीता से हो जाएगा; कुरान को पढ़ो, कुरान से हो जाएगा।

तुम चकित होओगे यह जान कर कि कृष्णमूर्ति जासूसी उपन्यास के अतिरिक्त और कुछ भी नहीं पढ़ते। जासूसी उपन्यास से भी हो जाएगा, साक्षी की बात है। तुम चकित ही होओगे कि जासूसी उपन्यास और कृष्णमूर्ति! पर कृष्णमूर्ति ने कभी कुछ और पढ़ा ही नहीं। वे तो कहते हैं मैं सौभाग्यशाली हूं कि मैंने गीता, कुरान, बाइबिल नहीं पढ़े। क्योंकि इतने अभागे लोग उलझे हैं, यह देख कर बात तो ठीक ही लगती है। तो जासूसी उपन्यास ही पढ़ते रहे। पर वहीं से हो जाएगा अगर होशपूर्वक पढ़ा। अगर तुम फिल्म भी होशपूर्वक देख लो जाकर तो ध्यान हो रहा है। तुम कहां हो, क्या कर रहे, इससे कोई भी संबंध नहीं; कैसे हो, जागे हो कि सोए, बस इतना स्मरण रहे। अगर जागे नहीं हो तो परमात्मा तुम्हारे द्वार पर दस्तक देता है और लौट-लौट जाता है, तुम्हें सोया पाता है। तुम दस्तक सुनते ही नहीं। तुम नींद में सुनते भी हो तो कुछ का कुछ समझ लेते हो।

आकर चले गए
क्षण बार-बार
होकर उदार
कब कितने छले गए!
बजी खिड़कियां
हिली पखुड़ियां
कलियों पर कुछ छाए
मैंने देखा
सूर्य किरण से
दौड़ द्वार तक आए
किंतु लगे दरवाजे देखे
ठिठक गए वे मौन
गुपचुप के संवादों
जैसे लौट गए
वे कौन!
सूरज ढले गए
आकर चले गए
वे खाकर चोट गए
वे आए लौट गए
क्षण बार-बार
होकर उदार
कब कितने छले गए!

प्रभु तो आता है प्रतिपल, तुम जागते नहीं, मिलन नहीं हो पाता। प्रभु तो आता है प्रति किरण, प्रति श्वास, प्रति धड़कन हृदय की; लेकिन तुम सोए होते, मिलन नहीं हो पाता। जैसे मैं तुम्हारे घर आऊं और तुम गहरे सोए और घर्राटे भरते हो, तो मिलन कैसे होगा? प्रभु से मिलना हो तो जैसा प्रभु जागा है ऐसा ही तुम्हें जागना होगा। जागने का जागने से मिलन होगा। जागते का सोते से मिलन नहीं होता। तुम सोए पड़े, मैं तुम्हारे पास बैठा, तुम्हारे सिर पर हाथ रखे बैठा, तो भी मिलन नहीं होताह्नतुम सोए, मैं जागा। दो सोए व्यक्तियों के बीच मिलन होता नहीं। एक जागे और एक सोए के बीच भी मिलन नहीं होता। दोनों जागें तो मिलन होता है।

साक्षी बनो। और तब तुम पाओगे कि जो भी तुम कर रहे, धीरे-धीरे सभी पाठ हो गया।

दूसरा प्रश्न: मानव-जीवन में झूठ से लेकर बलात्कार और हत्या तक के अपराध फैले हैं। आदिकाल से संत महापुरुषों ने सदकर्म की प्रेरणा दी है। इस संदर्भ में कृपा कर समझाएं कि आज का प्रबुद्ध वर्ग मानव-जीवन की विकार-जनित समस्याओं का समाधान कैसे करे?

पहली तो बात: भीड़ जैसी है वैसी ही रही है और वैसी ही रहेगी; इसमें तुम अपने को उलझाना मत। जीवन के जो परम सत्य हैं; वे केवल व्यक्तियों को उपलब्ध हुए हैं, भीड़ को नहीं। भीड़ को हो सकते नहीं। कोई उपाय नहीं। भीड़ तो मूर्च्छित लोगों की है। वहां तो धर्म के नाम पर भी पाप ही चलेगा। वहां पाप ही चल सकता है। वहां तो अच्छे-अच्छे नारों के पीछे भी हत्या ही चलेगी। हिंदू मुसलमानों को काटेंगे, मुसलमान हिंदुओं को काटेंगे। ईसाई मुसलमानों को मारेंगे, मुसलमान ईसाइयों को मारेंगे। हिंदुओं ने बौद्धों को उखाड़ डाला, समाप्त कर दिया।

आज इस बात को कोई उठाता भी नहीं कि कितने बौद्ध भिक्षु हिंदुओं ने जलाए, कितने मठों में आग लगाई। इस बात को उठाने में भी झंझट-झगड़ा खड़ा हो सकता है। इस बात को कोई उठाता भी नहीं। महावीर का इतना बड़ा प्रभाव था, जैनी सिकुड़-सिकुड़ कर थोड़े-थोड़े कैसे होते चले गए? कितने जैन मुनि मारे गए, जलाए गए, कितने मंदिर मिटाए गएह्नइसका कोई हिसाब नहीं। हिसाब रखने की सुविधा भी नहीं। बात भी उठानी ठीक नहीं; उपद्रव तत्क्षण खड़ा हो जाए।

आदमी ने धर्म के नाम पर जितने पाप किए, किसी और चीज के नाम पर नहीं किए। राजनीति भी पिछड़ जाती है उस मामले में। जितने लोग धर्म के नाम पर मारे गए और मरे, उतने तो लोग राज्य के नाम पर भी नहीं मारे गए और मरे। अगर पाप

का ही हिसाब रखना हो तो एक बात तय है कि धर्म से बड़े पाप हुए दुनिया में, और किसी चीज से नहीं हुए। और जिनको तुम साधु-महात्मा कहते हो, वे ही जड़ में हैं सारे उपद्रव की; वे ही तुम्हें भड़काते हैं; वे ही तुम्हें लड़ाते हैं। लेकिन नारे सुंदर देते हैं। नारे ऐसे देते हैं कि जंचते हैं।

अब अगर सिक्ख गुरु कह दे कि गुरुद्वारा खतरे में है, तो मरने-मारने की बात हो ही गई; जैसे कि आदमी गुरुद्वारा को बचाने के लिए था! अगर मुसलमान चिल्ला दें कि इस्लाम खतरे में है तो मुसलमान पागल हो जाते हैंह्नइस्लाम को बचाना है! यह बड़े मजे की बात है। इस्लाम को तुम्हें बचाना है कि इस्लाम तुम्हें बचाता था? कि कोई गया और उसने किसी के गणेश जी तोड़ दिए, अब वह वैसे ही बैठे थे टूटने को तैयार, इतना भारी सिर, कोई धक्का ही दे दिया होगा, वे चारों खाने चित्त हो गए! खतरा हो गया। हिंदू धर्म खतरे में हो गया! अब यह जो मिट्टी के गणेश जी गिर गए या पत्थर के गणेश जी गिर गए, इनके कारण न मालूम कितने जीवित गणेशों की हत्या होगी। और मजा यह है कि इन गणेश की तुमने पूजा की थी कि ये हमारी रक्षा करेंगे, अब इनकी रक्षा तुम्हें करनी पड़ रही है! यह तो खूब अजीब मजा हुआ। यह तो खूब विरोधाभास हुआ।

तुम्हें परमात्मा की रक्षा करनी पड़ती है? तुम्हें धर्म की रक्षा करनी पड़ती है? तो यह धर्म न हुआ, यह तो तुम्हारा ही फैलाव हुआ, तुम्हारे ही मन के जाल हुए। और ये तो बहाने हुए लड़ने-लड़ाने, मारने-मराने के। फिर बड़े आश्वासन दिए जाते हैं। इस्लाम के मौलवी समझाते हैं कि अगर धर्म-युद्ध में मारे गए, जेहाद में, तो स्वर्ग निश्चित है। खूब प्रलोभन दिए जाते हैं कि जो धर्म-युद्ध में मरा वह तो प्रभु का प्यारा हो गया। कोई लौट कर तो कहता नहीं। लौट कर कुछ पता चलता नहीं। लेकिन मारने-मरने से कोई कैसे प्रभु का प्यारा हो जाएगा? प्रभु का प्यारा तो आदमी प्रेम से होता है, किसी और कारण से नहीं। प्रभु का तो जीवन है। जो जीवन को बढ़ाता, जिसकी ऊर्जा जीवन में सौभाग्य के नये-नये द्वार खोलती है, जो जीवन के लिए वरदान-स्वरूप हैह्नउससे ही प्रभु प्रसन्न हैं। जो उसके जीवन के पक्ष में है, उसी से प्रभु प्रसन्न हैं। जो जितना सृजनात्मक है उतना धार्मिक है।

भीड़ तो सदा उपद्रव करती रही। भीड़ उपद्रव किए बिना रह नहीं सकती। मनस्विद कहते हैं कि ऐसी मूर्च्छा है भीड़ की कि उसे कोई न कोई बहाना चाहिए ही लड़ने-मारने को। तुमने देखा! हिंदुस्तान में हिंदू-मुसलमान इकट्ठे थे तो हिंदू-मुसलमान लड़ते थे! सोचा था कि हिंदुस्तान-पाकिस्तान बंट जाएंगे तो झगड़ा खतम हो गया। झगड़ा खतम नहीं हुआ। जब हिंदू-मुसलमान लड़ने को न रहेह्नलड़ने वाले तो मिट नहीं गए, आदमी तो वही के वही रहेह्नतो गुजराती मराठी से लड़ने लगा। तो

हिंदी भाषी गैर हिंदी भाषी से लड़ने लगा। तो एक जिला कर्नाटक में हो कि महाराष्ट्र में, इस पर छुरे चलने लगे। अब यह बड़े मजे की बात है! पहले तो सवाल था कि हिंदू-मुसलमान चलो विपरीत धर्म हैं तो झगड़ा है; अब हिंदू हिंदू से लड़ने लगा! गुजराती भी हिंदू है, मराठी भी हिंदू है; लेकिन बंबई पर किसका कब्जा हो! तो छुरे चलने लगे। ऐसा लगता है, आदमी वही का वही है।

तुम जरा छोड़ दो, गुजराती को अलग कर दो बंबई सेह्नमराठी मराठी से लड़ेगा। देशस्थ है कि कोकणस्थ?

विनोबा से किसी ने पूछा कि आप देशस्थ ब्राह्मण हैं कि कोकणस्थ? विनोबा ने कहा : 'मैं स्वस्थ ब्राह्मण हूं।' बात तो ठीक है, लेकिन बहुत ठीक नहीं। स्वस्थ होना काफी है, ब्राह्मण जैसे गंदे शब्द को बीच में क्यों लाए? इतना ही कह देते, मैं स्वस्थ हूं। स्वस्थ होने का मतलब ही ब्राह्मण होता है। स्वयं में जो स्थित हो गया, स्वस्थ, वह ब्राह्मण। यह पुनरुक्ति काहे को की कि मैं स्वस्थ ब्राह्मण हूं? क्योंकि इसमें खतरा है। कल स्वस्थ ब्राह्मण अलग झंडा लेकर खड़े हो जाते हैं कि मारो कोकणस्थों को, मारो देशस्थों को; हम स्वस्थ ब्राह्मण हैं! मगर ब्राह्मण हैं! विनोबा कृपा करते, ब्राह्मण को और काट देते, स्वस्थ होना काफी है। आदमी स्वस्थ हो, बस पर्याप्त है। स्वयं में हो, बस पर्याप्त है!

मगर बहुत थोड़े से व्यक्ति ही स्वयं में हो पाते हैं, भीड़ नहीं हो पाती, भीड़ हो भी नहीं सकती।

देखा है भीड़ को
ढोते हुए अनुशासन का बोझ
उछालते हुए अर्थहीन नारे
लड़ते हुए दूसरों का युद्ध
खोदते हुए अपनी कब्रें;
पर नहीं सुना कभी
तोड़ लिया हो किसी
भीड़ ने बलात
व्यक्ति की अंतश्चेतना में खिला
अनुभूति का अम्लान पारिजात!

व्यक्ति की चेतना के जो फूल हैं, वे भीड़ ने कभी नहीं तोड़े, भीड़ तोड़ सकती नहीं। भीड़ कभी बुद्ध नहीं बनती। कोई व्यक्ति बुद्ध बनता है।

मेरे पास लोग आते हैं कि आप समाज के लिए कुछ क्यों नहीं करते? व्यक्ति के लिए ही कुछ किया जा सकता है, समाज के लिए कुछ किया नहीं जा सकता। और

जैसे ही तुम समाज के लिए कुछ करने को तत्पर होते हो वैसे ही तुम राजनीति में उतर जाते हो। धर्म का संबंध व्यक्ति से है, समाज का संबंध राजनीति से है। धर्म का कोई संबंध समाज से नहीं है। धर्म तो असामाजिक है। धर्म तो व्यक्तिवादी है। क्योंकि धर्म तो व्यक्ति की परिपूर्ण स्वतंत्रता में भरोसा करता है, स्वच्छंदता में।

पूछते हो : 'मानव-जीवन में झूठ से लेकर बलात्कार और हत्या तक के अपराध फैले हैं।'

सदा फैले रहे हैं, सदा फैले रहेंगे। यह तो ऐसा ही है जैसे कि कोई मेरे पास आ कर कहे कि देखते हैं आप अस्पताल में टी.बी. से लेकर कैंसर तक की बीमारियां फैली हैं! अब अस्पताल में तो फैली ही रहेंगी, अस्पताल में न फैलेंगी तो कहां फैलेंगी? अस्पताल तो है ही इसीलिए। अस्पताल में कोई स्वस्थ लोग थोड़े ही रहेंगे! वहां तो बीमारियां ही रहेंगी। जो बीमारी में है वही तो अस्पताल में है। इसी को अगर तुम पूरब की मनीषा से पूछो तो पूरब की मनीषा कहती है : जो पाप में है वही तो भेजा जाता है संसार में। इनमें से कुछ थोड़े से लोग इस सत्य को समझ कर भीड़ के पार उठ जाते हैं, कमलवत हो जाते हैं। फिर दुबारा उनका आना नहीं होता।

यह संसार जिसको तुम कहते हो, अस्पताल है पापियों के लिए। इसलिए तो भारत में हमने कभी आवागमन की आकांक्षा नहीं की। जो जानते हैं वे कहते हैं : 'हे प्रभु, आवागमन से छुड़ाओ! हे कुंभकार, अब इस मिट्टी को मुक्त करो! तुम्हारे चाक पर घूम-घूम कर हम थक गए। अब छुट्टी दो।'

मोक्ष का अर्थ क्या है? इतना ही अर्थ है कि देख लिया बहुत, यहां रोग ही रोग हैं, इस पार रोग ही पलते हैंह्नअब उस पार वापस बुला लो!

यह तो किसी व्यक्ति को दिखाई पड़ता है। भीड़ तो दौड़ी जाती है अंधों की भांति-लोभ में, धन में, पद में, मर्यादा मेंह्नभाग रही, दौड़ रही! इस भीड़ के बीच कोई एकाध छिटक पाता है। वह भी आश्चर्य है कि कोई कैसे छिटक पाता है। भीड़ का जाल बहुत मजबूत है। भीड़ अपने से बाहर किसी को हटने नहीं देती। भीड़ सब तरह से तुम्हारी छाती पर सवार है और गर्दन को पकड़े है।

कल ही एक मित्र पूछते थे कि ङ्गआप कहते हैं निसर्ग से जीएं, सहजता से, स्वच्छंदता से। बड़ी मुश्किल है, क्योंकि फिर समाज है, राज्य है; अगर हम स्वच्छंद भाव से जीएं, अपने ही भीतर के छंद से जीएं, तो कई अड़चनें खड़ी होंगी।ङ्क

ठीक पूछते हैं। अड़चनें तो होने वाली हैं। वही अड़चन तपश्चर्या है। उनसे मैंने कहा : जहां तक बने अपने स्वभाव से जीयो और जहां ऐसा लगे कि जीना असंभव ही हो जाएगा वहां नाटक करो, वहां अभिनय करो, वहां गंभीरता से मत लो, वहां नाटक...।

सम्यक-चेता व्यक्ति जीता सहजता से है। लेकिन चूंकि जीना भीड़ के साथ है और सभी भीड़ से भाग नहीं सकते... भागेंगे कहां! अगर सभी भाग गए तो वहीं भीड़ हो जाएगी। इसलिए कोई उपाय नहीं है। वहीं सब उपद्रव शुरू हो जाएंगे। जहां भीड़ है वहां उपद्रव है। और अकेले होने से भी उपद्रव मिट नहीं जाता। क्योंकि अगर भीड़ सिर्फ बाहर ही होती तो तुम जंगल चले जाते, उपद्रव मिट जाता। भीड़ तुम्हारे भीतर घुस गई है। तुम जंगल में भी जाकर हिंदू रहोगे, तो भीड़ तो तुम्हारे भीतर घुस गई। तुम जंगल में भी जाकर राम का नाम लोगे या अल्लाह का नाम लोगे, तो भीड़ तुम्हारे भीतर घुस गई। तुम जंगल में भी बैठ कर अपने भीड़ के संस्कारों से थोड़े ही छूट पाओगे। भीड़ बाहर होती तो बड़ा आसान था; भीड़ भीतर तक चली गई है। उसने तुम्हारे भीतर घर कर लिया है। इसलिए अब एक ही उपाय है: रहो भीड़ में जहां तक बने।

और नब्बे प्रतिशत तुम सहजता से जी सकते हो, दस प्रतिशत अड़चन होगी। उस अड़चन को नाटक और अभिनय मानना। उसको खेल समझना। जैसे कि रास्ते पर बाएं चलो का नियम है, अब तुम्हारा स्वच्छंद भाव हो रहा है कि बीच में चलें, तो भी मत चलना, क्योंकि उससे कोई सार नहीं है। उस स्वच्छंदता से कुछ लेना-देना भी नहीं है। तुम बाएं ही चलना। क्योंकि अगर सभी स्वच्छंद चलें तो राह पर चलना ही मुश्किल हो जाएगा। नियम से भी चलो तो भी कितनी झंझट है, राह से चलना मुश्किल हो रहा है। नियम से ही चलना। वह सहज स्वीकार है। वह भी बोधपूर्वक स्वीकार करना कि इतनी हम कीमत चुकाते हैं भीड़ के साथ रहने की। नब्बे प्रतिशत हम अपने को मुक्त करते हैं और प्रभु के लिए अर्पित होते हैं, दस प्रतिशत कीमत चुकाते हैं भीड़ के साथ रहने की।

कीमत तो चुकानी पड़ती है हर चीज के लिए। बिना मूल्य तो कुछ भी नहीं है। लेकिन एक बात ध्यान रखना कि धर्म का संबंध भीड़ से नहीं है, धर्म का संबंध तो सहजता से है। सहजता व्यक्ति की है। आत्मा व्यक्ति के पास है; भीड़ के पास कोई आत्मा नहीं है।

पूछा है: 'आदिकाल से संत महापुरुषों ने सदकर्म की प्रेरणा दी है।'

अधिकतर तो उपद्रव का कारण ये संत महापुरुष ही हैं। इनमें सभी ज्ञान को उपलब्ध व्यक्ति नहीं हैं। तुम्हारे सौ संत महापुरुषों में शायद एकाध जीवन मुक्त है, बाकी तो भीड़ के ही हिस्से हैं। बाकी का तो धर्म से कोई संबंध नहीं है। सच्चरित्र होंगे। लेकिन सच्चरित्र का क्या अर्थ होता है? सच्चरित्र का अर्थ होता है: जो समाज की मान कर चलता है; समाज ने जो नियम निर्धारित किए हैं, जो उनकी मर्यादा को स्वीकार करता है।

इसलिए तुम देखते हो, राम की बड़ी प्रतिष्ठा है! कृष्ण का लोग नाम भी लेते हैं तो भी जरा डरे-डरे। कृष्ण का भक्त भी कृष्ण की बात करता है तो चुनाव करता है। जैसे सूरदास कृष्ण के केवल बचपन के गीत गाते हैं, जवानी तक जाने में सूरदास डरते मालूम पड़ते हैं। क्योंकि जवानी में फिर खतरा है। बचपन तक ठीक है। दूध की दुहनिया तोड़ रहे, ठीक है। लेकिन जवान जब तोड़ने लगता है तो फिर झंझट है। तो सूरदास चुनाव कर लेते हैंह्नबालकृष्ण! बस वहां से आगे नहीं बढ़ते वे। बस बालक को ही फुदकाते रहते हैं। पांव की पैंजनियांह्नऔर फुदक रहे बालक! उससे आगे नहीं जाने देते, क्योंकि वहां तक वे छेड़खान करें, चलेगा। लेकिन जब वे जवान हो जाते हैं और स्त्रियों के कपड़े चुरा कर वृक्षों पर बैठने लगते हैं, तब जरा अड़चन आती है, वहां सूरदास झिझक जाते हैं।

अधिकतर तो लोग कृष्ण की मान्यता गीता के कारण करते हैं। बस गीता तक उनके कृष्ण पूरे हैं; भागवत तक नहीं जाते। भागवत में खतरा है। गीता के कृष्ण स्वीकार हैं; वहां कुछ अड़चन नहीं है। लेकिन राम पूरे के पूरे स्वीकार हैं। तुमने इस फर्क को देखा? राम शुरू से लेकर अंत तक स्वीकार हैं। वे मर्यादा-पुरुषोत्तम हैं। वे ठीक वैसा करते हैं जैसा करना चाहिए। कृष्ण भरोसे के नहीं हैं। कृष्ण बहुत स्वच्छंद हैं, स्वचेतना से जीते हैं।

लेकिन अगर तुम समझोगे तो जिन्होंने जाना, उन्होंने राम को तो कहा है अंशावतार और कृष्ण को कहा पूर्णावतार। मतलब साफ है। राम में तो अंशरूप में ही परमात्मा है, कृष्ण में पूरे रूप में है। क्योंकि स्वच्छंदता पूर्ण है। राम में तो कहीं-कहीं छींटे हैं परमात्मा के; कृष्ण तो पूरी गंगा हैं। लेकिन कृष्ण को अंगीकार करने की सामर्थ्य चाहिए।

जिनको तुम संत महापुरुष कहते हो, आमतौर से तो तुम्हारी धारणाओं के अनुकूल चलने वाले लोग होते हैं। जैसे जैन है, वह किसी को संत कहता है, उसकी अपनी परिभाषा है संत की। रात भोजन नहीं करता, पानी छान कर पीता है, एक ही बार भोजन करता हैह्नउसकी अपनी परिभाषा है। यही परिभाषा हिंदुओं की नहीं है, तो हिंदू को कोई अड़चन नहीं है। दिगंबर जैन की परिभाषा है कि संत नग्न रहता है। अब वह दिगंबर जैन की परिभाषा है। तो जो नग्न न हो तब तक संत नहीं है; जैसे ही नग्न हुआ कि वह संत हुआ। चाहे वह पागलपन में ही नग्न क्यों न हो गया हो, लेकिन वह संत हो गया। इसीलिए तो जैन बुद्ध को भगवान नहीं कहते, महात्मा कहते हैं; भगवान तो महावीर को कहते हैं, बुद्ध को महात्मा कहते हैं: 'ठीक हैं, कामचलाऊ, कुनकुने, कोई अभी पूरी अवस्था उपलब्ध नहीं हुई। पूरी अवस्था में तो दिगंबरत्व है!ङ्क महावीर नग्न खड़े हो जाते हैं।'

जैन कृष्ण को तो महात्मा भी नहीं कह सकते। उनको तो नरक में डाला हुआ हैह्लसातवें नरक में! क्योंकि कृष्ण ने युद्ध करवा दिया। महाभारत की सारी हिंसा कृष्ण के ऊपर है। अर्जुन तो बेचारा भाग रहा था। वह तो जैनी होना चाहता था। वह तो कह रहा था: 'जाने दो महाराज, यह हिंसा मुझे नहीं सोहती। मैं जंगल चला जाऊंगा, झाड़ के नीचे बैठ कर ध्यान करूंगा।' वह तो तैयार ही था, भागा-भागा था। कृष्ण उसको खींच-खांच कर जबरदस्ती समझा-बुझा कर उलझा दिएह्लगरीब आदमी को! तो हिंसा-हत्या, इसका जिम्मा किस पर है? यह जो महाभारत में इतना खून हुआ, इसका जिम्मा किस पर है? निश्चित ही अर्जुन पर तो नहीं है। कृष्ण पर ही हो सकता है। कोई भी अदालत अगर निर्णय देगी तो कृष्ण पर ही जिम्मा जाएगा। अर्जुन ज्यादा से ज्यादा सहयोगी था, लेकिन प्रधान केंद्र तो कृष्ण ही हैं सारे उपद्रव के। तो जैनों ने उनको सातवें नरक में डाला है।

अब जैनों की संख्या ज्यादा नहीं, इसलिए हिंदुओं से डरते भी हैं, इसलिए गुंजाइश भी रखी है कि अगले कल्प में, फिर जब सृष्टि का निर्माण होगा, तब तक तो कृष्ण को नरक में रहना पड़ेगा; लेकिन वे आदमी कीमत के हैं, यह बात भी सच है, तो अगली सृष्टि में वे पहले तीर्थंकर होंगे। ऐसे हिंदुओं को भी खुश कर लिया है। अगली सृष्टि में, कभी अगर होगी, तो वे पहले तीर्थंकर होंगे, लेकिन तब तक नरक में पड़े सड़ेंगे।

कौन संत है, कौन महात्मा है? बड़ा मुश्किल है कहना। कृष्ण तक को जैन मानने को राजी नहीं कि वे संत हैं। मुहम्मद को तुम संत कहोगे? तलवार हाथ में! तुम जीसस को संत कहोगे?

एक जैन मुनि से मेरी बात हो रही थी। उन्होंने कहा कि आप जीसस की इतनी प्रशंसा क्यों करते हैं? उनको फांसी लगी! तो मैंने कहा: निश्चित लगी। तो वे कहने लगे: फांसी तो तभी लगती है, जब पिछले जन्म में कोई बड़ा पाप किया हो, नहीं तो फांसी कैसे लगे? बात तो ठीक लगती है। कांटा भी गड़ता है तो कर्म के फल से गड़ता है; फांसी लगती तो...। तो जैन हिसाब में फांसी देने वाले उतने जुम्मेवार नहीं हैं, जितना कि लगने वाला जुम्मेवार है, क्योंकि इसने कुछ महापाप किए होंगे। इसको महात्मा कैसे कहना!

जैनों का तो हिसाब यह है कि महावीर अगर चलते हैं रास्ते पर और कांटा सीधा पड़ा हो तो जल्दी से उल्टा हो जाता है करवट ले कर। महावीर आ रहे हैं, उनको तो कांटा गड़ नहीं सकता; कोई पाप किया ही नहीं; फांसी फूल बन जाती है। गले में लगा फंदा फूल की माला हो जाता अगर महावीर को लगी होती। तो ईसा को...कैसे महात्मा! कठिन है।

ईसाई से पूछें। ईसाई कहता है : तुम्हारे ये महावीर और बुद्ध और ये सब...इनमें क्या रखा है? इनको जीवन की कुछ पड़ी ही नहीं है। ये सब स्वार्थी हैं। बैठे हैं अपने-अपने झाड़ों के नीचे, अपना-अपना ध्यान कर रहे हैं। जीसस को देखो, सबके कल्याण के लिए चेष्टारत हैं और सबके कल्याण के लिए सूली लगवाने को तैयार हुए, क्योंकि सबकी मुक्ति इससे होगी! अपना बलिदान दिया! ये महात्मा हैं, शहीद!

परिभाषाओं की बात है। लेकिन एक बात मैं तुमसे कहता हूं : अगर तुम बहुत गौर से देखोगे और सारी परिभाषाओं को हटा कर देखोगे तो सौ महात्माओं में कभी एक तुम्हें सच में महात्मा मालूम पड़ेगा। कौन महात्मा है? जिसका परमात्मा के हाथ में हाथ हैह्नवही। बड़ा कठिन है उसे देखना। जब तक तुम हिंदू हो, तब तक तुम्हें हिंदू महात्मा को महात्मा मानने की वृत्ति रहेगी। जब तक जैन हो, तब तक जैन महात्मा को महात्मा मानने की वृत्ति रहेगी। ये पक्षपात तुम्हें महात्मा को पहचानने न देंगे। तुम सारे पक्षपात हटाओ, फिर आंख खोल कर देखो। तुम चकित हो जाओगे : तुम्हारे सौ महात्माओं में से निन्यानबे तो राजनीतिज्ञ हैं और समाज की सेवा में तत्पर हैं। उनका काम वैसा ही है जैसा पुलिस वाले का है। वे समाज को ही सम्हालने में लगे हुए हैं। वह जो काम पुलिसवाला करता है, वही वे अच्छे ढंग से कर रहे हैं। जो मजिस्ट्रेट करता है वही तुम्हारा महात्मा भी कर रहा है। मजिस्ट्रेट कहता है, जेल भेज देंगे; महात्मा कहता है, नरक जाओगे अगर पाप किया। महात्मा कहता है : अगर पुण्य किया तो स्वर्ग मिलेगा। वे तुम्हारे लोभ और भय को उकसा रहे हैं।

तो तुम जो कहते हो : 'आदिकाल से संत महापुरुषों ने सदकर्म की प्रेरणा दी है...।'

पहले तो यह पक्का नहीं है कि उनमें से कितने संत महापुरुष हैं। और दूसरा सदकर्म की प्रेरणा में ही असदकर्म की चुनौती छिपी हुई है। वास्तविक महात्मा कर्म की प्रेरणा ही नहीं देता; वह तो अकर्ता होने की प्रेरणा देता है। इसे समझना। यही तो अष्टावक्र की गीता का सार है। वह यह नहीं कहता : अच्छा कर्म करो। वह कहता है : अकर्ता हो जाओ। कर्म तुमने किया नहीं, कर्म तुम कर नहीं रहेह्नऐसे साक्षी-भाव में हो जाओ, साखी बनो।

वास्तविक संत तो निरंतर यह कहता है कि कर्म तो परमात्मा का है, तुम्हारा है ही नहीं। तुम निमित्तमात्र हो! तुम देखते रहो। यह खेल प्रकृति और परमात्मा का चलने दो। यह छिया-छी चलने दो, तुम जागे देखते रहो। तुम इसमें पक्ष भी मत लो कि यह बुरा और यह अच्छा; यह मैं करूंगा और यह मैं नहीं करूंगा। जो होता हो होने दो; तुम मात्र निर्विकार-भाव से देखते रहो। दर्पण की भांति तुममें प्रतिफलन बने, लेकिन कोई निर्णय न बने अच्छा-बुरा।

वास्तविक महात्मा तो तुम्हें अकर्ता बनाता है। तुम जिनको महात्मा कहते हो, मैं भी समझ गया बात, वे तुम्हें सदकर्म की प्रेरणा देते हैं। सदकर्म का मतलब क्या होता है? जिसको समाज असदकर्म कहता है...।

समझ लो। एक लाओत्सु का शिष्य मजिस्ट्रेट हो गया चीन में। पहला ही मुकदमा आया। एक आदमी ने चोरी की एक धनपति के घर में और उसने दोनों को सजा दे दी छह-छह महीने की़धनपति को भी और चोर को भी। धनपति ने कहा: 'तुम्हारा मस्तिष्क ठीक है? तुम्हें कुछ नियम-कानून का पता है? मुझे किसलिए दंड दिया जा रहा है? मेरी चोरी, उल्टे मुझे दंड! यह तो हद हो गई।'

सम्राट के पास मामला गया। सम्राट भी जरा हैरान हुआ कि इस आदमी को सोच-समझ कर रखा था, बुद्धिमान आदमी है, यह क्या बात है! ऐसा कभी सुना कि जिसके घर चोरी हुई उसको भी सजा! सम्राट ने पूछा कि तुम्हारा प्रयोजन क्या है? उसने कहा: 'प्रयोजन साफ है। इस आदमी ने इतना धन इकट्ठा कर लिया है कि चोरी नहीं होगी तो क्या होगा? यह आदमी चोरों को पैदा करने का कारण है। जब तक यह आदमी सारे गांव का धन बटोरता जा रहा है, तब तक चोर को ही जिम्मेदार ठहराना ठीक नहीं। लोग भूखे मर रहे हैं, लोगों के पास वस्त्र नहीं हैं और यह आदमी इकट्ठा करता जा रहा है। इसके पास इतना इकट्ठा हो गया है कि अब चोरी को पाप कहना ठीक नहीं। इसके घर चोरी को पाप कहना तो बिलकुल ठीक नहीं। अपराध भी तो किसी विशेष संदर्भ में अपराध होता है। हां, किसी गरीब के घर इसने चोरी की होती तो अपराध हो जाता; इसके घर चोरी में क्या अपराध है? और यह खुद चोर है। इतना धन इकट्ठा कैसे हुआ? इसलिए अगर मुझे आप पद पर रखते हैं तो मैं दोनों को सजा दूंगा। न यह धन इकट्ठा करता न चोरी होती।'

अब तुम्हारा महात्मा क्या कहता है? महात्मा कहता है: चोरी मत करना! और इसलिए धनपति महात्मा के पक्ष में है सदा। धनपति कहता है: बिलकुल ठीक कह रहे हैं महात्मा जी, चोरी कभी नहीं करना! क्योंकि चोरी धनपति के खिलाफ पड़ती है। इसलिए सदियों से जिनके पास है, वे महात्मा के पक्ष में हैं; और महात्मा उनको आशीर्वाद दे रहा है जिनके पास है। और महात्मा तरकीबें खोज रहा है ऐसी-ऐसी जालभरी, चालाकी-भरी कि जिससे जिसके पास हो उसकी सुरक्षा होती है। वह कहता है: 'तुम गरीब हो, क्योंकि तुमने पिछले जन्म में पाप किए। वह आदमी अमीर है, क्योंकि उसने पिछले जन्म में पुण्य किए हैं।'

अब एक बड़ी मजे की बात है! वह आदमी अभी चूस रहा है, इसलिए अमीर है; यह आदमी चूसा जा रहा है, इसलिए गरीब है। लेकिन तरकीब यह बताई जा रही

है कि पिछले जन्म में तुमने पाप किए हैं, इसलिए तुम गरीब हो। और पिछले जन्मों का किसी को कोई पता नहीं। पिछला जन्म तो सिर्फ कहानी हैह्नहो न हो! पिछले जन्म के आधार पर यह जो चालबाजी चली जा रही है, तो फिर मार्क्स ठीक मालूम पड़ता है कि धर्म को लोगों ने अफीम का नशा बना रखा है; गरीबों को पिलाए जाते हैं अफीम, उनको समझाए चले जाते हैं कि तुम अपने कर्मों का फल भोग रहे हो।

फिर अड़चनें भी आती हैं यहां। यहां हम देखते हैं रोज, जो बेईमान है, चार सौ बीस है, वह धन कमा रहा है; पाप का फल तो नहीं भोग रहा है। जो ईमानदार है, वह भूखा मर रहा है। तो भी महात्मा समझाए जाता है कि ठहरो, उसके घर देर है, अंधेर नहीं। अब यह देर किसने खोज ली? 'उसके घर देर है, अंधेर नहीं।' कहते हैं : 'जरा ठहरो! इस जन्म में कर लेने दो, अगले जन्म में देखना, जो बेईमान है वह सड़ेगा!' यह बड़ी हैरानी की बात है, आग में हाथ डालो तो अभी जल जाता है, जरा देर नहीं है; चोरी करो तो अगले जन्म में पाप का फल मिलता है! ईमानदारी करो तो अभी जीवन में सुख नहीं मिलता, अगले जन्म में मिलता है! कहीं यह चार सौ बीसी और तरकीब तो नहीं? यह कहीं समाज के शोषकों का जाल तो नहीं है?

किसको तुम महात्मा कहते हो? तुम्हारे अधिकतर महात्मा समाज की जड़ शोषण से भरी व्यवस्था के पक्षपाती रहे हैं। सदकर्म वे उसी को बताते हैं जो समाज की स्थिति-स्थापकता को कायम रखता है; असदकर्म उसी को बताते हैं जो समाज की स्थिति को तोड़ता हैह्नजिनके पास है उनकी स्थिति डांवाडोल न हो जाए।

इसलिए तो मैंने कहा कि सेठ जी और संन्यासी में एक संबंध है और इसलिए तुम्हारा संन्यासी सत्यानाशी है।

इस देश में कोई क्रांति नहीं घट सकी सामाजिक तल पर। नहीं घट सकी, क्योंकि हमने ऐसी तरकीबें खोज लीं कि क्रांति असंभव हो गई। हमने क्रांति-विरोधी तरकीबें खोज लीं। हमारे अनेक सिद्धांत क्रांति-विरोधी तरकीबें हैं। तो तुम्हारे महात्मा कहते रहे, माना; लेकिन तुम्हारे जो महात्मा कहते रहे, उसमें बहुत बल नहीं है, वह धोखा है। इसलिए उसका कोई परिणाम भी नहीं हुआ है।

फिर तुम्हारे महात्मा जो कहते रहे, वह प्रकृति और स्वभाव के अनुकूल नहीं मालूम पड़ता है, प्रतिकूल है। अब लोगों को उलटी-सीधी बातें समझाई जा रही हैं, जो नहीं हो सकतीं, जो उनकी प्रकृति के अनुकूल नहीं पड़तीं। जब नहीं हो सकतीं तो उनके मन में अपराध का भाव पैदा होता है। जैसे आदमी को भूख लगती है, अब तुम उपवास समझाते हो; तुम कहते हो : 'उपवास-सदकर्म! भूख-पाप! उपवास-सदकर्म! तो उपवास करो!' अब यह शरीर का गुणधर्म है कि भूख लगती है। यह स्वाभाविक

है। इसमें कहीं कोई पाप नहीं है। और उपवास में कहीं कोई पुण्य नहीं है। अब यह एक ऐसी खतरनाक बात है, अगर सिखा दी गई कि उपवास करो, यही पुण्य है, तो तुम सीख बैठे। अब तुम उपवास करोगे तो परेशानी में पड़ोगे, क्योंकि भूख लगेगीह्नतो लगेगा : कैसा पापी हूं, मुझे भूख लग रही है! अगर भोजन करोगे तो अपराध-भाव मालूम पड़ेगा कि मैं भी कैसा हूं कि अभी तक उपवास करने में सफल नहीं हो पाया! अब तुमको डाल दिया एक ऐसे जाल में जहां से तुम बाहर न हो सकोगे।

'कामवासना पाप है!' कामवासना से तुम पैदा हुए हो। जीवन का सारा खेल कामवासना पर खड़ा है। तुम्हारा रोआं-रोआं कामवासना से बना है। कण-कण तुम्हारी देह का काम-अणु से बना है। अब तुम कहते हो : कामवासना पाप है!

मेरे पास युवक आ जाते हैं। वे कहते हैं : बड़े बुरे विचार उठ रहे हैं। मैं उनसे पूछता हूं : 'तुम मुझे कहो भी तो कौन से बुरे विचार उठते हैं!' वे कहते हैं : 'अब आपसे क्या कहना, आप सब समझते हैं। बड़े बुरे विचार उठ रहे हैं!' यह तुम्हारे साधु-महात्माओं की कृपा है। और जब पूछताछ करता हूं, उनसे जब बहुत खोदता हूं तो वे कहते हैं कि स्त्रियों का विचार मन में आता है। इसमें क्या बुरा विचार उठ रहा है? तुम्हारे पिता के मन में नहीं आता तो तुम कहां होते? इसमें बुरा कहां है? नैसर्गिक है। इससे पार हो जाना जरूर महत्वपूर्ण है, लेकिन इसमें बुरा कुछ भी नहीं है। इसमें पाप कुछ भी नहीं है; यह प्राकृतिक है। इससे पार हो जाना जरूर महिमापूर्ण है, क्योंकि प्रकृति के पार जो हुआ उसकी महिमा होनी ही चाहिए। तो जो ब्रह्मचर्य को उपलब्ध हो जाए, उसकी महिमा है; जो न उपलब्ध हो सके, उसकी निंदा नहीं।

मेरी बात को ठीक से समझना। जो कामवासना में है, प्राकृतिक है, स्वस्थ है, सामान्य है; कोई निंदा की बात नहीं; जो होना चाहिए, वही हो रहा है। लेकिन जो कामवासना के पार होने लगाह्नऔर बड़ी घटना घटने लगी, प्रकृति का और कोई ऊपर का नियम इसके जीवन में काम करने लगा। यह शुभ है। इसका स्वागत करना। मेरी दृष्टि में ऊपर की सीढ़ियों का स्वागत तो होना चाहिए, नीचे की सीढ़ियों की निंदा नहीं। क्योंकि निंदा का दुष्परिणाम होता है। नीचे की सीढ़ियों की निंदा करने से ऊपर की सीढ़ियां तो नहीं मिलतीं; नीचे की सीढ़ियों पर भी ऐसी कठिन विक्षिप्तता पैदा हो जाती है कि पार करना ही असंभव हो जाता है।

अगर तुमने कामवासना को सहज भाव से स्वीकार कर लिया, तुम एक दिन उसके पार हो जाओगे। साखी बनो! साक्षी बनो! रोओ-धोओ मत, चिल्लाओ मत! बुरा-भला मत कहो, गाली-गलौज मत बको! परमात्मा ने अगर कामवासना दी है तो कोई प्रयोजन होगा। निष्प्रयोजन कुछ भी नहीं हो सकता। उसने सभी को कामवासना दी है, तो जरूर कोई महत प्रयोजन होगा।

और तुमने कभी सुना, कोई नपुंसक कभी बुद्धत्व को उपलब्ध हुआ है? तुमने कभी यह बात सुनी? नहीं, क्योंकि वही काम-ऊर्जा बुद्धत्व बनती है। वही काम-ऊर्जा जब धीरे-धीरे वासना से मुक्त होती है, वही काम-ऊर्जा जब काम से मुक्त होती है, तो राम बन जाती है।

सोना मिट्टी में पड़ा है, खदान में पड़ा है। शुद्ध करना है, यह भी सच है। लेकिन मिट्टी से सने पड़े सोने की कोई निंदा नहीं है। यही ढंग है शुरू होने का। खदान से ही तो निकलेगा सोना। जब खदान से निकलेगा तो कचरा-कूड़ा भी मिला होगा। फिर आग से गुजारेंगे, कचरा-कूड़ा जल जाएगा; जो बचना है बच रहेगा।

जीवन की आग से अगर कोई साक्षीपूर्वक गुजरता रहे, तो जो-जो गलत है, अपने आप विसर्जित हो जाता है, उससे लड़ना नहीं पड़ता।

तुम्हारे साधु-महात्माओं ने तुम्हारी फांसी लगा दी है। उन्होंने तुम्हें इतना घबड़ा दिया हैह्न'सब पाप, सब गलत!' इस कारण तुम इतनी आत्मनिंदा से भर गए हो कि तुम्हारे जीवन में विषाद ही विषाद है और कहीं कोई सूरज की किरण दिखाई नहीं पड़ती।

जीवन को स्वीकार करो! जीवन प्रभु का है। जैसा उसने दिया, वैसा स्वीकार करो। और उस स्वीकार में से ही धीरे-धीरे तुम पाओगे, जागते-जागते जाग आती है और सब रूपांतरित हो जाता है।

तुम्हारे साधु-संतों ने तुम्हें दुष्कर्मों से मुक्त नहीं किया है; तुम्हें सिर्फ पापी होने का अपराध-भाव दे दिया है। और अपराध-भाव जब पैदा हो जाए तो जीवन में बड़ी अड़चन हो जाती हैह्नछाती पर पत्थर रख गए।

अब मैं देखता हूं: तुम अपनी पत्नी को प्रेम भी करते हो और साथ में यह भी सोचते हो कि इसी के कारण नरक में पड़ा हूं! अब यह प्रेम भी संभव नहीं हो पाता; क्योंकि जिसके कारण तुम नरक में पड़े हो उसके साथ प्रेम कैसे होगा! तुम पत्नी को गले भी लगाते होह्नएक हाथ से गले लगा रहे, दूसरे से हटा रहे हो। तृप्ति भी नहीं मिलती गले लगाने से। तृप्ति मिल जाती तो पार हो जाते। तृप्ति मिलती नहीं, क्योंकि गले कभी पूरा लगा नहीं पाते; बीच में साधु-संत खड़े हैं। तुम पत्नी को गले लगा रहे हो, बीच में साधु-संत खड़े हैं। वे कह रहे हैं: 'यह क्या कर रहे हो? दुष्कर्म हो रहा है।' तो उनके कारण कभी तुम पत्नी को पूरा गले भी नहीं लगा पाते। और जिसने पत्नी को पूरा गले नहीं लगाया, वह कभी स्त्री से मुक्त न हो सकेगा।

मुक्ति हमारी होती है ज्ञान से। जो भी जान लिया जाता है, उससे हम मुक्त हो जाते हैं। जान लो ठीक से। और जानने के लिए जरूरी है कि अनुभव कर लो। और अनुभव में जितने गहरे जा सको, चले जाओ। अनुभव को पूरा का पूरा जान लो।

जानते ही मुक्त हो जाओगे; फिर कुछ जानने को बचेगा नहीं। जब जानने को कुछ भी नहीं बचता तो मुक्ति हो जाती है।

साधु-संतों के कारण ही तुम कामवासना से मुक्त नहीं हो पा रहे हो। और साधु-संतों के कारण ही तुम जीवन की बहुत सी बातों से मुक्त नहीं हो पा रहे हो, क्योंकि वे तुम्हें जानने ही नहीं देते। वे तुम्हें अटकाए हुए हैं। वे तुम्हें उलझाए हुए हैं।

तो तुम पूछते हो कि ङ्गसाधु-संतों ने सदा से सदकर्म की प्रेरणा दी है...।ङ्ख

उन्हीं की प्रेरणा के कारण तुम भटके हो। मैं तो सिर्फ उनको संतपुरुष कहता हूं, जिन्होंने साक्षी होने की प्रेरणा दी; सदकर्म की नहीं। क्योंकि सदकर्म में तो दुष्कर्म का भाव आ गया। सदकर्म में तो निंदा आ गई, मूल्य आ गया। मूल्य-मुक्त होने का जिन्होंने तुम्हें पाठ सिखाया, उन्हीं को मैं कहता हूं संत। अष्टावक्र को मैं कहता हूं संत। जनक को मैं कहता हूं संत। इनकी बात समझो। ये तो कहीं नहीं कह रहे कि क्या बुरा है, क्या भला है। ये तो इतना ही कह रहे हैं, जो भी है जैसा भी है, जाग कर देख लो। जागना एकमात्र बात मूल्य की है। कर्म नहींह्नअकर्ता-भाव।

हम कहते हैं बुरा न मानो
यौवन मधुर सुनहली छाया
सपना है, जादू है, छल है ऐसा
पानी पर मिटती-बनती रेखा-सा
मिट-मिट कर दुनिया देखे रोज तमाशा
यह गुदगुदी यही बीमारी
मन हलसावे, छीजे काया
हम कहते हैं बुरा न मानो
यौवन मधुर सुनहली छाया।

है तो छाया, पर बड़ी मधुर, बड़ी सुनहली! निंदा नहीं है इसमें। है सुंदर, सुनहली, बड़ी मधुर! पर है छाया! है माया! पानी पर खींची रेखा! खींच भी नहीं पाते, मिट जाती है। बंद आंख में देखा गया सपना! शायद सपनों में देखा गया सपना!

कभी तुमने सपने देखे, जब तुम सपने में सपना देखते हो? रात सोए, सपना देखा कि अपने सोने के कमरे में खड़े हैं और सोने जा रहे हैं। लेटे बिस्तर पर, लेट गए बिस्तर पर, नींद लग गई और सपना देखने लगे। सपने में सपना और भी सपना हो सकता है।

यह पूरा जीवन ही एक सपना है, फिर इस सपने में और छोटे-छोटे सपने हैंह्नकोई धन का देखता, कोई पद का देखता, कोई काम का देखता। फिर छोटे सपने में और छोटे-छोटे सपने हैं। बीज सपने का है, फिर उसमें शाखाएं हैं, वृक्ष हैं, फल हैं, फूल हैंह्नवे सभी सपने हैं। और सब सुंदर हैं। क्योंकि है तो माया उसी की। है तो

प्रभु की ही माया। यह खेल भी किसी बड़ी गहरी सिखावन के लिए है, कोई बड़ी देशना इसमें छिपी है।

तो मैं तुमसे यह नहीं कहता कि यह गलत है; न तुमसे मैं कहता, यह सही है। मैं तुमसे इतना ही कहता हूं, यह सपना है, तुम जागो तो यह टूटे।

सदकर्म की प्रेरणा का अर्थ है: तुम सपने में बने थे चोर, कोई महात्मा आया, उसने कहा, ङ्कदेखो चोर बनना बहुत बुरा है, साधु बनो।ङ्क तुम सपने में साधु बन गए। अब सपने में चोर थे कि साधु थे, क्या फर्क पड़ता है! सुबह उठ कर सब बराबर हो जाएगा। तुम पानी पर लिख रहे थे भजन कि गाली-गलौज, क्या फर्क पड़ता है! पानी पर सब खींची रेखाएं मिट जाती हैं। तुम यह तो न कह सकोगे कि मेरी न मिटे, क्योंकि मैं भजन लिख रहा था! तुम यह तो न कह सकोगे कि दूसरे की मिट गई, ठीक, क्योंकि वह तो गाली लिख रहा था; मैं तो भजन लिख रहा था, राम-राम लिख रहा था, मेरी तो नहीं मिटनी चाहिए थी। लेकिन पानी पर कोई भी रेखा खींचो, शुभ-अशुभ, सब बराबर है।

इस संसार में सदकर्म-असदकर्म सब बराबर हैं। यह आत्यंतिक उदघोषणा है। और यह उदघोषणा जहां मिले वहीं जानना कि तुम संतपुरुष के करीब आए।

अगर संतपुरुष यह कह रहा हो: अच्छे काम करो! अच्छे काम का मतलबङ्कब्लैक मार्केट मत करो, चोरी मत करो, टैक्स समय पर चुकाओ, तो यह राष्ट्र-संत है। इनका मतलब राजनीति से है। यह सरकारी एजेंट है। यह कह रहा है कि ऐसा-ऐसा करो जैसा सरकार चाहती है। मैं यह नहीं कह रहा कि तुम ब्लैक मार्केट करो। मैं यह भी नहीं कह रहा कि तुम टैक्स मत भरो। मैं तुमसे यह कह रहा हूं: जो तुमसे ऐसा कहे वह राजनीतिक चालबाज है।

इसलिए तो राजनीतिज्ञ किन्हीं-किन्हीं संतों के पास जाते हैं। जिन संतों से उन्हें सहारा मिलता है राजनीति में, उन्हीं के पास जाते हैं। स्वभावतः सांठ-गांठ है। जो संत कहता है देश में अनुशासन रखो, तो जो सत्ता में होता है वह उसके पास जाता है कि बिलकुल ठीक। लेकिन जो सत्ता में नहीं है वह उससे दूर हट जाता है; वह कहता है, 'यह तो हद हो गई! अगर अनुशासन रहा तो हम सत्ता में कैसे पहुंचेंगे?'

तो जो सत्ता में है वह अनुशासन वाले संत के पास जाता है, जो कहता है कि अनुशासन रखना बड़ा अच्छा है। और जो सत्ता में नहीं है वह क्रांतिकारी संत के पास जाता है, जो कहता है, 'तोड़-फोड़ कर डालो सब, मिटा डालो सब।' सत्ता में पहुंच कर यह भी संत को बदल लेगा। सत्ता में पहुंच कर यह भी अनुशासन वाले के पास जाएगा। और जो सत्ता में था, सत्ता से नीचे उतर आए तो वह भी उपद्रव में भरोसा

करने लगेगा, तब उपद्रव का नाम क्रांति, उपद्रव का नाम प्रजातंत्र, लोकतंत्रह्नअच्छे-अच्छे नाम! लेकिन इनका संतत्व से कुछ लेना-देना नहीं है।

या संत तुम्हें छोटे-मोटे जीवन के आचरण सिखाता है: 'अणुव्रत...। ऐसा मत करो, वैसा मत करो!' सुविधा सिखाता है जीवन की। नहीं, इनसे भी कुछ लेना-देना नहीं है। ये सामाजिक व्यवस्था के, सामाजिक सरमाए के हिस्सेदार हैं। वास्तविक संत तुमसे यह कहता ही नहीं कि तुम क्या करो। वास्तविक संत तो इतना ही कहता है कि तुम यह जान लो कि तुम कौन हो। फिर उस जानने के बाद जो होगा वही ठीक होगा और उसको न जानने से जो भी हो रहा है वही गलत होगा।

इस बात को खूब ठीक से समझ लेना। नासमझी की पूरी गुंजाइश है।

मेरे पास लोग आते हैं। वे कहते हैं कि आप हमें बता दें, कि हम क्या करें? मैं उनसे कहता हूं: मेरा तुम्हारे करने से कुछ लेना-देना नहीं है। मैं तो इतना ही बता सकता हूं कि तुम कैसे जागो। मैं तो इतना ही बता सकता हूं कि तुम्हें कैसे पता चले कि तुम कौन हो! तुम्हें यह पता चल जाए कि तुम कौन हो, तुम्हें थोड़ा अंतस-साक्षात्कार हो जाए, तुम्हें जरा भीतर की चेतना का स्वाद लग जाएह्नबस फिर तुम जो करोगे वह ठीक होगा। फिर तुम गलत कर न सकोगे, क्योंकि गलत करने के लिए मूर्च्छा चाहिए।

इसको ऐसा समझें। तुम्हें अब तक अधिकतर यही समझाया गया है कि तुम ठीक करोगे तो संत हो जाओगे। मैं तुमसे कहता हूं: तुम संत हो जाओ तो तुमसे ठीक होने लगेगा। तुम्हें अब तक यही समझाया गया है कि तुम अगर सदाचरण करोगे तो तुम साधु हो जाओगे। मैं तुमसे कहता हूं: तुम साधु हो जाओ, तुमसे सदाचरण होगा। सदाचरण बाहर है, साधुता भीतर है। जो भीतर है, उसे पहले लाना होगा। अंतःकरण बदले तो आचरण बदलता है। और अंतःकरण बदल जाने के बाद जो अपूर्व घटना घटती है, वही मूल्यवान है। तुम स्वच्छंद हो जाते हो और फिर भी तुम्हारे कारण किसी को कोई हानि नहीं होती। तुम अपने छंद से जीने लगते हो। तुम्हारा अपना राग, तुम्हारा अपना गीत, तुम्हारी अपनी धुनह्नऔर फिर भी तुम्हारे कारण किसी को हानि नहीं होती!

अब ये दो तरह के लोग हैं। एक तो वे हैं, जो दूसरों की हानि करते हैं; इनको तुम कहते हो दुष्कर्मी, पापी। और एक वे हैं जो दूसरों के हित में अपनी हानि करते हैं; इनको तुम कहते हो साधु-संत। इन दोनों में बहुत फर्क नहीं है। एक दूसरे को हानि पहुंचाता है और एक खुद को हानि पहुंचाता हैह्नमगर दोनों हानि पहुंचाते हैं। मैं उसे संत कहता हूं जो किसी को हानि नहीं पहुंचाताह्नन किसी और को, न अपने को। ऐसी अपूर्व घटना जब घटती है तो ही धर्म की किरण उतरी। भीड़ को यह घटना नहीं घटतीह्ननहीं घट सकती है।

फिर पूछा है: 'इस संदर्भ में कृपा कर समझाएं कि आज का प्रबुद्ध वर्ग मानव-जीवन की विकार-जनित समस्याओं का समाधान कैसे करे?'

प्रबुद्ध किसको कहते हो? विश्वविद्यालय से डिग्री मिल गई, इसलिए? कि दो चार लेख दो-कौड़ी के अखबारों में लिख लिए, इसलिए? प्रबुद्ध किसको कहते हो? कि थोड़ी बकवास कर लेते हो तर्कयुक्त ढंग से, इसलिए? प्रबुद्ध किसको कहते हो?

'प्रबुद्ध' शब्द बहुत बड़ा शब्द है। बुद्धिजीवी को प्रबुद्ध कहते हो? क्योंकि स्कूल में मास्टर है? कॉलेज में प्रोफेसर है? बुद्धिजीवी एक बात है, प्रबुद्ध बड़ी और बात है। प्रबुद्ध का अर्थ है: जो जागा; जो बुद्ध हुआ; जिसका भीतर का दीया जला! और जिसके भीतर का दीया जला, वह पूछेगा कि मानव-जीवन की विकार-जनित समस्याओं का समाधान कैसे करें? तो फिर प्रबुद्ध क्या खाक हुए? कोई कहे कि मेरे घर में दीया जल रहा है, अब मुझे यह बताएं कि अंधेरे को कैसे बाहर करें, तो हम उसको क्या कहेंगे? हम कहेंगे तुम किसी भ्रांति में पड़े हो, दीया जल नहीं रहा होगा। दीया जब जलता है तो अंधेरा बाहर हो जाता है। अभी तुम पूछ रहे हो अंधेरे को कैसे बाहर करें, तो तुम्हारा दीया बुझा हुआ होगा; तुमने सपना देखा होगा कि दीया जल गया, दीया जला नहीं है। दीया उधार होगा, किसी और का ले आए हो उठा कर। तुमने अपने प्राणों से उसमें ज्योति नहीं डाली। तुम्हारी आत्मा नहीं जल रही है, प्रकाशित नहीं हो रही है।

प्रबुद्ध बनो! यही तो सारी चेष्टा है। न तो शिक्षा से कोई प्रबुद्ध बनता है, न बुद्धिवादी बनने से कोई प्रबुद्ध बनता है, न तर्क की क्षमता से कोई प्रबुद्ध बनता है। प्रबुद्ध तो बनता है कोई साक्षी होने से। और तब, तब तुम नहीं पूछते कि विकार-जनित जीवन की समस्याओं का कैसे समाधान करें! तब तुम्हें एक बात दिखाई पड़ जाती है कि साक्षी होने में समाधान है। तुम्हें जैसा समाधान हुआ, वैसे ही दूसरों को भी समाधान होगा। तब तुम लोगों को साक्षी बनाने की चेष्टा में संलग्न होते हो। यही तो महावीर ने किया चालीस वर्षों तक, बुद्ध ने किया। क्या सिखा रहे थे लोगों को? सिखा रहे थे कि हम जाग गए, तुम भी जाग जाओ। बस जागने में समाधान है।

यही मैं कर रहा हूं। मैं तुमसे कुछ भी नहीं कहता कि तुम कैसा आचरण बनाओ। बकवास है आचरण की बात। खूब की जा चुकी, तुम बना नहीं पाए। उस करने के कारण ही तुम उदास आत्महीनता से भर गए। मैं तुमसे कहता हूं: जागो! एक बात मैंने देखी है कि जागने से सब समस्याओं का समाधान हो जाता है और बिना जागे किसी समस्या का समाधान नहीं होता। ज्यादा से ज्यादा तुम समस्याएं बदल सकते हो। एक समस्या की जगह दूसरी बना लोगे, दूसरी की जगह तीसरी बना लोगे; पर इससे कुछ फर्क नहीं पड़ता, समस्या अपनी जगह खड़ी रहती है। जागने में

समाधान है। लेकिन तुम दूसरों को तभी जगा सकोगे जब तुम जाग गए हो, इसके पहले नहीं। बुझी आत्मा का व्यक्ति किसी की आत्मा को जगा नहीं सकता।

अड़चन है। जिन्होंने पूछा है, उनकी आकांक्षा है लोगों की विकार-जनित समस्याओं को दूर करें। तुम अपनी कर लो। फिर तुम्हें समझ आएगी।

बुद्ध के पास एक आदमी आया और उसने कहा कि मुझे बताएं कि मैं कैसे लोगों की सेवा करूं? बुद्ध ने उसकी तरफ देखा और कहते हैं, ऐसा कभी न हुआ था, उनकी आंख में एक आंसू आ गया। वह आदमी थोड़ा घबराया। उसने कहा कि आपकी आंख में आंसू, मामला क्या है? बुद्ध ने कहा : तुम पर मुझे बड़ी करुणा आ रही है। अभी तूने अपनी ही सेवा नहीं की, तो दूसरों की सेवा कैसे करेगा?

अक्सर ऐसा होता है कि दूसरों की सेवा करने वाले वे ही लोग हैं जो अपनी समस्याओं से भागना चाहते हैं। मैं बहुत से समाज-सेवकों को जानता हूं। इनके जीवन में कोई शांति नहीं है, मगर ये दूसरों के जीवन में शांति लाने में लगे हैं। और अक्सर इनके कारण दूसरों के जीवन में अशांति आती है, शांति नहीं। अगर दुनिया के समाज-सेवक कृपा करके अपनी-अपनी जगह बैठ जाएं तो काफी सेवा हो जाए। मगर वे बड़ा उपद्रव मचाते हैं।

मैंने सुना है, एक ईसाई पादरी ने अपने स्कूल में बच्चों को कहा कि कम से कम प्रतिदिन एक अच्छा काम करना ही चाहिए। दूसरे दिन उसने पूछा कि कोई अच्छा काम किया? तीन लड़के खड़े हो गए। उसने पहले से पूछा : तुमने क्या अच्छा काम किया? उसने कहा : मैंने एक बूढ़ी स्त्री को सड़क पार करवाई। दूसरे से पूछा; उसने कहा : मैंने भी एक बूढ़ी स्त्री को सड़क पार करवाई। पादरी को लगा कि दोनों को बूढ़ी स्त्रियां मिल गईं! फिर उसने कहा कि हो सकता है, कोई बूढ़ी स्त्रियों की कमी तो है नहीं। तीसरे से पूछा कि तूने क्या किया? उसने कहा कि मैंने भी एक बूढ़ी स्त्री को सड़क पार करवाई। उसने कहा : तुम तीनों को बूढ़ी स्त्रियां मिल गईं? उन्होंने कहा : तीन नहीं थीं, एक ही बूढ़ी स्त्री थी। और सड़क पार होना भी नहीं चाहती थी, बामुश्किल करवा पाए। मगर करवा दी!

ये जो जिनको तुम समाज-सेवक कहते हो, ये तुम्हारी फिकर ही नहीं करते कि तुम पार होना भी चाहते हो कि नहीं, ये तुमको पार करवा रहे हैं! ये कहते हैं: हम तो पार करवा कर रहेंगे। ये तुम्हारी तरफ देखते ही नहीं कि तुम सेवा करवाने को राजी भी हो!

मैं राजस्थान में यात्रा पर था, उदयपुर से लौटता था। कोई दो बजे रात होंगे, कोई आदमी गाड़ी में चढ़ आया। वह एकदम मेरे पैर दाबने लगा। मैंने कहा : 'भाई, तू सोने भी दे!'

उसने कहा : 'आप सोएं, मगर हम तो सेवा करेंगे।'

'तू सेवा करेगा तो हम सो कैसे पाएंगे?'

उसने कहा : 'अब आप बीच में न बोलें। उदयपुर में भी मैं आया था, लेकिन लोगों ने मुझे अंदर न आने दिया। तो मैंने कहा, आप लौटोगे तो ट्रेन से; मेरे गांव से तो गुजरोगे! अब मैं दो-तीन स्टेशन तो सेवा करूंगा ही। आप बीच में बोलें ही मत।'

मैंने कहा : 'तब ठीक है, तब मामला ही नहीं है कोई। अगर यह सेवा है तो फिर तू कर।'

अक्सर जो तुम्हारी सेवा कर रहे हैं, कभी तुमने गौर से देखा कि तुम करवाना भी चाहते हो? जिनकी सेवा कर रहे हैं, वे सेवा करवाना चाहते हैं?

एक मित्र मेरे पास आए, वे आदिवासियों को शिक्षा दिलवाने का काम करते हैं, स्कूल खुलवाते हैं। जीवन लगा दिया। बड़े उससे भरे थेह्लसर्टिफिकेट राष्ट्रपति, प्रधानमंत्री के! और इन लोगों का काम ही है सर्टिफिकेट देना, कुछ और काम दिखाई पड़ता नहीं। सब रखे थे फाइल बना कर। कहा कि मैंने इतनी सेवा की। वे मुझसे भी चाहते थे। मैंने कहा कि मैं नहीं दूंगा कोई सर्टिफिकेट, क्योंकि मैं पहले उनसे पूछूंह्लआदिवासियों सेह्लकि वे शिक्षित होना चाहते हैं? उन्होंने कहा : 'आपका मतलब?' मैंने कहा : 'मतलब मेरा यह है कि जो शिक्षित हैं, उनसे तो पूछो कि शिक्षा मिल कर मिल क्या गया उनको? रो रहे हैं! और तुम बेचारे गरीबों को, उनको भी शिक्षित किए दे रहे हो। वे भले हैं। न उनमें महत्वाकांक्षा है न दिल्ली जाने का रस है। तुम उनको शिक्षा देने में लगे हो। तुम जबरदस्ती उनको पिला रहे हो शिक्षा। तुम पहले यह तो पक्का कर लो कि जो शिक्षित हो गए हैं उनके जीवन में कोई फूल खिले हैं?'

वे थोड़े बेचैन हुए। उन्होंने कहा : 'यह मैंने कभी सोचा नहीं।'

मैंने कहा : 'कितने साल से सेवा कर रहे हो?'

'कोई चालीस साल हो गए।'

सत्तर साल के करीब उनकी उम्र है। मैंने कहा : चालीस साल सेवा करते हो गए, सेवा करने के पहले तुमने यह भी न सोचा कि शिक्षा लाई क्या है दुनिया में! उधर अमरीका में दूसरी हालत चल रही है। वहां बड़े से बड़े शिक्षा-शास्त्री कह रहे हैं कि बंद करो।

डी. एच. लारेंस ने लिखा है कि सौ साल के लिए सब विश्वविद्यालय और सब स्कूल बंद कर दो तो आदमी के करीब-करीब नब्बे प्रतिशत उपद्रव बंद हो जाएं।

इवान इलिच ने अभी घोषणा की है, वह एक नई योजना है उसकी : 'डीस्कूलिंग सोसायटी'। वह कहता है, स्कूल समाप्त करो। स्कूल से समाज को मुक्त करो।

मैंने उनसे पूछा : 'चालीस साल सेवा करने के शुरू करते वक्त यह तो सोचा होता कि तुम इनको दोगे क्या! आदिवासी तुमसे ज्यादा प्रसन्न है, तुमसे ज्यादा मस्त, प्रकृति के तुमसे ज्यादा करीब, रूखी-सूखी से राजी, अकिंचन में बड़ा धनी, सांझ तारों में नाच लेता है, रात सो जाता हैह्लऐसे अहोभाव से!'

बर्ट्रेंड रसेल ने लिखा है कि जब पहली दफा मैंने एक जंगल में आदिवासियों को देखा तो मेरे मन में ईर्ष्या पैदा हो गई कि काश मैं भी ऐसा ही नाच सकता, लेकिन अब तो मुश्किल है! काश, इसी तरह घुंघरू बांध कर ढोल की थाप पर मेरे पैर भी फुदकते!

नाचते आदिवासियों को देख कर ईर्ष्या नहीं होती? उनकी आंखों की सरलता देख कर ईर्ष्या नहीं होती?

जहां-जहां शिक्षा पहुंची है वहां-वहां सारा उपद्रव पहुंचा। बस्तर में आज से तीस साल पहले तक कोई हत्या नहीं होती थी आदिवासियों में। और अगर कभी हो जाती थी तो जो हत्या करता था वह खुद सौ पचास मील चल कर मजिस्ट्रेट को खबर कर देता था जाकर पुलिस में कि मैंने हत्या की, मुझे जो दंड देना हो वह दे दें। चोरी नहीं होती थी। लोगों के पास पहली तो बात कुछ था ही नहीं कि चुरा लो और वस्तुओं का कोई मूल्य नहीं था। जहां जीवन का मूल्य है, वहां वस्तुओं का क्या मूल्य है! मगर ये समाज-सेवक हैं!

वे तो बहुत घबरा गए। वे कहने लगे : 'आपका मतलब है कि मैंने जीवन व्यर्थ गंवाया!'

मैंने कहा : 'व्यर्थ नहीं गंवाया है, बड़े खतरनाक ढंग से गंवाया है। दूसरों की जान ली! तुम अपना गंवाते, तुम्हारा जीवन है।'

वे बोले कि आप मुझे बहुत उदास किए दे रहे हैं। मैं बहुत लोगों के पास गया, सबने मुझे सर्टिफिकेट दी है।

मैंने कहा : 'उनकी भी गलती है। वे भी तुम्हारे जैसे ही समाज-सेवक हैं जिन्होंने तुम्हें सर्टिफिकेट दी है।'

दूसरे की सेवा करने जाना मत, जब तक अपने घर का दीया न जल गया हो; जब तक बोध बिलकुल साफ न हो जाए; जब तक तुम्हारे भीतर का प्रभु बिलकुल निखर न आएह्लतब तक भूल कर भी सेवा मत करना। भूल कर उपदेश मत देना। भूल कर किसी की समस्या का समाधान मत करना। तुम्हारा समाधान और भी महंगा पड़ेगा। बीमारी ठीक, तुम्हारी औषधि और जान लेने वाली हो जाएगी। शायद बीमार कुछ दिन जिंदा रह लेता; तुम्हारी औषधि बिलकुल मार डालेगी।

अगर तुम दो सौ साल पहले के बड़े-बड़े विचारकों की किताबें उठा कर पढ़ो तो वे सब कहते थे : जिस दिन विश्व में सभी लोग शिक्षित हो जाएंगे, परम शांति का राज्य हो जाएगा। अब पश्चिम में सब शिक्षित हो गए, इससे ज्यादा अशांति का कभी कोई समय नहीं रहा। अब यह बड़ी हैरानी की बात है। जिन्होंने कहा, होश में नहीं थे, बेहोश थे। शिक्षा से शांति का क्या लेना-देना! शिक्षा तो अशांति लाती है, क्योंकि शिक्षा महत्वाकांक्षा देती है।

तो तुम पूछते हो कि 'विकार-जनित समस्याएं हैं, इनका प्रबुद्ध वर्ग कैसे समाधान करे!'

अधिकतर सौ में निन्यानबे समस्याएं तो इस प्रबुद्ध वर्ग के कारण ही हैं। यह प्रबुद्ध वर्ग कृपा करे और अपनी प्रबुद्धता का प्रचार न करे तो कई समस्याएं तो अपने आप समाप्त हो जाएं। करीब-करीब मामला ऐसा है : प्रबुद्ध वर्ग ही समस्या पैदा करता है, प्रबुद्ध वर्ग ही उसको हल करने का उपाय करता है।

मैंने सुना है, एक आदमी गांव में जाता, रात में लोगों की खिड़कियों पर कोलतार फेंक देताह्नकांच पर, दरवाजों पर। तीन-चार दिन बाद उसका पार्टनरह्नएक ही धंधे में थेह्नउस गांव में आता और चिल्लाता : किसी की खिड़की पर कोलतार तो नहीं है, साफ करवा लो! करवाना ही पड़ता, क्योंकि वह लोगों की खिड़की पर कोलतार...। किसी को यह पता भी नहीं चलता कि दोनों साझेदार हैं, एक ही धंधे में हैं; आधा काम पहला करता है, आधा दूसरा करता है। जब एक सफाई करता रहता है एक गांव में, तो दूसरा दूसरे गांव में तब तक कोलतार फेंक देता है। ऐसे धंधा खूब चलता है।

प्रबुद्ध वर्ग, जिसको तुम कहते हो, वही समस्याएं पैदा करता है, वही समस्याओं के हल करता है। प्रबुद्ध वर्ग प्रबुद्ध वर्ग नहीं है। प्रबुद्धों का वर्ग हो भी नहीं सकता। सिंहों के नहीं लेहड़े, संतों की नहीं जमात! कभी बुद्ध होता है कोई एकाध व्यक्ति। वर्ग होता है? जमात! कोई भीड़-भाड़ होती है? एक बुद्ध काफी होता है और करोड़ों दीये जल जाते हैं। तुम इसके पहले कि किसी के घर में रोशनी लाने की चेष्टा करो, ठीक से टटोल लेना, तुम्हारे भीतर रोशनी है? इसलिए मेरा सारा ध्यान और सारा जोर एक ही बात पर है : तुम्हारे चैतन्य का जागरण! इसलिए ध्यान पर मेरा इतना जोर है।

लोग मेरे पास आते हैं, वे कहते हैं कि इतनी समस्याएं हैं और आप ध्यान में ही मेहनत लगाए रखते हैं! और समस्याओं में उलझा है समाज, इनको हल करवाइए!

मैं उनको कहता हूं कि वह कोई हल होने वाली नहीं, जब तक कि ध्यान न फैल जाए। ध्यान फैले तो संभव है कि समस्याओं का समाधान हो जाए।

ध्यान करो, ध्यान करवाओ!

आखिरी प्रश्न : मेरे एक वरिष्ठ मित्र हैं, उन्हें आदर करता हूं। धर्म में गहरी रुचि है उनकी और उन्हें आपका सत्संग भी कभी उपलब्ध हुआ था। मैं जब भी उनसे मिलता हूं तो बातचीत के क्रम में वे मुझे बहुत मित्रतापूर्वक तुलसीदास का यह वचन सुना देते हैं : 'मूरख हृदय न चेत जो गुरु मिलहिं विरंचि सम।' और इधर कुछ समय से मुझे आपके प्रसंग में तुलसीदास का यह वचन स्मरण हो आता है, यद्यपि मानने का जी नहीं होता। अपनी मूर्खता से कैसे निपटूं भगवान?

निपटने की उतनी बात नहीं, स्वीकार करने की बात है। निपटने में तो फिर जाल फैल जाएगा। तो मूर्ख ज्ञानी बन सकता है, मगर अज्ञान न मिटेगा। स्वीकार की बात है। स्वीकार कर लो कि मैं अज्ञानी हूं।

और जैसे ही तुमने स्वीकार किया, उसी विनम्रता में, उसी स्वीकार में ज्ञान की किरण आनी शुरू होती है। अज्ञान को स्वीकार करना ज्ञान की तरफ पहला कदम हैह्नअनिवार्य कदम है।

तो अगर यह मानने का मन नहीं होता कि मैं और मूरख, तो फिर तुम जो भी करोगे वह गलत होगा। क्योंकि फिर तुम यही कोशिश करोगे कि इकट्ठा कर लो कहीं से ज्ञान, थोड़ा संग्रह कर लो ज्ञान, छिपा लो अपने अज्ञान को, ढांक लो वस्त्रों में, सुंदर गहनों में ओढ़ा दो। लेकिन इससे कुछ मिटेगा नहीं, भीतर अज्ञान तो बना ही रहेगा। स्वीकार कर लो! अंगीकार कर लो! सचाई यही है।

और इसको तुलना के ढंग से मत सोचो कि तुम मूरख हो और दूसरे ज्ञानी हैं। कोई ज्ञानी नहीं है। दुनिया में दो तरह के अज्ञानी हैंह्नएक, जिनको पता है; और एक, जिनको पता नहीं। जिनको अपने अज्ञान का पता है उन्हीं को ज्ञानी कहा जाता है, और जिनको अपने अज्ञान का पता नहीं, उन्हीं को अज्ञानी कहा जाता है। बाकी दोनों अज्ञानी हैं।

सुकरात ने कहा है कि जब मैंने जान लिया कि मैं कुछ भी नहीं जानता हूं, उसी दिन प्रकाश हो गया।

उपनिषद कहते हैं : जो कहे मैं जानता हूं, जान लेना कि नहीं जानता। जो कहे मुझे कुछ पता नहीं, उसका पीछा करना; हो सकता है उसे पता हो!

जिंदगी बड़ी पहेली है।

तुम एक बार अज्ञान को स्वीकार तो करो! और सत्य को स्वीकार न करोगे तो करोगे क्या? कब तक झुठलाओगे? बात साफ है कि हमें कुछ भी पता नहीं। न हमें पता है हम कहां से आते; न हमें पता है हम कहां जाते; न हमें पता है हम कौन हैंह्नअब और क्या चाहिए प्रमाण के लिए?

रास्ते पर कोई आदमी मिल जाए चौराहे पर और तुम उससे पूछो कहां से आते हो; वह कहता है पता नहीं; तुम कहो, कहां जाते; वह कहता है, पता नहीं—तो तुम्हें कुछ शक होगा कि नहीं? और तुम पूछो तुम हो कौन; वह कहे कि पता नहीं—तो तुम क्या कहोगे इस आदमी को? 'तू पागल है! तुझे यह भी पता नहीं कहां से आता है, कहां जाता है। खैर इतना तो पता होगा कि तू कौन है!' वह कहे कि मुझे कुछ पता नहीं। 'नाम-धाम ठिकाना?' कुछ पता नहीं। तो तुम कहोगे कि यह आदमी या तो पागल है या धोखा दे रहा है।

हमारी दशा क्या है? जीवन के चौराहे पर हम खड़े हैं। जहां खड़े हैं, वहीं चौराहा है; क्योंकि हर जगह से चार राहें फूटती हैं, हजार राहें फूटती हैं। जहां खड़े हैं वहीं विकल्प हैं। कोई तुमसे पूछे कहां से आते हो, पता है? झूठी बातें मत दोहराना। सुनी बातें मत दोहराना। यह मत कहना कि हमने गीता में पढ़ा है। उससे काम न चलेगा। गीता में पढ़ा है, उससे तो इतना ही पता चलेगा कि तुम्हें कुछ भी पता नहीं है; नहीं तो गीता में पढ़ते? अगर तुम्हें पता होता कहां से आते हो, तो पता होता, गीता की क्या जरूरत थी? तुम यह मत कहना कि कुरान में सुना है कि कहां से आते, कि भगवान के घर से आते। न तुम्हें भगवान का पता है न तुम्हें उसके घर का पता है—तुम्हें कुछ भी पता नहीं।

लेकिन आदमी का अहंकार बड़ा है। अहंकार के कारण वह स्वीकार नहीं कर पाता कि मैं अज्ञानी हूं। और अहंकार ही बाधा है। स्वीकार कर लो, अहंकार गिर जाता है। अज्ञान की स्वीकृति से ज्यादा और महत्वपूर्ण कोई मौत नहीं है, क्योंकि उसमें मर जाता है अहंकार, खतम हुआ, अब कुछ बात ही न रही। तुम अचानक पाओगे हलके हो गए! अब कोई डर न रहा। सच्चे हो गए!

अब लोग सिखलाते हैं: झूठ मत बोलो। और जो सिखलाते हैं झूठ मत बोलो, उनसे बड़ा झूठ कोई बोलता दिखाई पड़ता नहीं। झूठ मत बोलो, समझाते हैं। और उनसे पूछो, दुनिया किसने बनाई? वे कहते हैं: भगवान ने बनाई। जैसे ये मौजूद थे। थोड़ा सोचो तो कि झूठ की भी कोई सीमा होती है! दूसरे लोग झूठ बोल रहे हैं, छोटी-मोटी झूठ बोल रहे हैं। कोई कह रहा है कि हमारे पास दस हजार रुपये हैं और हैं हजार रुपये, कोई बड़ा झूठ नहीं बोल रहा है। हजार रुपये तो हैं! सभी ऐसा झूठ बोलते हैं। घर में मेहमान आ जाता है, पड़ोस से सोफा मांग लाते हैं, उधार दरी ले आते हैं, सब ढंग-ढौंग कर देते हैं। झूठ बोल रहे हो। तुम यह बतला रहे हो मेहमान को कि बहुत है अपने पास।

मुल्ला नसरुद्दीन ने नई-नई दुकान खोली तो इसी तरह सामान सजा लिया। फोन तक ले आया किसी मित्र के घर से मांग कर, रख लिया वहां। कोई कनेक्शन तो

था नहीं। एक आदमी आया। समझ कर कि ग्राहक है, उसने कहा : बैठो। जल्दी से फोन उठा कर वह जरा बात करने लगा कि 'हां-हां, लाख रुपये का सौदा कर लो। ठीक है, लाख का कर लो।' फोन नीचे रख कर उसने उस आदमी से कहा : 'कहिए, क्या बात है?' उसने कहा कि मैं फोन कंपनी से आता हूं, कनेक्शन लगाने आया हूं।

ये लाख रुपये की बात कर रहे थे। आदमी चेष्टा करता है दिखलाने की जो नहीं है। मगर ये कोई बड़े झूठ नहीं हैं, छोटे-छोटे झूठ हैं और क्षमा-योग्य हैं और इनसे जिंदगी में थोड़ा रस भी है। इसमें कुछ बहुत अड़चन नहीं, इनको झूठ क्या कहना!

लेकिन कोई तुमसे पूछता है : दुनिया किसने बनाई? छोटा बच्चा तुमसे पूछता है कि पिताजी, दुनिया किसने बनाई? तुम कहते हो : 'भगवान ने बनाई।' कितना बड़ा झूठ बोल रहे हो! कुछ तो सोचो! तुम्हें पता है? और किससे बोल रहे हो! उस नन्हें छोटे बच्चे से, जो तुम पर भरोसा करता है! किसको धोखा दे रहे होह्नजिसकी श्रद्धा तुम पर है और जिसका अगाध विश्वास है कि तुम झूठ न बोलोगे!

फिर अगर बड़े होकर यह बेटा तुम पर श्रद्धा खो दे तो रोना मत, क्योंकि एक न एक दिन तो इसे पता चलेगा कि पिताजी को भी पता नहीं है, माताजी को भी पता नहीं है। वे पिताजी-माताजी के जो गुरुजी हैं, उनको भी पता नहीं। पता किसी को भी नहीं है और सब दावा कर रहे हैं कि पता है। जिस दिन यह बेटा जानेगा उस दिन इसकी श्रद्धा अगर खो जाए तो जुम्मेवार कौन? तुम्हीं हो जुम्मेवार! तुमने ऐसे झूठ बोले जिनका तुम प्रमाण न जुटा सकोगे।

बात क्या थी? क्या तुम इतनी सी बात कहने में लजा गए कि बेटा, मुझे पता नहीं! काश, तुम इतना कह सकते! और जो बाप अपने बेटे से कह सकता है कि बेटा मुझे पता नहीं, तू भी खोजना, मैं भी अभी खोज रहा हूं, अगर तुझे कभी पता चल जाए तो मुझे बता देना, मुझे पता चलेगा तो तुझे बता दूंगा; लेकिन मुझे पता नहीं, किसने बनाई, बनाई कि नहीं बनाई, परमात्मा है या नहीं, मुझे कुछ पता नहीं! हो सकता है, आज तुम्हें अड़चन मालूम पड़े, लेकिन बेटा समझेगा, एक दिन समझेगा और तुम्हारे प्रति कभी आदर न खोएगा! तुम्हारे प्रति श्रद्धा बढ़ती ही जाएगी। जब जवान होगा तब समझेगा कि कितना कठिन है अज्ञान को स्वीकार कर लेना, क्योंकि उसका अहंकार उसे बताएगा कि अज्ञान को स्वीकार करना बड़ा कठिन है, लेकिन मेरे पिता ने अज्ञान स्वीकार किया था। तुम्हारी छाप उस पर अनूठी रहेगी। तुम्हारे प्रति श्रद्धा के खोने का कोई कारण नहीं है। लेकिन लोग झूठी बातें कहे चले जाते हैं।

मुल्ला नसरुद्दीन अपने बेटे से कह रहा था...। स्कूल से आया बेटा। पास नहीं हुआ क्लास में। तो कहा : 'तुझे पता है कि तेरी उम्र में बिथोवन ने कितना संगीत जन्मा

दिया था और माइकल एंजिलो ने कैसी-कैसी मूर्तियां बना दी थीं! और तेरी क्या हालत है?'

उस बेटे ने बाप की तरफ देखा और कहा : 'ठीक। और आपकी उम्र में पिताजी माइकल एंजिलो कहां थे? कहां तक पहुंच गए थे? आप कहां पहुंचे हैं?' लेकिन तब दुख होता है, तब पीड़ा लगती है, तब अड़चन होती है।

धर्म के नाम पर बड़े झूठ चलते हैं। इन झूठों को गिरा देना धार्मिक आदमी का लक्षण है। इसलिए तो मैं कहता हूं : धार्मिक आदमी हिंदू, मुसलमान, जैन, बौद्ध नहीं हो सकता। धार्मिक आदमी तो सरल होगा, सहज होगा। वह तो जो जानता है उतना ही कहेगा, वह भी झिझक कर कहेगा; जो नहीं जानता, उस का तो कभी दावा नहीं करेगा। वह तो अपने को खोल कर रख देगा कि ऐसाह्नऐसा, इतना मैं जानता हूं, थोड़ा-बहुत मैं जानता हूं।

एक मां अपनी बेटी से कह रही थी कि जब मैं तुम्हारी उम्र की थी तो मैंने किसी पुरुष का स्पर्श भी नहीं किया था और तुम गर्भवती होकर आ गई कालेज से! यह तो बताओ कि जब तुम्हारे बच्चे होंगे, तुम उनसे क्या कहोगी?

उस लड़की ने कहा : 'कहेंगे तो हम भी यही, लेकिन जरा संकोच से कहेंगे, आप बड़े निस्संकोच से कह रही हैं।'

समझे मतलब? उस लड़की ने कहा : 'कहेंगे तो हम भी यही कि तुम्हारी उम्र में हमारा कुंवारापन बिलकुल पवित्र था, हमने किसी पुरुष को छुआ भी नहीं था, कहेंगे तो हम भी यही जो आप कह रही हैं; लेकिन हम इतने निस्संकोच भाव से न कह सकेंगे जितने निस्संकोच भाव से आप कह रही हैं। हम थोड़े झिझकेंगे।'

यह झूठ है। यह झूठ मत कहें। जैसा है वैसा ही कहें। जो है वही कहें। जितना जाना उसमें रत्ती भर मत जोड़ें, सजाएं भी मत। ऐसा निपट सत्य के साथ जो जीता है, उसे अगर किसी दिन महासत्य मिल जाता है तो आश्चर्य क्या!

इंच भर झूठे दावे न करें। दावे करने की बड़ी आकांक्षा होती है, क्योंकि अहंकार झूठे दावों से जीता है। अहंकार झूठ है और झूठ से उसका भोजन है, झूठ से उसको भोजन मिलता है। और इसलिए तुम्हारे झूठ को कोई जरा टटोल दे, झकझोर दे, तो तुम कितने नाराज होते हो!

अब तुम कहते हो, भगवान ने बनाई दुनिया। और बेटा पूछ ले : 'भगवान को किसने बनाया?' बस भन्ना जाते हो, नाराज हो जाते हो। कहते हो : 'यह बात मत पूछो। जब बड़े होओगे, तुम समझ लोगे।' और तुम्हें भी पता है कि बड़े हो गए तुम भी, अभी समझे कुछ नहीं। यह कैसे समझ लेगा? यही तुम्हारे बाप तुमसे कहते रहे कि बड़े हो जाओगे, समझ लोगे। बड़े तुम हो गए, अभी तक कुछ समझे नहीं। यही

तुम इससे कह रहे, यही यह अपने बेटों से कहता रहेगा। ऐसे झूठ चलते पीढ़ी दर पीढ़ी और जीवन विकृत होता चला जाता है।

तुम सच हो जाओ।

अज्ञान बिलकुल स्वाभाविक है, पता हमें नहीं है। इसका एक पहलू तो यह है कि हमें पता नहीं है; इसका दूसरा पहलू यह है कि जीवन रहस्य है, पता हो ही नहीं सकता। इसका एक पहलू तो यह है कि मुझे पता नहीं है, इसका दूसरा पहलू यह है कि जीवन अज्ञात रहस्य है, पहेली है, इसलिए पता हो कैसे सकता है! इसलिए जिसने जाना कि मैं नहीं जानता वही जानने में समर्थ हो जाता है, क्योंकि वह जान लेता है : जीवन परम गुह्य रहस्य है।

परमात्मा रहस्य है, कोई सिद्धांत नहीं। जो कहता है परमात्मा है, वह यह थोड़े ही कह रहा है कि परमात्मा कोई सिद्धांत है; वह यह कह रहा है कि हम समझ नहीं पाए, समझ में आता नहीं, ज्ञात होता नहीं-अज्ञेय है। इस सारी बात को हम एक शब्द में रख रहे हैं कि परमात्मा है। परमात्मा शब्द में इतना ही अर्थ है कि सब रहस्य है और समझ में नहीं आता; सूझ-बूझ के पार है; बुद्धि के पार है; तर्क के अतीत है; जहां विचार थक कर गिर जाते हैं, वहां है; अवाक जहां हो जाती है चेतना; जहां आश्चर्यचकित हम खड़े रह जाते हैं...।

कभी तुम किसी वृक्ष के पास आश्चर्यचकित होकर खड़े हुए हो? जीवन कितने रहस्य से भरा है! लेकिन तुम्हारे ज्ञान के कारण तुम मरे जा रहे हो, रहस्य को तुम देख नहीं पाते। और जिसने रहस्य नहीं देखा, वह क्या खाक धर्म से संबंधित होगा! एक छोटा सा बीज वृक्ष बन जाता है और तुम नाचते नहीं, तुम रहस्य से नहीं भरते! रोज सुबह सूरज निकल आता है, आकाश में करोड़ों-करोड़ों अरबों तारे घूमते हैं, पक्षी हैं, पशु हैं, इतना विराट विस्तार है जीवन काह्नइसमें हर चीज रहस्यमय है, किसी का कुछ पता नहीं है! और जो-जो तुम्हें पता है वह कामचलाऊ है।

विज्ञान बहुत दावे करता है कि हमें पता है। पूछो कि पानी क्या है? तो वह कहता है हाइड्रोजन और आक्सीजन का मेल है। लेकिन हाइड्रोजन क्या है? तो फिर अटक गए। फिर झिझक कर खड़े हो गए। तो वह कहता है : हाइड्रोजन क्या है, अब यह जरा मुश्किल है। क्योंकि हाइड्रोजन तो तत्व है। दो का संयोग हो तो हम बता दें। पानी दो का संयोग हैह्नहाइड्रोजन और आक्सीजन का जोड़, एच टू ओ। लेकिन हाइड्रोजन तो सिर्फ हाइड्रोजन है।

अब कोई तुमसे पूछे, पीला रंग क्या है? तो अब क्या खाक कहोगे कि पीला रंग क्या है! पीला रंग यानी पीला रंग। हाइड्रोजन यानी हाइड्रोजन। अब कहना क्या है? मगर यह कोई उत्तर हुआ कि हाइड्रोजन यानी हाइड्रोजन?

नहीं, विज्ञान भी कोई उत्तर देता नहीं; थोड़ी दूर जाता है, फिर ठिठक कर खड़ा हो जाता है। सब शास्त्र थोड़ी दूर जाते हैं, फिर ठिठक कर गिर जाते हैं। मनुष्य की क्षमता सीमित है और असीम है जीवनह्नजाना कैसे जा सकता है! इसलिए जिसने जान लिया कि नहीं जानता, वही ज्ञानी है।

तो घबराओ मत। स्वीकार करो। स्वीकार से ही विसर्जन है।

मूल्य-मुक्त कर ले चल मुझको तू अमूल्य की ओर

संशय-निश्चय दोनों दुविधा, इनसे परे विकास
मृगमरीचिका क्षितिज, स्वयं की सीमा है आकाश
समय समय है भोले दृग की छलना संध्या-भोर

पूर्ण नहीं है वस्तु, भाव में केवल उसका भास
बांध सके चिन्मय को, ऐसा किस भाषा का पाश!
कुंभ कूप तक पहुंचे इतना कर सकती बस डोर

कंचन नहीं, अकिंचन की ही दुर्लभ है पहचान
पंचभूत तो नग्न, तत्व ने पहन लिया परिधान
छुड़ा तुला की कारा, पकडूं मैं अमूल्य का छोर

मूल्य-मुक्त कर ले चल मुझको तू अमूल्य की ओर

मूल्य आदमी के बनाए हैं; अमूल्य परमात्मा का है। सब तुलाएंह्नतराजू हमारे हैं; परमात्मा अनतौला है, अमित; कोई माप नहींह्नअमाप!

जो भी जाना जा सकता है वह सीमित हैह्नजानने से ही सीमित हो गया। क्षुद्र ही जाना जा सकता है, विराट नहीं।

बांध सके चिन्मय को, ऐसा किस भाषा का पाश!

शब्द में, भाषा में, सिद्धांत में, बंधेगा नहीं...।

कुंभ कूप तक पहुंचे इतना कर सकती बस डोर

कुएं में डाला गगरी को तो जो डोरी है, वह पानी तक पहुंचा दे गगरी को, और क्या कर सकती है! तर्क और विचार और बुद्धि बस परमात्मा तक पहुंचा देती है, और कुछ नहीं कर सकती। वहां जाकर जाग आती है। बस वहां डोर खतम हो जाती है। जहां बुद्धि की डोर खतम होती है, वहीं प्रभु का जल है। जहां विचार, तर्क की क्षमता टूटती है, गिरती है, बिखरती है, वहीं चिन्मय का आकाश है।

अज्ञान सिर्फ इस बात का सबूत है कि परमात्मा रहस्य है। ज्ञान इस बात का सबूत होता है कि परमात्मा भी रहस्य नहीं, पढ़ा जा सकता है, खोला जा सकता है।

नहीं, उसके महल में प्रवेश तो होता है; बाहर कोई नहीं निकलता। उसमें डुबकी तो लगती है; लौटता कोई भी नहीं है।

रामकृष्ण कहते थे : दो नमक के पुतले एक मेले में भाग लेने गए थे। समुद्र के तट पर लगा था मेला। कई लोग विचार कर रहे थे कि समुद्र की गहराई कितनी है। कोई कहता था, अतल है! गए कोई भी न थे। अतल तो तभी कह सकते हैं जब तल तक गए और तल न पाया। यह तो बड़ी मुश्किल बात हो गई। कोई कहता था, तल है, लेकिन बहुत गहराई पर है। लेकिन वे भी गए न थे।

नमक के पुतलों ने कहा : 'सुनो जी, हम जाते हैं, हम पता लगा आते हैं।' वे दोनों कूद पड़े। वे चले गहराई में। वे जैसे-जैसे गहरे गए वैसे-वैसे पिघले। नमक के पुतले थे, सागर के जल से ही बने थे, सागर में ही गलने लगे। पहुंच तो गए बहुत गहराई में, लेकिन लौटें कैसे! तब तक तो खो चुके थे, कभी लौटे नहीं। लोग कुछ दिन तक प्रतीक्षा करते रहे। फिर लोगों ने कहा, अरे पागल हुए हो, नमक के पुतले कहीं पता लाएंगे! खो गए होंगे।

ऐसी ही संतों की गति है। परमात्मा में डुबकी तो मार गए, लेकिन परमात्मा से ही बने हैं; जैसे नमक का पुतला सागर से ही बना है। तो डुबकी तो लग जाती है। फिर चले गहराई की तरफ। जैसे-जैसे गहरे होते हैं, वैसे-वैसे पिघलने लगे, खोने लगे। एक दिन पता तो चल जाता है गहराई का; लेकिन जब तक पता चलता है तब तक खुद मिट जाते हैं, लौटने का उपाय नहीं रह जाता।

कोई प्रभु से कभी लौटा? लौटने का कोई उपाय नहीं। इसलिए कोई उत्तर नहीं है। निरुत्तर है आकाश, निरुत्तर है अस्तित्व। इस निरुत्तर अस्तित्व के सामने तुम मौन होकर झुको, अकिंचन होकर झुको। अज्ञान को स्वीकार कर झुको। वहीं प्रकाश की किरण उतरेगी। तुम मिटे कि प्रकाश हुआ। तुम मिटे कि परमात्मा प्रकट हुआ। तुम्हारे होने में बाधा है।

हरि ॐ तत्सत्!

* * *

प्रवचन : 39

विषयों में विरसता मोक्ष है

अष्टावक्र उवाच।

यथातथोपदेशेन कृतार्थः सत्त्वबुद्धिमान्।
आजीवमपि जिज्ञासुः परस्तत्र विमुह्यति।।126।।
मोक्षो विषयवैरस्यं बंधो वैषयिको रसः।
एतावदेव विज्ञानं यथेच्छसि तथा कुरु।।127।।
वाग्मिप्राज्ञमहोद्योगं जनं मूकजडालसम्।
करोति तत्त्वबोधोऽयमतस्त्यक्तो बुभुक्षिभिः।।128।।
न त्वं देहो न ते देहो भोक्ता कर्ता न वा भवान्।
चिद्रूपोऽसि सदा साक्षी निरपेक्षः सुखं चर।।129।।
रागद्वेषौ मनोधर्मौ न मनस्ते कदाचन।
निर्विकल्पोऽसि बोधात्मा निर्विकारः सुखं चर।।130।।
सर्वभूतेषु चात्मानं सर्वभूतानि चात्मनि।
विज्ञाय निरहंकारो निर्ममस्त्वं सुखी भव।।131।।
विश्वं स्फुरति यत्रेदं तरंगा इव सागरे।
तत्त्वमेव न संदेहश्चिन्मूर्ते विज्वरो भव।।132।।

पूर्वीय शास्त्र सागर की तरंगों जैसे हैं। तरंग पर तरंग, एक जैसी तरंगह्लसागर कभी थकता नहीं।

जब पहली बार पश्चिम में पूर्व के शास्त्रों के अनुवाद होने शुरू हुए तो पश्चिमी विचारक जिस बात से सदा परेशान रहे, वह थी कि पूर्व के शास्त्रों में बड़ी पुनरुक्ति है। वही-वही बात फिर-फिर कर कही है। थोड़े-थोड़े भेद से, थोड़े शब्दों के अंतर से, वही-वही सत्य बार-बार उदघाटित किया है।

पश्चिम के लिखने का ढंग दूसरा है। बात संक्षिप्त में लिखी जाती है; एक बार कह दी, कह दी, फिर उसकी पुनरुक्ति नहीं की जाती। पूर्व का ढंग बिलकुल भिन्न है। क्योंकि पूर्व ने जाना कि कहने वाले का सवाल नहीं है, सुनने वाले का सवाल है। सुनने वाला बेहोश है। बार-बार कहने पर भी सुन लेगा, यह भी पक्का नहीं। बार-बार कहने पर भी सुन ले तो भी बहुत। बार-बार कहने पर भी चूक जाए, यही ज्यादा संभव है। ये सत्य इतने बड़े हैं कि एक बार में तो समझ में ही नहीं आते, हजार बार में भी नहीं आते।

फिर, कहा जाता है कि अच्छा शिक्षक वही है जो अपनी कक्षा में आखिरी विद्यार्थी को ध्यान गें रख कर बोले। कक्षा में सब तरह के विद्यार्थी हैंह्नप्रथम कोटि के, द्वितीय कोटि के, तृतीय कोटि के। जिनका बुद्धि अंक बहुत है, वे भी हैं; जिनके पास बुद्धि बहुत दुर्बल है, वे भी हैं। अच्छा शिक्षक वही है जो आखिरी विद्यार्थी को ध्यान में रख कर बोले; प्रथम विद्यार्थी को ध्यान में रख कर बोले तो एक समझेगा, उनतीस बिना समझे रह जाएंगे; अंतिम को ध्यान में रख कर बोले तो तीस ही समझ पाएंगे।

पूर्व के शास्त्र परम सत्य को भी कहते हैं तो अंतिम को ध्यान में रख कर कहते हैं। इसलिए बहुत पुनरुक्ति है। बार-बार वही बात कही गई है। इससे तुम घबराना मत। और फिर भी पुनरुक्ति एकदम पुनरुक्ति नहीं है; हर पुनरुक्ति में सत्य की कोई नई झलक है।

सागर के किनारे बैठ कर देखो, लहरें आती हैं, एक सी ही लगती हैं! लेकिन, और थोड़े गौर से देखना तो कोई लहर दूसरी जैसी नहीं। बहुत ध्यानपूर्वक देखोगे तो हर लहर का अपना हस्ताक्षर है, अपना ढंग, अपनी लय, अपना रूप, अपनी अभिव्यक्ति। कोई दो लहरें एक जैसी नहीं; जैसे किन्हीं दो आदमियों के अंगूठे के चिह्न एक जैसे नहीं। ऐसे ऊपर से देखो तो सब अंगूठे एक जैसे लगते हैं, गौर से देखने पर, खुर्दबीन से देखने पर पता चलता है कि बड़े भिन्न हैं।

अष्टावक्र की गीता में तुम्हें बहुत बार लगेगा कि पुनरुक्ति हो रही है, तो समझना कि तुम्हारे पास खुर्दबीन नहीं है। एक अर्थ में पुनरुक्ति है। सत्य दो नहीं हैं। तो एक ही सत्य को बार-बार कहना है, अहर्निश कहना है। पुनरुक्ति है। तुमने शास्त्रीय संगीत सुना? वैसी ही पुनरुक्ति है। शास्त्रीय संगीतज्ञ एक ही पंक्ति को दोहराए चला जाता है। लेकिन जो जानता है, जिसे शास्त्रीय संगीत का स्वाद है, वह देखेगा कि हर बार

दोहराता है, लेकिन नये ढंग से; हर बार उसका जोर अलग-अलग हिस्से पर होता है; पंक्ति वही होती है, जोर बदल जाता है; पंक्ति वही होती है, स्वरों का उतार-चढ़ाव बदल जाता है।

लेकिन जिसे स्वरों के उतार-चढ़ाव का कोई पता नहीं, आरोह-अवरोह का कोई पता नहीं, वह तो कहेगा : 'क्या एक ही बात कहे चले जा रहे हो! क्या घंटों तक... !'

बात एक ही है, और फिर भी एक ही नहीं है। शास्त्र शास्त्रीय संगीत हैं। बात एक ही है, फिर भी एक ही नहीं है। लहरें एक जैसी लगती हैं क्योंकि तुमने गौर से देखा नहीं। अन्यथा हर लहर में तुम कुछ नया भी पाओगे।

सत्य नया भी है और पुराना भीह्नपुरातनतम, सनातन और नित नूतन। सत्य विरोधाभास है।

तो जब तुम्हें कभी ऐसा लगे कि फिर पुनरुक्ति हो रही है...। अष्टावक्र फिर वही-वही बात क्यों कहने लगते हैं? कह तो चुके। किसी नये पहलू को उभारते हैं।

इस बात को भी खयाल में ले लो। तुम्हारा सभी का शिक्षण पश्चिमी ढंग से हुआ है। अब तो पूरब भी पूरब नहीं है, अब तो पूरब भी पश्चिम है। पूरब तो रहा ही नहीं अब, पश्चिम ही पश्चिम है। तुम्हारी शिक्षण की व्यवस्था भी पश्चिम से निर्धारित होती है। इसलिए पूर्वीय व्यक्ति को भी लगता है कि पुनरुक्ति है। लेकिन पूरब की शिक्षण-पद्धति अलग थी।

पूरब की सारी जीवन-व्यवस्था वर्तुलाकार है; जैसे गाड़ी का चाक घूमता है। पश्चिम की जीवन-व्यवस्था वर्तुलाकार नहीं है, रेखाबद्ध है। जैसे तुमने एक सीधी लकीर खींची, बस सीधी चली जाती है, कभी लौटती नहीं। पूर्व कहता है : यह तो बात संभव ही नहीं, सीधी लकीर तो होती ही नहीं। अगर तुमने यूक्लिड की ज्यामेट्री पढ़ी है और उसके आगे तुमने फिर ज्यामेट्री नहीं पढ़ी तो तुम भी राजी होओगे पश्चिम से। लेकिन अब पश्चिम में एक नई ज्यामेट्री पैदा हुई : नॉन-यूक्लिडियन। यूक्लिड की ज्यामेट्री कहती है कि एक रेखा सीधी खींची जा सकती है। लेकिन नई ज्यामेट्री कहती है : कोई रेखा सीधी होती नहीं। वह पूरब की बात पर उतर आई है।

यह जमीन गोल है, जमीन पर तुम कोई भी रेखा खींचोगे, अगर खींचते ही चले जाओ, वह वर्तुल बन जाएगी। तुम छोटे से कागज पर खींचते हो; तुम्हें लगता है यह सीधी रेखा है। जरा खींचते जाओ, खींचते जाओ, तो तुम एक दिन पाओगे तुम्हारी रेखा वर्तुलाकार बन गई। इस पृथ्वी पर कोई चीज सीधी हो नहीं सकती। पृथ्वी वर्तुलाकार है। और जीवन की सारी गतिविधि वर्तुलाकार है। देखते हो, गर्मी आती, वर्षा आती, शीत आती, फिर गर्मी आ जाती हैह्नघूम गया चाक। आकाश में तारे

घूमते, सूरज घूमता सुबह-सांझ, चांद घूमता, बचपन, जवानी, बुढ़ापा घूमताह्नतुम देखते हो, चाक घूम जाता है!

जीवन में सभी वर्तुलाकार है। इसलिए पूरब के शास्त्र का जो वक्तव्य है वह भी वर्तुलाकार है। वह जीवन के बहुत अनुकूल है। वही चाक फिर घूम जाता है, भला भूमि नई हो। बैलगाड़ी पर बैठे होह्नचाक वही घूमता रहता है, भूमि नई आती जाती है। अगर तुम चाक को ही देखोगे तो कहोगे : क्या पुनरुक्ति हो रही है! लेकिन अगर चारों तरफ तुम गौर से देखो तो वृक्ष बदल गए राह के किनारे के, जमीन की धूल बदल गई। कभी रास्ता पथरीला था, कभी रास्ता सम आ गया। सूरज बदल गया; सांझ थी, रात हो गई, चांद-तारे आ गए। चाक पर ध्यान रखो तो वही चाक घूम रहा है। लेकिन अगर पूरे विस्तार पर ध्यान रखो तो चाक वही है, फिर भी सब कुछ नया होता जा रहा है। इसे स्मरण रखना, नहीं तो यह खयाल आ जाए कि पुनरुक्ति है तो आदमी सुनना बंद कर देता है। सुनता भी रहता है, फिर कहता है : ठीक है, यह तो मालूम है।

पहला सूत्र : 'सत्वबुद्धि वाला पुरुष जैसे-तैसे, यानी थोड़े से उपदेश से भी कृतार्थ होता है। असत बुद्धि वाला पुरुष आजीवन जिज्ञासा करके भी उसमें मोह को ही प्राप्त होता है।'

यथातथोपदेशेन कृतार्थः सत्व बुद्धिमान्।
आजीवमपि जिज्ञासुः परस्तत्र विमुह्यति।।

जिसके पास थोड़ी सी जागी हुई बुद्धि है वह तो थोड़े से उपदेश से भी जाग जाता है, जरा सी बात चोट कर जाती है। जिसके पास सोई हुई बुद्धि है उस पर तुम लाख चोटें करो, वह करवट ले-ले कर सो जाता है।

बुद्ध के पास एक व्यक्ति आया एक सुबह। उसने आकर बुद्ध के चरणों में प्रणाम किया और कहा कि शब्द से मुझे मत कहें, शब्द तो मैं बहुत इकट्ठे कर लिया हूं। शास्त्र मैंने सब पढ़ लिए हैं। मुझे तो शून्य से कह दें, मौन से कह दें। मैं समझ लूंगा। मुझ पर भरोसा करें।

बुद्ध ने उसे गौर से देखा और आंखें बंद कर लीं और चुप बैठ गए। वह आदमी भी आंख बंद कर लिया और चुप बैठ गया। बुद्ध के शिष्य तो बड़े हैरान हुए कि यह क्या हो रहा है। पहले तो उसका प्रश्न ही थोड़ा अजीब था कि 'बिना शब्द के कह दें और भरोसा करें मुझ पर और मैं शास्त्र से बहुत परिचित हो गया हूं, अब मुझे निःशब्द से कुछ खबर दें। सुनने योग्य सुन चुका; पढ़ने योग्य पढ़ चुका; पर जो जानने योग्य है, वह दोनों के पार मालूम होता है। मुझे तो जना दें। मुझे तो जगा दें! ज्ञान मांगने नहीं आया हूं। जागरण की भिक्षा मांगने आया हूं।' एक तो उसका प्रश्न ही अजीब था, फिर बुद्ध का चुपचाप उसे देख कर आंख बंद कर लेना, और फिर उस आदमी का भी

आंख बंद कर लेना, बड़ा रहस्यपूर्ण हो गया। बीच में बोलना ठीक भी न था, कोई घड़ी भर यह बात चली चुपचाप, मौन ही मौन में कुछ हस्तांतरण हुआ, कुछ लेन-देन हुआ। वह आदमी बैठा-बैठा मुस्कुराने लगा आंख बंद किए ही किए। उसके चेहरे पर एक ज्योति आ गई। वह झुका, उसने फिर प्रणाम किया बुद्ध को, धन्यवाद दिया और कहा : 'बड़ी कृपा। जो लेने आया था, मिल गया।' और चला गया।

आनंद ने बुद्ध से पूछा कि 'यह क्या मामला है? क्या हुआ? आप दोनों के बीच क्या हुआ? हम तो सब कोरे के कोरे रह गए। हमारी पकड़ तो शब्द तक है, हमारी पहुंच भी शब्द तक है; निःशब्द में क्या घटा? हम तो बहरे के बहरे रह गए। हमें तो कुछ कहें, शब्दों में कहें।'

बुद्ध ने कहा : आनंद, तू अपनी जवानी में बड़ा प्रसिद्ध घुड़सवार था, योद्धा था। घोड़ों में तूने फर्क देखा? कुछ घोड़े होते हैंह्नमारो, मारो, बामुश्किल चलते हैं; मारो तो भी नहीं चलतेह्नखच्चर जिनको हम कहते हैं। कुछ घोड़े होते हैं आनंद, मारते ही चल पड़ते हैं। और कुछ घोड़े ऐसे भी होते हैं कि मारने का मौका नहीं देते; तुम कोड़ा फटकारो, बस फटकार काफी है। कुछ घोड़े ऐसे भी होते हैं आनंद कि कोड़ा फटकारो भी मत, कोड़ा तुम्हारे हाथ में है और घोड़ा सजग हो जाता है। बात काफी हो गई। इतना इशारा काफी है। और आनंद, ऐसे भी घोड़े तूने जरूर देखे होंगे, तू बड़ा घुड़सवार था, कि कोड़ा तो दूर, कोड़े की छाया भी काफी होती है। यह ऐसा ही घोड़ा था। इसको कोड़े की छाया काफी थी।

सत्वबुद्धि का अर्थ होता है : जो शब्द के बिना भी समझने में तत्पर हो गया। सत्वबुद्धि का अर्थ होता है : जो सत्य को सीधा-सीधा समझने के लिए तैयार है; जो आना-कानी नहीं करता; जो इधर-उधर नहीं देखता। जो सीधे-सीधे सत्य को देखता है वही सत्वबुद्धि है।

सत्व को देखने की प्रक्रिया आती कैसे है? आदमी सत्वबुद्धि कैसे होता है? इससे तुम उदास मत हो जाना कि अगर हम असतबुद्धि हैं तो हम क्या करें! सत्वबुद्धि होते तो समझ लेते। अब असतबुद्धि हैं तो क्या करें!

और तुम्हारे शास्त्रों की जिन्होंने व्याख्या की है, उन्होंने भी कुछ ऐसा भाव पैदा करवा दिया है कि जैसे परमात्मा ने दो तरह के लोग पैदा किए हैंह्नसत्वबुद्धि और असत्वबुद्धि। तो फिर तो कसूर परमात्मा का है, फिर तुम्हारा क्या! अब तुम्हारे पास असतबुद्धि है तो तुम करोगे भी क्या? तुम्हारा बस क्या है? तुम तो परतंत्र हो गए। नहीं, मैं इस भ्रांति को तोड़ना चाहता हूं। सत्वबुद्धि और असत्वबुद्धि ऐसी कोई देनगियां नहीं हैं। तुम न तो सत्वबुद्धि लेकर आते हो न असत्वबुद्धि लेकर आते हो। इस जीवन के अनुभव से ही सत्वबुद्धि पैदा होती है या नहीं पैदा होती है। मेरी व्याख्या

तुम खयाल में ले लो। मेरी व्याख्या सत्वबुद्धि की है: जो व्यक्ति जीवन के अनुभवों से गुजरता है और अनुभवों से बचना नहीं चाहता है। जो तथ्य को स्वीकार करता है और तथ्य का साक्षात्कार करता है, वह धीरे-धीरे सत्व को जानने का हकदार हो जाता है। तथ्य के साक्षात्कार से सत्य के साक्षात्कार का अधिकार उत्पन्न होता है। उसकी बुद्धि सत्वबुद्धि हो जाती है।

जैसे, फर्क समझो। एक युवा व्यक्ति मेरे पास आता और कहता है: 'मुझे कामवासना से बचाएं।' इसका कोई अनुभव नहीं है कामवासना का। यह अभी कच्चा है। इसने अभी जाना भी नहीं है। यह कामवासना से बचने की जो बात कर रहा है, यह भी किसी से सीख ली है। यह उधार है। सुन लिए होंगे किसी संत के वचन, किसी संत ने गुणगान किया होगा ब्रह्मचर्य का। यह लोभ से भर गया है। ब्रह्मचर्य का लोभ इसके मन में आ गया है। इसे बात तर्क से जंच गई है। लेकिन अनुभव तो इसका गवाही हो नहीं सकता, अनुभव इसका है नहीं। इसकी बुद्धि को स्वीकार हो गई है। इसने बात समझ लीह्नगणित की थी। लेकिन इसके अनुभव की कोई साक्षी इसकी बुद्धि के पास नहीं है।

तो यह तथ्य को अभी इसने अनुभव नहीं किया। और अगर यह ब्रह्मचर्य की चेष्टा में लग जाए तो लाख उपाय करे, यह ब्रह्मचर्य को उपलब्ध न हो सकेगा। इसके पास ब्रह्मचर्य को समझने की सत्वबुद्धि ही नहीं है।

एक आदमी है, जो अभी दौड़ा नहीं जगत में और दौड़ने के पहले ही थक गया है; जो कहता है, मुझे तो बचाएं इस आपा-धापी सेह्नइसे आपा-धापी का कोई निज अनुभव नहीं है। इसने दूसरों की बातें सुन ली हैं; जो थक गए हैं, उनकी बातें सुन ली हैं। लेकिन जो थक गए हैं, उनका अपना अनुभव है। यह अभी थका नहीं है खुद। अभी इसके जीवन में तो ऊर्जा भरी है। अभी महत्वाकांक्षा का संसार खुलने ही वाला है और यह उसे रोक रहा है। यह रोक सकता है चेष्टा करके। लेकिन वही चेष्टा इसके जीवन में अवरोध बन जाएगी। अनुभव से व्यक्ति सत्व को उपलब्ध होता है।

इसलिए मैं कहता हूं: जो भी तुम्हारे मन में कामना-वासना हो, जल्दी भागना मत। कच्चे-कच्चे भागना मत। फल पक जाए तो अपने से गिरता है। तब फल सत्व को उपलब्ध होता है। कच्चा फल जबरदस्ती तोड़ लो, सड़ेगा और घाव भी वृक्ष को लगेगा। और जबरदस्ती भी करनी पड़ेगी। और पके फल की जो सुगंध है, वह भी उसमें नहीं होगी, स्वाद भी नहीं होगा। कड़वा और तिक्त होगा। अभी इसे वृक्ष की जरूरत थी। वृक्ष तो किसी फल को तभी छोड़ता है, जब देखता है कि जरूरत पूरी हो गई है। वृक्ष से फल को जो मिलना था मिल गया, सारा रस मिल गया; अब इस वृक्ष

में इस फल को लटकाए रखना बिलकुल अर्थहीन है। यह फल कृतार्थ हो चुका। यह इसकी यात्रा का क्षण आ गया। अब वृक्ष इसको छुटकारा देगा, छुट्टी देगा, इसे मुक्त करेगा, ताकि वृक्ष अपने रस को किसी दूसरे कच्चे फल में बहा सके; ताकि कोई दूसरा कच्चा फल पके।

सत्वबुद्धि का मेरा अर्थ है: जीवन के अनुभव से ही तुम्हारे जीवन की शैली निकले तो तुम धीरे-धीरे सत्व को उपलब्ध होते जाओगे। और जब कोई सत्व को उपलब्ध व्यक्ति सुनने आता है तो तत्क्षण बात समझ में आ जाती है। कोड़ा नहीं, कोड़े की छाया भी काफी है।

अब जिस घोड़े ने कभी कोड़ा ही नहीं देखा और कोई कभी इस पर सवार भी नहीं हुआ और कभी किसी ने कोड़ा मारा भी नहीं और जिसे कोड़े की पीड़ा का कोई अनुभव नहीं है, वह कोड़े की छाया से नहीं चलने वाला। वह तो कोड़े की चोट पर भी नहीं चलेगा। वह तो कोड़े की चोट से हो सकता है और अड़ कर खड़ा हो जाए।

जिस बात का अनुभव नहीं है उस बात से हमारे जीवन की समरसता नहीं होती।

'सत्वबुद्धि वाला पुरुष जैसे-तैसे, थोड़े से उपदेश से भी कृतार्थ होता है।'

जैसे-तैसे!

सत्व बुद्धिमान् यथातथोपदेशेन...।

ऐसा छोटा-मोटा भी मिल जाए उपदेश, बुद्ध के वचनों की एक कड़ी पकड़ में आ जाए, बस काफी हो जाती है। बुद्ध के दर्शन मिल जाएं, काफी हो जाता है। किसी जाग्रत पुरुष के साथ दो घड़ी चलने का मौका मिल जाए, काफी हो जाता है। लेकिन यह काफी तभी होता है जब जीवन के अनुभव से इसका मेल बैठता हो।

बुद्ध बैठे हों और छोटे-छोटे बच्चों को तुम वहां ले जाओ तो इन पर तो कोई परिणाम नहीं होगा। इनको तो शायद बुद्ध दिखाई भी न पड़ेंगे। शायद ये बच्चे हंसी-ठिठौली भी करेंगे कि 'यह आदमी बैठा हुआ वृक्ष के नीचे कर क्या रहा है! अरे कुछ करो! यह आंख बंद करके क्यों बैठा है?' शायद छोटे बच्चों को थोड़ा-बहुत कुतूहल पैदा हो सकता है, क्योंकि यह बड़ा भिन्न दिखाई पड़ता है, लेकिन कुतूहल से ज्यादा कुछ भी पैदा नहीं होगा। जिज्ञासा पैदा नहीं होगी कि इससे कुछ पूछें। पूछने को अभी जीवन में प्रश्न कहां! अभी जीवन समस्या कहां बना! अभी जीवन उलझा कहां! अभी तो जीवन की धारा में बहे ही नहीं। अभी जीवन का कष्ट नहीं भोगा; जीवन की पीड़ा नहीं मिली। अभी कांटे नहीं चुभे। तो पूछने को क्या है? जानने को क्या है?

लेकिन, अगर कोई जीवन से पका हुआ, जीवन से थका हुआ, जीवन के अनुभव से गुजर कर आया हो; जीवन की व्यर्थता देख कर आया हो, असार को पहचाना हो, दिख गई हो राख—तो फिर बुद्ध की बात समझ में आएगी।

प्रत्येक चीज के समझने की एक घड़ी, ठीक घड़ी, न हो तो कुछ समझ में आता नहीं। तुम्हारे सामने कोई वानगाग की सुंदरतम कलाकृति रख दे, लेकिन अगर तुम्हें कलाकृतियों का कोई रस नहीं है तो शायद तुम नजर भी न डालोगे। तुम्हारे सामने कोई सुंदरतम गीत गाए, लेकिन गीत का तुम्हें कोई अनुभव नहीं, तुम्हारे प्राण में कोई वीणा गीत से बजती नहीं, तो तुम्हें कुछ भी न होगा। तुममें वही हो सकता है जिसकी तुम्हारे भीतर तैयारी है। और जब बाहर से कोई शब्द की अमृत वर्षा होती है और तुम्हारी तैयारी से मेल खा जाता है तो एक अपूर्व अनुभूति की शुरुआत होती है!

यथातथोपदेशेन...।

जैसे-तैसे भी हाथ में कुछ बूंदें भी लग जाएं तो सागर का पता मिल जाता है; कृतार्थ हो जाता है व्यक्ति। 'कृतार्थ' शब्द बड़ा सुंदर है। 'कृतार्थ' का अर्थ होता है: सुन कर ही न केवल अर्थ प्रकट हो जाता है जीवन में, बल्कि कृति भी प्रकट हो जाती है। सुन कर ही कृति और अर्थ दोनों फलित हो जाते हैं। कभी ऐसा होता है, कोई बात सुन कर ही तुम बदल जाते हो। तब तुम कृतार्थ हुए। सुना नहीं कि बदल गए! जैसे अब तक जो बात सुनी नहीं थी, उसके लिए तुम तैयार तो हो ही रहे थे। बस कोई आखिरी बात को जोड़ देने वाला चाहिए था। किसी ने जोड़ दी तो कृतार्थ हो गए। फिर सुन कर कुछ करना नहीं पड़ताह्नसुनने में ही हो जाता है। यह तो श्रेष्ठतम साधक की अवस्था है, सत्वबुद्धि वाले साधक की। वह बुद्ध को, महावीर को, कृष्ण को या अष्टावक्र को सुन कर ऐसा नहीं पूछता कि महाराज आपकी बात तो समझ में आ गई, अब इसे करें कैसे! समझ में आ गई तो बात खतम हो गई, अब करने की बात पूछनी नहीं है।

तुम्हें मैंने दिखा दिया कि यह दरवाजा है, जब बाहर जाना हो तो इससे निकल जाना; यह दीवाल है, इससे मत निकलना, अन्यथा सिर टूट जाएगा। तुम कहोगे: 'समझ में आ गई बात, लेकिन मन तो हमारा दीवार से निकलने का ही करता है। इससे हम कैसे बचें? और मन तो हमारा दरवाजे से निकलने में उत्सुक ही नहीं होता। इसको हम कैसे करें।' तो बात समझ में नहीं आई। सिर्फ बुद्धि ने पकड़ ली, तुम्हारे प्राणों तक नहीं पहुंची। तुम इसके लिए राजी न थे। अभी तुम्हें दीवार में ही दरवाजा दिखता है, इसलिए मन दीवार से ही निकलने का करता है। लेकिन जो बहुत बार दीवार से टकरा चुका है, उसे दिखाते ही, कहते ही, शब्द पड़ते ही बोध आ जाएगा। वह कृतार्थ हो गया। वह यह नहीं पूछेगा: 'कैसे करें?' वह कहेगा कि बस अभी तक एक जरा सी कड़ी खोई-खोई सी थी, वह आपने पूरी कर दी। गीत ठीक बैठ गया। अब कोई अड़चन न रही।

'सत्वबुद्धि वाला पुरुष जैसे-तैसे यानी थोड़े उपदेश से भी कृतार्थ होता है। असतबुद्धि वाला पुरुष आजीवन जिज्ञासा करके भी उसमें मोह को ही प्राप्त होता है।'

और बड़े आश्चर्य की बात है, सत्वबुद्धि वाला व्यक्ति तो ज्ञान से मुक्त होता है। ज्ञान मुक्ति लाता है। और असतबुद्धि वाला व्यक्ति मुक्ति को प्राप्त नहीं होता, उलटे ज्ञान के ही मोह में पड़ जाता है। इसी तरह तो लोग हिंदू बन कर बैठ गए, मुसलमान बन कर बैठ गए, ईसाई बन कर बैठ गए। जीसस से उन्हें मुक्ति नहीं मिली; जीसस को बंधन बना कर बैठ गए। अब जीसस की उन्होंने हथकड़ियां ढाल लीं। राम ने उन्हें छुटकारा नहीं दिलवाया; राम तो उन्हें छुटकारा ही दिलवाते थे, लेकिन तुम छूटना नहीं चाहते।

तो तुम राम की भी जंजीर ढाल लेते होह्नतुम हिंदू बन कर बैठ गए। कोई जैन बन कर बैठ गया है, कोई बौद्ध बन कर बैठ गया। बुद्ध बनना था, बौद्ध बन कर बैठ गए। बुद्ध बनते तो मुक्त हो जाते। बौद्ध बन गए, तो शब्दों का, सिद्धांतों का, शास्त्रों का जाल हो गया। अब तुम लड़ोगे, काटोगे, पीटोगे, मारोगे, तर्क-विवाद करोगे, सिद्ध करोगे कि मैं ठीक हूं और दूसरा गलत है; लेकिन तुम्हारे जीवन से कोई सुगंध न उठेगी, तुम्हारे सत्य का तुम प्रमाण न बनोगे। तुम विवाद करोगे, तर्क करोगे। तुम कहोगे: हमारे शास्त्र ठीक हैं, इनसे मुक्ति मिलती है। लेकिन तुम खुद प्रमाण होओगे कि तुम्हें मुक्ति नहीं मिली है। यह बड़ी हैरानी की बात है। तुम्हारे शास्त्र से मुक्ति मिलती है तो तुम तो मुक्त हो जाओ।

एक ईसाई मिशनरी मुझे मिलने आया। जीसस के संबंध में उसने मेरे वक्तव्य पढ़े थे तो सोचा था कि यह आदमी भी शायद ईसाई है; ईसाई न भी हो तो ईसा को प्रेम करने वाला तो है। तो वह मुझे मिलने आया और कहने लगा कि 'अब आपको ईसाई होने से कौन सी बात रोक रही है? आप जब ईसा को इतना प्रेम करते हैं तो आप ईसाई क्यों नहीं हो जाते?' मैंने कहा कि 'मैं ईसा ही हो गया। ईसाई तो वे हों जो ईसा नहीं हो सकते हों।' वह थोड़ा हैरान हुआ। उसे थोड़ी चोट भी लगी। उसने कहा कि यह हो ही नहीं सकता। ईसा तो बस एक ही हो सकता है। तो मैंने कहा कि तुम्हें बस कार्बन कापी होने का ही अवसर बचा है? अब तुम मूल नहीं हो सकते? अब तुम उधार ही रहोगे? ईसाई ही बनोगे? ईसाई यानी कार्बनकापी। ईसा नहीं हो सकते, चलो ईसा की पूजा करो! बुद्ध नहीं हो सकते, बुद्ध की पूजा करो! लेकिन सारी चेष्टा ईसा की यही है कि तुम ईसा हो जाओ। और बुद्ध की सारी चेष्टा यही है कि तुम बुद्धत्व को उपलब्ध हो जाओ।

भले आदमी थे वे, जैसा कि ईसाई मिशनरी अक्सर होते हैं। सज्जन! सज्जनोचित ढंग से वे मुझसे विदा होने लगे। कहने लगे कि 'फिर भी आप काम अच्छा कर रहे हैं,

कम से कम ईसा का नाम तो पहुंचाते हैं। यही काम हम भी कर रहे हैं।' वे दूर बस्तर में आदिवासियों को ईसाई बनाने का काम करते हैं। मैंने उनसे पूछा कि तुम्हें देख कर यह प्रमाण नहीं मिलता कि ईसा सही हैं। तुम्हें देख कर यही प्रमाण मिलता है कि तुम सुशिक्षित हो, सज्जन हो। तुम्हें देख कर इतना प्रमाण मिलता है कि तुमने शास्त्र ठीक से पढ़ा है, ठीक से अध्ययन किया है; लेकिन तुम्हें देख कर यह प्रमाण नहीं मिलता कि ईसा सही हैं। तुम दूसरे को बदलने में लगे हो, लेकिन स्वयं को बदला?

तो उन्होंने क्या मुझसे कहा? कहा कि स्वयं को मुझे बदलने की जरूरत नहीं; वह तो मैंने ईसा पर छोड़ दिया है। वही मुक्ति देने वाले हैं, मुक्तिदाता! वे मुझे बदलेंगे, वे मेरे गवाह हैं। जब परमात्मा के सामने, कयामत के दिन खड़ा किया जाऊंगा तो वे मेरी गवाही देंगे कि हां, यह मेरा काम कर रहा था।

मैंने कहा: तुम उनका काम कर रहे हो, लेकिन उनका काम तभी कर सकते हो जब उन जैसे हो जाओ। और तो कोई काम करने का रास्ता नहीं है। तुम अपनी बेसुरी आवाज में सुंदरतम गीत भी गुनगुनाओ तो भी व्यर्थ है। तुम्हारा राग, तुम्हारा सुर वैसा ही सुंदर होना चाहिए; फिर तुम साधारण वचन भी बोलो तो उनमें भी गेयता आ जाएगी, उनमें भी छंद होगा। तुम दूसरे को मुक्त करने की कोशिश में लगे हो। ईसा तुम्हें मुक्त करेंगे और तुम दूसरे को मुक्त कर रहे हो! तुम अभी मुक्त हो या नहीं?

आदमी ईमानदार थे। उन्होंने कहा: अभी तो मैं मुक्त नहीं हूं। अभी तो सब झंझटें जैसी आदमी की होती हैं वैसी मेरी हैं।

तो मैंने कहा: कम से कम तुम इतना तो करो कि ईसा के प्रेम ने तुम्हें मुक्त कर दिया, इसके प्रमाण तो बनो। फिर जिन्हें भी रस होगा वे तुम्हारे पास बदलने को आ जाएंगे। तुम्हें गांव-गांव, घर-घर जाकर आदमी को बदलने की जरूरत नहीं। ईसाइयों की संख्या बढ़ाने से थोड़े ही कुछ होगा।

लेकिन यही होता है। मुसलमान अपनी कुरान को पकड़ कर बैठा है, हिंदू अपनी गीता को पकड़ कर बैठा है। गीता, जिससे मुक्ति हो सकती थी, तुमने उसका भी करागृह बना लिया। तुमने शास्त्रों का ईंटों की तरह उपयोग किया है।

'असतबुद्धि वाला पुरुष जीवन भर जिज्ञासा करके भी उसमें मोह को ही प्राप्त होता है।'

इसलिए धार्मिक मैं उसी को कहता हूं जो संप्रदाय में नहीं है; जो सारे संप्रदायों से मुक्त है और सारे सिद्धांतों से भी; जो स्वच्छंद है; जिसने स्वयं के छंद को पकड़ लिया; अब जो जीता है अपने भीतर के गीत से; जो जीता है अब परमात्मा की भीतर गूंजती आवाज से; बाहर जिसका अब कोई सहारा नहीं। जो बाहर से बेसहारा है उसे परमात्मा का सहारा मिल जाता है।

लेकिन स्वाभाविक है, असत से भरा व्यक्ति मोह में पड़ जाता है। क्योंकि असत से भरा व्यक्ति अभी वस्तुतः ज्ञान के योग्य ही न था।

एक आदमी धन के पीछे दौड़ रहा था, उसकी इच्छा थी संग्रह कर लेने की। संग्रह में एक तरह की सुरक्षा है। बीच में ही, कच्चा ही लौट आया धन की दौड़ से। यह आदमी अब ज्ञान को संग्रह करने लगेगा, संग्रह की दौड़ नहीं मिटेगी। धन से लौट आया। बीच से लौट आया। संग्रह का भाव अधूरा रह गया। उसको कहीं पूरा करेगा। अब यह ज्ञान-संग्रह करने लगेगा।

यह आदमी राजनीति में था और कहता था कि मेरी पार्टी ही एकमात्र पार्टी है जो देश को सुख-शांति दे सकती है। यह उसमें पूरा नहीं गया। पूरा जाता तो असार दिखाई पड़ जाता। बीच में ही लौट आया, अधकच्चा लौट आया। यह किसी धर्म में सम्मिलित हो गया है, हिंदू हो गया है, तो अब यह कहता है कि हिंदू धर्म ही एकमात्र धर्म है जो दुनिया की मुक्ति ला सकता है। यह राजनीति है, यह धर्म नहीं है। यह आदमी अधूरा लौट आया।

तुम जहां से अधूरे लौट आओगे उसकी छाया तुम पर पड़ती रहेगी और वह छाया तुम्हारे जीवन को विकृत करती रहेगी। इसलिए एक बात को खूब खयाल से समझ लेना : कहीं से कच्चे मत लौटना। पाप का भी अनुभव आवश्यक है, अन्यथा पुण्य पैदा नहीं होगा। और संसार का अनुभव जरूरी है, अर्थात संसार की पीड़ा और आग से गुजरना ही पड़ता है। उसी से निखरता है कुंदन। उसी से तुम्हारा स्वर्ण साफ-सुथरा होता है। इसलिए जल्दी मत करना। और जो भी जल्दी में है, वह मुश्किल में पड़ेगा। वह न घर का रहेगा और न घाट का रहेगा; धोबी का गधा हो जाएगाह्न संसार का, न परमात्मा का।

अधिक लोगों को मैं ऐसी हालत में देखता हूंह्नदो नावों पर सवार हैं। सोचते हैं, संसार भी थोड़ा सम्हाल लें, क्योंकि अभी संसार से मन तो छूटा नहीं; और सोचते हैं, परमात्मा को भी थोड़ा सम्हाल लें। भय भी पकड़ा हुआ है। बचपन से डरवाए गए हैं। लोभ दिया गया है। स्वर्ग का लोभ है, नरक का भय है, वह भी पकड़े है, ऐरो डांवांडोल हैं।

यह डांवाडोलपन छोड़ो। अगर संसार से मुक्त होना है तो संसार के अंधकार में उतर जाओ पूरे। होशपूर्वक संसार का ठीक से अनुभव कर लो। वही होश तुम्हें बता जाएगा, आत्यंतिक रूप से बता जाएगा कि संसार सपना है। उसके बाद तुममें सत्वबुद्धि पैदा होती है। संसार सपना है, ऐसी प्रतीति ही सत्वबुद्धि की प्रतीति है। फिर तुम सत्य को जानने को तैयार हुए। जब संसार सपना सिद्ध हो गया अपने अनुभव से, फिर

किसी सदगुरु का छोटा सा वचन भी तुम्हें चौंका जाएगा, कृतार्थ कर जाएगा। नहीं तो अंत-क्षण तक आदमी, वह जो अटका रह गया है, उसी में उलझा रहता है।

सबल जब दिवसांत काले
वेणु वन से घर मुझे लौटालना हो।
तब गले में डाल कर प्रश्वास पाश कठोर
मुझको खींचना मत।

देखा, गाय को ग्वाला जब सांझ को लौटाने लगता है जंगल से तो वह आना नहीं चाहती। हरा घास अभी भी बहुत हरा है। जंगल अभी भी पुकारता है।

सबल जब दिवसांत काले
वेणु वन से घर मुझे लौटालना हो
तब गले में डाल कर प्रश्वास पाश कठोर
मुझको खींचना मत।
मुक्त धरती और मुक्त आकाश में
अभिमत विचरने
स्वेच्छया बहने पवन में, श्वास लेने
स्वर्णिमा तप में नहाने,
नील-नील तरंगिणी में पैठने, तृष्णा बुझाने
और तरु के सघन शीतल छांहरे में
अर्धमीलित नेत्र बैठे स्वप्न रचने के सुखों से
फेरना मुंह कठिन होगा।
सुखद लगता दुख संकट कष्ट भी गत।

अगर मन अधूरा है, अभी भरा नहीं, अगर कहीं कोई फांस अटकी रह गई है, सपने में अभी भी थोड़ा रस है, लगता है शायद कहीं सच ही हो, असार अभी पूरा का पूरा प्रकट नहीं हुआ। लगता है कहीं कोई सार शायद छिपा ही हो! इतने लोग दौड़े जा रहे हैंह्नधन के, पद के पीछे! हम लौटने लगे! शक होता है। इतने लोग दौड़ते हैं, कहीं ठीक ही हों!

एक बस में एक महिला चढ़ी। उसने अठन्नी कंडक्टर को दी। कंडक्टर ने उसे गौर से देखा और कहा कि यह नकली है। महिला ने उसे फिर गौर से देखा, चश्मे को ठीक-ठाक करके देखा और कहा कि नकली हो नहीं सकती। कंडक्टर ने कहा कि क्या सबूत है कि नकली नहीं हो सकती? उसने कहा, इस पर लिखा हुआ है उन्नीस सौ से चल रही है। छहत्तर साल चल गई। नकली होती तो छहत्तर साल चलती?

संसार चल रहा है—झूठा होता तो इतना अनंत काल तक चलता? अनंत-अनंत लोग चलते? सारे लोग भागे जा रहे हैं! कौन सुनता है संतों की! संत तो ऐसे ही हैं जैसे कि किसी का दिमाग खराब हो गया हो। कौन सुनता है इनकी! कभी करोड़ों में एकाध कोई संत होता है, जो कहता है : संसार सपना है। इसकी मानें कि करोड़ की मानें! यह एक गलती में हो सकता है, करोड़ गलती में होंगे! यह तो सीधा सा तर्क है, साफ-सुथरा है कि करोड़ गलती में नहीं हो सकते।

और फिर लोकतंत्र के जमाने में तो करोड़ गलती में हो ही नहीं सकते। यह एक आदमी और करोड़ के विपरीत सत्य को सिद्ध करने चला है! लोकमत के जमाने में तो संख्या तय करती है सत्य क्या है। व्यक्ति तो तय करते नहीं कि सत्य क्या है, भीड़ तय करती है। सिरों की गिनती से, हाथ के उठाने से तय होता है कि सत्य क्या है।

अब अगर तुम बुद्ध को खड़ा करवा दो चुनाव में, जमानत भी जब्त होगी! कौन इनकी सुनेगा! ये जो बातें कह रहे हैं, न मालूम किस कल्पना-लोक की हैं! अभी तो तुम्हें कल्पना सच मालूम होती है, इसलिए सच कल्पना मालूम होगा। तो लौटना कठिन तो होता है। और फिर जिन दुखों में रहने के हम आदी हो गए, उन दुखों से भी एक तरह की दोस्ती बन जाती है।

तुमने कभी देखा, अगर दो-चार साल कोई बीमारी में रह गए तो निकलने का मन नहीं होता। कहो तुम लाख कितना, निकलने का मन नहीं होता। बीमारी के भी सुख हैं, बिस्तर पर पड़े हैं, सब पर रौब गांठ रहे हैं। न नौकरी पर जाना पड़ता है, न दूकान करनी पड़ती है। पत्नी भी पैर दाबती है, जो पहले कभी न दबाती थी। दबवाने की आकांक्षा रखती थी, अब पैर दाबती है। बच्चे सुनते हैं, शोरगुल नहीं करते। कमरे से दबे पांव निकलते हैं कि पिताजी बीमार हैं। मित्र भी देखने आते हैं। सभी की सहानुभूति, सभी का प्रेम बरसता है। तुम अचानक महत्वपूर्ण हो गए हो!

दो-चार साल बीमार रहने के बाद, चिकित्सक कहते हैं कि शरीर तो ठीक हो जाए, लेकिन मन का रस लग जाता है बीमारी में। ज्यादा देर बीमार रहना कठिन है, खतरनाक है; क्योंकि शरीर तो ठीक हो सकता है, लेकिन अगर मन को रस पकड़ गया तो फिर शरीर ठीक नहीं हो सकता। फिर तुम कोई नई-नई बीमारियां खोजते रहोगे। बीमारी में तुम्हारा न्यस्त स्वार्थ हो गया है। बीमारी भी सुख देने लगी है, दुख भी सुख देने लगा है! दुख में भी बहुत दिन रहने के बाद ऐसा लगता है दुख संगी-साथी है; कम से कम अकेले तो नहीं, दुख तो है। बात करने को कुछ तो है।

एक महिला एक डाक्टर के पास पहुंची—बड़े सर्जन के पास—और कहा कि मेरा कोई आपरेशन कर दें! कोई आपरेशन! उसने पूछा, 'तुम्हें हुआ क्या है? बीमारी

क्या है?' उसने कहा : 'बीमारी मुझे कुछ भी नहीं। लेकिन आप कोई भी आपरेशन कर दें।' डाक्टर ने कहा, 'लेकिन, इसका कोई भी प्रयोजन समझ में नहीं आ रहा है।' उसने कहा : 'जब भी मिलती हूं दूसरी महिलाओं से, किसी ने टांसिल निकलवा लिए, किसी ने अपेंडिक्स निकलवा ली, किसी ने कुछ; मेरा कुछ भी नहीं निकला तो बात करने को ही कुछ नहीं है। आप कुछ भी निकाल दें। चर्चा को तो कुछ हो जाता है।' वह जब आपकी अपेंडिक्स निकलती है तो सारा गांव सहानुभूति बतलाता है; जैसे कि आपने कोई महान कार्य किया है, कि धन्य कि आप पृथ्वी पर हैं और आपकी अपेंडिक्स निकल गई है, और हम अभागे अभी तक बैठे हैं!

तुमने जरा देखा, जब लोग अपने दुख की कथा सुनाने लगते हैं तो तुमने उनकी आंखों में रस देखा! तुम अगर किसी की दुख की कथा न सुनो तो वह नाराज हो जाता है। मतलब? मतलब साफ है। वह एक रस ले रहा था। लोग अपने दुख को बढ़ा कर कहते हैं। जरा-जरा सा दुख हो तो उसको खूब बढ़ा-चढ़ा कर कहते हैं। क्योंकि छोटे दुख को कौन सुनेगा! बड़ा करके कहते हैं। और चाहते हैं कि तुम गौर से सुनो, ध्यानपूर्वक सुनो। देखते रहते हैं कि तुम उपेक्षा तो नहीं कर रहे।

यह तो बड़ी आश्चर्य की बात हुई। यह तो ऐसा हुआ जैसे कोई अपने घाव को कुरेदता हो। घाव को भी लोग कुरेदते हैं। कम से कम पीड़ा से इतना तो पता चलता है कि हम हैं, निश्चित हम हैं। पीड़ा इतना तो सबूत देती है कि हमारा अस्तित्व है। सिर में दर्द होता है तो सिर का पता तो चलता है! अपने होने का अहसास तो होता है कि मैं भी कुछ हूं, अन्यथा कुछ कारण नहीं है होने का; पता भी नहीं चलता कि हूं भी कि सपना हूं।

दुख हमें बांधे रखते हैं यथार्थ से। अगर दुख बिलकुल न हो तुम्हें कई बार शक होने लगेगा। यहां मेरे पास बहुत बार ऐसा मौका आता है। लोग आते हैं, ध्यान करते हैं। अगर दो-चार महीने रुक गए और ध्यान में गहरे उतर गए तो एक घड़ी ऐसी निश्चित आ जाती है, जब सुख की बड़ी तरंगें उठने लगती हैं। तब वे मुझसे आकर कहते हैं कि सपना तो नहीं है, यह कल्पना तो नहीं है? मैं उनसे पूछता हूं कि तुम जीवन भर दुखी रहे, तब तुमने कभी नहीं कहा कि यह दुख कहीं सपना तो नहीं, कल्पना तो नहीं है। अब पहली दफा सुख की तरंग उठी है तो तुम कहते हो : कहीं कल्पना तो नहीं है? सुख को मानने का मन नहीं होता। सुख को झुठलाने की इच्छा होती है। दुख को मानने का मन होता है, क्योंकि दुख अतीत से चला आ रहा है। लंबी पहचान है। तुम दुख से अजनबी नहीं हो; सुख से तुम बिलकुल अजनबी हो। तुमने सुख जाना नहीं। इसलिए जब पहली दफा आता है तो मानने का मन भी नहीं करता।

और भी एक बात है जो खयाल में रखना, जब तुम सुखी होते हो तो तुम्हारा अहंकार बिलकुल लीन हो जाता है, मिट जाता है। सुख में अहंकार बचता नहीं। सुख की परिभाषा यही है। अगर अहंकार बच जाए तो तुम्हारा सुख भी दुख ही है। दुख अहंकार को बचाता है; सुख तो बिखेर देता है। सुखी आदमी तो निरहंकारी हो जाता है। सुख की घड़ी इतनी बड़ी है कि आदमी का छोटा सा अहंकार विलीन हो जाता है। सुख मस्त कर देता है। सुख डुला देता हैह्नसिंहासन से गिर जाता है अहंकार। सुख एक उत्पात ले आता है। उसमें तुम होते भी हो, लेकिन पुराने अर्थों में नहीं होते। एक बड़ा नया अर्थ होता है। पुराना जो दुख से भरा हुआ तुम्हारा जीवन था वह और दुख के सहारे तुमने जो अहंकार खड़ा किया था, वह नहीं होता, वह जा चुका। सुख की एक लहर होती है। वह लहर तुम्हें ले गई, बहा ले गई। तुम अब किनारे पर अपने को पाते नहीं। इसलिए सुख को मानने की तैयारी नहीं होती, और दुख को पकड़ने का मन होता है।

अनुभव दुख का गहन हो जाए और तुम्हारे दुख के अनुभव से, दुख में तुम्हारे डाले न्यस्त स्वार्थ क्षीण हो जाएं, तुम दुख में रस लेना बंद कर दो, तुम दुख को सम्हालना बंद कर दो... । तुम बड़े हैरान होओगे, जब मैं तुमसे कहता हूं कि तुम दुख का त्याग करो। मेरे पास लोग आते हैं, वे कहते हैं: दुख का तो हम त्याग करना ही चाहते हैं। मैं नहीं देखता कि तुम करना चाहते हो। तुम्हें साफ नहीं है। नहीं तो दुख का त्याग कभी का हो जाता। तुम्हारे बिना पकड़े दुख रह नहीं सकता; तुम्हारे बिना बचाए, बच नहीं सकता। शायद तुम बड़ी कुशलता से बचा रहे हो। शायद तुमने बड़ी होशियारी कर ली है। तुमने छिपा ली हैं जड़ें, जिनसे तुम रस देते हो दुख को; लेकिन दुख तुम्हारे बिना बच नहीं सकता। तुम कहते जरूर हो ऊपर से कि मैं दुख को मिटाना चाहता हूं, लेकिन गौर से देखो, सच में तुम दुख मिटाने को राजी हो? दुख को मिटाने को राजी हो? दुख को मिटाने की वह जो महाक्रांति है, उससे गुजरने को राजी हो? दुख मिटाने का अर्थ है, मिटने को राजी हो? क्योंकि तुम्हारा अहंकार दुख का ही जोड़ है, उसका ही संग्रहीभूत रूप है।

इसे ऐसा समझें, जब तुम्हारे पेट में दर्द होता है तो पेट का पता चलता है। पेट में दर्द नहीं होता तो पेट का पता नहीं चलता। सिर में दर्द होता है तो सिर का पता चलता है। जब दर्द नहीं होता तो सिर का पता नहीं चलता। शरीर में कहीं भी पीड़ा हो तो उस अंग का पता चलता है।

ज्ञानियों ने कहा है: जब तुम्हारी चेतना में पीड़ा होती है तो तुम्हें पता चलता है कि मैं हूं। और जब सब संताप मिट जाता है, कोई पीड़ा नहीं रह जाती, तो पता ही नहीं चलता कि मैं हूं। वह जो न पता चलना है, वह घबड़ाता हैह्न'मैं नहीं हूं!

तो इससे तो दुख को ही पकड़े रहो; दुख के किनारे को ही पकड़े रहो। यह तो मझधार में डूबना हो जाएगा!'

तो जब तक कोई व्यक्ति दुख के अनुभव को इतनी गहराई से न देख ले कि उसे पता चल जाए कि दुख मैं हूं और मेरे होने में दुख नियोजित है, दुख के बिना मैं हो नहीं सकताह्नऐसी गहन प्रतीति के बाद जब कोई सदगुरु के पास आता है तो बस 'यथातथोपदेशेन', जैसे-तैसे थोड़ेह्नसे उपदेश में क्रांति घट जाती है।

एक वक्त ऐसा आता है
जब सब कुछ झूठ होता जाता है
सब असत्य सब पुलपुला,
सब कुछ सुनसान
मानो जो कुछ देखा था, इंद्रजाल था
मानो जो कुछ सुना था, सपने की कहानी थी।

जब ऐसी प्रतीति आ जाए, तब तुम तैयार हुए सदगुरु के पास आने को। उसके पहले तुम आ जाओगे, सुन लोगे, समझ भी लोगे बुद्धि से; लेकिन जीवन में कृतार्थता न होगी।

सदगुरु के पास आने का तो एक ही अर्थ है कि तुम अनंत की यात्रा पर जाने को तत्पर हुए। सीमित से ऊब गए, सीमा को देख लिया। बाहर से थक गए; देख लिया, बाहर कुछ भी नहीं है, हाथ खाली के खाली रहे। सिकंदर बन कर देख लिया, हाथ खाली के खाली रहे। तब अंतर की यात्रा शुरू होगी। देख लिया जो दिखाई पड़ता था; अब उसको देखने की आकांक्षा होती है जो दिखाई नहीं पड़ता और भीतर छिपा है: 'शायद जीवन का रस और रहस्य वहां हो!' लेकिन जिसकी आंख में अभी बाहर का थोड़ा सा भी सपना छाया डाल रहा है, वह लौट-लौट आएगा।

यही तो होता है। तुम ध्यान करने बैठते हो, आंख बंद करते हो; आंख तो बंद कर लेते हो, लेकिन मन तो बाहर भागता रहता हैह्नकिसी का भोजन में, किसी का स्त्री में, किसी का धन में, किसी का कहीं, किसी का कहीं। तुमने खयाल किया, ऐसे चाहे खुली आंख तुम्हारा मन इतना न भागता हो, हजार कामों में उलझे रहते हो, मन इतना नहीं भागता; ध्यान करने बैठे कि मन भागा। ध्यान करते ही मन एकदम भागता है, सब दिशाओं में भागता है। न मालूम कहां-कहां के खयाल पकड़ लेता है! न मालूम किन-किन पुराने संचित संस्कारों को फिर से जगा लेता है! जिन बातों से तुम सोचते थे कि तुम छूट गए, वे फिर पुनरुज्जीवित हो जाती हैं। आंख बंद करते ही! साफ पता चल जाता है कि तुम्हारा राग अभी बाहर से बंधा हुआ है।

चिर सजग आंखें उनींदी, आज कैसा व्यस्त बाना!
जाग तुझको दूर जाना।

अचल हिमगिरि के हृदय में आज चाहे कंप हो ले
या प्रलय के आंसुओं में मौन अलसित व्योम रौले
आज पी आलोक को डोले तिमिर की घोर छाया
जाग या विद्युत शिखाओं में निठुर तूफान बोले

बांध लेंगे क्या तुझे ये मोम के बंधन सजीले?
पंथ की बाधा बनेंगे तितलियों के पर रंगीले?
विश्व का क्रंदन भुला देगी मधुप की मधुर गुनगुन?
क्या डुबा देंगे तुझे ये फूल के दल ओस-गीले?

तू न अपनी छांव को अपने लिए कारा बनाना!
चिर सजग आंखें उनींदी, आज कैसा व्यस्त बाना!
जाग तुझको दूर जाना!

अंतर की यात्रा बड़ी से बड़ी यात्रा है। चांद-तारों पर पहुंच जाना इतना कठिन नहीं, इसलिए तो आदमी पहुंच गया। भीतर पहुंचना ज्यादा कठिन है। गौरीशंकर पर चढ़ जाना इतना कठिन नहीं, इसलिए तो आदमी चढ़ गया! भीतर के शिखर पर पहुंच जाना अति कठिन है।

कठिनाई क्या है? कठिनाई यह है कि बाहर अभी हजार काम अधूरे पड़े हैं। जगह-जगह मन अभी बाहर उलझा है। रस अभी कायम है। धार भीतर बहे तो बहे कैसे? धार भीतर एक ही स्थिति में बहती है जब बाहर से सब संबंध अनुभव के द्वारा व्यर्थ हो गए।

तुम भोग लो, भोगी अगर ठीक-ठीक भोग में उतर जाए तो योगी बने बिना रह नहीं सकता। भोग का आखिरी कदम योग है। इसलिए मैं भोग और योग को विपरीत नहीं कहता। भोग तैयारी है योग की, विपरीत नहीं, मैं नास्तिकता को आस्तिकता के भी विपरीत नहीं कहता। नास्तिकता सीढ़ी है आस्तिकता की। नहीं कह कर ठीक से देख लो। नहीं कहने का दुख ठीक से भोग लो। नहीं कहने के कांटे को चुभ जाने दो प्राणों में। रोओ, तड़प लो! तभी तुम्हारे भीतर से 'हां' उठेगी, आस्तिकता उठेगी। और जल्दी कुछ भी नहीं है, और ये काम जल्दी में होने वाले भी नहीं हैं। जहां तुम्हारा मन रस लेता हो वहां तुम चले ही जाओ। जब तक तुम्हें वहां वमन न होने लगे तब तक हटना ही मत। इतनी हिम्मत न हो तो सत्वबुद्धि पैदा नहीं होगी।

गुरजिएफ ने लिखा है कि जब वह छोटा था तो उसे एक खास तरह के फल में बहुत रस था। काकेशस में होता है वह फल। लेकिन वह फल ऐसा था कि उससे पेट में दर्द होता है। लेकिन स्वाद उसका ऐसा था कि छोड़ा भी नहीं जाता था। बच्चे बच्चे हैं। बूढ़े तक बच्चे हैं तो बच्चों का क्या कहना! बूढ़ों तक को दिक्कत है। डाक्टर कहता है, आइसक्रीम मत खाओ; मगर खा लेते हैं! डाक्टर कहता है, फलानी चीज मत खा लेना; लेकिन कैसे छोड़ें, नहीं छोड़ा जाता। फिर खा लेते हैं। फिर तकलीफ उठा लेते हैं। छोटा बच्चा था, उसको फल में रस था। और फल रसीला था। लेकिन पेट के लिए दुखदायी है। उसके बाप ने क्या किया? उसने कई बार उसे मना किया। वह सुनने को राजी न था। वह चोरी से खाने लगा। तो बाप एक दिन एक टोकरी भर कर फल ले आया और उसने इसे बिठा लिया अपने पास और रख लिया हाथ में डंडा और कहा : 'तू खा!'

गुरजिएफ तो समझा नहीं कि मामला क्या है। पहले तो बड़ा प्रसन्न हुआ कि बाप को हुआ क्या, दिमाग फिर गया है! क्योंकि हमेशा मना करते हैं, घर में फल आने नहीं देते हैं। मगर बाप डंडा लेकर बैठा था तो उसे खाना पड़ा। पहले तो रस लियाह्नदो-चार आठ-दस फलह्नइसके बाद तकलीफ होनी शुरू हुई। मगर बाप है कि डंडा लिए बैठा है, वह कहता है कि यह टोकरी पूरी खाली करनी पड़ेगी। उसकी आंख से आंसू बहने लगे, और खाया नहीं जाता। अब वमन की हालत आने लगी और बाप डंडा लिए बैठा है और वह कहता है कि फोड़ दूंगा, हाथ-पैर तोड़ दूंगा, यह टोकरी खाली करनी है! उसने टोकरी खाली करवा कर छोड़ी।

पंद्रह दिन गुरजिएफ बीमार रहा, उलटी हुई, दस्त लगे; लेकिन उसने बाद में लिखा है कि उस फल से मेरा छुटकारा हो गया। फिर तो उस फल को मैं वृक्ष में भी देखता तो मेरे पेट में दर्द होने लगता। बाजार में बिकता होता तो मैं आंख बचा कर निकल जाता। रस की तो बात दूर, विरस पैदा हुआ। विरस यानी वैराग्य। राग के दुख की ठीक प्रतीति से ही वैराग्य का जन्म होता है।

अधूरा रागी कभी योगी नहीं बन पाता, विरागी नहीं बन पाता। इसलिए मेरे शिक्षण में, तुम्हें कहीं से भी जल्दबाजी में हटा लेने की कोई आकांक्षा नहीं है। तुम घर में हो, घर में रहो। तुम भोग में हो, भोग में रहो। एक ही बात खयाल रखो : तुम जहां हो, उस अनुभव को जितनी प्रगाढ़ता से ले सको, उतना शुभ है। एक दिन भोग ही तुम्हें उस जगह ले आएगा जहां प्राणपण से पुकार उठेगीह्न

प्रत्येक नया दिन नई नाव ले आता है
लेकिन समुद्र है वही, सिंधु का तीर वही
प्रत्येक नया दिन नया घाव दे जाता है

लेकिन पीड़ा है वही, नयन का नीर वही
धधका दो सारी आग एक झोंके में
थोड़ा-थोड़ा हर रोज जलाते क्यों हो?
क्षण में जब यह हिमवान पिघल सकता है,
तिल-तिल कर मेरा उपल गलाते क्यों हो?

एक ऐसी घड़ी आती है जब तुम प्रभु से प्रार्थना करते हो कि एक क्षण में कर दो भस्मीभूत सब!

क्षण में जब यह हिमवान पिघल सकता है
तिल-तिल का मेरा उपल गलाते क्यों हो?
धधका दो सारी आग एक झोंके में
थोड़ा-थोड़ा हर रोज जलाते क्यों हो?

इस घड़ी में संन्यास फलित होता है। संन्यास सदबुद्धि की घोषणा है।

'विषयों में विरसता मोक्ष है, विषयों में रस बंध है। इतना ही विज्ञान है। तू जैसा चाहे वैसा कर।'

देखते हो यह अपूर्व सूत्र!

मोक्षो विषयवैरस्यं बंधो वैषयिको रसः।
एतावदेव विज्ञानं यथेच्छसि तथा कुरु।।

'विषयों में विरसता मोक्ष है।'

मोक्ष तुम्हारे चैतन्य की ऐसी दशा है जब विषयों में रस न रहा, जबरदस्ती थोप-थोप कर तुम विरस पैदा न कर सकोगे। जितना तुम थोपोगे उतना ही रस गहरा होगा। इसलिए मैं देखता हूंः गृहस्थ के मन में स्त्री का उतना आकर्षण नहीं होता जितना तुम्हारे तथाकथित संन्यासी के मन में होता है। जिस दिन तुम भोजन ठीक से करते हो, उस दिन भोजन की याद नहीं आती; उपवास करते हो, उस दिन बहुत आती है।

दबाओ कि रस बढ़ता है, घटता नहीं। निषेध से निमंत्रण बढ़ता है, मिटता नहीं। और यही प्रक्रिया चलती रही...। तुम जिन्हें साधारणतः साधु-महात्मा कहते हो, उन्होंने तुम्हें निषेध सिखाया है। उन्होंने कहा कि दबा लो जबरदस्ती। लेकिन दबाने से कहीं कुछ मिटा है!

सभी लोग, कोई सस्ता उपाय मिल जाए, इसकी खोज में लगे हैं। मैं तुमसे कहता हूंः दबाना भूल कर मत, अन्यथा जन्मों-जन्मों तक भटकोगे। इसी जन्म में क्रांति घट सकती है, अगर तुम भोगने पर तत्पर हो जाओ। तुम कहो कि ठीक है, अगर रस है तो उसे जान कर रहेंगे। अगर रस सिद्ध हुआ तो ठीक, अगर विरस सिद्ध

हुआ तो भी ठीक। अनुभव से कभी कोई हारता नहीं, जीतता ही है। कुछ भी परिणाम हो। जो भी तुम्हें पकड़ता हो, जो भी तुम्हें बुलाता हो, उसमें चले जाना। भय क्या है? खोओगे क्या? तुम्हारे पास है क्या? कई दफे मैं देखता हूं: लोग डरे हैं कि कहीं कुछ खो न जाए! तुम्हारे पास है क्या? तुम्हारी हालत वैसी है, जैसे नंगा सोचता है, नहाएं कैसे? फिर कपड़े कहां सुखाएंगे! कपड़े तुम्हारे पास हैं नहीं, तुम नहा लो!

'विषयों में विरसता मोक्ष है।'

विरसता कैसे पैदा होगीह्लयही साधना है। तथाकथित धार्मिक लोग तुमसे कहते हैं: विरसता पैदा नहीं होगी, करनी पड़ेगी। मैं तुमसे कहता हूं: होगी, की नहीं जा सकती। अगर विषय अर्थहीन हैं तो हो ही जाएगी, अनुभव से हो जाएगी।

तुम देखे, छोटा बच्चा खिलौनों में रस लेता है। लाख चेष्टा करो तो भी खिलौनों से उसका रस नहीं जाता। फिर बड़ा हो जाता है और रस चला जाता है। फिर तुम उससे कहो कि अपनी गुड्डी ले जा स्कूल, तो वह कहता है: ञ्छोड़ो भी! तुम्हारा दिमाग खराब है? स्कूल में क्या अपना मजाक करवाना है?ङ्ग एक दिन खुद ही गुड्डी को कचरे-घर में फेंक आता है कि झंझट मिटाओ, यह पुराने दिनों की बदनामी घर में न रहे। इसके रहने से पता चलता है कि हम भी कभी बुद्धू थे। लेकिन यही छोटा जब था तो इसे समझाना कठिन था कि गुड्डी गुड्डी है, इतना रस मत ले। बिना गुड्डी के रात सो नहीं सकता था। जब तक गुड्डी न पकड़ ले हाथ में, तब तक रात नींद नहीं आती थी। क्या हो गया? प्रौढ़ता आ गई। समझ आईह्लअनुभव से ही आई। गुड्डी के साथ खेल-खेल कर धीरे-धीरे पाया कि मुर्दा है, चीथड़े भरे हैं भीतर। एक दिन बच्चे खोल कर देख ही लेते हैं कि गुड़िया के भीतर क्या है। कुछ भी नहीं है!

तुमने देखा कि बच्चे अक्सर खिलौने तोड़ लेते हैं। उन्हें रोकना मत। वह उनकी प्रौढ़ता का लक्षण है। खिलौने तोड़ते इसलिए हैं कि वे देखना चाहते हैं कि भीतर क्या है! तुम बच्चे को घड़ी दे दो, वह जल्दी ही खोल कर बैठ जाएगा। तुम कहते हो: 'नासमझ, घड़ी खोल कर देखने की नहीं है। बिगाड़ डालेगा।' लेकिन उसका रस घड़ी से ज्यादा इस बात में है कि भीतर क्या है! और वह ठीक है उसका रस। भीतर को जानना ही होगा, उतरना ही होगाह्लतभी छुटकारा होगा।

बच्चे कीड़े-मकोड़ों तक को मार डालते हैं। तुम सोचते हो कि शायद हिंसा कर रहे हैं। गलत। वे असल में मार कर देखना चाहते हैं कि 'भीतर क्या है, कौन सी चीज चला रही है! यह तितली उड़ी जा रही है, कौन उड़ा रहा है!' पंख तोड़ का भीतर झांकना चाहते हैं। यह भी जीवन की खोज है। यह जिज्ञासा है। यही जिज्ञासा उन्हें जीवन के और अनुभवों के भीतर भी उतरने के लिए आमंत्रण देगी। एक दिन वे सभी

अनुभवों को खोल कर देख लेंगे, कहीं भी कुछ न पाएंगे, सब जगह राख मिलेगीह्नउस दिन विरसता पैदा होती है।

'विषयों में विरसता मोक्ष है और विषयों में रस बंध है।'

संसार बाहर नहीं हैह्नतुम्हारे रस में है। और मोक्ष कहीं आकाश में नहीं हैह्नतुम्हारे विरस हो जाने में है। श्रुतियों का प्रसिद्ध वचन है : मन एव मनुष्याणां कारणं बंध मोक्षयोः! मन ही कारण है बंधन और मोक्ष का। और मन का अर्थ होता है : जहां तुम्हारा मन। अगर तुम्हारा मन कहीं है तो रस। रस है तो बंधन है। अगर तुम्हारा मन कहीं न रहा, जब चीजें विरस हो गईं, मन का पक्षी कहीं नहीं बैठता, अपने में ही लौट आता हैह्नवहीं मोक्ष।

बंधाय विषयासक्तं मुक्तयैर्निर्विषये स्मृनम्। बंधन का कारण है मन, और मुक्ति का भी। पक्षी जब तक उड़ता रहता है और बैठता रहता है अलग-अलग स्थानों परह्नऔर हम बदलते रहते हैं, और हम किसी चीज में पूरे नहीं जातेह्नतो रस नया बना रहता है।

एक दिन मुल्ला नसरुद्दीन को मैंने देखा, एक नया-नया छाता लिए चला आ रहा है। मैंने पूछा : 'नसरुद्दीन कहां मिल गया इतना सुंदर छाता? और बड़ा नया है, अभी-अभी खरीदा क्या?' उसने कहा : 'अभी तो नहीं खरीदा; है तो करीब कोई बीस साल पुराना।' मैं थोड़ा चौंका। छाते के लक्षण बीस साल पुराने के नहीं थे। मैंने कहा : 'थोड़ी इसकी कथा कहो तो समझ में आए, क्योंकि यह बीस साल पुराना नहीं मालूम होता। छाते तो साल दो साल में खतम होने की अवस्था में आ जाते हैं, बीस साल!' उसने कहा : 'है तो बीस साल पुराना, आप मानो या न मानो। और कम से कम पच्चीस दफे तो इसको सुधरवा चुका और कम से कम छः दफा दूसरों के छातों से बदल चुका हैह्नऔर नया का नया है, फिर भी नया का नया!'

अब जब छाता बदल जाएगा तो नया का नया बना ही रहेगा।

तुम कभी किसी एक रस में गहरे नहीं जातेह्नऐसे फुदकते रहते होह्नतो रस नया का नया बना रहता है। थोड़े दौड़े धन की तरफ, फिर देखा कि यह नहीं मिलता। थोड़े दौड़े पद की तरफ, फिर देखा कि यहां भी बड़ी मुश्किल है, पहले ही से लोग क्यू बांधे खड़े हैं और बड़ी झंझट है! थोड़े कहीं और तरफ दौड़े, थोड़े कहीं और तरफ दौड़े; लेकिन कभी किसी एक तरफ पूरे न दौड़े कि पहुंच जाते आखिर तक, तो एक रस चुक जाता।

और तुम्हें सिखाने वाले हैं, जो कहते हैं, कहां जा रहे हो? ये लौटने वाले लोग हैं जो कहते हैं, कहां जा रहे हो? इनमें से कुछ तो ज्ञाता हैं। जो ज्ञाता हैं, वे तो न कहेंगे

कि कहां जा रहे हो? वे तो कह रहे हैं जरा तेजी से जाओ ताकि जल्दी लौट आओ। जो ज्ञाता नहीं हैं, जो बीच से लौट रहे हैं और जिनके लिए अंगूर खट्टे सिद्ध हुए हैं, वे भी थोड़ी दूर गए थे और लौट पड़े, सोचा कि अपने बस का नहीं।

मैंने यह अनुभव किया कि तथाकथित संन्यासियों में अधिक मूढ़ बुद्धि के लोग हैंह्नजो कहीं जाते तो सफल हो भी नहीं सकते थे। तो वे कह रहे हैं, अंगूर खट्टे हैं। पहुंच सकते नहीं थे।

तुमने कभी अपने संन्यासियों पर गौर किया? जरा संन्यासियों की तुम कतार लगा कर...कुंभ का मेला आता है, जरा जाकर देखना! जरा गौर से खड़े होकर देखना अपने संन्यासियों को। तुम पाओगे जैसे सारे जड़बुद्धि यहां इकट्ठे हो गए हैं। जड़बुद्धि न हों तो जो कर रहे हैं, इस तरह के कृत्य न करें। अब कोई बैठा है आग के पास, राख लपेटे, इसके लिए कोई बुद्धिमत्ता की जरूरत नहीं है; कि कोई खड़ा है सिर के बल; कि कोई लेटा है कांटों पर। और यही इनका बल है। बुद्धि का जरा भी लक्षण मालूम नहीं होता; बुद्धिहीनता मालूम होती है। लेकिन जीवन में ये कहीं सफल नहीं हो सकते थे। दूकान चलाते, दिवाला निकलता। कोई आसान मामला नहीं दुकान चलाना! नौकरी करते तो कहीं चपरासी से ज्यादा ऊपर नहीं जा सकते थे।

इन्होंने बड़ी सस्ती तरकीब पा लीह्नये धूनी रमा कर बैठ गए। अब इसके लिए न कोई बुद्धि की जरूरत है, न किसी विश्वविद्यालय के प्रमाण-पत्र की जरूरत है। कुछ भी जरूरत नहीं। यह तो जड़बुद्धि से जड़बुद्धि भी कर ले सकता है, इसमें क्या मामला है? गधे भी जमीन पर लोट कर धूल चढ़ा लेते हैं, इसमें कोई बात है! कहीं भी रेत में लेट गए तो धूल चढ़ जाती है। मगर मजा यह है कि यह जड़बुद्धि आदमी धूनी रमा कर बैठ गया, तो जो इसको अपने घर बर्तन मांजने पर नहीं रख सकते थे वे इसके पैर छू रहे हैं। चमत्कार है! यह कारपोरेशन का मेंबर नहीं हो सकता था, मिनिस्टर इसके पैर छू रहे हैं; क्योंकि मिनिस्टर सोचते हैं कि गुरु महाराज की कृपा हो जाए तो इलेक्शन जीत जाएं!

मैंने सुना है कि एक चोर भागा। सिपाहियों ने उसका पीछा किया। कोई रास्ता न देख कर एक नदी के किनारे पहुंच कर, वह तैरना जानता नहीं था, नदी गहरी, वह घबड़ा गया। पास में ही एक साधु महाराज धूनी जमाए बैठे थे। आंख बंद किए बैठे थे। वह भी जल्दी से पानी में डुबकी लेकर धूल शरीर पर डाल कर बैठ गया आंख बंद करके। वे जो सिपाही उसका पीछा करते आ रहे थे, अचानक आकर उसके पैर छुए। वह बड़ा हैरान हुआ कि हद नासमझी हमने भी की, अब तक चोरी करते रहे नाहक, यह तो सब कुछ बिना ही उसके हो सकता है! वह बैठा ही रहा। सिपाहियों ने बहुत

कुछ प्रश्न उठाए, मगर उसने कोई उत्तर...उत्तर उसके पास कोई था भी नहीं। लेकिन सिपाहियों ने समझा कि बड़ा मौनी बाबा है। गांव में खबर ले गए कि एक मौनी बाबा आए हैं। लोग आने लगे। संख्या बढ़ने लगी। राजमहल तक खबर पहुंची। खुद राजा आया। उसने चरण छुए और कहा: 'महाराज कब से मौन लिए हो?' मगर वे बैठे हैं। वे उत्तर देते ही नहीं।

वह चोर मन में सोचने लगा कि हद हो गई, इन्हीं के घर से मैं ठीकरे चुरा-चुरा कर काम चलाता था, और अब तो हीरे-जवाहरात चरणों में आने लगे, लोग सोने के आभूषण चढ़ाने लगे, रुपये चढ़ाने लगे। ये वे ही लोग हैं जो उसे पकड़वा देते।

जब सम्राट आया तो उससे न रहा गया। उसने कहा कि नहीं, मेरे पैर मत छुएं! मैं चोर हूं! और एक सीमा होती है। लेकिन एक बात पक्की है कि अब मैं चोर होने वाला नहीं। क्योंकि मैं बिलकुल पागल था। किसी ने मुझे बताई नहीं यह तरकीब पहले। यह तो अचानक हाथ लगी। और मैं बिलकुल झूठा संन्यासी हूं और इतना समादर, इतना आदर मिल रहा हैह्नकाश मैं सच्चा होता!

मैंने बहुत संन्यासियों को देखा घूम कर सारे देश में, निन्यानबे प्रतिशत बुद्धिहीन हैं, जड़बुद्धि हैं। वे जीवन में कहीं सफल न हो सकते थे। अंगूरों तक पहुंच न सके, चिल्लाने लगे कि खट्टे हैं। उनकी सुन कर तुम लौट मत पड़ना; अन्यथा कभी विरसता पैदा न होगी, रस बना रहेगा।

'विषयों में विरसता मोक्ष है, विषयों में रस बंध है।' और अष्टावक्र कहते हैं: 'इतना ही जनक, विज्ञान है, इतना ही विज्ञान है।'

'विज्ञान' शब्द बड़ा अदभुत है। विज्ञान का अर्थ होता है: विशेष ज्ञान। ज्ञान तो ऐसा है जो दूसरे से मिल जाए। विज्ञान ऐसा है जो केवल अपने अनुभव से मिलता है; इसीलिए विशेष ज्ञान। किसी ने कहा तो ज्ञान; खुद हुआ तो विज्ञान। साइंस को हम विज्ञान कहते हैं, क्योंकि साइंस प्रयोगात्मक है, अनुभवसिद्ध है, बकवास बातचीत नहीं है; प्रयोगशाला से सिद्ध है। इसी तरह हम अध्यात्म को भी विज्ञान कहते हैं। वह भी अंतर की प्रयोगशाला से सिद्ध होता है। सुना हुआह्नज्ञान; जाना हुआह्नविज्ञान। यह वचन खयाल रखना:

एतावदेव विज्ञानम्।

अष्टावक्र कहते हैं: और कुछ जानने की जरूरत नहीं, बस इतना विज्ञान है। विरस हो जाए तो मोक्ष, रस बना रहे तो बंधन। ऐसा जान कर फिर तू जैसा चाहे वैसा कर। फिर कोई बंधन नहीं, फिर तू स्वच्छंद है। फिर तू अपने छंद से जीह्नअपने स्वभाव के अनुकूल; फिर तुझे कोई रोकने वाला नहीं। न कोई बाहर का तंत्र रोकता है, न कोई भीतर का तंत्र रोकता है। फिर तू स्वतंत्र है। तू तंत्र मात्र से बाहर है, स्वच्छंद है।

यथेच्छसि तथा कुरु!

फिर कर जैसा तुझे करना है। फिर जैसा होता है होने दे। इतना ही जान ले कि रस न हो। फिर तू महल में रह तो महल में रहह्नरस न हो। और रस हो और अगर तू जंगल में बैठ जाए तो भी कुछ सार नहीं।

मुल्ला नसरुद्दीन की पत्नी उससे पूछ रही थी कि तुम इतने सुंदर हो नसरुद्दीन! फिर भी पता नहीं, तुम अक्ल से कोरे क्यों हो? भगवान ने तुम्हें सुंदर बनाया, अक्ल से कोरा क्यों रखा? इसका क्या कारण है?

नसरुद्दीन ने कहा : कारण स्पष्ट है। भगवान ने मुझे सौंदर्य इसलिए प्रदान किया कि तुम मुझसे विवाह कर सको और अक्ल से इसलिए कोरा रखा कि मैं तुमसे विवाह कर सकूं।

अक्ल से कोरे हो तुम, तो संसार से विवाह चलेगा, बच नहीं सकते, भागो कहीं भी। जगह-जगह से संसार तुम्हें पकड़ लेगा। और अक्ल से भरे होने का एक ही उपाय हैह्नअनुभव से भरे होना। अनुभव का निचोड़ है बुद्धिमत्ता।

तो जितना तुम अनुभव कर सको उतना शुभ है। घबड़ाना मत भूल करने से। जो भूल करने से डरता है वह कभी अनुभव को उपलब्ध ही नहीं होता। भूल तो करो, दिल खोल कर करो; एक ही भूल दुबारा मत करना। कर लेना एक दफे पूरे मन से, ताकि दुबारा करने की जरूरत ही न रह जाए। यह मेरी प्रतीति है कि तुम अगर एक बार क्रोध पूरे मन से कर लो, समग्रता से कर लो, फिर तुम दुबारा क्रोध न कर सकोगे। वह क्रोध तुम्हें अनुभव दे जाएगाह्नआग का, जहर का, मृत्यु का। तुम एक बार अगर कामवासना में समग्रता से उतर जाओ, बिलकुल जंगलीपन से उतर जाओ, बिलकुल जानवर की तरह उतर जाओ, तो समाप्त हो जाएगी बात, दुबारा तुम न उतर सकोगे, विरस हो जाओगे। बार-बार उतरने की आकांक्षा होती है, क्योंकि उतर नहीं पाए, एक भी बार जान नहीं पाए। और परमात्मा कुछ ऐसा है कि जब तक तुम अनुभव से न सीखो, पीछा नहीं छोड़ता, धक्के देगा, कहेगा : जाओ, अनुभव लेकर आओ।

यह ऐसे ही है जैसे कि जब तक बच्चा उत्तीर्ण होने का सर्टिफिकेट लेकर घर न आ जाए, बाप कहता है : फिर जा, फिर उसी क्लास में भर्ती हो जा, फिर वही पढ़! उत्तीर्ण होकर आना तो ही घर आना, अन्यथा आना ही मत।

परमात्मा, जब तुम जीवन से उत्तीर्ण होते हो, तभी तुम्हें जीवन के पार ले जाता है। आवागमन से मुक्ति तभी होती है जब जीवन से जो मिल सकता था तुमने ले लिया। बिना लिए तुम चाहो, बिना अनुभव किए तुम चाहो कि पार हो जाओ, तुम हो न सकोगे।

'यह तत्वबोध वाचाल, बुद्धिमान और महाउद्योगी पुरुष को गूंगा, जड़ और आलसी कर जाता है। इसलिए भोग की अभिलाषा रखने वालों के द्वारा तत्वबोध त्यक्त है।'

यह वचन बहुत अनूठा है। इसे समझो। अष्टावक्र कहते हैं कि यह तत्वबोध, यह संसार के रस से मुक्त हो जाना, यह मोक्ष का स्वाद मिल जाना, यह स्वच्छंदता, यह विज्ञान वाचाल को मौन कर देता है; बुद्धिमान को ऐसा बना देता है कि जैसे लोग समझें कि जड़ हो गया; महाउद्योगी को ऐसा कर जाता है जैसे आलसी हो गया। इसीलिए भोग की लालसा रखने वालों के द्वारा ऐसे तत्वबोध से बचने के उपाय किए जाते हैं। वे हजार उपाय करते हैं। वे हजार कोस दूर भागते रहते हैं। वे बुद्धों के पास नहीं फटकते। वे तो बुद्धों की छाया भी अपने ऊपर पड़ने नहीं देना चाहते, क्योंकि खतरा है।

इसे समझो, यह सूत्र कठिन है। तुम्हारी जो बुद्धिमानी है, वह सांसारिक है; वस्तुतः बुद्धिमानी नहीं है। क्योंकि जिस बुद्धि से मोक्ष न मिले, जिस बुद्धि से स्वतंत्रता न फलित हो और जिस बुद्धि से सच्चिदानंद का अनुभव न हो, उसे क्या खाक बुद्धि कहना! फिर मूढ़ता किसको कहोगे? जिसे तुम बुद्धिमानी कहते हो, जिसे तुम चालाकी कहते हो, आखिरी अर्थों में वही मूढ़ता है। इसलिए जो आखिरी अर्थों में बुद्धिमानी है, तुम्हें मूढ़ता जैसी मालूम होगी।

देखते हो मूढ़ को हम बुद्धू कहते हैं, वह शब्द बुद्ध से बना है। बुद्ध को लोगों ने बुद्धू कहा कि गए काम से, किसी मतलब के न रहे। घर था, महल था, पत्नी-बच्चे थे, सब थाह्नऔर यह बुद्धू देखो, भाग खड़ा हुआ! लाओत्सु ने कहा है कि और सब तो बड़े बुद्धिमान हैं, मेरी हालत बड़ी गड़बड़ है, मैं बिलकुल बुद्धू हूं। लाओत्सु ने कहा हैः और सब तो कितने सक्रिय हैं, भागे जा रहे हैं, दौड़े जा रहे हैं त्वरा से; एक मैं आलसी हूं।

समझो ऐसा, एक पागलखाने में तुम बंद हो और तुम पागल नहीं हो, तो सारे पागल तुम्हें पागल समझेंगे। समझेंगे ही कि तुम्हारा दिमाग खराब है। उन सबके दिमाग तो एक जैसे हैं, तुम्हारा उनसे मेल नहीं खाता। पागल दौड़ेंगे, चीखेंगे, चिल्लाएंगे; न तुम चीखते, न चिल्लाते, न दौड़ते, न मारपीट करते। पागल समझेंगेः 'तुम्हें हुआ क्या है! क्या तुम्हारा दिमाग खराब हो गया है? अरे! सब जैसा व्यवहार करो। जैसा सब रह रहे हैं, वैसे रहो। जिनके साथ रहो, वैसे रहो। यही बुद्धिमानी का लक्षण है। यह क्या हम सब दौड़ रहे, चीख रहे, चिल्ला रहे; तुम बैठे!' बुद्धू मालूम पड़ेगा जो आदमी स्वस्थ है पागलखाने में।

अष्टावक्र कहते हैं कि कामी, भोगी तत्वज्ञान के पास नहीं फटकना चाहते, क्योंकि उन्हें डर लगता है कि तत्वज्ञानी तो खतरे पैदा कर देता है। तत्वज्ञान की जरा सी छाया पड़ी कि महत्वाकांक्षा गई। महत्वाकांक्षा गई तो दौड़ गई, सामने हीरा भी पड़ा रहे तत्वज्ञानी के तो वह उठ कर उठाएगा नहीं। तो यह तो हालत आलस्य की हो गई। महत्वाकांक्षी समझेगा कि यह हद आलस्य हो गया, सामने हीरा पड़ा था, जरा हाथ हिला देते...। वह तो समझेगा, यह आदमी तो ऐसा ही हो गया, जैसे तुमने कहानी सुनी है दो आलसियों की।

दो आलसी लेटे थे वृक्ष के तले, और प्रार्थना कर रहे थे कि 'हे प्रभु, जामुन गिरे तो मुंह में ही गिर जाए!' एक जामुन गिरी तो एक आलसी ने बगल वाले आलसी को कहा कि भई, मेरे मुंह में डाल दे। उसने कहा : 'छोड़ भी, जब कुत्ता मेरे कान में पेशाब कर रहा था, तब तूने भगाया?'

अब इन आलसियों में और भर्तृहरि में...भर्तृहरि चले गए जंगल में, बैठ गए एक वृक्ष के नीचे, छोड़ दिया संसार। और उनका छोड़ना ठीक था; जिसको विरस कहें वह उन्हें पैदा हुआ होगा। भर्तृहरि ने दो शास्त्र लिखे : सौंदर्य-शतक और वैराग्य-शतक। सौंदर्य-शतक सौंदर्य की अपूर्व महिमा है। शरीर-भोग का ऐसा रसपूर्ण वर्णन न कभी हुआ था न फिर कभी हुआ है। खूब भोगा शरीर को और एक दिन सब छोड़ दिया। उसी भोग के परिणाम में योग फला। फिर दूसरा शास्त्र लिखा : वैराग्य-शतक। वैराग्य की भी फिर महिमा ऐसी किसी ने कभी नहीं लिखी और फिर दुबारा लिखी भी नहीं गई। और एक ही आदमी ने दोनों शतक लिखेह्नसौंदर्य का और वैराग्य का। एक ही आदमी लिख सकता है। जिसने सौंदर्य नहीं जाना, रस नहीं जाना शरीर में उतरने का, गया नहीं कभी शरीर के खाईह्नखंदकों में, वह कैसे वैराग्य को जानेगा! जो गया गहरे में। उसने पाया वहां कुछ भी नहीं, थोथा है। सब दूर के ढोल सुहावने थे, पास जाकर सब व्यर्थ हो गए। मृगजाल सिद्ध हुआ, मृगमरीचिका सिद्ध हुई।

तो बैठे हैं भर्तृहरि एक वृक्ष के नीचे। अचानक आंख खुली। सूरज निकला है वृक्षों के बीच से, उसकी पड़ती किरणें, सामने एक हीरा जगमगा रहा है राह पर पड़ा। बैठे रहे। बहुमूल्य हीरा है, पारखी थे, सम्राट थे, हीरों को जानते थे। बहुत हीरे देखे थे, लेकिन ऐसा हीरा कभी नहीं देखा था। भर्तृहरि के खजाने में भी न था। एक क्षण पुरानी आकांक्षा ने, पुरानी आदतों ने बल मारा होगा। एक क्षण मन हुआ कि उठा लें, फिर हंसी आई कि यह भी क्या पागलपन है, अभी सब कुछ छोड़ कर आया, और सब देख कर आया कि कुछ भी नहीं है! मुस्कुराए। आंख बंद करने जा ही रहे थे कि दो घुड़सवार भागते हुए आए, दोनों की नजर एक साथ हीरे पर पड़ी। दोनों ने तलवारें

निकाल लीं। दोनों दावेदार थे कि मैंने पहले देखा। देखा तो भर्तृहरि ने था। मगर उन्होंने तो कोई दावा किया नहीं, वे गैरदावेदार रहे।

अगर इन दो सिपाहियों को पता चल जाता कि तीसरा आदमी वृक्ष के नीचे बैठा है और घंटे भर से इसको देख रहा है तो वे क्या कहते? वे कहते : 'हद आलस्य! अरे उठा नहीं लिया! इतना बहुमूल्य हीरा! तुम्हारी बुद्धि में तमस भरा है? तुम्हारी बुद्धि खो गई है? जड़ हो गए हो? उठते नहीं बनता, लकवा लग गया है? मामला क्या है? होश है कि नहीं, कि शराब पीए बैठे हो?'

लेकिन उन्हें तो फुरसत भी नहीं थी देखने की। वह तो झगड़ा बढ़ गया, तलवारें खिंच गईं, तलवारें चल गईं, हीरा वहीं का वहीं पड़ा रहा। थोड़ी देर बाद दो लाशें वहां पड़ी थीं। दोनों ने एक दूसरे की छाती में तलवार भोंक दी। हीरा जहां का तहां, दो आदमी मर मिटे। भर्तृहरि ने आंखें बंद कर लीं। अब भर्तृहरि जैसे आदमियों के पास जाने से तुम डरोगे अगर महत्वाकांक्षा अभी बची है। तो तुम हजार-हजार उपाय खोजोगे।

'यह तत्वबोध बोलने वाले को चुप कर जाता है; बुद्धिमान को जड़ बना देता है; महाउद्योगी को आलसी जैसा कर देता है।'

वाग्मिप्राज्ञमहोद्योगं जनं मूकजडालसम्।

और जैसे कोई आलसी जैसा हो गया, जड़ जैसा हो गया, मूक हो गया, गूंगा हो गया, ऐसी हालत हो जाती है। इसलिए भोग की अभिलाषा रखने वाले तत्व बोध से हजार कोस दूर भागते हैं। बुद्ध उनके गांव आ जाएं तो वे दूसरे गांव चले जाते हैं। बुद्ध उनके पड़ोस में ठहर जाएं तो भी वे पीठ कर लेते हैं। बुद्ध के वचन उनके कान में पड़ें तो वे कान बंद कर लेते हैं। कान बंद करने की हजारों तरकीबें हैं। वे हजार तर्क खोज लेते हैं कि ठीक नहीं ये बातें, पड़ना मत इस झंझट में, सुनना मत ऐसी बातें। उनका कहना भी ठीक है। क्योंकि जिस दिशा में वे जा रहे हैं, ये बातें उस दिशा से बिलकुल ही विपरीत हैं।

'तू शरीर नहीं है, न तेरा शरीर है और तू भोक्ता और कर्ता भी नहीं है। तू तो चैतन्यरूप है, नित्य साक्षी है, निरपेक्ष है, तू सुखपूर्वक विचर!'

मधु मिट्टी के भांड में है, अथवा स्वर्णपात्र में!
दृष्टि का यह द्वैत नहीं छल पाएगा रसना के ब्रह्म को!
द्वैत छल पाता है केवल बुद्धि को, अनुभव को नहीं।
मधु मिट्टी के भांड में है, अथवा स्वर्णपात्र में!
दृष्टि का यह द्वैत नहीं छल पाएगा रसना के ब्रह्म को!

अगर तुमने चखा तो तुम पात्रों का थोड़े ही हिसाब रखोगे कि सोने के पात्र में था कि मिट्टी के पात्र में था। चखा तो तुम स्वाद का हिसाब रखोगे। तुम कहोगे : मधु मधु है या नहीं।

संसार में जो भागा जा रहा है वह सिर्फ पात्रों की फिकर कर रहा है, सुंदर देह देख कर दीवाना हो जाता है, चाहे भीतर जहर हो; ऊंचा पद देख कर पागल हो जाता है, चाहे ऊंचे सिंहासन पर बैठ कर सूली ही क्यों न लगती हो। लगती ही है। ऊंचे सिंहासन पर जो बैठा है वह सूली ही पर लटका है। तुम्हें उसकी भीतर की पीड़ा पता नहीं। उसके भीतर की अड़चन तुम्हें पता ही नहीं, न सोता है न जागता है। हर हालत में बस कुर्सी को पकड़े बैठा है। और कोई उसकी टांग खींच रहा है, कोई पीछे से खींच रहा है, कोई गिराने की कोशिश कर रहा है, कोई चढ़ने की कोशिश कर रहा है। कुर्सी पर जो बैठा है, वह बैठ कहां पाता है! बैठा दिखाई पड़ता है अखबारों में। उसकी असलियत का तुम्हें पता नहीं है। जनता में आता है तो मुस्कुराता आता है। वे सब चेहरे हैं, उन चेहरों से धोखे में मत पड़ना। लेकिन जिसने जीवन के रस को लिया वह तत्क्षण पहचान लेता है कि बाहर मधु नहीं है, मधु का धोखा है। बाहर स्वाद नहीं है, स्वाद का धोखा है।

मन रोक न जो मुझको रखता
जीवन से निर्झर शरमाता
मेरे पथ की बाधा बन कर
कोई कब तक टिक सकता था,
पर मैं खुद ऊंचे बांध उठा
अपने को उनमें भरमाता।

लोग अपने को भरमा रहे हैं, उलझा रहे हैं। खुद ही बांध उठाते हैं, खुद ही तर्क के जाल खड़े करते हैं। खुद ही अपने को समझा-समझा लेते हैंह्लऔर जहां से समझ की किरण आ सकती है वहां से वे दूर भागते हैं। समझ की किरण वहीं से आ सकती है जो समझा हो। जिसके जीवन से महत्वाकांक्षा चली गई हो, उसी से पूछना आकांक्षा का सार। और जिसके जीवन से कामवासना चली गई हो उसी से पूछना कामवासना का सार। वही तुम्हें कामवासना का सार भी बतला सकेगा, वही तुम्हें ब्रह्मचर्य का स्वाद भी दे सकेगा।

अष्टावक्र कहते हैं:

न त्वं देहो न ते देहो भोक्ता कर्ता न वा भवान्।
चिद्रूपोऽसि सदा साक्षी निरपेक्षः सुखं चर।।

तू तो है चैतन्य, तू तो है नित्य साक्षी, निरपेक्षह्लऐसा जान कर तू सुख से विचर। न तू भोक्ता, न तू शरीर, न तेरा शरीरह्लतू तो भीतर जो छिपा हुआ साक्षी है, बस वही है।

ज्ञराग और द्वेष मन के धर्म हैं। मन कभी तेरा नहीं। तू निर्विकल्प, निर्विकार, बोधस्वरूप है। तू सुखी हो।ङ्क

लेकिन मन बहुत करीब है चेतना के। और जैसे दर्पण के पास कोई चीज रखी हो तो दर्पण में प्रतिबिंब बन जाता है, ऐसे ही शुद्ध चेतना में मन का प्रतिबिंब बन जाता है। सब खेल मन का है। मन के हटते ही दर्पण कोरा हो जाता है। उस कोरे को जान लेना ही ब्रह्मज्ञान है। वही विज्ञान है।

एतावदेव विज्ञानं!

लेकिन मन बहुत करीब है और मन में तरंगें उठती रहती हैं और तरंगों की छाया चैतन्य पर बनती रहती है। जब तक तुम मन की तरंगों को साक्षी-भाव से देखोगे न...।

और साक्षी-भाव को समझ लेना। मन में कामवासना उठी; तुमने अगर कहा, बुरी है तो साक्षी-भाव खो गया। तुमने तो निर्णय ले लिया। तुम तो जुड़ गएह्नविपरीत जुड़ गए; लड़ने लगे। तुमने कहा, भली हैह्नतो भी साक्षी भाव खो गया। कामवासना उठी; न तुमने कहा भली, न तुमने कहा बुरी; तुमने कोई निर्णय न लिया; तुम सिर्फ देखते रहे; तुम सिर्फ देखने वाले रहे; तुम जरा भी जुड़े नहीं। न प्रेम में न घृणा में, न पक्ष में न विपक्ष में; तुम सिर्फ देखते रहेह्नअगर तुम क्षण भर भी देखते रह जाओ तो चकित होओगे। तुम्हारे देखते रहने में ही धुएं की तरह वासना उठी और खो भी गई। और उसके खोते ही पीछे जो शून्य रिक्त छूट गया था, अपूर्व है उसकी शांति, उसका आनंद! उसका अमृत अपूर्व है! और उसके कण-कण तुम इकट्ठे करते जाओ, तो धीरे-धीरे तुम बदलते जाओगे। एक-एक बूंद करके किसी दिन तुम्हारा घड़ा अमृत से भर जाएगा।

हम तो मन से जीते हैं और मन के कारण, जो है, वह हमें दिखाई नहीं पड़ता।

एक नई विधवा ने बीमा कंपनी में जाकर मैनेजर से पति के बीमे की रकम मांगी। तो मैनेजर ने शिष्टाचार के नाते उसे कुर्सी पर बैठने का संकेत किया और कहा : ज्ञहमें आप पर आई अचानक विपत्ति को सुन कर बड़ा दुख हुआ, देवी जी!ङ्क देवी जी ने बिगड़ कर कहा : 'जी हां, पुरुषों का सब जगह वही हाल है। जहां स्त्री को चार पैसों के मिलने का अवसर आता है, उन्हें बड़ा दुख होता है।'

वह बेचारा कह रहा था कि तुम्हारे पति चल बसे, हमें बड़ा दुख है; लेकिन स्त्री को पति की अभी फिकर ही न होगी। अभी उसका सारा मन तो एक बात से भरा होगा कि इतने लाख मिल रहे हैंह्नकितनी साड़ी खरीद लूंगी, कौन सी कार, कौन सा मकान! उसका चित्त तो एक जाल से भरा होगा और इसका उसे पता नहीं; और वह

जो भी सुनेगी, अपने मन के द्वारा सुनेगी। उसको तो एक ही बात समझ में आई होगी कि ङ्गअच्छा, तो तुम्हें दुख हो रहा है! तो मेरे मकान और मेरी कार और मेरी साड़ियां वह सब जो मैं खरीदने जा रही हूं...।ङ्ख उसने अपना ही अर्थ लिया।

मन सदा तुम्हारे ऊपर रंग डाल रहा है। और मन के कारण तुम जो अर्थ लेते हो जीवन के, वे सच्चे नहीं हैं; वे तुम्हारे मन के हैं।

एक महिला एक बस में दस-बारह बच्चों को लेकर सफर कर रही थी। इतने में उसके पास बैठे मुल्ला नसरुद्दीन ने सिगरेट पीना शुरू कर दिया। औरत को यह पसंद न आया। वह नाराज हो गई। और बोली : 'आपने देखा नहीं, महानुभाव? यहां लिखा है, बस में धूम्रपान करना मना है।' मुल्ला ने कहा : 'लिखने में क्या धरा है? अरे, लिखने को तो हजार बातें लिखी हैं। यहां तो यह भी लिखा हुआ है : दो या तीन बस। तो ये दस-बारह कैसे? लिखने में क्या धरा है?'

आदमी जो भी निर्णय लेता है, जो भी बोलता है, जो भी करता है, उसमें उसके मन की छाया है। यह मुल्ला सोच रहा होगा दस-बारह बच्चे! यह दस-बारह बच्चों से परेशान हो रहा होगा। शायद इसने इसीलिए सिगरेट पीना शुरू किया हो कि दस-बारह बच्चों की किचड़-बिचड़, शोरगुल, परेशानी में किसी तरह अपने को भुलाने का उपाय कर रहा होगा।

हम जो देखते हैं वह हमारी मन की तरंगों से देखते हैं।

गणित के एक अध्यापक के घर बच्चा हुआ, तो उन्होंने पार्टी दी। लोग चौंके। विश्वविद्यालय के और प्रोफेसर भी आए थे, विद्यार्थी भी आए थे। टेबल के सामने एक तख्ती लगी थी, जिस पर लिखा था : 'किन्हीं पांच का रसास्वादन करें, सबके स्वाद समान हैं।' गणित के प्रोफेसर! पुरानी आदत गणित का पर्चा निकालने की, कि कोई भी पांच प्रश्नों का उत्तर हल करें, सबके अंक समान हैं।

आदमी जीता है अपनी आदतों से, सोचता है अपनी आदतों से। और आदतें मन तक हैं; मन के पार कोई आदत नहीं। मन के पार तुम निर्विकार हो। सब तरंगें मन तक हैं।

'राग और द्वेष मन के धर्म हैं।'

रागद्वेषौ मनोधर्मौ।

'मन कभी भी तेरा नहीं है।'

न ते मनः कदाचन।

'तू निर्विकार, तू मन का नहीं है।'

त्वं निर्विकल्पः निर्विकारः बोधात्मा असि।

'तू तो निर्विकार बोधस्वरूप चैतन्य मात्र है। सुखी हो!'

इस विज्ञान को जान लिया, बस सुख को जान लिया। आत्मा कभी दुखी हुई ही नहीं। और अगर तुम दुखी हुए हो तुमने कहीं भूल से मन को आत्मा समझ लिया है। दुख का एक ही अर्थ है : आत्मा का मन से तादात्म्य हो जाना।

'सब भूतों में आत्मा को और सब भूतों को आत्मा में जान कर तू अहंकार-रहित और ममता-रहित है। तू सुखी हो।'

जैसे ही तुम जान लोगे भीतर के साक्षी को, तुम यह भी जान लोगे कि साक्षी तो सबका एक है। जब तक मन है तब तक अनेक। जब साक्षी जागा तब सब एक। परिधि पर हम भिन्न-भिन्न हैं; भीतर हम एक हैं। ऊपर-ऊपर हम भिन्न-भिन्न हैं; गहरे में हम एक हैं। वहां एकता आ जाती है तो अहंकार कैसा! और जहां एक ही बचा वहां ममता भी कैसी!

सर्वभूतेषु चात्मानं च सर्वभूतानि आत्मनि विज्ञाय।
निरहंकारः च निर्ममः त्वं सुखी भव।।

'जिसमें यह संसार समुद्र में तरंग की भांति स्फुरित होता है, वह तू ही है। इसमें संदेह नहीं है। हे चिन्मय, तू ज्वर-रहित हो, संताप-रहित हो, सुखी हो।'

विश्वं स्फुरति यत्रेदं तरंगा इव सागरे।

इस सागर में ये जो इतनी तरंगें उठ रही हैं, इन तरंगों के पीछे छिपा जो सागर है, वह तू ही है। ये संसार की सारी तरंगें ब्रह्म की ही तरंगें हैं।

तत्वमेव न संदेहश्चिन्मूर्ते विज्वरो भव।

और ऐसा जान करह्नतू वही चिन्मय है, जिसका सारा खेल है; तू वही मूल है, जिसकी सारी अभिव्यक्ति हैह्नविगत-ज्वर हो, सारा संताप छोड़, सुखी हो!

जब तक मन है, तब तक अड़चन है।

रात ने चुप्पी साध ली है।
सपने शांति में समा गए हैं
अंतःकपाट आपसे-आप खुलने लगा है
देवता शायद दरवाजे पर आ गए हैं
पानी का अचल होना
मन की शांति और आभा का प्रतीक है।
पानी जब अचल होता है
उसमें आदमी का मुख दिखलाई पड़ता है
हिलते पानी का बिंब भी हिलता है।
मन जब अचल पानी के समान शांत होता है

उसमें रहस्यों का रहस्य मिलता है।
मन रे, अचल सरोवर के समान शांत हो जा
जग कर तूने जो भी खेल खेले
सब गलत हो गया
अब सब कुछ भूल कर
नींद में सो जा।

मन जब सो जाए तो चेतना जागे। मन जागा रहे तो चेतना सोई रहती है। मन के जागरण को अपना जागरण मत समझ लेना। मन का जागरण ही तुम्हारी नींद है। मन सो जाए, सारी तरंगें खो जाएं मन की, तो मन के सो जाने पर ही तुम्हारा जागरण है। सारी बात मन की है। मन है तो संसार; मन नहीं तो मोक्ष। तुम अपने को किसी भांति मन से मुक्त जान लो।

एतावदेव विज्ञानम्!
इतना ही विज्ञान है।
यथेच्छसि तथा कुरु।
ऐसा जान कर सुखपूर्वक विचर, जो करना होकर। स्वच्छंद हो!

हरि ॐ तत्सत्!

* * *

प्रवचन : 40

धर्म अर्थात उत्सव

पहला प्रश्न : आपने बताया कि प्रेम के द्वारा सत्य को उपलब्ध हुआ जा सकता है। कृपया बताएं क्या इसके लिए ध्यान जरूरी है?

फिर प्रेम का तुम अर्थ ही न समझे। फिर प्रेम से तुम कुछ और समझ गए। बिना ध्यान के प्रेम तो संभव ही नहीं है। प्रेम भी ध्यान का एक ढंग है। फिर तुमने प्रेम से कुछ अपना ही अर्थ ले लिया। तुम्हारे प्रेम से अगर सत्य मिलता होता तो मिल ही गया होता। तुम्हारा प्रेम तो तुम कर ही रहे हो; पत्नी से, बच्चे से, पिता से, मां से, मित्रों से। ऐसा प्रेम तो तुमने जन्म-जन्म किया है। ऐसे प्रेम से सत्य मिलता होता तो मिल ही गया होता।

मैं किसी और ही प्रेम की बात कर रहा हूं। तुम देह की भाषा ही समझते हो। इसलिए जब मैं कुछ कहता हूं, तुम अपनी देह की भाषा में अनुवाद कर लेते हो; वहीं भूल हो जाती है। प्रेम का मेरे लिए वही अर्थ है जो प्रार्थना का है।

एक पुरानी कहानी तुमसे कहूंह्नझेन कथा है। एक झेन सदगुरु के बगीचे में कद्दू लगे थे। सुबह-सुबह गुरु बाहर आया तो देखा, कद्दुओं में बड़ा झगड़ा और विवाद मचा है। कद्दू ही ठहरे! उसने कहा : 'अरे कद्दुओ यह क्या कर रहे हो? आपस में लड़ते हो!' वहां दो दल हो गए थे कद्दुओं में और मारधाड़ की नौबत थी। झेन गुरु ने कहा : 'कद्दुओ, एक-दूसरे को प्रेम करो।' उन्होंने कहा : 'यह हो ही नहीं सकता। दुश्मन को प्रेम करें? यह हो कैसे सकता है!' तो झेन गुरु ने कहा, 'फिर ऐसा करो, ध्यान करो।' कद्दुओं ने कहा : 'हम कद्दू हैं, हम ध्यान कैसे करें?' तो झेन गुरु ने कहा : 'देखोह्नभीतर मंदिर में बौद्ध भिक्षुओं की कतार ध्यान करने बैठी थीह्नदेखो ये

कद्दू इतने कद्दू ध्यान कर रहे हैं।' बौद्ध भिक्षुओं के सिर तो घुटे होते हैं, कदुओं जैसे ही लगते हैं। 'तुम भी इसी भांति बैठ जाओ।' पहले तो कद्दू हंसे, लेकिन सोचा : 'गुरु ने कभी कहा भी नहीं; मान ही लें, थोड़ी देर बैठ जाएं।' जैसा गुरु ने कहा वैसे ही बैठ गएह्नसिद्धासन में पैर मोड़ कर आंखें बंद करके, रीढ़ सीधी करके। ऐसे बैठने से थोड़ी देर में शांत होने लगे।

सिर्फ बैठने से आदमी शांत हो जाता है। इसलिए झेन गुरु तो ध्यान का नाम ही रख दिए हैं : झाझेन। झाझेन का अर्थ होता है : खाली बैठे रहना, कुछ करना न।

कद्दू बैठे-बैठे शांत होने लगे, बड़े हैरान हुए, बड़े चकित भी हुए! ऐसी शांति कभी जानी न थी। चारों तरफ एक अपूर्व आनंद का भाव लहरें लेने लगा। फिर गुरु आया और उसने कहा : 'अब एक काम और करो, अपने-अपने सिर पर हाथ रखो।' हाथ सिर पर रखा तो और चकित हो गए। एक विचित्र अनुभव आया कि वहां तो किसी बेल से जुड़े हैं। और जब सिर उठा कर देखा तो वह बेल एक ही है, वहां दो बेलें न थीं, एक ही बेल में लगे सब कद्दू थे। कदुओं ने कहा : 'हम भी कैसे मूर्ख! हम तो एक ही के हिस्से हैं, हम तो सब एक ही हैं, एक ही रस बहता है हमसेह्नऔर हम लड़ते थे।' तो गुरु ने कहा : 'अब प्रेम करो। अब तुमने जान लिया कि एक ही हो, कोई पराया नहीं। एक का ही विस्तार है।'

वह जहां से कदुओं ने पकड़ा अपने सिर पर, उसी को योगी सातवां चक्र कहते हैं : सहस्त्रार। हिंदू वहीं चोटी बढ़ाते हैं। चोटी का मतलब ही यही है कि वहां से हम एक ही बेल से जुड़े हैं। एक ही परमात्मा है। एक ही सत्ता, एक अस्तित्व, एक ही सागर लहरें ले रहा है। वह जो पास में तुम्हारे लहर दिखाई पड़ती है, भिन्न नहीं, अभिन्न है; तुमसे अलग नहीं, गहरे में तुमसे जुड़ी है। सारी लहरें संयुक्त हैं।

तुमने कभी एक बात खयाल की? तुमने कभी सागर में ऐसा देखा कि एक ही लहर उठी हो और सारा सागर शांत हो? नहीं, ऐसा नहीं होता। तुमने कभी ऐसा देखा, वृक्ष का एक ही पत्ता हिलता हो और सारा वृक्ष मौन खड़ा हो, हवाएं न हों? जब हिलता है तो पूरा वृक्ष हिलता है। और जब सागर में लहरें उठती हैं तो अनंत उठती हैं, एक लहर नहीं उठती। क्योंकि एक लहर तो हो ही नहीं सकती। तुम सोच सकते हो कि एक मनुष्य हो सकता है पृथ्वी पर? असंभव है। एक तो हो ही नहीं सकता। हम तो एक ही सागर की लहरें हैं, अनेक होने में हम प्रकट हो रहे हैं। जिस दिन यह अनुभव होता है, उस दिन प्रेम का जन्म होता है।

प्रेम का अर्थ है : अभिन्न का बोध हुआ, अद्वैत का बोध हुआ। शरीर तो अलग-अलग दिखाई पड़ ही रहे हैं, कद्दू तो अलग-अलग हैं ही, लहरें तो ऊपर से अलग-अलग दिखाई पड़ ही रही हैंह्नभीतर से आत्मा एक है।

प्रेम का अर्थ है : जब तुम्हें किसी में और अपने बीच एकता का अनुभव हुआ। और ऐसा नहीं है कि तुम्हें जब यह एकता का अनुभव होगा तो एक और तुम्हारे बीच ही होगा; यह अनुभव ऐसा है कि हुआ कि तुम्हें तत्क्षण पता चलेगा कि सभी एक हैं। भ्रांति टूटी तो वृक्ष, पहाड़-पर्वत, नदी-नाले, आदमी-पुरुष, पशु-पक्षी, चांद-तारे सभी में एक ही कंप रहा है। उस एक के कंपन को जानने का नाम प्रेम है।

प्रेम प्रार्थना है। लेकिन तुम जिसे प्रेम समझे हो वह तो देह की भूख है; वह तो प्रेम का धोखा है; वह तो देह ने तुम्हें चकमा दिया है।

मांगती हैं भूखी इंद्रियां
भूखी इंद्रियों से भीख!

और किससे तुम मांगते हो भीख, यह भी कभी तुमने सोचा?ह्नजो तुमसे भीख मांग रहा है। भिखारी भिखारी के सामने भिक्षा-पात्र लिए खड़े हैं। फिर तृप्ति नहीं होती तो आश्चर्य कैसा? किससे तुम मांग रहे हो? वह तुमसे मांगने आया है। तुम पत्नी से मांग रहे हो, पत्नी तुमसे मांग रही है; तुम बेटे से मांग रहे हो, बेटा तुमसे मांग रहा है। सब खाली हैं, रिक्त हैं। देने को कुछ भी नहीं है; सब मांग रहे हैं। भिखमंगों की जमात है।

मांगती हैं भूखी इंद्रियां
भूखी इंद्रियों से भीख
मान लिया है स्खलन
को ही तृप्ति का क्षण!
नहीं होने देता विमुक्त
इस मरीचिका से अघोरी मन
बदल-बदल कर मुखौटा
ठगता है चेतना का चिंतन
होते ही पटाक्षेप, बिखर जाएगी
अनमोल पंचभूतों की भीड़।

यह तुमने जिसे अपना होना समझा है, यह तो पंचभूतों की भीड़ है। यह तो हवा, पानी, आकाश तुममें मिल गए हैं। यह तुमने जिसे अपनी देह समझा है, यह तो केवल संयोग है; यह तो बिखर जाएगा। तब जो बचेगा इस संयोग के बिखर जाने पर, उसको पहचानो, उसमें डूबो, उसमें डुबकी लगाओ। वहीं से प्रेम उठता है। और उसमें डुबकी लगाने का ढंग ध्यान है। अगर तुमने ध्यान की बात ठीक से समझ ली तो प्रेम अपने आप जीवन में उतरेगा या प्रेम की समझ ली तो ध्यान उतरेगाह्नये एक ही बात

को कहने के लिए दो शब्द हैं। ध्यान से समझ में आता हो तो ठीक, अन्यथा प्रेम। प्रेम से समझ में आता हो तो ठीक, अन्यथा ध्यान। लेकिन दोनों अलग नहीं हैं।

अकबर शिकार को गया था। जंगल में राह भूल गया, साथियों से बिछड़ गया। सांझ होने लगी, सूरज ढलने लगा, अकबर डरा हुआ था। कहां रुकेगा रात! जंगल में खतरा था, भाग रहा था। तभी उसे याद आया कि सांझ का वक्त है, प्रार्थना करनी जरूरी है। नमाज का समय हुआ तो बिछा कर अपनी चादर नमाज पढ़ने लगा। जब वह नमाज पढ़ रहा था तब एक स्त्री भागती हुई, अल्हड़ स्त्रीहृउसके नमाज के वस्त्र पर से पैर रखती हुई, उसको धक्का देती हुई...वह झुका था, गिर पड़ा। वह भागती हुई निकल गई।

अकबर को बड़ा क्रोध आया। सम्राट नमाज पढ़ रहा है और इस अभद्र युवती को इतना भी बोध नहीं है! जल्दी-जल्दी नमाज पूरी की, भागा घोड़े पर, पकड़ा स्त्री को। कहा : 'बदतमीज है! कोई भी नमाज पढ़ रहा हो, प्रार्थना कर रहा हो तो इस तरह तो अभद्र व्यवहार नहीं करना चाहिए। फिर मैं सम्राट हूं! सम्राट नमाज पढ़ रहा है और तूने इस तरह का व्यवहार किया।'

उसने कहा : 'क्षमा करें, मुझे पता नहीं कि आप वहां थे। मुझे पता नहीं कि कोई नमाज पढ़ रहा था। लेकिन सम्राट, एक बात पूछनी है। मैं अपने प्रेमी से मिलने जा रही हूं तो मुझे कुछ नहीं दिखाई पड़ रहा है। मेरा प्रेमी राह देखता होगा तो मेरे तो प्राण वहां अटके हैं। तुम परमात्मा की प्रार्थना कर रहे थे, मेरा धक्का तुम्हें पता चल गया! यह कैसी प्रार्थना? यह तो अभी प्रेम भी नहीं है, यह प्रार्थना कैसी? तुम लवलीन न थे, तुम मंत्रमुग्ध न थे, तुम डूबे न थे, तो झूठा स्वांग क्यों रच रहे थे? जो परमात्मा के सामने खड़ा हो, उसे तो सब भूल जाएगा। कोई तुम्हारी गर्दन भी उतार देता तलवार से तो भी पता न चलता तो प्रार्थना। मुझे तो कुछ भी याद नहीं। क्षमा करें!'

अकबर ने अपनी आत्मकथा में घटना लिखवाई है और कहा है कि उस दिन मुझे बड़ी चोट पड़ी। सच में ही, यह भी कोई प्रार्थना है? यह तो अभी प्रेम भी नहीं।

प्रेम का ही विकास, आत्यंतिक विकास, प्रार्थना है।

अगर तुम्हें किसी व्यक्ति के भीतर परमात्मा का अनुभव होने लगे और किसी के भीतर तुम्हें अपनी ही झलक मिलने लगे तो प्रेम की किरण फूटी। तुम जिसे अभी प्रेम कहते हो, वह तो मजबूरी है। उसमें प्रार्थना की सुवास नहीं है। उसमें तो भूखी इंद्रियों की दुर्गंध है।

लहर सागर का नहीं शृंगार,
उसकी विकलता है।
गंध कलिका का नहीं उदगार,

उसकी विकलता है।
कूक कोयल की नहीं मनुहार,
उसकी विकलता है।
गान गायक का नहीं व्यापार,
उसकी विकलता है।
राग वीणा की नहीं झंकार,
उसकी विकलता है।

अभी तो तुम जिसे प्रेम कहते हो, वह विकलता है। वह तो मजबूरी है, वह तो पीड़ा है। अभी तुम संतप्त हो। अभी तुम भूखे हो। अभी तुम चाहते हो कोई सहारा मिल जाए। अभी तुम चाहते हो कहीं कोई नशा मिल जाए। इसे मैंने प्रेम नहीं कहा। प्रेम तो जागरण है। विकलता नहीं, विक्षिप्तता नहीं। प्रेम तो परम जाग्रत दशा है। उसे ध्यान कहो।

अगर तुमने प्रेम की मेरी बात ठीक से समझी तो यह प्रश्न उठेगा ही नहीं कि अगर प्रेम से सत्य मिल सकता है तो फिर ध्यान की क्या जरूरत है? प्रेम से सत्य मिलता है तभी जब प्रेम ही ध्यान का एक रूप होता है, उसके पहले नहीं।

दूसरी तरह के लोग भी हैं, वे भी आकर मुझसे पूछते हैं कि अगर ध्यान से सत्य मिल सकता है तो फिर प्रेम की कोई जरूरत है? उनसे भी मैं यही कहता हूं कि अगर तुमने मेरे ध्यान की बात समझी तो यह प्रश्न पूछोगे नहीं। जिसको ध्यान जगने लगा, प्रेम तो जगेगा ही।

बुद्ध ने कहा है: जहां-जहां समाधि है, वहां-वहां करुणा है। करुणा छाया है समाधि की।

चैतन्य ने कहा है: जहां-जहां प्रेम, जहां-जहां प्रार्थना, वहां-वहां ध्यान। ध्यान छाया है प्रेम की। ये तो कहने के ही ढंग हैं। जैसे तुम्हारी छाया तुमसे अलग नहीं की जा सकती, ऐसे ही प्रेम और ध्यान को अलग नहीं किया जा सकता। तुम किसको छाया कहते हो, इससे भी कोई फर्क नहीं पड़ता। ये तो पद्धतियां हैं।

दो पद्धतियां हैं सत्य को खोजने की। जो है, उसे जानने के दो ढंग हैंऋया तो ध्यान में तटस्थ हो जाओ, या प्रेम में लीन हो जाओ। या तो प्रेम में इतने डूब जाओ कि तुम मिट जाओ, सत्य ही बचे; या ध्यान में इतने जाग जाओ कि सब खो जाए, तुम ही बचो। एक बच जाए किसी भी दिशा से। जहां एक बच रहे, बस सत्य आ गया। कैसे तुम उस एक तक पहुंचे, 'मैं' को मिटा कर पहुंचे कि 'तू' को मिटा कर पहुंचे, इससे कुछ भेद नहीं पड़ता है।

लेकिन मन बड़ा बेईमान है। अगर मैं ध्यान करने को कहता हूं तो वह पूछता है: 'प्रेम से नहीं होगा?' क्योंकि ध्यान करने से बचने का कोई रास्ता चाहिए। प्रेम से हो सकता हो तो ध्यान से तो बचें फिलहाल, फिर देखेंगे! फिर जब मैं प्रेम की बात कहता हूं, तो तुम पूछते हो: 'ध्यान से नहीं हो सकेगा?' तब तुम प्रेम से बचने की फिकर करने लगते हो। तुम मिटना नहीं चाहतेह्लऔर बिना मिटे कोई उपाय नहीं; बिना मिटे कोई गति नहीं।

हम भी सुकरात हैं अहदे-नौ के
तस्नालब ही न मर जाएं यारो
जहर हो या मय-आतशीं हो
कोई जामे-शहादत तो आए।

कोई मरने का मौका तो आए। हिम्मतवर खोजी तो कहता है:

हम भी सुकरात हैं अहदे-नौ के

हम भी सत्य के खोजी हैं सुकरात जैसे। अगर जहर पीने से मिलता हो सत्य, तो हम तैयार हैं। मय-आतशीं पीने से मिलता हो तो हम तैयार हैं। विष पीने से मिलता हो या शराब पीने से मिलता हो, हम तैयार हैं।

कोई जामे-शहादत तो आए।

कोई शहीद होने का, मिटने का, कुर्बान होने का मौका तो आए।

मैं तुम्हारे लिए शहादत का मौका हूं। तुम बचाव न खोजो। ध्यान से मरना हो ध्यान से मरो, प्रेम से मरना हो प्रेम से मरो-मरो जरूर! कहीं तो मरो, कहीं तो मिटो! तुम्हारा होना ही अड़चन है। तुम्हारी मृत्यु ही परमात्मा से मिलन होगी।

सत्य की खोज को ऐसा मत सोचना जैसे धन की खोज है कि तुम गए और धन खोज कर आ गए और तिजोड़ियां भर लीं। सत्य की खोज बड़ी अन्यथा है। तुम गएह्लतुम गए ही। तुम कभी लौटोगे न, सत्य लौटेगा! ऐसा नहीं है कि सत्य को तुम मुट्ठियों में भर कर ले आओगे, तिजोड़ियों में रख लोगे। तुम कभी सत्य के मालिक न हो सकोगे। सत्य पर किसी की कोई मालकियत नहीं हो सकती। जब तक तुम्हें मालिक होने का नशा सवार है, तब तक सत्य तुम्हें मिलेगा नहीं। जिस दिन तुम चरणों में गिर जाओगे, विसर्जित हो जाओगे, तुम कहोगे 'मैं नहीं हूं'ह्लउसी क्षण सत्य है। तुम सत्य को न खोज पाओगे; तुम मिटोगे तो सत्य मिलेगा। तुम्हारा होना बाधा है।

तो ऐसे बचते मत रहो। मैं ध्यान की कहूं तो तुम प्रेम की कहो, मैं प्रेम की कहूं तो तुम ध्यान की कहोह्लऐसा पात-पात फुदकते न रहो। ऐसे ही तो जनम-जनम तुमने गंवाए।

मेरे साथ कठिनाई है थोड़ी। अगर तुम बुद्ध के पास होते तो बच सकते थे, क्योंकि बुद्ध ध्यान की बात कहते, प्रेम की बात नहीं कहते। तुम कह सकते थे : मेरा मार्ग तो प्रेम है। तुम उपाय खोज लेते। तुम चैतन्य के पास बच सकते थे, क्योंकि चैतन्य प्रेम की बात कहते; तुम कहते कि हमारा उपाय तो ध्यान है। तुम मुझसे न बच कर भाग सकोगे। तुम कहो प्रेम से मरेंगेह्लमैं कहता हूं : चलो...। ॾध्यान से मरना हैह्लमैं कहता हूं : ध्यान से मरो। मरना मूल्यवान है।

इसलिए तुम अगर मेरे साथ उलझ गए हो तो शहीद हुए बिना चलेगा नहीं। शहादत का मौका आ ही गया है। देर-अबेर कर सकते हो, थोड़ी-बहुत देर यहां-वहां उलझाए रख सकते हो, लेकिन ज्यादा देर नहीं। फिर इस देर-अबेर में तुम कोई सुख भी नहीं पा रहे हो। सिवाय दुख के और कुछ भी नहीं है। बिना सत्य को जाने सुख हो भी कैसे सकता है? सुख तो सत्य की ही सुरभि है, उसकी ही सुगंध है। सुख तो सत्य का ही प्रकाश है।

दूसरा प्रश्न : ज्ञाता, ज्ञान और ज्ञेय से परे स्वयं में जो स्थित होना है, क्या उस अवस्था में आजीवन जीया जा सकता है? जिस तरह झील कभी शांत, कभी चंचल और कभी तूफानी अवस्था में होती है, क्या उसी तरह आत्मज्ञानी सांसारिक परिस्थितियों से प्रभावित नहीं होता है? प्रभु अज्ञान हरें!

पहली तो बात :

'ज्ञाता, ज्ञान और ज्ञेय से परे स्वयं में जो स्थित होना है, क्या उस अवस्था में आजीवन जीया जा सकता है?'

'आजीवन' भ्रांत मन का फैलाव है। एक क्षण से ज्यादा तुम्हारे पास कभी होता ही नहीं। दो क्षण नहीं होते, आजीवन की बात कर रहे हो! जब होता है हाथ में, एक छोटा सा क्षण होता है। इतना छोटा कि तुमने जाना नहीं कि वह गया। एक क्षण से ज्यादा तो कभी हाथ में होता नहीं। इसलिए तो बुद्ध ने अपनी जीवन-पद्धति को क्षणवाद कहा। कहा कि एक क्षण है तुम्हारे हाथ में और तुम आजीवन का हिसाब बांध रहे हो! दो क्षण तुम्हारे हाथ में कभी इकट्ठे मिलते नहीं। अगर तुम एक क्षण भी तटस्थ और कूटस्थ हो सकते हो तो हो गए सदा के लिए। एक ही क्षण तो मिलेगा जब भी मिलेगा। और तुम्हें एक क्षण में शांत होने की कला आ गई तो सारे जीवन में शांत होने की कला आ गई।

अब यह नई चिंता मत पैदा करो। ये मन की तरकीबें हैं। मन नई-नई झंझटें पैदा करता है। अगर तुम शांत हो जाओ तो मन कहता है : 'इससे क्या होना है? अरे, सदा

रहेगा? कल रहेगा? परसों रहेगा? अभी हो गए शांत, मान लिया; घड़ी भर बाद अशांत हो जाओगे, फिर क्या?' मन ने यह प्रश्न उठा कर इस क्षण की शांति भी छीन ली। यह प्रश्न में इस क्षण की शांति भी छितर-बितर हो गई, नष्ट हो गई। यह प्रश्न तो बड़ी चालबाजी का हुआ।

सुख उठता है, कभी ध्यान में बड़ी महिमा का क्षण आ जाता है; लेकिन मन तत्क्षण प्रश्न-चिह्न लगा देता है कि 'क्या मस्त हुए जा रहे हो, यह कोई टिकने वाला है? सपना है!' दुख पर मन कभी प्रश्न-चिह्न नहीं लगाता; सुख पर सदा लगा देता है। कह देता है : 'क्षणभंगुर है! ज्यादा मत उछलो-कूदो। ज्यादा मत नाचो। अभी दुख आता है।' और तुमने अगर यह सुन लिया और प्रश्न को स्वीकार कर लिया तो दुख आ ही गया। इस प्रश्न ने तुम्हारे चित्त की समस्वरता को तोड़ दिया; वह एकरसता जो बंधती-बंधती होती थी, खो गई।

'आजीवन' का प्रश्न क्यों पूछते हो? यह किसी लोभ से उठती है बात। मन लोभी है। एक क्षण पर्याप्त नहीं है? काश, तुम्हें यह बात समझ में आ जाए कि एक क्षण ही तुम्हारे पास है, तो एक क्षण में ही शांत हो जाना आ जाना चाहिए।

लाओत्सु कहा करता था : एक आदमी तीर्थ-यात्रा को जा रहा था। कई वर्षों से योजना करता था, लेकिन बहाने आ जाते थे, अड़चनें आ जाती थीं, नहीं निकल पाता था। फिर हिम्मत करके एक रात को निकल पड़ा। ज्यादा दूर भी न था तीर्थ, दस ही मील था—पहाड़ी पर। और सुबह-सुबह जल्दी निकलना पड़ता था, ताकि धूप चढ़े, चढ़ते-चढ़ते आदमी पहुंच जाए। तो वह तीन बजे रात निकल पड़ा। गांव के बाहर अपनी लालटेन को लेकर पहुंचा। गांव के बाहर जाकर दिखाई पड़ा—दूर तक फैला हुआ भयंकर अंधकार! उसे एक शंका उठी कि यह छोटी सी लालटेन, तीन-चार कदम इससे रोशनी पड़ती है, दस मील के अंधेरे को यह काट सकेगी? वह बैठ गया। उसने कहा : 'यह तो खतरा लेना है। दस मील लंबा अंधेरा है, सारे पहाड़ अंधेरे से भरे हैं! मैं इस छोटी सी लालटेन के भरोसे निकल पड़ा हूं। यह हो नहीं सकता।' उसने गणित बिठाया। दूकानदार था, गणित लगाना आता था। उसने कहा : 'तीन-चार कदम रोशनी पड़ती है, दस मील का अंधेरा है—सोचो भी तो यह हल कैसे होगा?'

वह उदास बैठा था, तभी उससे भी छोटी रोशनी लिए हुए एक आदमी पास से निकला। उसने कहा : 'भाई, कहां जाते हो? भटक जाओगे, और तुम्हारी रोशनी तो मुझसे भी छोटी है, छोटी सी लालटेन लिए हो। अंधेरा तो देखो कितना है, मीलों तक फैला हुआ है; और तुम्हारी रोशनी तो दो कदम पड़ती है!' उस आदमी ने कहा : 'पागल हुए हो! दो कदम चल लिए, तब दो कदम और आगे रोशनी पड़ जाएगी। ऐसे-ऐसे तो हजार मील पार हो जाएंगे। यह गणित करके बैठे हो? यह गणित भ्रांत

है। कोई दस मील लंबी रोशनी लेकर चलेंगे, तब पहुंचेंगे? तो चलना ही मुश्किल हो जाएगा। इतना बड़ा रोशनी का इंतजाम...चलना असंभव हो जाएगा। दो कदम पर्याप्त हैं। दो कदम दिख जाता है, दो कदम चल लेते हैं; फिर दो कदम दिखने लगता है, फिर दो कदम चल लेते हैं।

लाओत्सु ने कहा है: एक-एक कदम चल कर दस हजार मील की यात्रा पूरी हो जाती है।

एक क्षण तुम्हारा मन शांत हो गया, पर्याप्त है। एक ही क्षण तो मिलता है, फिर एक क्षण मिलेगा। तुम्हें क्षण में शांत होने की कला आ गई, दूसरे क्षण में भी तुम शांत होने की कला का उपयोग कर लेना। तुम्हें गीत गुनगुनाना आ गया, इस क्षण गुनगुनाया, अगले क्षण भी गुनगुना लेना। ऐसे-ऐसे एक जन्म में क्या, जन्मों-जन्मों बीत जाएं, कोई अंतर नहीं पड़ता।

मैं तुमसे कहता हूं: एक क्षण के लिए जो शांत होना सीख गया, वह सदा के लिए शांत हो गया। क्योंकि एक क्षण में उसने समय पर पकड़ बांध ली। अब समय उसे न हरा सकेगा। अब तो समय तभी हरा सकता है जब समय एक साथ दो क्षण तुम्हें दे दे। तब तुम मुश्किल में पड़ जाओगे कि एक क्षण तो शांत हो जाएगा और एक क्षण...? लेकिन समय कभी दो क्षण तुम्हें एक साथ देता नहीं। दो पल किसे मिलते हैं!

दूसरी बात: 'जिस तरह झील कभी शांत, कभी चंचल और कभी तूफानी अवस्था में होती है, क्या उसी तरह आत्मज्ञानी सांसारिक परिस्थितियों से प्रभावित नहीं होता है?'

हमारे मन में आत्मज्ञान के संबंध में बड़ी भ्रांत धारणाएं हैं। पहली तो बात, आत्मज्ञानी का अर्थ होता है: जो बचा नहीं। तो शांत होता है, अशांत होता हैह्नयह प्रश्न व्यर्थ है। यह तो ऐसे ही हुआ कि कोई आदमी पूछे कि 'कमरे में हमने दीया जलाया, फिर अंधेरे का क्या होता है? फिर अंधेरा कहां जाता है?' हम कहेंगे: अंधेरा बचता ही नहीं।

'सिकुड़ कर छिप जाता है किसी कोने-कातर में? कुर्सी के पीछे? दरवाजे के बाहर प्रतीक्षा करता है? कहां चला जाता है? क्योंकि जब हम दीया बुझाते हैं, फिर आ जाता हैह्नतो कहीं जाता होगा, आता होगा!'

सारी बातें भ्रांत हैं। अंधेरा है ही नहीं। अंधेरा तो केवल प्रकाश के न होने का नाम है।

समझो: तुम हो क्योंकि अज्ञान है। जैसे ही ज्ञान हुआ, तुम गए। शांत होने को भी कोई नहीं बचता, अशांत होना तो दूर की बात है। जब तुम नहीं बचते, उस अवस्था का

नाम शांति है। ऐसा थोड़े ही है कि तुम शांत हो गए। ऐसा थोड़े ही है कि तुम रहे और शांति। तुम रहे तब तो अशांति। तुम्हारा होना अशांति का पर्यायवाची है। तुम नहीं रहे तो शांति। फिर कैसे अशांत होओगे? मैं तुमसे यह भी नहीं कह रहा हूं कि तुम शांत हो गए हो। मैं तो कह रहा हूं, तुम नहीं हो गए हो। इसलिए तो कहता हूं: शहादत का मौका है, मिटने की तैयारी करनी है। तुम्हारी आकांक्षा यह है कि हम तो बचें और शांत होकर बचें। बैठे हैं महल में शांत! तुम बचे तो शांत बच ही नहीं सकते।

तुम गए नदी के किनारे या समुद्र के किनारे और तुमने देखा कि बड़ा तूफान है, सागर पर बड़ी लहरें हैं, बड़ा तूफान है। फिर तुमने देखा, तूफान चला गया। तो लोग कहते हैं: तूफान शांत हो गया। लेकिन यह भाषा ठीक नहीं। इससे ऐसा लगता है कि तूफान अब भी है और शांत होकर है। लोग कहते हैं: तूफान शांत हो गया। कहना चाहिए: तूफान नहीं हो गया। वस्तुतः तूफान शांत हो गया, इसका इतना ही अर्थ है कि तूफान अब नहीं है। तुम शांत हो गए, इसका इतना ही अर्थ है कि तुम अब नहीं हो। तो कौन विचलित होगा? विचलित होने के लिए होना तो चाहिए! कौन डांवाडोल होगा! आएं तूफान, जाएं तूफान, गुजरें तूफानह्नतुम शून्य हो गए।

बाहर तो वसंत और आएगा नहीं
मन रे, भीतर कोई वसंत पैदा कर!
वसंत यानी मौसम और मिजाज के बीच समरसता।
निदाग हो तब भी
फूलों के लिए रोना नहीं।
पक्षी सारे उड़ गए
अब डालियां सूनी हैं
यह सोच कर
ग्लानि में खोना नहीं।
हर मौसम में
नीरव और निश्चिंत रहना
वसंत की नदी की भांति
मंद-मंद बहना!
वसंत यानी मौसम और मिजाज के बीच समरसता।

शांति का क्या अर्थ है? शांति का अर्थ है: तुम्हारे और अस्तित्व के बीच समरसता। न मैं रहा, न तू रहा; दोनों जुड़ गए और एक हो गए। अब तुम्हें कौन विचलित करेगा?

मेरे पास लोग आते हैं। वे कहते हैं कि 'ध्यान असंभव है। घर में करने बैठते हैं तो पत्नी जोर से थालियां गिराने लगती है, बर्तन तोड़ने लगती है, बच्चे शोर-गुल मचाने लगते हैं, ट्रेन निकल जाती है, रास्ते पर कारें हार्न बजाती हैंह्नध्यान करना बहुत मुश्किल है, सुविधा नहीं है।' तुम ध्यान जानते ही नहीं। ध्यान का अर्थ यह नहीं है कि पत्नी बर्तन न गिराए, बच्चे रोएं न, सड़क से गाड़ियां न निकलें, ट्रेन न निकले, हवाई जहाज न गुजरे। अगर तुम्हारे ध्यान का ऐसा मतलब है, तब तो तुम अकेले बचो तभी ध्यान हो सकता है...पशु-पक्षी भी न बचें।

क्योंकि एक आदमी ऐसा ध्यानी था, वह घर छोड़ कर भाग गया। वह जाकर एक वृक्ष के नीचे बैठा। उसने कहा, अब यहां तो ध्यान होगा। एक कौए ने बीट कर दी, बौखला उठा। उसने कहा: 'हद हो गई! किसी तरह पत्नी से छूटे, यह कौआ मिल गया। पत्नी का तो कुछ बिगाड़ा भी हो कभी, इस कौए का क्या बिगाड़ा है!' कौए को पता नहीं कि ध्यानी नीचे बैठा है। कौए को कुछ लेना-देना नहीं है।

तुम्हारा ध्यान अगर इस भांति का है कि हर चीज बंद हो जानी चाहिए तब तुम्हारा ध्यान होगा, तो होगा ही नहीं, असंभव है। जगत में बड़ी गति चलती है। जगत गति है। इसलिए तो जगत कहते हैं। जगत यानी जो गत; जा रहा है; भागा जा रहा है। जिसमें गति है, वही जगत। गतिमान को जगत कहते हैं।

संस्कृत के शब्द बड़े अनूठे हैं। वे सिर्फ शब्द नहीं हैं, उनके भीतर बड़े अर्थ हैं। जो भागा जाता है, वही जगत है।

तो इस जगत में तो सब तरफ गति हो रही हैह्ननदियां भाग रही हैं, पहाड़ बिखर रहे, वर्षा होगी, बादल घुमड़ेंगे, बिजली चमकेगीह्नसब कुछ होता रहेगा। इससे तुम भागोगे कहां? तो तुमने ध्यान की गलत धारणा पकड़ ली। ध्यान का अर्थ यह नहीं है कि बर्तन न गिरें। ध्यान का अर्थ है कि बर्तन तो गिरें, लेकिन तुम भीतर इतने शून्य रहो कि बर्तन गिरने की आवाज गूंजे और निकल जाए। कभी किसी शून्य-घर में जाकर तुमने जोर से आवाज की? क्या होता है? सूने घर में आवाज थोड़ी देर गूंजती है और चली जाती है; सूना घर फिर सूना हो जाता है, कुछ विचलित नहीं होता।

तो ध्यान को तुम स्वीकार बनाओ। तुम्हारा ध्यान अस्वीकार है, तो हर जगह अड़चन आएगी। अक्सर ऐसा होता है कि घर में एकाध आदमी ध्यानी हो जाए तो घर भर की मौत हो जाती है। क्योंकि वे पिताजी ध्यान कर रहे हैं तो बच्चे खेल नहीं सकते, शोरगुल नहीं मचा सकते। पिताजी ध्यान कर रहे हैं; जैसे पिताजी का ध्यान करना सारी दुनिया की मुसीबत है! और अगर जरा सी अड़चन हो जाए तो पिताजी बाहर निकल आते हैं अपने मंदिर के और शोरगुल मचाने लगते हैं कि ध्यान में बाधा पड़ गई।

जिस ध्यान में बाधा पड़ जाए, वह ध्यान नहीं। वह तो अहंकार का ही खेल है, क्योंकि अहंकार में बाधा पड़ती है। तुम वहां अकड़ कर बैठे थे ध्यानी बने, तुम अहंकार का मजा ले रहे थे। जरा सी बाधा कि तुम आ गए।

तुमने देखा! तुम्हारी ही बात नहीं है, तुम्हारे बड़े-बड़े ऋषि-मुनि जरा सी बात में नाराज हो जाते हैं, दुर्वासा बन जाते हैं, क्रोध से उत्तप्त हो जाते हैं। यह कोई ध्यान नहीं है। ध्यान का तो अर्थ इतना ही है कि अब जो भी होगा वह मुझे स्वीकार है। मैं नहीं हूं; जो रहा है, हो रहा है; जो हो रहा है, होता रहेगा। तुम खाली बैठे। बर्तन टूटा, आवाज आई, गूंजी, तुमने सुनी, जरूर सुनी; लेकिन तुमने इससे कुछ विरोध न किया कि ऐसा नहीं होना चाहिए था। तुमने जैसे ही कहा कि ऐसा नहीं होना चाहिए था कि विघ्न हुआ, बाधा पड़ी। बर्तन के टूटने से बाधा नहीं पड़ रहीह्नतुम्हारी दृष्टि विरोध की कि ऐसा नहीं होना था...। बच्चा रोया, तुम्हें बाधा पड़ीह्नयह नहीं होना था। कोई बच्चे को रोके, कोई नहीं रोक रहा हैह्नऔर बाधा पड़ी! तुम ध्यान कर रहे हो और किसी को तुम्हारे ध्यान की फिकर नहीं है! तुम महान कार्य कर रहे हो संसार के हित के लिए। और लोग अपने ढंग से चले जा रहे हैं, कोई हार्न ही बजा रहा है।

तुम गलत दृष्टि से ध्यान करने बैठे हो। तुम्हारा ध्यान अहंकार की ही सजावट है। वास्तविक ध्यान तो जो हो रहा है हो रहा है; तुम शांत बैठे देख रहे हो। तुम्हारा कोई अस्वीकार-भाव नहीं है।

ध्यान एकाग्रता नहीं है; ध्यान सर्व-स्वीकार है। पक्षी गाएंगे, आवाज करेंगे, राह पर लोग चलेंगे, कोई बात करेगा, बच्चे हंसेंगेह्नसब होता रहेगा, तुम वहां शून्यवत बैठे रहोगे। सब तुममें से गुजरेगा भीह्नऐसा भी नहीं है कि तुम्हारे कान बहरे हो गए हैं कि तुम्हें सुनाई नहीं पड़ेगाह्नतुम्हें और भी अच्छी तरह सुनाई पड़ेगा। ऐसा पहले कभी नहीं पड़ा था, क्योंकि मन में हजार उलझनें थीं, तो कान सुन भी लेते थे, फिर भी मन तक नहीं पहुंचता था। अब बिना उलझन के बैठे तुम्हारी संवेदनशीलता बड़ी प्रगाढ़ हो जाएगी।

वसंत यानी मौसम और मिजाज के बीच समरसता।

ध्यान यानी तुम्हारे और समस्त के बीच समरसता। समरस हो गए। ठीक है जो है, बिलकुल ठीक है, स्वीकार है। कहीं कोई अस्वीकार नहीं, कहीं कोई विरोध नहीं। जो रहा है, शुभ हो रहा है। यही आस्तिकता है, यही ध्यान है। ऐसा ध्यान स्वभावतः एक नई ही अनुभूति में तुम्हें ले जाएगा। तूफान उठेंगे, तूफान रुक नहीं जाएंगे तुम्हारे ध्यान करने से। ध्यान करने से शरीर में बीमारियां आनी बंद नहीं हो जाएंगी। बीमारियां आएंगी, शरीर में कभी कांटा भी चुभेगा। रमण को कैंसर हो गया, रामकृष्ण को भी...तो बड़े तूफान आए!

रामकृष्ण को कैंसर हो गया गले का, तो भोजन न कर सकते थे, पानी न पी सकते थे। तो विवेकानंद ने उन्हें कहा कि आपके हाथ में क्या नहीं! आप क्यों नहीं प्रभु से प्रार्थना करते कि इतना तो कम से कम कर, कि कम से कम भोजन और पानी तो जाने दे! हम पीड़ित होते हैं आपको तड़पते देख कर।

रामकृष्ण ने कहा कि अरे, यह तो मुझे खयाल ही न आया कि प्रभु से प्रार्थना करूं। जिसकी प्रार्थना पूरी हो गई, उसे कैसे खयाल आएगा कि प्रभु से इसके लिए प्रार्थना करूं!

विवेकानंद ने बहुत आग्रह किया तो उन्होंने आंख बंद की और फिर हंसने लगे और कहा कि तू नहीं मानता तो मैंने कहा।...मैं जानता हूं, कहा नहीं होगा, क्योंकि प्रार्थना करने वाला प्रार्थना कर ही नहीं सकता। सब प्रभु पर छोड़ दिया, अब उससे और क्या शिकायत कि ऐसा कर वैसा कर, कि गले में पानी जाने दे। यह भी कोई बात है? यह कोई कहने जैसी बात है? रामकृष्ण ने कही होगी? नहीं, लेकिन रामकृष्ण ने विवेकानंद के संतोष के लिए कहा कि मैंने कहा। तो विवेकानंद बड़ी उत्फुल्लता से बोले: 'क्या कहा परमात्मा ने?' तो उन्होंने कहा: 'परमात्मा ने कहा कि अरे पागल, अब इसी कंठ से पानी पीता रहेगा? और सब कंठों से पी! इसी कंठ से भोजन करता रहेगा? अब और कंठों से कर! यह शरीर तो जाने का क्षण आ गया।'

तो रामकृष्ण ने कहा: 'अब विवेकानंद, तुम्हारे कंठ से पानी पी लेंगे, तुम्हारे कंठ से भोजन कर लेंगे। यह कंठ तो गया। प्रभु ने ऐसा कहा।'

यह मैं मानता हूं कि रामकृष्ण ने पूछा नहीं होगा, पूछ सकते नहीं।

जाग्रत पुरुष को कैंसर नहीं होगा, ऐसा नहीं है; हो सकता है। क्योंकि कैंसर कोई तुम्हारी जागृति और गैर-जागृति से नहीं चलता; वह तो शरीर के गुणधर्म से चलता है। वह तो शरीर की अलग यात्रा चल रही है। तुम जाग गए तो पैर में कांटा नहीं गड़ेगा, ऐसा नहीं है। तूफान तो आते रहेंगे, आंधियां आती रहेंगी, छप्पर गिरते रहेंगे; लेकिन अब तुम्हें कोई फर्क नहीं पड़ता। तुम्हें स्वीकार है।

पूछा है: 'क्या उस अवस्था में आजीवन जीया जा सकता है? जिस तरह झील कभी शांत, कभी चंचल, कभी तूफानी अवस्था में होती है, क्या उसी तरह आत्मज्ञानी सांसारिक परिस्थितियों से प्रभावित नहीं होता है?'

नहीं, आत्मज्ञानी होता ही नहींह्नइसलिए प्रभावित और अप्रभावित का कोई अर्थ नहीं। जो कहे कि प्रभावित होता हूं, वह तो आत्मज्ञानी है ही नहीं। और जो कहे कि मैं अप्रभावित रहता हूं, वह भी आत्मज्ञानी नहीं है। क्योंकि प्रभाव-अप्रभाव दोनों एक ही दिशा में हैं। उनमें दोनों में तुम तो मौजूद होह्नकोई प्रभावित होता है, कोई प्रभावित नहीं होता। लेकिन अकड़ तो मौजूद है, अहंकार तो मौजूद है। और अगर

तुम मुझसे पूछो तो मैं कहता हूंः जो प्रभावित होता है, वही सरल है। जो अप्रभावित रहता है वह कठिन, कठोर है, जड़ है। प्रभावित न होने से तो प्रभावित होना ही बेहतर है, कम से कम तरल तो हो। तूफान आते हैं हिलते-डुलते तो हो; पत्थर की तरह तो नहीं हो। लेकिन ये दोनों ही अवस्थाएं आत्मज्ञान की नहीं हैं।

आत्मज्ञान की अवस्था में तो तुम हो ही नहींह्लजो होता है, होता है। न कोई प्रभावित होने को बचा, न कोई अप्रभावित रहने को बचा। आर-पार सब खाली है, पारदर्शी हो गए। किरण आती, गुजर जाती, कहीं कोई रुकावट नहीं पड़ती।

आज तो यह असंभव लगेगा। आज तो यह बिलकुल असंभव लगेगा। आज तो ऐसा लगता है कि अप्रभावित होना ही बड़ी दूर की मंजिल है। प्रभावित तो हम होते हैं हर पल छोटी-छोटी बात से, अप्रभावित होने को हमने लक्ष्य बना रखा है। और मैं कह रहा हूंः उसके भी पार जाना है।

टहलना छोड़ दूं,
यह हो सकता है
लेकिन टहलूं
और जमीन से पांव न लगें,
यह अनहोनी बात है।
पानी से दूर रहूं,
यह संभव है
लेकिन पानी में तैरें
और वस्त्र न भीगें,
यह करिश्मा कौन कर सकता है!
अगर यह कमजोरी है
तो इसका राज क्या है?
अगर यह बीमारी है
तो इसका इलाज क्या है?
तब भी तेरी महिमा अपार है।
तू चाहे
तो यह असमर्थता भी
हर सकता है।
इसलिए तो ऐसे लोग हैं
जो पांव छुलाए बिना

जमीन पर चलते हैं
और आग में
खड़े होकर भी नहीं जलते हैं।

लेकिन तुम ध्यान रखना, यह जो चमत्कार हैह्नआत्यंतिक चमत्कारह्नयह तभी घटता है जब तुम होते ही नहीं; जलने वाला होता ही नहीं, तभी यह चमत्कार घटता है। जब तक तुम हो, तब तक तो तुम जलोगे ही। चाहे दिखाओ चाहे न दिखाओ, बताओ कि न बताओ, प्रकट करो कि न प्रकट करो; लेकिन जब तक तुम हो तब तक तो तुम जलोगे ही। और जब तक तुम हो, पानी पर चलोगे, तो पैर में पानी छुएगा ही। लेकिन यह करिश्मा भी घटता है। उसकी महिमा अपार है! यह तुम्हारे किए नहीं घटता; यह तुम्हारे मिटे घटता है।

तू जो चाहे, तो
यह असमर्थता भी हर सकता है।
इसलिए तो ऐसे लोग हैं
जो पांव छुलाए बिना
जमीन पर चलते हैं
और आग में खड़े होकर भी
नहीं जलते हैं।

ध्यान रखना, मैं वस्तुतः आग के अंगारों पर चलने वालों की बात नहीं कर रहा हूं और न ही पानी पर चलने वाले योगियों की बात कर रहा हूं। मैं तो जीवन की उस परम महिमा की बात कर रहा हूं, जहां तुम जीवन में होते हो, फिर भी तुम्हें कुछ छूता नहीं। बाजार में खड़े और तुम मंदिर में ही होते हो। दूकान पर बैठे, ग्राहक से बात करते, तुम किसी परलोक में होते हो। उठते-बैठते, घर-द्वार सम्हालते, बच्चे-पत्नी की चिंता-फिकर करते-फिर भी निश्चिंत रहते हो! जल में कमलवत! मैं तो उस महा चमत्कार की बात कर रहा हूं। अंगारों पर चलना तो बच्चों का खेल है। वह तो सीखा जा सकता है, किया जा सकता है। और शायद कभी आदमी पानी पर चलने का भी उपाय कर ले, उसका भी आयोजन हो सकता है। लेकिन इन सब की मैं बात नहीं कर रहा हूं।

झेन फकीर बोकोजू अपने शिष्यों के साथ एक नदी के किनारे पहुंचा। शिष्य बहुत दिन से प्रतीक्षा करते थे कभी कि बोकोजू के साथ नदी पार करने का मौका मिल जाए। क्योंकि बोकोजू सदा कहता था कि मैं अगर नदी से गुजरूं तो मेरे पैर में पानी न छुएगा। तो शिष्य बड़े उत्सुक थे यह चमत्कार देखने को। लेकिन जब बोकोजू पानी में चला तो जैसे उनके पैर भीग रहे थे, उसके पैर भी भीग रहे थे। वे तो बड़े हैरान हुए। उन्होंने कहा : 'गुरुदेव, यह क्या मामला है? आप तो सदा कहते थे कि मैं पानी में चलूं

तो मेरे पैर न भीगेंगे।' और बोकोजू हंसने लगा। उसने कहा तो फिर तुम समझे नहीं। मैं तो अभी भी नहीं भीग रहा हूं; और जो भीग रहा है, वह मैं नहीं हूं। यह देह मैं नहीं हूं, यही तो मैं तुम्हें सुबह से सांझ समझाता हूं। तुम मूर्खचित्त, कब चेतोगे? मैं तो अभी भी अनभीगा हूं और मेरे भीगने का कोई उपाय नहीं है। और तुम भी अनभीगे हो, सिर्फ तुम्हें इसका पता नहीं चल रहा है, मुझे पता चल रहा हैह्नभेद इतना ही है।

जिसे भीतर की शून्यता की प्रतीति होने लगी, तूफान आएं, निश्चित ही शरीर तो कंपेगा, कंपन होंगे; लेकिन भीतर उस शून्य में कुछ भी न होगा। जो मिट गया, उसे कुछ हो कैसे सकता है! इसलिए तो ज्ञानी को हम कहते हैंह्नजो जीते-जी मर गया; जो मरा हुआ जी रहा है; जिसके भीतर अब कुछ बचा नहीं।

अष्टावक्र का सूत्र देखा: 'बोलने वाले, वाचाल, मौन हो जाते हैं। बड़े कर्मठ आलसी जैसे हो जाते हैं।' उसी में तुम जोड़ दे सकते होह्नजीवित मृत जैसे हो जाते हैं, जड़-सम! मृत जैसे हो जाते हैं। बाहर सब चलता रहता है। भेद इतना ही पड़ जाता है कि बाहर अब नाटक होता है, अभिनय होता है। भीतर तुम जानते हो कि बाहर जो हो रहा है, अभिनय है, तुम इसके कर्ता नहीं हो। एक 'पार्ट' है जो पूरा कर देना है।

मेरे पास अभिनेता आते हैं, मुझसे पूछते हैं कि हमें बताएं कि हमारी अभिनय की कला कैसे कुशल हो जाए? तो उनसे मैं कहता हूं: मेरे पास एक सूत्र है। अभिनय की कला करते हो, अभिनेता हो, तो अभिनय ऐसे करना कि भूल जाना कि यह अभिनय है, कर्ता हो जाना, तो सच्चा हो जाएगा अभिनय और तब उसमें प्राण पड़ जाएंगे। और यही मैं कहता हूं सभी से कि जीवन में इस तरह चलना कि जैसे अभिनय है। शिथिल हो जाएंगे हाथ, संबंध ढीले हो जाएंगे। अगर अभिनय को सच्चा करके दिखलाना हो, तो कर्ता बन जाना और अगर सच्चाई को माया सिद्ध कर देना हो, तो अकर्ता बन जाना, अभिनय मान लेना।

तुम जरा कोई काम करके तो देखोह्नअभिनेता की तरह। तुम बड़े हैरान होओगे, अपूर्व रस झरेगा, बड़ी भीनी-भीनी गंध उठेगी। आज घर जाओ लौट कर तो तय कर लेना कि तीन घंटे अभिनेता की तरह करेंगे। पत्नी को गले लगाएंगे, मगर ऐसे जैसे अभिनेता लगाता है। भोजन करेंगे जैसे अभिनेता करता है। बच्चों को पुचकारेंगे, दुलारेंगे, जैसे अभिनेता करता है, जैसे अपने बच्चे नहीं हैं, एक नाटक कर रहे हैं। तुम जरा करके तो देखो। अगर क्षण भर को भी तुम्हें अभिनय का भाव आ जाएगा, तो तुम चकित हो जाओगे। अभिनय का भाव आते ही सब शांत हो जाता है, फिर कोई अशांति नहीं।

इसलिए हिंदू कहते हैं: जगत लीला है। इसे खेल समझो, गंभीर मत हो जाओ।

तीसरा प्रश्न : कल का प्रवचन सुनते हुए मुझे लगा कि आपमें 'चार्वाकह्नसुखं जीवेत' और 'अष्टावक्रह्नसुखं चर' एक साथ बोल रहे हैं। और जाने क्यों वह मुझे प्रीतिकर भी लगा। लेकिन यदि भोग से विरस होने के लिए यानी मुक्ति के लिए भोग से पूरी तरह गुजर जाना जरूरी है तो क्या अच्छा नहीं होगा कि धर्म-साधना के इतने बड़े गोरखधंधे की जगह चार्वाक-दर्शन को भरपूर मौका दिया जाए?

सच्चाई तो यही है कि जो भोग में गहरा गया वही योग को उपलब्ध हुआ। सच्चाई तो यही है कि जो सपने में गहरा उतरा, वही जागा। सच्चाई तो यही है कि अनुभव के अतिरिक्त इस जगत में वैराग्य के पैदा होने का कोई उपाय न कभी था, न है, न होगा। इसलिए परमात्मा जगत को बनाए चला जाता है और तुम्हें जगत में धकाए चला जाता है। क्योंकि जगत में उतर कर ही तुम जान पाओगे कि पार होना क्या है! जगत में डुबकी लगा कर ही तुम जगत के ऊपर उठने की कला सीख पाओगे।

ईश्वर भी निश्चित ही चार्वाक और अष्टावक्र दोनों का जोड़ है। चार्वाक को मैं धर्म-विरोधी नहीं मानता। चार्वाक को मैं धर्म की सीढ़ी मानता हूं। सभी नास्तिकता को मैं आस्तिकता की सीढ़ी मानता हूं। तुमने धर्मों के बीच समन्वय करने की बातें तो सुनी होंगीह्नहिंदू और मुसलमान एक; ईसाई और बौद्ध एक। इस तरह की बात तो बहुत चलती है। लेकिन असली समन्वय अगर कहीं करना है तो वह है नास्तिक और आस्तिक के बीच।

यह भी कोई समन्वय हैह्नहिंदू और मुसलमान एक! ये तो बातें एक ही कह रहे हैं, इनमें समन्वय क्या खाक करना? इनके शब्द अलग होंगे, इससे क्या फर्क पड़ता है?

मैं एक आदमी को जानता था, उसका नाम रामप्रसाद था। वह मुसलमान हो गया, उसका नाम खुदाबक्श हो गया। वह मेरे पास आया। मैंने कहा : 'पागल! इसका मतलब वही होता हैह्नरामप्रसाद। खुदाबक्श होकर कुछ हुआ नहीं। खुदा यानी राम; बक्श यानी प्रसाद।' वह कहने लगा : 'यह मुझे कुछ खयाल न आया।'

भाषा के फर्क हैं, इनमें क्या समन्वय कर रहे हो? असली समन्वय अगर कहीं करना है तो नास्तिक और आस्तिक के बीच; पदार्थ और परमात्मा के बीच; चार्वाक और अष्टावक्र के बीच। मैं तुमसे उसी असली समन्वय की बात कर रहा हूं। जिस दिन नास्तिकता मंदिर की सीढ़ी बन जाती है, उस दिन समन्वय हुआ। उस दिन तुमने जीवन को इकट्ठा करके देखा, उस दिन द्वैत मिटा।

मैं तुमसे परम अद्वैत की बात कर रहा हूं। शंकर ने भी तुमसे इतने परम अद्वैत की बात नहीं की, वे भी चार्वाक के विरोधी हैं। इसका मतलब क्या होता है? इसका

मतलब होता है : आखिर चार्वाक भी है तो परमात्मा का हिस्सा ही। तुम कहते हो सभी में परमात्मा है; फिर चार्वाक में नहीं है? फिर चार्वाक से जो बोला, वह परमात्मा नहीं बोला? फिर चार्वाक का खंडन कर रहे होह्लक्या कह रहे हो? क्या कर रहे हो? अगर वास्तविक अद्वैत है तो तुम कहोगे : चार्वाक की वाणी में भी प्रभु बोला। यही मैं तुमसे कहता हूं। और वाणी उसकी मधुर है, इसलिए चार्वाक नाम पड़ा। चार्वाक का अर्थ होता है : मधुर वाणी वाला। उसका दूसरा नाम है : लोकायत। लोकायत का अर्थ होता है : जो लोक को प्रिय है; जो अनेक को प्रिय है। लाख तुम कहो ऊपर से कुछ, कोई जैन है, कोई बौद्ध है, कोई हिंदू है, कोई मुसलमानह्लयह सब ऊपरी बकवास है; भीतर गौर से देखो, चार्वाक को पाओगे। और तुम अगर इन धार्मिकों के स्वर्ग की तलाश करो तो तुम पाओगे कि सब स्वर्ग की जो योजनाएं हैं चार्वाक ने ही बनाई होंगी। स्वर्ग में जो आनंद और रस की धारें बह रही हैं, वे चार्वाक की ही धारणाएं हैं।

सुखं जीवेत! चार्वाक कहता है: सुख से जीयो। इतना मैं जरूर कहूंगा कि चार्वाक सीढ़ी है। और जिस ढंग से चार्वाक कहता है, उस ढंग से सुख से कोई जी नहीं सकता। क्योंकि चार्वाक ने ध्यान का कोई सूत्र नहीं दिया। चार्वाक सिर्फ भोग है, योग का कोई सूत्र नहीं है; अधूरा है। उतना ही अधूरा है जितने अधूरे योगी हैं। उनमें योग तो है लेकिन भोग का सूत्र नहीं है। इस जगत में कोई भी पूरे को स्वीकार करने की हिम्मत करता नहीं मालूम पड़ताह्लआधे-आधे को। मैं दोनों को स्वीकार करता हूं। और मैं कहता हूं : चार्वाक का उपयोग करो और चार्वाक के उपयोग से ही तुम एक दिन अष्टावक्र के उपयोग में समर्थ हो पाओगे।

जीवन के सुख को भोगो। उस सुख में तुम पाओगे, दुख ही दुख है। जैसे-जैसे भोगोगे वैसे-वैसे सुख का स्वाद बदलने लगेगा और दुख की प्रतीति होने लगेगी। और जब एक दिन सारे जीवन के सभी सुख दुख-रूप हो जाएंगे, उस दिन तुम जागने के लिए तत्पर हो जाओगे। उस दिन कौन तुम्हें रोक सकेगा? उस दिन तुम जाग ही जाओगे। कोई रोक नहीं रहा है। रुके इसलिए हो कि लगता है शायद थोड़ा सुख और हो, थोड़ा और सो लें। कौन जाने...। एक पन्ना और उलट लें संसार का। इस कोने से और झांक लें! इस स्त्री से और मिल लें! उस शराब को और पी लें! कौन जाने कहीं सुख छिपा हो, सब तरफ तलाश लें!

मैं कहता भी नहीं कि तुम बीच से भागो। बीच से भागे, पहुंच न पाओगे, क्योंकि मन खींचता रहेगा। मन बार-बार कहता रहेगा। ध्यान करने बैठ जाओगे, लेकिन मन में प्रतिमा उठती रहेगी उसकी, जिसे तुम पीछे छोड़ आए हो। मन कहता रहेगा : 'क्या कर रहे हो मूर्ख बने यहां बैठे? पता नहीं सुख वहां होता। तुम देख तो लेते, एक दफा खोज तो लेते!'

इसलिए मैं कहता हूं: संसार को जान ही लो, उघाड़ ही लो! जैसे कोई प्याज को छीलता चला जाएह्नतुम बीच में मत रुकना, छील ही डालना पूरा। हाथ में फिर कुछ भी नहीं लगता। हां, अगर पूरा न छीला तो प्याज बाकी रहती है। तब यह डर मन में बना रह सकता है, भय मन में बना रह सकता है: 'हो सकता है कोहिनूर छुपा ही हो!' तुम छील ही डालो। तुम सब छिलके उतार दो। जब शून्य हाथ में लगे, छिलके ही छिलके गिर जाएंह्नसंसार प्याज जैसा है, छिलके ही छिलके हैं, भीतर कुछ भी नहीं। छिलके के भीतर छिलका है, भीतर कुछ भी नहीं। जब भीतर कुछ भी नहीं पकड़ में आ जाएगा, फिर तुम्हें रोकने को कुछ भी न बचा।

चार्वाक की किताब पूरी पढ़ ही लो, क्योंकि कुरान, गीता और बाइबिल उसी के बाद शुरू होते हैं। चार्वाक पूर्वार्ध है, अष्टावक्र उत्तरार्ध।

तो ठीक ही लगा। मेरी सारी चेष्टा यही है कि तुम्हें सुख से भगाऊं न, तुम्हें सुख के वास्तविक स्वरूप का दर्शन करा दूं। तुम्हारे अनुभव से ही तुम्हें पता चल जाए कि जहां तुमने हीरे-मोती समझे, वहां कंकर-पत्थर भी नहीं हैं।

लेकिन धर्मगुरु इस पक्ष में नहीं होंगे। शंकराचार्य और पोप और पुरोहित इस पक्ष में नहीं होंगे। क्योंकि उनका तो सारा का सारा धंधा इस बात पर खड़ा है कि वे तुम्हें भोग के विपरीत समझाएं। उनकी तो सारी दूकान तुम्हारे कच्चे होने पर चलती है। जो व्यक्ति संसार से पक कर बाहर निकलेगा वह किसी शंकराचार्य, किसी पोप के पास थोड़े ही जाने वाला है, वह तो सीधा परमात्मा के पास जा रहा है। अब उसके बीच में किसी एजेंट की कोई भी जरूरत नहीं है। संसार व्यर्थ हो गया, अब तो परमात्मा ही बचा, अब तो कहीं और जाना नहीं। वह हिंदू, मुसलमान, ईसाई थोड़े ही बनेगा, वह तो सिर्फ धार्मिक होगा। उसका धर्म तो बिलकुल अनूठा होगा, विशेषण-शून्य होगा। लेकिन ये सारे धर्म-गुरु तो विशेषण से जीते हैं। ये तो चाहते हैं कि तुम्हारे भीतर परमात्मा की तरफ जाने की सीधी दौड़ न हो जाए शुरू, अन्यथा इनका क्या होगा! ये जो बीच में पड़ाव हैं, बीच में दूकानें हैं, ये जो बीच में ठहराव हैं, बीच में धर्मशालाएं हैंह्नइनका क्या होगा! नहीं, ये चाहते हैं कि तुम इन पर रुकते हुए जाओ। सच तो यही है, ये चाहते हैं, तुम इनसे पार कभी न जाओ, तुम यहीं रुके रहो।

चार्वाक के विपरीत हैं तुम्हारे धर्मगुरु। क्योंकि एक बात पक्की है कि अगर चार्वाक का ठीक-ठीक अनुसरण किया जाए, तो तुम आज नहीं कल, कल नहीं परसों, जाग ही जाओगे। और जो जागता है वह परमात्मा में जागता है। हां, जो सोए-सोए उठ कर चलने लगते हैं, उनमें से कोई पुरी पहुंच जाता, कोई हज का यात्री होकर काबा पहुंच जाता है, कोई जेरुसलम, कोई गिरनार, कोई काशी। ये जो नींद में सोए-सोए चल रहे लोग हैं, ये कहीं न कहीं जाकर उलझ जाते हैं।

इसलिए कोई धर्मगुरु, कोई धर्मपंथ मनुष्य को पूरी स्वतंत्रता नहीं देताह्न बांध कर रखता है। मनुष्य की स्वतंत्रता के पक्ष में बहुत थोड़े लोग हैं। स्वतंत्रता को इस तरह के लोग कहते हैंह्नउच्छृंखलता। अष्टावक्र जैसी हिम्मत बहुत कम लोगों ने की है, जो कहते हैं: स्वच्छंद हो जा; अपने भीतर के स्वभाव से जी, और कोई समझौता मत कर। इतना ही जान ले, इतना ही ज्ञान है कि तू सब कालिख-कलुष के पार है। इतना ही ध्यान, इतना ही योग, इतनी ही सारी धर्म की प्रक्रिया है कि तू पहचान ले कि जागरण तेरा स्वभाव है, चैतन्य तेरा स्वभाव है, निर्विकल्प, असंग तेरा स्वभाव है। इतना जान ले, फिर तुझे जो करना है कर! फिर जैसे-तैसे तुझे जीना है जी। फिर कोई बंधन नहीं है।

इतनी क्रांति, इतनी स्वतंत्रता तो धर्मगुरु नहीं दे सकता। इसलिए तो अष्टावक्र का कोई पंथ न बन सका और अष्टावक्र का कोई मंदिर खड़ा न हो सका, और अष्टावक्र के पुरोहित न हुए, और अष्टावक्र अकेला खड़ा रह गया। इतनी स्वच्छंदता के लिए समाज तैयार नहीं। समाज गुलामों का है और समाज चाहता है गुलामी को कोई सजाने वाला मिल जाएह्नजो सजा कर बता दे कि गुलामी बहुत भली है तो निश्चिंत हो गए, गहरी नींद में सो जाएं। जगाने वालों से पीड़ा होती है।

लेकिन, जो मुझे समझने की चेष्टा में रत हैं, उन्हें जान लेना चाहिए: मैं परमात्मा को पूरा का पूरा स्वीकार करता हूं, उसके चार्वाक रूप में भी! और जगत में मुझे कुछ भी अस्वीकार नहीं है। सिर्फ एक बात ध्यान रहे कि कोई चीज अटकाए न। हर चीज का उपयोग कर लेना और बढ़ जाना। हर पत्थर पर पैर रख लेना, सीढ़ी बना लेना, और ऊपर उठ जाना। मार्ग पर जो पत्थर पड़े हैं वे सीढ़ियां भी बन सकते हैं। तुम उन्हें अटकाव न बना लेना। चार्वाक अटकाव बन सकता है, अगर तुम छोड़ो कि बस, चार्वाक पर सब समाप्त हो गया। वह केवल पूर्वार्ध है, उसे अंत मत मान लेना, उससे आगे जाना है। लेकिन उससे आगे उससे होकर ही जाना है, गुजर कर ही जाना है।

मैंने सुना है, एक पुरानी सूफी कथा है। एक लकड़हारा रोज जंगल में लकड़ी काटता था। एक सूफी फकीर बैठता था ध्यान करने, उसने इसे देखा: जन्मों-जन्मों से यह काटता रहा हो, ऐसा मालूम पड़ता है। जीर्ण-शीर्ण देह, बूढ़ा हो गया। और इससे एक दफा रोटी भी मुश्किल से मिल पाती होगी। तो उससे कहा: 'देख, तू इस जंगल में रोज आता है, तुझे कुछ पता नहीं। तू थोड़ा आगे जा।' उसने कहा: 'आगे क्या है?' उसने कहा: 'तू थोड़ा आगे जा, खदान मिलेगी।' वह आगे गया, वहां एक तांबे की खदान मिली। वह बड़ा हैरान हुआ। उसने कहा: मैं सदा यहां आता रहा, जरा आगे न बढ़ा; बस, लकड़ियां काटीं और जाता रहा। जरा ही कुछ थोड़े ही कदम चल कर खदान थी। तांबा ले गया, तो लकड़ी के बेचने से तो एक दफे रोटी मिलती थी, एक

दफा तांबा बेचने से इतना पैसा मिलने लगा कि महीने भर का भोजन चल जाए। जब दुबारा फिर आया तो उस फकीर ने कहा कि देख, अटक मत जाना; थोड़ा और आगे। तो उसने कहा : 'अब आगे और क्या करना है जा कर?' उसने कहा : 'तू जा तो! सुन, मेरी सीख मान। मैं यह पूरा जंगल जानता हूं।'

वह और थोड़े आगे गया तो चांदी की खदान मिल गई। वह बोला : 'मैं भी खूब पागल था। उस फकीर की अगर न मानता तो अटक जाता तांबे पर।' चांदी बेच दी तो साल भर के लायक भोजन मिलने लगा, बड़ा मस्त था। एक दिन फकीर ने कहा कि देख, ज्यादा मस्त मत हो, और थोड़ा आगे। उसने कहा : 'अब छोड़ो भी, अब मुझे कहीं न भेजो। अब बस काफी है, बहुत मिल गया।' फकीर ने कहा : 'वैसे तेरी मर्जी है, लेकिन पछताएगा।' बात मन में चोट कर गई। थोड़ा और आगे गया, सोने की खदान मिल गई। अब तो एक दफा ले आया तो जन्म भर के लिए काफी था। फिर तो उसने जंगल आना ही बंद कर दिया।

फकीर एक दिन उसके घर पहुंचा, पूछा : 'पागल, मैं तेरी राह देखता हूं, अभी थोड़ा और आगे।' उसने कहा : 'अब छोड़ो, अब तुम मुझे मत भरमाओ।' उसने कहा : 'तू पिछले अनुभव से तो कुछ सीख। जितना आगे गया उतना मिला। थोड़ा और आगे।' रात भर सो न सका। कई दफे सोचा : 'अब जाने में सार क्या है! और आगे हो भी क्या सकता है! सोनाह्लआखिरी बात आ गई।' पर नींद भी न लगी; सोचा कि फकीर शायद कुछ कहता हो, शायद कुछ और आगे हो। तो और आगे गया। हीरों की खदान मिल गई। सोचा कि बुरा होता हाल मेरा अगर न आता।

अब तो वह एक दफे ले आया तो जन्मों-जन्मों के लिए काफी था। फिर तो कई दिन दिखाई ही न पड़ता था वह। घर भी फकीर आता तो मिलता नहीं था। कभी होटल में, कभी सिनेमागृह में। वह कहां अब, उसका पता कहां चले! अब तो वह भागा-भागा था। फकीर उसको खोजता फिरे, उसका पता न चले। एक दफे मिल गया वेश्यालय के द्वार पर। उसने कहा : 'अरे पागल, बस तू यहीं रुक जाएगा? अभी थोड़ा और आगे।' उसने कहा : 'अब क्षमा करो, मैं मजे में हूं। अब मुझे और झंझट में न डालो।' पर फकीर ने कहा : 'एक बार और मान ले। रुक मत।'

वह और आगे गया। अब तुम सोचो : और आगे क्या मिला होगा? और आगे फकीर मिला, वह बैठा था ध्यान में। उस आदमी ने पूछा : 'अब यहां तो कुछ और दिखाई नहीं पड़ता।' उसने कहा : 'यहां खदान भीतरी है। अब तू मेरे पास बैठ जा। अब जरा आंख बंद कर। अब जरा शांत होकर बैठ। अब यहां ध्यान की खदान है। अब यहां परमात्मा मिलेगा, पागल! अब बाहर की चीज हो चुकी बहुत, अब भीतर खोद!'

जीवन में और आगे चलते जाना है, कहीं रुकना मत! धन के आगे ध्यान है। चार्वाक के आगे अष्टावक्र है। सुख के आगे आनंद है। पदार्थ के आगे परमात्मा है।

विरोध मेरा किसी से भी नहीं है, इनकार किसी बात का नहीं। बस, एक बात ध्यान रहे कि तुम्हारे जीवन की सरिता बहती रहे, तुम कहीं अटको न, डबरे न बनो। डबरे बने कि सड़े। डबरे बने कि गंदे हुए। डबरे बने कि सागर तक पहुंचने का उपक्रम बंद हुआ, अभियान समाप्त हुआ, फिर तुम गए।

बहते रहो! सागर तक चलना है। संसार से गुजरना है, परमात्मा तक पहुंचना है। और जिस दिन तुम पहुंचोगे, उस दिन तुम चकित होओगे। उस दिन पीछे लौट कर देखोगे तो तुम पाओगे सब जगह परमात्मा ही छिपा था। जहां-जहां सुख की झलक मिली थी, वहां-वहां ध्यान की कोई न कोई किरण थी, इसीलिए मिली थी। यह मैं तुमसे अपनी साक्षी की तरह कहता हूं, मैं इसका गवाह हूं। तुमने अगर कामवासना में कभी थोड़ी सी सुख की झलक पाई थी तो वह झलक कामवासना की न थी, कामवासना के क्षण में कहीं ध्यान उतर आया था, जरा सा सही। बड़ी दूर से एक गूंज आ गई थी, लेकिन वह थी ध्यान की। यह तो तुम आखिर में पाओगे। अगर कभी यश पा कर तुम्हें कुछ रस मिला था तो वह भी ध्यान की ही झलक थी। तुम्हें जहां भी सुख मिला था, वह परमानंद की ही कुछ न कुछ किरण थी। बहुत दूर की थी, शायद प्रतिफलन था। आकाश में चांद है और तुमने झील में उसकी छाया देखी थी, सिर्फ परछाईं देखी थीह्नलेकिन थी तो परछाईं उसी की। काम में जिसकी झलक है, वह राम की परछाईं है।

पत्थर के फर्श कगारों में,
सीखों की कठिन कतारों में,
खंभों, लोहों के द्वारों में,
इन तारों में, दीवारों में,
कुंडी, ताले, संतरियों में,
इन पहरों की हुंकारों में,
गोली की इन बौछारों में,
इन वज्र बरसती मारों में,
इन सुर शरमीले, गुण-गर्वीले
कष्ट सहीले वीरों में,
जिस ओर लखूं तुम ही तुम हो
प्यारे इन विविध शरीरों में!
जिस ओर लखूं तुम ही तुम हो
प्यारे इन विविध शरीरों में।

लेकिन यह तो पीछे से है। जब तुम जीवन की पूरी किताब पढ़ जाओगे, तब तुम लौट कर देखोगे कि अरे, यह कथा एक ही थी! कहीं अटक जाते तो यह कभी समझ में न आता। यह आज तुम्हें मेरी बात अनेक बार उल्टी मालूम पड़ती है। मैं तुमसे कहता हूं : कामवासना में जो तुम्हें सुख मिला है वह भी ब्रह्मचर्य की झलक है। अब तुम चकित होओगे यह बात सुन कर। लेकिन मैं तुम्हें समझाने की कोशिश करूं, अभी तो यह ऊपर-ऊपर बुद्धि के ही खयाल में आएगा।

कामवासना उठती है, उत्तप्त ज्वर घेर लेता है, मन डांवांडोल होता है, धुएं से भर जाता है। फिर जब तुम कामवासना में उतरते हो तो एक घड़ी आती है जहां कामवासना तृप्त हो जाती है। उस तृप्ति के क्षण में फिर कोई काम-विकार नहीं रह जाता। उस क्षण में ब्रह्मचर्य की अवस्था होती है। चाहे क्षण भर को सही, कोई विकार नहीं रह जाता। वह झलक तो ब्रह्मचर्य की है, जिससे सुख मिल रहा है; लेकिन तुम सोचते हो कामवासना से मिल रहा है। घड़ी आधा घड़ी को तो फिर संसार में कोई कामवासना नहीं रह जाती। घड़ी आधा घड़ी को तो तुम फिर काम-भावना से घिरते ही नहीं। घड़ी आधा घड़ी को कामवासना से छुटकारा हो जाता है।

तुम भोजन कर लेते हो, भूख लगी थी, पीड़ा हो रही थीह्नभोजन कर लिया, तृप्ति हो गई। उस तृप्ति के क्षण में उपवास का रस है। उतनी थोड़ी सी देर के लिए फिर भोजन की कोई याद नहीं आती। और उपवास का अर्थ ही यह है कि भोजन की याद न आए। जब देह बिलकुल स्वस्थ होती है, जब देह तरंगित होती है, तब थोड़ी देर को विदेह की झलक मिलती है।

तुम कभी खिलाड़ियों से पूछो, दौड़ाकों से पूछो, तैराकों से पूछो। तैरने वाले को कभी-कभी ऐसी घड़ी आती है, सूरज की रोशनी में, लहरों के साथ तैरते हुए, एक क्षण को देह ऐसी तरंगित होने लगती है, ऐसा आनंद-भाव उठता है देह में, ऐसा सुख बरसता है कि देह भूल जाती है, विदेह हो जाता है। वह सुख विदेह का है। कभी दौड़ते समय, दौड़ने वाले को एक ऐसी घड़ी आती है जब कि भीतर का मिजाज और बाहर का मौसम समरस हो जाता है। भागता हुआ पसीने से तरबतर; लेकिन चित्त शांत हो जाता है, विचार रुक गए होते हैं। हवाओं के झरोखों में, शीतल हवा में, वृक्ष के तले खड़े होकर छाया में एक क्षण को देह भूल जाती है।

मनोवैज्ञानिक कहते हैं कि खिलाड़ी को जो मजा है वह देह से मुक्त होने का है। नहीं तो कोई पागल है, लोग इतना दौड़ते, इतना तैरतेह्नकिसलिए? तुम सोचते हो सिर्फ पुरस्कार के लिए? लेकिन बहुत लोग हैं जो बिना पुरस्कार के दौड़ रहे हैं। तुम्हें भी शायद कभी ऐसा मौका आया हो, घूमने गए हो और एक घड़ी को जैसे शरीर न रहा, ऐसी तरतमता हो गई, बस उसी वक्त सुख मिला! तुम दूसरों से कहते हो कि बड़ा सुख मिलता है घूमने में! लेकिन अगर दूसरा तुम्हारी मान कर जाए और रास्ते में पूरे

वक्त सोचता रहे कि कब मिले, कब मिले सुख, अब मिले, अभी तक नहीं मिलाह्लवह खाली हाथ लौट आएगा! क्योंकि सुख मिलता है देह को भूल जाने में।

पीछे जब तुम कभी लौट कर देखोगे तो तुम पाओगे कि काम में भी जो सुख मिला था, वह भी क्षण भर को कामवासना से मुक्त हो जाने के कारण मिला था। और भोजन में भी जो सुख मिला था, वह भी क्षण भर को भूख से मुक्त हो जाने में मिला था। क्षण भर को वासना क्षीण हो गई थी, जरूरत न रही थी। देह से भी जो सुख जाने, वे सुख तभी मिले थे जब देह भूल गई थी और विदेह चित्त हो गया था। मगर यह तो पीछे समझ में आएगा, जब राम का अनुभव हो जाएगा। पीछे लौट कर देखोगे तो तुम पाओगे : अरे, सब जगह यही स्वाद था!

उमड़ता मेरे दृगों में
बरसता घनश्याम में जो
अधर में मेरे खिला
नव इंद्रधनु अभिराम में जो
बोलता मुझमें वही
जग मौन में जिसको बुलाता
जो न होकर भी बना सीमा क्षितिज
वही रिक्त हूं मैं
विरति में भी
चिर विरत की बन गई
अनुरक्ति हूं मैं
बोलता मुझमें वही
जग मौन में जिसको बुलाता!

लेकिन जब तुम मौन होओगे, तभी समझोगे कि तुम्हारे मौन में परमात्मा ही बोला है। कोई और बोल ही नहीं सकता, कोई और है ही नहीं। तुम्हारे प्रेम में भी वही था, तुम्हारे काम में भी वही, तुम्हारे राम में भी वही, तुम्हारी प्रार्थना में भी वही। सब उसकी ही झलकें हैं। अनेक-अनेक रूपों में वही है। इसे मैं कहता हूं : अद्वैत! मेरा ब्रह्म माया के विरोध में नहीं है। मेरा ब्रह्म माया में छिपा छिया-छी कर रहा है। मेरा ब्रह्म माया में अनेक-अनेक रूपों में प्रकट है।

इश्क का जौके-नजारा मुफ्त में बदनाम है
हुस्न खुद बेताब है जलवे दिखाने के लिए।

यह जो फूलों में से झांक रहा है, यह परमात्मा उत्सुक है जलवे दिखाने के लिए। यह जो किसी स्त्री के चेहरे से सुंदर होकर प्रकट हुआ हैह्ल

हुस्न खुद बेताब है जलवे दिखाने के लिए।

यह जो किसी बच्चे की सरल, निर्दोष आंखों में झलका है, यह खुद परमात्मा उत्सुक है, आमंत्रण दे रहा है। यह तो तुम पीछे समझोगे। आज तो और कठिनाई बढ़ गई है बहुत। तुम्हारे धर्मगुरुओं ने तुम्हें जो सिखाया है, वह कुछ ऐसा मूढ़तापूर्ण है कि हर चीज में बंधन का डर खड़ा कर दिया है। हर चीज में घबड़ाहट पैदा कर दी है, अपराध-भाव पैदा कर दिया है। अगर तुम किसी के प्रेम में अनुरक्त हुए, तो भीतर अपराध होता है कि यह क्या पाप कर रहा हूं। कोई आंख तुम्हें सुंदर लगी, आकर्षक लगी तो घबड़ाहट पैदा होती है कि जरूर पाप हो रहा है। ऋषि-मुनि सदा कहते रहे : बचो!

मैं तुमसे कहता हूं : इस आंख में थोड़े गहरे उतरो। थोड़े और आगे चलो। तांबा मिलेगा, माना; चांदी भी है, सोना भी है, हीरे-जवाहरात भी हैं। और थोड़ा आगे चलो, धन के पार ध्यान भी है।

जो हृदय व्योमवत, विगत कलुष,
उभरेगा उसमें इंद्रधनुष
रचना का कारण शून्य स्वयं,
मम त्वम से जिसका मुक्त अहं।

'मैं' और 'तू' से मुक्त हो जाओ। इसी के लिए सारा संसार आयोजन है। इतनी पीड़ा मिलती है 'मैं'-'तू' के कारण, फिर भी तुम मुक्त नहीं होते। इतना दुख पाते, इतने शूल छिदते, छाती छलनी हो जातीहृफिर भी तुम मुक्त नहीं होते। और तुम्हें कौन मुक्त कर पाएगा? अगर पीड़ा तुम्हारी गुरु नहीं है तो और कौन तुम्हारा गुरु हो सकेगा?

संसार गुरु है। जो भी अनुभव हो रहा है उसका जरा हिसाब-किताब रखो। जहां-जहां दुख हो जरा गौर से देखना, पाओगे खड़े अपने 'मैं' को। जहां-जहां पीड़ा हो, वहीं तुम पाओगे खड़े अपने 'मैं' को। तो धीरे-धीरे कब तक सोए रहोगे? कभी तो जाग कर देखोगे कि यह शूल की तरह छिदा है अहंकार, यही मेरे प्राणों की पीड़ा है। जिस दिन कोई इस अहंकार को हटा कर रख देता...और रखना तुम्हारे हाथ में है। सच तो यह है, यह कहना ठीक नहीं कि रखना तुम्हारे हाथ में है। तुम सम्हालो न तो यह अभी गिर जाए। तुम सहयोग न करो तो यह अभी विसर्जित हो जाए। यह तुम्हारे सहयोग से सम्हला है।

यह बड़े मजे की बात है, तुम अपने दुख को खुद ही सम्हाले खड़े हो। तुम अपने नरक के निर्माता हो। इस 'मैं'-'तू' के जरा पार चलने की बात है। बस 'मैं'-'तू' के पार उठे, चाहे प्रेम से उठो चाहे ध्यान से, दोनों से 'मैं'-'तू' के पार उठना है।

मिट्टी में गड़ा हुआ मैं तुम्हारा मूल हूं
तुम मेरे फूल हो जो आकाश में खिला है
मिट्टी से जो रस मैं खींचता हूं,

वह फूल में लाली बन कर छाता है
और तुम जो सौरभ बनाते हो,
यहां नीचे भी उसका सुवास आता है
अदेह की विभा देह में झलक मारती है,
और देहक ज्योति अदेह की आरती उतारती है
द्वैताद्वैत से परे मेरी यह विनम्र टेक है
प्रभु! मैं और तुम दोनों एक हैं।

वह जो फूला खिला है ऊपर शिखर पर उसमें, और वह जो जड़ छिपी है गहरे अंधकार में भूमि के, उसमें भेद नहीं, दोनों एक हैं। बुद्ध में और तुममें, अज्ञानी में और ज्ञानी में, असाधु और साधु में कोई मौलिक अंतर नहीं है, कोई आधारभूत अंतर नहीं है। होगा संत खिला हुआ फूल जैसा, ऊपर शिखर पर आकाश में प्रकट, और होगा असाधु दूर अंधेरे में भूमि के दबा हुआ जड़ जैसा...

मिट्टी में गड़ा हुआ मैं तुम्हारा मूल हूं
तुम मेरे फूल हो जो आकाश में खिला है
मिट्टी से जो रस मैं खींचता हूं,
वह फूल में लाली बन कर छाता है
और तुम जो सौरभ बनाते हो,
यहां नीचे भी उसका सुवास आता है
अदेह की विभा देह में झलक मारती है,
और देहक ज्योति अदेह की आरती उतारती है।
द्वैताद्वैत से परे मेरी यह विनम्र टेक है,
प्रभु! मैं और तुम दोनों एक हैं।

इस संसार में तुम दो को भूलना शुरू करो, ङ्कमैंङ्ख-ङ्कतूङ्ख को भूलना शुरू करो और जैसे भी बने, जहां से भी बने, जहां से भी थोड़ी झलक उठ सके एक की-उस झलक को पकड़ो। वे ही झलकें सघनीभूत हो-हो कर एक दिन समाधि बन जाती हैं।

पांचवां प्रश्न : कल आपने कहा कि भोग की यात्रा अंततः योग पर पहुंचा देती है। कृपा करके समझाइए, क्या योग की यात्रा जीवन की वर्तुलाकार गति के कारण पुनः भोग पर पहुंचा देती है? क्या भोग-योग से अतिक्रमण जैसा कुछ भी नहीं है? कृपा करके अष्टावक्र के संदर्भ में हमें समझाइए।

भोग की यात्रा योग पर पहुंचा देती है अगर रुके न कहीं। जरूरी नहीं कि पहुंच ही जाओ। अगर अटक गए तांबे की खदान पर तो तांबे पर अटके रहोगे। भोग की यात्रा पहुंचा देती है, ऐसा मैं नहीं कहताह्नपहुंचा सकती है। खोजे जाओ, अटको

मत, रुको मत, बढ़े जाओ, चले जाओह्नतो भोग की यात्रा पहुंचा देती है योग पर। फिर योग में अटक गए अगरह्नतो प्रश्नकर्ता ने ठीक बात पूछी हैह्नअगर योग में अटक गए तो फिर भोग में गिर जाओगे।

इसीलिए तो योगी स्वर्ग पहुंच जाता है। स्वर्ग यानी भोग। कमा लिया पुण्य, पहुंच गए स्वर्ग, खर्चा करने लगे। इसलिए तो जैन-बौद्ध कथाएं बड़ी महत्वपूर्ण हैं। जैन-बौद्ध कथाएं कहती हैं कि जब स्वर्ग में पुण्य चुक जाता है, फिर फेंक दिए जाते हैं, फिर संसार में। स्वर्ग से कोई मुक्त नहीं होता, मुक्त तो मनुष्य से ही होता है। ये बातें बड़ी महत्वपूर्ण हैं। इसका अर्थ यह हुआ कि अगर योग में अटक गए तो फिर भोग में गिरोगे। कितनी देर तक योग चलेगा! वर्तुलाकार है जीवन की गति। तो जैसा मैंने तुमसे कहा : भोग में मत अटकना तो योग। अगर योग में न अटके तो अतिक्रमण। तो तुम साक्षी-भाव में प्रवेश कर जाओगे।

तो न तो भोग में अटकना, क्योंकि भोग में भी अटकाने के बहुत कारण हैं, बड़े सुंदर सपने हैं। और योग में भी बड़े सुंदर सपने हैं, पतंजलि ने उन्हीं का वर्णन किया विभूतिपाद में। बड़ी विभूतियां हैं, बड़ी सिद्धियां हैंह्नउन सिद्धियों में अटक जाओगे। तो जो योग में अटका, वह आज नहीं कल भोग में गिरेगा।

तुमने शब्द सुना होगा योगभ्रष्ट। योगभ्रष्ट का क्या अर्थ होता है? योगभ्रष्ट का अर्थ होता है : जो भोग से बढ़ कर योग तक पहुंच गया था, लेकिन फिर योग में अटक गया। जो अटका वह फिर गिरेगा, वह योगभ्रष्ट होगा, वह नीचे आ जाएगा। योग में कोई रुक नहीं सकता। या तो नीचे आओगे या पार जाओगे। रुकना होता नहीं है; या तो आगे बढ़ो, या पीछे फेंक दिए जाओगे। जगत गति है, इसमें रुक नहीं सकते। इसमें रुके कि या तो पीछे हटने लगोगे, या आगे बढ़ना पड़ेगा।

एडिंग्टन ने लिखा है कि जगत में स्थिति जैसी कोई स्थिति नहीं है। यहां कोई चीज स्थिर तो है ही नहीं। अब ये वृक्ष हैं, या तो बढ़ रहे हैं या घट रहे हैं! बच्चा बड़ा हो रहा है, जवान घट रहा है, बूढ़ा घट रहा है; लेकिन घटना-बढ़ना चल रहा है। तुम ऐसा नहीं कह सकते कि एक आदमी जवानी में रुक गया है। रुकना यहां होता ही नहीं। जो जवानी में है, वह बूढ़ा हो ही रहा हैह्नपता चले न चले, आज पता चले कल चले। लेकिन जो जवान है वह बूढ़ा हो रहा है। जो बच्चा है वह जवान हो रहा है। जो बूढ़ा है वह मरने में उतर रहा है। जो मरने में उतर रहा है वह नये जन्म की तलाश कर रहा है। वर्तुलाकार घूम रहा है जीवन का चक्र।

बढ़ते जाओ। योग से बढ़ना है आगे। उसी स्थिति का नाम साखी, साक्षी, अतिक्रमण। उसके पार कुछ भी नहीं है, क्योंकि साक्षी के पार होने का कोई उपाय ही नहीं। साक्षी का अर्थ है : आखिरी जगह आ गई। जिसके द्वारा तुम सब देखते हो, अब उसे देखने का तो कोई उपाय नहीं है। तुम आखिरी पड़ाव पर आ गए, केंद्र पर आ गए।

तो तीन स्थितियां हैं भोगी की, योगी की, और जो अतिक्रमण कर गयाह्नकहो, महायोगी की या महाभोगी की। कोई भी शब्द उपयोग कर सकते हो, लेकिन वह दोनों से भिन्न है।

जिंदगी न जन्म के साथ पैदा होती है,
न मृत्यु के साथ मरती है
जन्म लेकर वह जिसे खोजती है,
मर कर भी उसी की तलाश करती है
और ईश्वर आसानी से हमारी पकड़ में नहीं आता
उसकी कृपा यह है
कि वह हमें जन्म देता और फिर मारता है
जन्म और मरण दोनों खराद के चक्के हैं
ईश्वर हमें तराश-तराश कर संवारता है
और जब हम पूरी तरह संवर जाते हैं
ईश्वर अपने-आपको हमें सौंप देता है
हमारी मुक्तियां केंद्र से अलग नहीं रहतीं
ईश्वर या तो उनमें विलय होता है
या उन्हें अपने में लीन कर लेता है।

वह जो अतिक्रमण की दशा है, वहां दो घटनाएं हैं। वह भी दो कहने को, एक ही घटना है। क्योंकि बूंद सागर में गिरी कि सागर बूंद में गिर गया है, क्या फर्क पड़ता है, एक ही बात है। या तो ईश्वर साक्षी में लीन हो जाता है या साक्षी ईश्वर में लीन हो जाता है।

कबीर ने कहा है :

हेरत हेरत हे सखि रह्या कबीर हेराई
बुंद समानी समुंद में सो कत हेरी जाई।

खोजते-खोजते कबीर खो गया। खोजने वाला खो गया और बूंद सागर में समा गई। लेकिन तब उन्हें खयाल आया कि कुछ बात चूक गई इसमें, तो उन्होंने फिर से यह पद लिखा :

हेरत हेरत हे सखि रह्या कबीर हेराई
समुंद समाना बुंद में सो कत हेरी जाई।

खोजते-खोजते खोजने वाला खो गया, कबीर खो गया और अब समुद्र बूंद में समा गया, अब उसे कैसे निकाला जाए!

दोनों बातें सच हैं। बूंद समुद्र में समा गईह्नयह पहला अनुभव। क्योंकि यह बूंद की तरफ से अनुभव है। हम तो अभी बूंद हैं। जब पहली दफा घटना घटेगी तो

हमें ऐसे लगेगा कि बूंद सागर में समा गई। सागर इतना बड़ा, हम इतने छोटे, सागर तो हममें कैसे समाएगा? हमारी पुरानी छोटेपन की बुद्धि आखिरी तक खड़ी रहेगी। तो बूंद सागर में समा गई। लेकिन एक बार जब बूंद सागर में समा गई, तब हमें दिखाई पड़ेगा कि अरे कौन छोटा, कौन बड़ा! यहां तो एक ही है। तब हम यह भी कह सकते हैं कि सागर बूंद में समा गया।

अतिक्रमण हो जाए, तो या तो तुम प्रभु में समा जाते हो या प्रभु तुममें समा जाता है। दोनों एक ही बात के कहने के दो ढंग हैं।

रुकना भर नहीं। रुके कि सड़े। कहीं भी मत रुकना। जहां तक बन सके चलते ही चले जाना। एक ऐसी घड़ी आती है कि फिर जाने को ही कोई जगह नहीं रह जाती। वही जगह परमात्मा है, जिसके आगे फिर जाने को कुछ नहीं बचता। जब जाने को कोई स्थान ही न बचे, तभी रुकना। अगर तुम्हें जरा सी भी जगह दिखाई पड़ती हो कि अभी थोड़ा जाने को आगे है, तो चले जाना। जब तक जाने के लिए अवकाश रहे, रुकना मत। तो यात्रा पूरी हो जाएगी। और जिसकी यात्रा पूरी हुई, वही घर आता है। घर आता हैह्नयानी परमात्मा में वापस लौट आता है।

आखिरी प्रश्न : आप निरंतर अपने संन्यासियों को हंसते रहने का उपदेश करते हैं। लेकिन आप दीक्षा में जो माला उन्हें देते हैं, उसके लाकेट में लगा आपका तो चित्र गंभीर मुद्रा लिए है। यह गंभीरता क्यों?

फिर तुम्हें हंसाने का विज्ञान ही समझ में नहीं आया। अगर मैं तुम्हें हंसाने की कुछ बात कहूं और खुद ही हंस दूं तो तुम चूक जाओगे, फिर तुम न हंस सकोगे। अगर मुझे तुम्हें हंसाना है तो मुझे गंभीर रहना पड़ेगा। जितना ज्यादा मैं गंभीर होता हूं, उतनी ही तुम्हें हंसने की सुविधा होती है। और जब मैं तुमसे कहता हूं हंसो, तो मैं बड़ी गंभीरता से कह रहा हूं कि हंसो। यह कोई हंसी की बात नहीं है। इसे तुम हंसी-हंसी में कही मत समझ लेना। इसे मैंने बड़ी गंभीरता से कहा है। क्योंकि हंसने को मैं साधना बना रहा हूं। मुस्कुराते हुए तुम परमात्मा के द्वार तक पहुंचो, तुम जल्दी स्वीकार हो जाओगे।

एक आदमी मरा। उसके सामने ही रहने वाला एक दूसरा आदमी भी मरा। एक ही साथ दोनों मरे। दोनों परमात्मा के सामने मौजूद हुए। लेकिन बड़ा चकित हुआ वह आदमी। उसको स्वर्ग मिला, यह तो ठीक था। यह सामने वाला आदमी, इसको स्वर्ग किसलिए मिल रहा है! वह तो सदा प्रार्थना किया था; इसने तो कभी प्रार्थना भी न की। वह तो सदा पूजा किया; इसने कभी पूजा भी न की। उसने प्रभु से पूछा कि यह जरा अन्याय है। यह निहायत पापी, सांसारिक! इसको किसलिए स्वर्ग मिल रहा है? मैं तो निरंतर पूजा किया, प्रार्थना किया। कभी एक दिन को तुझे भूला नहीं। सुबह याद

किया, दोपहर याद किया, सांझ याद किया, रात याद किया, याद कर-कर के मर गया। जिंदगी भर तेरी याद में गुजारी!

तो परमात्मा ने कहाः इसीलिए। क्योंकि इस आदमी ने मुझे बिलकुल सताया नहीं। इसने न मुझे सुबह जगाया, न दोपहर जगाया, न रात जगाया—इसने मुझे सताया ही नहीं। तू जिंदगी भर मेरी खोपड़ी खाता रहा। तुझे नरक नहीं भेजा, यही काफी है। पूर्ण न्याय मांगता हो, तो तुझे नरक भेजना पड़े, निश्चित अन्याय हो रहा है। अन्याय यह हो रहा है कि तुझे भेजना तो नरक था।

तुम्हारे उदास, रोते हुए चेहरे परमात्मा को स्वीकार न होंगे। तुम फूल की भांति जाना! तुम नाचते हुए जाना। तुम नाचते हुए अंगीकार हो जाओगे। तुम नाचते गए तो तुम्हारे हजार पाप क्षमा हो जाएंगे। तुम उदास, गंभीर, रोते हुए गए तो तुम्हारे हजार पुण्य भी काम नहीं आएंगे। और पुण्य ही क्या जो तुम्हें उदास कर जाए?

इसलिए जब मैं हंसने के लिए कह रहा हूं, तो बड़ी गंभीरता से कह रहा हूं। इसे हंसी-हंसी में मत ले लेना। और मुझे तो गंभीर रहना पड़े तुम्हारी खातिर। नहीं तो तुम समझोगे हंसी-हंसी में कही थी बात। तुम शायद उसे गहरे में न लो। लेकिन तुम अगर मुझे पहचानोगे तो तुम पाओगे मुझसे ज्यादा गैर-गंभीर आदमी खोजना मुश्किल है। तुम अगर थोड़ा मुझमें झांकोगे तो निश्चित पाओगे कि वहां सिवाय नृत्य और हंसी के कुछ भी नहीं है।

जो मैं तुमसे कहता हूं, जो मैं तुम्हें होने को कहता हूं, वह होकर ही कह रहा हूं। हालांकि मैं तुम्हारी तकलीफ भी जानता हूं। तुम्हें हंसने में कठिनाई होती है। तुम हंसते हो कंजूसी से। रोने में तुम बड़े मुक्त-हस्त होते हो। हंसते हो तुम बामुश्किल क्षण भर को; फिर हंसी खो जाती है, सूख जाती है। रोने लगो तो तुम घड़ियों रोते हो। रोने लगो तो दूसरे समझाएं तो भी तुम नहीं समझते। दूसरे पुचकारें-थपकाएं, तो भी तुम नहीं मानते, और रोते चले जाते हो। हंसते हो तो बस जरा—जैसे जबरदस्ती; जैसे मुश्किल से; जैसे हंसना पड़ा सो हंस लिए—फिर खो जाती है हंसी। जानता हूं कारण भी, जीवन में तुम्हारे सिवाए दुख के और कुछ भी नहीं है।

इतना रोया हूं गम-ए-दोस्त जरा सा हंस कर,
मुस्कुराते हुए लमहात से जी डरता है।

तुम इतने रोए हो, इतने दुखी हुए हो कि तुम घबड़ाते हो। हंसना तुम्हें मौजू नहीं मालूम पड़ता; तुम्हारे साथ ठीक-ठीक नहीं बैठता—विजातीय मालूम पड़ता है, अजनबी मालूम पड़ता है। रोने से तुम्हारा साथ-संग है, परिचय है पुराना; हंसने से तुम्हारा कोई संबंध नहीं। और अगर कभी तुम हंसते भी हो, तो तुम्हारी हंसी में भी कुछ रुदन की छाप होती है, कुछ रोना होता है। तुम्हारी हंसी भी मुक्त नहीं होती है,

तुम्हारी हंसी भी शुद्ध नहीं होती, कुंआरी नहीं होती; उस पर दाग होते हैं आंसुओं के। तुम गौर करना, तुम्हारी हंसी ठीक हृदय से नहीं उठती, शून्य से नहीं आती।

तुम मेरे भीतर झांकोगे, तो एक बात निश्चित है कि मैं तुम्हारे जैसा नहीं हंसता। तुम्हारे जैसा हंसने के लिए मुझे तुम्हारे जैसा होना पड़े। मेरी हंसी किसी और तल पर है। तुम उस तल पर आओगे तो पहचानोगे।

अष्टावक्र कहते हैं: उस अवस्था को जानने के लिए वैसी ही अवस्था चाहिए। ईसाई कहते हैं: जीसस कभी हंसे नहीं। यह बात झूठी है। मगर ईसाई भी ठीक ही कहते हैं, क्योंकि जिस तल पर वे हंसी को समझ सकते हैं, उस तल पर ईसा कभी नहीं हंसे। जिस तल पर मैं हंसी को समझता हूं, मैं जानता हूं ईसा खिलखिलाते रहे, सूली पर भी हंस रहे थे।

तुमने बुद्ध की हंसती हुई मूर्ति देखी? असंभव। तुमने महावीर की खिलखिलाहट सुनी? असंभव। अगर महावीर की हंसती हुई मूर्ति बना दो, जैनी तुम पर मुकदमा चला देंगे, अदालत में घसीटेंगे कि इन्होंने हमारे महावीर का चेहरा बिगाड़ दिया। महावीर, और हंसते हुए? यह हो ही नहीं सकता! एक बात ठीक भी है, तुम्हारे जैसे महावीर कभी हंसे भी नहीं। तुम्हारी हंसी में तो रोने की छाप है! महावीर की हंसी बड़ी मौन है, शांत हैह्नमहावीर जैसी शांत है, निर्विकार है। शायद हंसी में खिलखिलाहट नहीं है। खिलखिलाहट हो भी नहीं सकती। शून्य से उठती है, शून्य का स्वाद लिए है। लेकिन हंसी निश्चित है। पर तुम तभी जान पाओगे, जब तुम उन दशाओं को उपलब्ध होओगे।

रचना का दर्द छटपटाता है
ईश्वर बराबर अवतार लेने को अकुलाता है
दूसरों से मुझे जो कुछ कहना है
वह बात प्रभु पहले मुझसे कहते हैं
करुण-काव्य लिखते समय
कवि पीछे रोता है,
भगवान पहले रोते हैं।

अगर मुझे तुम्हें रुलाना हो तो मुझे तुमसे पहले रोना होगा। और मुझे अगर तुम्हें हंसाना हो तो मेरे प्राणों में हंसी चाहिए, अन्यथा मैं तुम्हें हंसा भी न सकूंगा। लेकिन तुम्हारे और मेरे ढंग अलग होंगे, यह सच है। कभी मैं ठीक तुम्हारे जैसा था। और कभी तुम ठीक मेरे जैसे भी हो जाओगे, ऐसी आशा है। इस आशा के साथ तुम्हें इस शिविर से विदा करता हूं।

हरि ॐ तत्सत्!

* * *

ओशो—एक परिचय

सत्य की व्यक्तिगत खोज से लेकर ज्वलंत सामाजिक व राजनैतिक प्रश्नों पर ओशो की दृष्टि उनको हर श्रेणी से अलग अपनी कोटि आप बना देती है। वे आंतरिक रूपांतरण के विज्ञान में क्रांतिकारी देशना के पर्याय हैं और ध्यान की ऐसी विधियों के प्रस्तोता हैं जो आज के गतिशील जीवन को ध्यान में रख कर बनाई गई हैं।

अनूठे ओशो सक्रिय ध्यान इस तरह बनाए गए हैं कि शरीर और मन में इकट्ठे तनावों का रेचन हो सके, जिससे सहज स्थिरता आए व ध्यान की विचार रहित दशा का अनुभव हो।

ओशो की देशना एक नये मनुष्य के जन्म के लिए है, जिसे उन्होंने 'ज़ोरबा दि बुद्धा' कहा है—जिसके पैर जमीन पर हों, मगर जिसके हाथ सितारों को छू सकें। ओशो के हर आयाम में एक धारा की तरह बहता हुआ वह जीवन-दर्शन है जो पूर्व की समयातीत प्रज्ञा और पश्चिम के विज्ञान और तकनीक की उच्चतम संभावनाओं को समाहित करता है। ओशो के दर्शन को यदि समझा जाए और अपने जीवन में उतारा जाए तो मनुष्य-जाति में एक क्रांति की संभावना है।

ओशो की पुस्तकें लिखी हुई नहीं हैं बल्कि पैंतीस साल से भी अधिक समय तक उनके द्वारा दिए गए तात्कालिक प्रवचनों की रिकार्डिंग से अभिलिखित हैं।

लंदन के 'संडे टाइम्स' ने ओशो को 'बीसवीं सदी के एक हजार निर्माताओं' में से एक बताया है और भारत के 'संडे मिड-डे' ने उन्हें गांधी, नेहरू और बुद्ध के साथ उन दस लोगों में रखा है, जिन्होंने भारत का भाग्य बदल दिया।

ओशो इंटरनेशनल मेडिटेशन रिजॉर्ट

ओशो मेडिटेशन रिजॉर्ट का निर्माण इसलिए किया गया ताकि लोग जीने की नई कला का सीधा अनुभव ले सकें—अधिक होशपूर्वक होकर, हास्य और आराम के साथ। यह भारत के मुंबई शहर से सौ मील दक्षिण पूर्व में पूना के कोरेगांव पार्क में वृक्षों से परिपूर्ण चालीस एकड़ आवासीय क्षेत्र में स्थित है। रिजॉर्ट सौ से अधिक देशों से हर साल आने वाले हजारों लोगों के लिए अलग-अलग तरह के कार्यक्रम प्रस्तुत करता है। नवनिर्मित ओशो गेस्ट हाउस परिसर में लोगों के लिए आवास की सुविधा उपलब्ध है।

मेडिटेशन रिजॉर्ट में मल्टीवर्सिटी कार्यक्रम प्रसिद्ध झेन उद्यान, ओशो तीर्थ से सटे पिरामिड परिसर में संचालित होते हैं। ये कार्यक्रम व्यक्तिगत रूपांतरण के लिए व लोगों को जीने की एक नई कला सिखाने के उद्देश्य से तैयार किए गए हैं—एक जाग्रत अवस्था जिसे वे दैनिक जीवन में उतार सकते हैं। आत्म-खोज सत्र, सैशन, कोर्स और अन्य ध्यान प्रक्रियाएं पूरे साल चलती हैं। शरीर को स्वस्थ रखने के लिए एक खूबसूरत व्यवस्था का प्रावधान है जिसमें झेन प्रक्रिया के साथ खेल और मनोरंजन का अनुभव लिया जा सकता है।

मुख्य ध्यान सभागार में सुबह छह बजे से रात ग्यारह बजे तक प्रतिदिन सक्रिय व अक्रिय ध्यान विधियां होती हैं, जिसमें रोज संध्या-सभा ध्यान भी शामिल है। रात को रिजॉर्ट का बहुसांस्कृतिक जीवन खिल उठता है-मित्रों के संग खुले आकाश के नीचे भोजन-स्थल और अक्सर संगीत व नृत्य के साथ। रिजॉर्ट की साफ व शुद्ध पीने के पानी की अपनी व्यवस्था है और यहां परोसे गए भोजन में रिजॉर्ट के अपने फार्म हाउस में उगाई गई सब्जियों का प्रयोग होता है।

मेडिटेशन रिजॉर्ट का ऑन लाइन टूर, साथ ही यात्रा और कार्यक्रमों की जानकारी www.osho.com से प्राप्त की जा सकती है। यह अलग-अलग भाषाओं में विस्तार में दी गई वेबसाइट है, जिसमें हैं—ऑन लाइन ओशो टाइम्स पत्रिका, ऑडियो व वीडियो वेबकास्टिंग, ऑडियो बुक क्लब, ओशो प्रवचनों के संपूर्ण अंग्रेजी व हिंदी अभिलेख और ओशो के वीडियो, ऑडियो व पुस्तकों की संपूर्ण सूची। साथ ही हैं ओशो द्वारा विकसित किए गए सक्रिय ध्यानों की जानकारी जो ज्यादातर वीडियो प्रदर्शन के साथ हैं।

मेडिटेशन रिजॉर्ट में सहभागी होने व अधिक विस्तृत जानकारी के लिए संपर्क करें:

ओशो इंटरनेशनल मेडिटेशन रिजॉर्ट
17 कोरेगांव पार्क, पुणे-411001, महाराष्ट्र
फोन: 020-56019999 फैक्स: 020-56019990
e-mail - resortinfo@osho.net
Website - www.osho.com

ओशो का हिंदी साहित्य

उपनिषद
सर्वसार उपनिषद
कैवल्य उपनिषद
अध्यात्म उपनिषद
कठोपनिषद
ईशावास्य उपनिषद
निर्वाण उपनिषद
आत्म-पूजा उपनिषद
केनोपनिषद
मेरा स्वर्णिम भारत (विविध उपनिषद-सूत्र)
कृष्ण
गीता-दर्शन (आठ भागों में अठारह अध्याय)
कृष्ण-स्मृति
महावीर
महावीर-वाणी (दो भागों में)
जिन-सूत्र (दो भागों में)
महावीर या महाविनाश
महावीर : मेरी दृष्टि में
ज्यों की त्यों धरि दीन्हीं चदरिया
बुद्ध
एस धम्मो सनतनो (बारह भागों में)
अष्टावक्र
अष्टावक्र महागीता (नौ भागों में)
लाओत्से
ताओ उपनिषद (छह भागों में)
कबीर
सुनो भई साधो
कहै कबीर दीवाना
कहै कबीर मैं पूरा पाया
न कानों सुना न आंखों देखा
(कबीर व फरीद)

शांडिल्य
अथातो भक्ति जिज्ञासा (दो भागों में)
अन्य रहस्यदर्शी
नाम सुमिर मन बावरे (जगजीवन)
अरी, मैं तो नाम के रंग छकी (जगजीवन)
कानों सुनी सो झूठ सब (दरिया)
अमी झरत बिगसत कंवल (दरिया)
हरि बोलौ हरि बोल (सुंदरदास)
ज्योति से ज्योति जले (सुंदरदास)
अजहूं चेत गंवार (पलटू)
सपना यह संसार (पलटू)
काहे होत अधीर (पलटू)
जस पनिहार धरे सिर गागर (धरमदास)
का सोवै दिन रैन (धरमदास)
सबै सयाने एक मत (दादू)
पिव पिव लागी प्यास (दादू)
कन थोरे कांकर घने (मलूकदास)
रामदुवारे जो मरे (मलूकदास)
भक्ति-सूत्र (नारद)
शिव-सूत्र (शिव)
भजगोविन्दम् मूढ़मते (आदिशंकराचार्य)
एक ओंकार सतनाम (नानक)
जगत तरैया भोर की (दयाबाई)
बिन घन परत फुहार (सहजोबाई)
पद घुंघरू बांध (मीरा)
नहीं सांझ नहीं भोर (चरणदास)
संतो, मगन भया मन मेरा (रज्जब)
कहै वाजिद पुकार (वाजिद)
मरौ हे जोगी मरौ (गोरख)
सहज-योग (सरहपा-तिलोपा)
बिरहिनी मंदिर दियना बार (यारी)

प्रेम-रंग-रस ओढ़ चदरिया (दूलन)
दरिया कहै सब्द निरबाना
(दरियादास बिहारवाले)
हंसा तो मोती चुगैं (लाल)
गुरु-परताप साध की संगति (भीखा)
मन ही पूजा मन ही धूप (रैदास)
झरत दसहुं दिस मोती (गुलाल)
जरथुस्त्र : नाचता-गाता मसीहा (जरथुस्त्र)

प्रश्नोत्तर

नहिं राम बिन ठांव
प्रेम-पंथ ऐसो कठिन
उत्सव आमार जाति, आनंद आमार गोत्र
मृत्योर्मा अमृतं गमय
प्रीतम छवि नैनन बसी
रहिमन धागा प्रेम का
उड़ियो पंख पसार
सुमिरन मेरा हरि करैं
पिय को खोजन मैं चली
साहेब मिल साहेब भये
जो बोलैं तो हरिकथा
बहुरि न ऐसा दांव
ज्यूं था त्यूं ठहराया
ज्यूं मछली बिन नीर
दीपक बारा नाम का
अनहद में बिसराम
लगन महूरत झूठ सब
सहज आसिकी नाहिं
पीवत रामरस लगी खुमारी
रामनाम जान्यो नहीं
सांच सांच सो सांच
आपुई गई हिराय
बहुतेरे हैं घाट
कोंपलें फिर फूट आईं
फिर पत्तों की पांजेब बजी
फिर अमरित की बूंद पड़ी
क्या सोवै तू बावरी
चल हंसा उस देस
कहा कहूं उस देस की
पंथ प्रेम को अटपटो
माटी कहै कुम्हार सूं
मैं धार्मिकता सिखाता हूं, धर्म नहीं

झेन, सूफी और उपनिषद की कहानियां

बिन बाती बिन तेल
सहज समाधि भली
दीया तले अंधेरा

तंत्र

संभोग से समाधि की ओर
तंत्र-सूत्र (पांच भागों में)

योग

पतंजलिः योग-सूत्र (पांच भागों में)
योगः नये आयाम

विचार-पत्र

क्रांति-बीज
पथ के प्रदीप

पत्र-संकलन

अंतर्वीणा
प्रेम की झील में अनुग्रह के फूल
पाथेय

बोध-कथा

मिट्टी के दीये

ध्यान, साधना

ध्यानयोग : प्रथम और अंतिम मुक्ति
नेति-नेति
चेति सकै तो चेति
हसिबा, खेलिबा, धरिबा ध्यानम्
समाधि कमल
साक्षी की साधना
धर्म साधना के सूत्र
मैं कौन हूं
समाधि के द्वार पर
अपने माहिं टटोल
ध्यान दर्शन
तृषा गई एक बूंद से
ध्यान के कमल
जीवन संगीत
जो घर बारे आपना
प्रेम दर्शन

साधना-शिविर

साधना-पथ
मैं मृत्यु सिखाता हूं

समाधि के सप्त द्वार (ब्लावट्स्की)
साधना-सूत्र (मेबिल कॉलिन्स)
ध्यान-सूत्र
जीवन ही है प्रभु
रोम-रोम रस पीजिए

राष्ट्रीय और सामाजिक समस्याएं

देख कबीरा रोया
स्वर्ण पाखी था जो कभी और अब है भिखारी जगत का
शिक्षा में क्रांति
नये समाज की खोज
नये भारत की खोज
नारी और क्रांति
शिक्षा और धर्म
भारत का भविष्य

विविध

अमृत-कण
मैं कहता आंखन देखी
एक एक कदम
जीवन क्रांति के सूत्र
जीवन रहस्य
करुणा और क्रांति
विज्ञान, धर्म और कला
शून्य के पार
प्रभु मंदिर के द्वार पर
तमसो मा ज्योतिर्गमय
प्रेम है द्वार प्रभु का
अंतर की खोज
अमृत की दिशा
अमृत वर्षा
अमृत द्वार
चित चकमक लागे नाहिं
एक नया द्वार
प्रेम गंगा
समुंद समाना बूंद में
सत्य की प्यास
शून्य समाधि
व्यस्त जीवन में ईश्वर की खोज
अज्ञात की ओर
धर्म और आनंद
जीवन-दर्शन
जीवन की खोज
क्या ईश्वर मर गया है
नये मनुष्य का धर्म
धर्म की यात्रा
स्वयं की सत्ता
सुख और शांति
अनंत की पुकार

ओशो के ऑडियो-वीडियो, प्रवचन एवं साहित्य के संबंध में समस्त जानकारी हेतु संपर्क सूत्रः

साधना फाउंडेशन

17, कोरेगांव पार्क, पुणे-411001
फोन : 020-6136655, फैक्स : 020-6139955
E-mail: distrib@osho.net, Website: www.osho.com